Ariel Dorfman
Kurs nach Süden, Blick nach Norden

Aus dem Amerikanischen von Gabriele Gockel,
Barbara Reitz und Maria Zybak

Ariel Dorfman

Kurs nach Süden, Blick nach Norden

Leben zwischen zwei Welten

Europa Verlag München · Wien

Die Deutsche Bibliothek – CIP-Einheitsaufnahme

Dorfman, Ariel:
Kurs nach Süden, Blick nach Norden :
Leben zwischen zwei Welten / Ariel Dorfman.
[Aus dem Amerikan. von Gabriele Gockel ...]. –
München ; Wien : Europa-Verl., 1999
Einheitssacht.: Heading south, looking north ‹dt.›
ISBN 3-203-76045-2

Originalausgabe
Heading South, Looking North
Farrar, Straus & Giroux, New York, 1998
© Ariel Dorfman, 1998

Lektorat: Edgar Bracht

Die Übersetzerinnen G.Gockel und B. Reitz sind
Mitglieder des Kollektivs Druck-Reif

Titelillustration und Umschlaggestaltung:
Wustmann und Ziegenfeuter, Dortmund

© Alle deutschsprachigen Rechte beim
Europa Verlag GmbH, München, Wien 1999
Herstellung: Wiener Verlag, Himberg bei Wien
Printed in Austria
ISBN 3-203-76045-2

Anstelle eines Vorworts

Angélica, dieses Buch ist für dich.

Es ist meine Geschichte, die Geschichte meiner vielen Exile und meiner drei Heimatländer und der zwei Sprachen, die jahrelang um meine Zunge stritten und mich nun brüderlich teilen, der englischen Sprache und der spanischen, die ich beide mittlerweile fast ebensosehr liebe wie dich.

Danke, daß du bei mir warst, an meiner Seite, als ich diese Geschichte lebte, als ich mich zwang, sie aufzuschreiben, zuerst in der einen Sprache, dann in der anderen.

Sin ti, no hubiera sobrevivido.

Ohne dich hätte ich nicht überlebt.

Erster Teil

NORD UND SÜD

I

Über die Entdeckung des Todes
in jungen Jahren

Eigentlich dürfte ich gar nicht mehr hiersein und diese Geschichte erzählen.

Denn es gibt einen Tag in meiner Vergangenheit, einen Tag vor vielen Jahren in Santiago de Chile, an dem ich hätte sterben sollen.

Mit jenem Tag, dachte ich immer, müßte diese Geschichte beginnen, mit jenem Augenblick, als mich die Ereignisse gegen meinen Willen zu dem Mann machten, der sich eines Tages würde hinsetzen und diese Worte niederschreiben können und der sie heute tatsächlich niederschreibt. Ich dachte immer, diese Geschichte müßte mit jenem Morgen beginnen, als die Streitkräfte meines Landes sich gegen unseren Präsidenten Salvador Allende erhoben – am 11. September 1973, um genau zu sein – und der Tod, vor dem ich mich seit meiner Kindheit fürchte, in mein Leben trat, mich dann aber doch nicht mitnahm: Ich bin hier, auf dieser Seite der Wirklichkeit zurückgelassen worden, um an das zu erinnern, was mit jenem Tag für immer endete, in mir und in der Welt, und ich frage mich noch immer, warum ich verschont wurde.

Und trotzdem bringe ich es nicht über mich, dort zu beginnen, an jenem Tag, an dem ich hätte sterben sollen.

Es gab noch eine Gnadenfrist, eine letzte Nacht, und mit ihr muß ich diese Geschichte beginnen: mit dem Abend des 10. September, dem Abend vor dem Putsch. Am nächsten

Tag um die gleiche Zeit wird Allende tot sein, und ich werde untertauchen, am nächsten Tag werde ich mich damit abfinden müssen, daß ich am Leben bin und viel zu viele andere statt meiner umgebracht wurden. Aber noch ist es nicht soweit. Obwohl mir von überall Gegenbeweise zuhauf entgegenschreien, kann ich mir heute noch einreden, daß es keinen Militärputsch geben wird, daß Chile anders ist als andere Länder Lateinamerikas, all die tröstlichen Mythen über unsere Demokratie und Stabilität und Vernünftigkeit.

Vielleicht ist es ganz gut so. Vielleicht sollte ich mir nicht die letzten friedlichen Stunden vergällen. Von nebenan ruft mein sechsjähriger Sohn Rodrigo nach mir. Angélica hat ihn schon ins Bett gebracht. Jetzt will er seine Gutenachtgeschichte hören. Vielleicht ist es ganz gut, wenn ich die schreckliche Ahnung, die plötzlich in mir aufsteigt, sofort unterdrücke: Dies ist das letzte Mal, daß ich den Jungen sehe, die letzte Geschichte, die ich ihm erzähle, *la última vez*. Vielleicht ist es ganz gut, wenn ich jetzt die Augen vor der Realität verschließe.

Es ist nicht das erste Mal, daß ich versuche, den Tod zu überlisten, so zu tun, als existiere er nicht.

Er ist da, seit ich denken kann. Ich sehe mich wach im Bett liegen, damals, stundenlang, und über den Tod nachgrübeln, sehe mich mit aufgerissenen Augen ins Dunkel unserer New Yorker Wohnung starren, ein verängstigtes Kind, verloren und wiedergefunden im ersten Exil seines Lebens, das den Tod zu überreden versucht, es doch in Ruhe zu lassen. Wenn ich gewußt hätte, daß der Tod mich viele Jahre später tatsächlich davonkommen ließ und alles, was ich tat oder nicht tat, dachte oder nicht dachte, keinen Einfluß darauf hatte, ob ich mit dem Leben davonkam oder nicht ... Aber damals, 1947, wußte ich noch nicht, daß es das Sterben ist, vor dem wir uns fürchten sollten, und nicht der Tod. O ja, es gab Monster, um mich herum, unter dem Bett, in dem weichen Licht, das vom Flur hereinschien; sie schlichen sich ins Badezimmer, verkrochen sich, sobald ich den Kopf drehte, gerade so weit, daß ich sie nicht mehr sah, versteckten sich hinter mir, bereit, sich auf mich zu stürzen, und trotzdem waren es eigentlich nicht die Monster, wovor ich so große Angst hatte. Ich war fünf Jahre alt, vielleicht noch jünger, und komischerweise überzeugt, daß der Schmerz, den sie meinem Körper zufügen würden, wenn ich starb, schnell vorbei sein, Erbarmen mit mir haben würde. Nein, was ich nicht ertragen konnte, war der Gedanke an das, was nach dem Tod kam, die Einsamkeit, daß ich für alle Zeit allein sein würde.

»Wirst du denn bei mir sein?« fragte ich meine Mutter und klammerte mich an sie, versuchte, ihr das Versprechen abzuringen, niemals fortzugehen. »Wirst du denn bei mir sein, wenn ich tot bin?« Die Antwort, die sie mir gab, war nur zum Teil eine Lüge: Ja, sie würde dasein. Und dann, wenn ich im Dunkeln lag und sie fort war und ich an meinen Tod dachte, wenn schon allein der Gedanke daran abgrundtiefes Entsetzen in mir auslöste, war der Tod ja gerade der Augenblick, in dem ich nicht mehr dasein würde, um an ihn denken zu können, der Augenblick, in dem ich von mir selbst verlassen sein würde, von dem einzigen Menschen, bei dem ich immer sicher sein konnte, daß er niemals das Licht ausmachen und über den Flur in ein anderes Zimmer gehen würde. Genau das werde ich mit dir machen, sagte der Tod, du wirst so allein sein, daß nicht einmal du selbst dir in deiner Einsamkeit beistehen kannst, und du kannst nichts tun, um dem zu entgehen. Und während ich mich langsam in den Wahnsinn hineinsteigerte, tauchten die Worte meiner Mutter wieder auf; sie hatte versprochen, inmitten dieses Nichts da zu sein, und wenn sie da war, würden andere vielleicht auch einen Weg finden.

Und so gelang es mir, langsam wieder zur Vernunft zu kommen. Ich begann mir den Tod als einen weiten, leeren Raum voller Särge mit flach ausgestreckten Körpern auszumalen, nicht in der Lage, einander zu berühren, aber ruhig in dem Bewußtsein, daß die anderen stummen Körper da waren, Millionen von uns, jeder mit seiner eigenen Geschichte, seinem eigenen Anfang, seinem eigenen Ende, eine Bruderschaft der Toten, die meine Einsamkeit linderte. Zum erstenmal nahm ich die Menschheit als etwas Wunderbares und Heilendes wahr, ahnte, daß eine Gemeinschaft angesichts des grausam wütenden Todes zumindest Trost bringen konnte, auch wenn sie ihm nicht zu entrinnen vermochte. Und da mir meine Eltern gesagt hatten, daß es keinen Gott gibt, betete ich als Kind jeden Abend zu dieser Menschheit und bat sie, mich alle hundert Jahre aufwachen zu lassen, damit ich mich kurz umsehen könne: das Leben nach dem Tod eine Leinwand, auf die ein stummes Auge blickt, die Ewigkeit ein einziger Film alle hundert Jahre, die Toten heimliche Zuschauer der Lebenden.

Das war meine Methode, mich in den Schlaf zu wiegen, damals in den Vereinigten Staaten, bevor ich herausfand, daß eine andere Sprache uns Gesellschaft leisten kann wie ein Zwillingsbruder. Später, als Erwachsener – also eigentlich erst jetzt –, entdeckte ich eine klügere Methode, den Schleim auszutrocknen, den die Gedanken an meine Sterblichkeit in meinen Geist absondern. Heute verbanne ich, wenn ich abends nicht einschlafen kann, das nervenzerrende Geschnatter in der einen Sprache – sagen wir Englisch –, das mich wach hält, aus meinem Kopf und schalte auf Spanisch um, meine andere Sprache, und sehe gelassen zu, wie sie die Überreste des Schreckens wegwischt, als wäre ich eine Schiefertafel.

Aber das sollte mir erst später gelingen, heute. Meine erste Schlaflosigkeit befiel ein Kind, das sich dazu verdammt hatte, ausschließlich Englisch zu sprechen, das das Spanische, in das es hineingeboren war, kategorisch ablehnte, jenen Jungen, der damals keine andere Sprache in sich wachrufen konnte, um seine Seele zu retten. Alles, was ich in jenen ersten Lebensjahren in der großen Stadt New York tun konnte, um den Tod zu überlisten, war, nachts Geschichten zu erfinden, die Leere mit Kopien meiner selbst zu bevölkern und zu hoffen, daß jemand da draußen mich hören, mich begleiten, mich am Leben erhalten würde, wenn ich gestorben war.

Das Kind von damals konnte sich natürlich nicht vorstellen, daß sein erwachsenes Ich den eigenen Tod sogar mehrere Male überleben würde, daß ein Vierteljahrhundert später jener Tag im September 1973 auf mich wartete – und daß die Sprache, in der ich mir klarzuwerden versuchte über all die Wunder, die mich retteten, Spanisch sein würde und nicht Englisch. Zu diesem Zeitpunkt, ich war ein Mann von einunddreißig Jahren, hatte ich mich von der Sprache des Amerikas meiner Kindheit losgesagt, sie als imperialistisch und *yanqui* und mir fremd verurteilt. Voller Leidenschaft und vor aller Welt war ich zu meiner Muttersprache Spanisch zurückgekehrt und hatte verkündet, daß ich nun für immer Spanisch sprechen, für immer in Chile leben würde. Für immer. Ein Wort, das ich damals naiv dahinsagte, ein Wort, von dem ich, dieser inzwischen so unstete Wanderer der Liebe, weiß, daß ich mich davor in acht nehmen sollte. Ich hatte noch nicht begriffen, daß es, wenn andere, mächtigere Menschen über den Lauf deines Lebens bestimmen, sehr wenige Dinge gibt, die für immer sind.

Diese Lektion sollte ich am nächsten Tag lernen, als der Tod mich einholte und mit der Tatsache konfrontierte, daß meine Vorstellungskraft weder mich selbst noch mein Land länger schützen konnte.

Ich werde diesen Moment noch ein letztes Mal auf später

verschieben und zu Rodrigo hinübergehen, um mir selbst und ihm ein letztes Mal die Illusion von Unsterblichkeit zu geben. Aber bevor ich meinen Sohn mit einer Geschichte tröste, so wie ich mich selbst als Kind vor langer Zeit zu trösten pflegte, werde ich ein Telefongespräch führen. *Das Telefongespräch*. Hätte ich damals nur geahnt, wie folgenschwer dieser Anruf sein sollte, daß er ein Vorzeichen dessen war, was mir, was uns allen schon bald widerfahren würde. Aber ich hätte dem keine Beachtung geschenkt, hätte nicht gewußt, worauf ich achten sollte.

Es ist ein Anruf in der Moneda, dem Präsidentenpalast, wo ich die letzten zwei Monate als Kultur- und Medienberater von Fernando Flores, Allendes Stabschef, gearbeitet habe. Heute, so viele Jahre später, während ich dies schreibe, finde ich es schlicht dumm, in einer zusammenbrechenden Regierung einen unwichtigen Posten von zweifelhaftem Nutzen zu übernehmen. Aber damals empfand ich es nicht so. Damals sah ich es als meine Pflicht an.

Als Kind schien mir die Vorstellung einer imaginären Gemeinschaft das wirkungsvollste Mittel gegen Tod und Einsamkeit zu sein – und es war dieser lebenslange Hunger nach einer echten Gemeinschaft, der mich hierhergeführt hatte, zu dieser Revolution, an diesen Ort in der Geschichte. Ich mußte meine Loyalität zu einem Land beweisen, für das ich mich entschieden hatte, zu einer Sache, die ich zu meiner eigenen gemacht hatte und die nur Realität werden konnte, wenn jeder, der daran glaubte, ich eingeschlossen, bereit war, sich mit Leib und Seele dafür einzusetzen. Und deshalb hatte ich entschlossen, unbekümmert, freudig den gefährlichsten Ort im ganzen Land ausgesucht, an dem man die letzten Tage der chilenischen Revolution verbringen konnte – und dort rufe ich Neurotiker jetzt an, obwohl ich heute abend frei habe, um zu hören, ob man mich braucht. Man braucht mich nicht. Claudio Gimeno, mit dem ich seit meinem ersten Semester am College befreundet bin, ist am Apparat. Er ist guter Stimmung, ich sehe ihn richtig vor mir mit seinen vorstehenden Zähnen und dem schüchternen Lächeln, seinen großen schwarzen Augen, seinem blassen, knochigen Gesicht.

In den folgenden Jahren wird sein Bild mir immer gegenwärtig sein. Jedesmal, wenn ich mir meinen Tod vorstelle, werde ich mich auf einem Stuhl sitzen sehen, die Hände hinter dem Rücken gefesselt. Man hat mir die Augen verbunden – trotzdem kann ich mich auch selbst sehen. Ein Mann in Uniform kommt auf mich zu, er hat etwas in der rechten Hand, einen Stock, Elektroden, eine lange Nadel, etwas Spitzes, das ich nicht richtig erkennen kann. Diese Vision überfällt mich noch immer ganz unerwartet zu jeder beliebigen Zeit, an jedem beliebigen Ort, und der Körper, den sie gleich mit äußerster Grausamkeit mißhandeln werden, ist der Körper von Claudio Gimeno. Er ist nackt. Es ist sein Körper, aber mein Gesicht. Mein Gesicht, weil ich für diesen *turno*, diese Schicht, eingeteilt gewesen war; ich hätte in jener Nacht des 10. September in der Moneda Wache halten sollen, ich hätte die Nachricht entgegennehmen sollen, daß die Marine gerade in Valparaíso gelandet war, es hätte meine Hand sein sollen, die den Hörer auflegt und dann schweren Herzens die Nummer des Präsidenten wählt, um ihm mitzuteilen, daß der Putsch begonnen hat. Aber es ist Claudio, der diese Information in den nächsten Stunden entgegennehmen wird, nur weil ich ihn die Woche zuvor ganz spontan gefragt hatte: »*Oye*, Claudio, hör mal, würde es dir etwas ausmachen, am nächsten Montag, ja, das ist der 10. September, in die Moneda zu gehen, das ist die Nacht, für die ich eingeteilt bin, und ich übernehme dafür deine Schicht am Sonntag, den 9. September, was hältst du davon?« Und Claudio hatte, ohne zu zögern, ja gesagt.

Und deshalb bin ich jetzt zu Hause und er ist in der Moneda und wir telefonieren miteinander. Keine böse Vorahnung unseres Schicksals stört unser Gespräch. Im Gegenteil. Claudio meint, daß sich die Lage bessert, daß es vielleicht einen Ausweg aus der Krise gibt, die das Land spaltet und lähmt, einen demokratischen und souveränen Weg, um einen anscheinend unmittelbar bevorstehenden Bürgerkrieg zu vermeiden. Allende wird morgen verkünden, daß er seine Differenzen mit der Opposition zum Gegenstand eines Volksentscheids machen und zurücktreten wird, falls das Volk seine Vorschläge ablehnt. Ich bin genauso erleichtert wie Claudio. Keiner von uns beiden erkennt diesen friedlichen Ausweg aus der politischen Sackgasse als das, was er ist: eine Illusion, eine Lösung, die Allendes Feinde, die zum Töten anrücken, niemals zulassen werden.

Dabei haben wir in gewisser Hinsicht sogar begriffen, daß das Militär die Macht bereits übernommen hat.

Erst eine Woche zuvor waren Claudio und ich zusammen mit einem anderen Berater von Fernando Flores in ein abseits gelegenes, muffiges Zimmer im Präsidentenpalast geführt worden. Der Minister wollte, daß wir uns die Geschichte einer alten Mapuche-Indianerin anhörten, die aus dem Süden des Landes nach Santiago gekommen war, um Folter und Tod ihres Mannes anzuzeigen. Sie gehörte zu den Hunderttausenden armer Bauern, die unter Allendes Regierung zum erstenmal in ihrem Leben Eigentümer ihres Landes geworden waren. Auf dem zu einer Kooperative gehörenden Gehöft der Familie waren plötzlich Offiziere der Luftwaffe erschienen, hatten alles nach Waffen durchsucht und, als sie nichts fanden, den Ehemann der Indianerin an das Rotorblatt eines Hubschraubers gefesselt. Während der alte Mann sich stundenlang im Kreis drehte, hatten die Uniformierten Zigaretten rauchend daneben gestanden, sich über ihn lustig gemacht und ihm hämisch empfohlen, er solle doch seinen Präsidenten um Hilfe bitten, und als der alte Mann am Sterben war, hatten sie ihn gezwungen, seine beschissenen heidnischen Götter, *sus putos dioses paganos*, um Beistand anzuflehen.

Sie war gekommen, um dem Präsidenten das alles zu erzählen. Aber der Präsident konnte nichts tun. Es war, als hätten die Militärs schon die Macht übernommen.

Die alte Frau hatte mir direkt in die Augen gesehen. »*A lo largo de mi vida*«, hatte sie zu mir gesagt, »im Laufe meines Lebens haben uns die weißen Menschen vieles angetan, aber so etwas noch nie. Immer wieder haben sie meinem Mann gesagt, daß sie uns jetzt unser Land wegnehmen werden.« Sie hielt inne. Und fügte dann hinzu: »Sie zwangen mich, dabei zuzusehen.«

Ich hatte den Blick abgewandt. Ich konnte nicht ertragen, was sie sah, die Zukunft, die sie voraussah, weil die Vergangenheit sie schon gelehrt hatte, was ihr bevorstand. Ich hatte mir so brennend gewünscht, ein *chileno* zu werden, dazuzugehören; und das bedeutete letztlich, daß alles, was ihr und ihresgleichen seit Jahrhunderten angetan wurde, nun auch mir widerfahren konnte. Vielleicht hatte ich mich für einen kurzen Moment in dieser Indianerin wieder erkannt, hatte mir vorgestellt, daß mein Körper wehrlos gemacht wurde wie der dieser alten Frau, einer Fremden in ihrem eigenen Land; vielleicht; doch ich konnte ihre visionäre Generalprobe der Gewaltherrschaft, die das Land schon bald heimsuchen würde, nicht ertragen. Deshalb glaube ich eine Woche später, als Claudio sagt, es werde alles in Ordnung kommen, bereitwillig an ein Wunder.

Nicht daß wir heute abend viel Zeit zum Plaudern hätten. Claudio hat zu tun, und ich habe einen Sohn, der lautstark seine Gutenachtgeschichte fordert. Als wir uns verabschieden, deutet nichts darauf hin, daß dies das letzte Mal ist, daß wir miteinander reden.

Ich lege den Hörer auf.

Und gehe nach nebenan, um Rodrigo zu beruhigen, um meinem Sohn zu sagen, daß der Tod nicht existiert, daß ich bei ihm sein werde. Gemeinsam können wir die Einsamkeit noch ein letztes Mal überlisten.

Ich sage ihm natürlich nicht, daß es wirkliche Ungeheuer gibt da draußen und daß das, was sie einem menschlichen Leib antun können, möglicherweise schlimmer ist als der Tod. Daß wir vor dem Sterben Angst haben sollten, dem Schmerz vorher und nicht der Leere danach. Daß das Exil uns ins Gesicht starrt, daß er und ich und seine Mutter diesen Ort, wo wir ihm das Leben geschenkt haben, bald verlassen und erst in vielen, zu vielen Jahren wieder zurückkehren werden. Ich sage ihm nicht, daß der Tod und die Angst vor dem Tod unweigerlich ins Exil führen.

Wir haben genug Zeit, morgen und an den vielen Tagen danach, das gemeinsam herauszufinden.

Vorerst sage ich meinem Sohn nichts von alledem. Kein Wort.

Was soll ich sonst tun?

Ich mache die Lichter aus und erzähle meinem Sohn ein Märchen.

2

Über die Entdeckung des Lebens und der Sprache im frühen Alter

Ich fiel.

Es war der 6. Mai 1942, die Stadt hieß Buenos Aires, ich war soeben geboren worden und schon zwei Sekunden später in Gefahr.

Man mußte es mir nicht sagen. Ich wußte es, vor allem anderen. Aber meine Mutter warnte mich trotzdem, daß ich fiele, es waren die ersten Worte, die ich hörte – auch wenn ich sie in meinem Gehirn noch nicht registriert haben kann. In der Erinnerung meiner Mutter waren es die ersten Worte, die in meiner Gegenwart ausgesprochen wurden. Ein seltsames Omen, daß von den vielen Wörtern, die in das zerrissene Chaos, den Wahnsinn meiner Geburt vordrangen, die einzigen Sinnsplitter, die meine Mutter vor der Auslöschung bewahren konnte und die sie später zu einer Familienlegende einfror, diese Warnung war.

Es war nicht als metaphysische Aussage gemeint. Man hatte meiner Mutter Lachgas verabreicht, um ihre Schmerzen während der Geburt zu lindern, und als ihr Baby dann zum Waschen auf einen Tisch neben ihr gelegt wurde, glaubte sie in ihrem Dämmerzustand, es läge schief und der Junge würde hinunterrollen. Sie stieß einen Schrei aus. »Doctor«, rief sie, und meine verständnislosen Ohren müssen den Klang, der keinerlei Bedeutung für sie besaß, aufgenommen haben. »Doctor, *se cae el niño, se cae el niño.*« Sie sagte dem Arzt, der Junge würde gleich herunterfallen.

Was meinen Körper betraf, so irrte sie. Sie hatte recht, was meinen Geist, mein Leben, meine Seele anging. Ich fiel. Wie jedes Kind, das jemals geboren wurde, fiel ich in die Einsamkeit und das Nichts, kopfüber und haltlos, und meine Mutter hielt buchstäblich mit ihren Worten, durch den schlichten Akt, ihrer Angst in einer menschlichen Sprache Ausdruck zu geben, meinen Fall auf, indem sie mich ins Spanische einführte, indem sie das Spanische aussandte, um mich aufzufangen, mich zu wiegen, mich vom Abgrund wegzuziehen.

Ich war ein Säugling: ein leeres Stück Papier, auf das jeder Fremde seine Unterschrift kritzeln konnte. Ein passiver kleiner Bastard, ein Schiffbrüchiger, ein Passagier ohne Rückfahrkarte, nicht einmal sicher, daß ein Lächeln, ein Schrei – meine einzigen Waffen – mir helfen würden, aufzutauchen. Und da war plötzlich das Spanische zur Stelle, um mich zu retten, in dem ersten Schrei meiner Mutter und bald darauf in ihrem Murmeln und in ihren Schlafliedern, in der tiefen, beschützenden Stimme meines Vaters, in seinen Scherzen und in den liebevollen Umarmungen, in die mich die riesige Familie bald einhüllen sollte. Möglich, daß dies mein erstes Exil war: Ich hatte nicht darum gebeten, geboren zu werden, nichts hatte ich selbst gewählt, weder mein Gesicht noch das meiner Eltern, weder diese extreme Empfindsamkeit, die stets in mir gebrodelt hat, noch den bald auftretenden Hautausschlag, weder das leichte Asthma noch mein Nachbarland, geschweige denn meinen unaussprechlichen Namen. Aber die spanische Sprache stand am Beginn meines Körpers oder vielleicht dort, wo mein Körper endete und die Welt begann, und lockte diesen Körper ins Leben hinein, wie es nur ein Liebender vermag, überzeugte mich allmählich, Silbe für Silbe, daß das Leben lebenswert war, daß wir gemeinsam die Dämonen an den äußeren Grenzen bezähmen und sie unserem

Willen unterwerfen würden. Daß alles benannt werden kann und deshalb, theoretisch oder zumindest in unseren Wünschen, die Welt uns gehört. Und daß, wenn wir die Welt nicht besitzen können, niemand uns daran zu hindern vermag, uns alles darin vorzustellen, alles, was diese Welt sein kann, alles, was sie jemals war.

Mein Spanisch, es versprach, sich um mich zu kümmern.

Und eine Zeitlang erfüllte es sein Versprechen.

Es sagte mir nicht, daß in demselben Augenblick, da es mir die Welt versprach, diese Welt von anderen in Frage gestellt würde, von Menschen im Schatten, die andere Pläne für mich hegten, neue Verbote für mich vorgesehen hatten, Menschen, die genauso verzweifelt darum kämpften, nicht zu fallen wie ich bei meiner Geburt, die verzweifelt um den Aufstieg kämpften, um den Aufstieg zur Macht.

Auch erzählte die spanische Sprache nicht, daß an ihren Grenzen andere Sprachen umherstreiften, auf mich warteten, gierige Sprachen, versessen darauf, in mein Territorium einzudringen, einen Fuß hineinzubekommen, bereit, beim geringsten Anzeichen von Schwäche die Herrschaft zu übernehmen. Nicht einmal heimlich verriet sie mir auch nur ein einziges Wort von ihrer eigenen imperialistischen Vergangenheit, davon, daß sie so viele Menschen, die in andere Sprachsysteme hineingeboren worden waren, unterworfen und sich einverleibt hatte – zuerst in den Jahrhunderten ihres triumphalen Aufstiegs auf der iberischen Halbinsel und dann, nach der sogenannten Entdeckung, auf dem amerikanischen Kontinent, wo sie die Ureinwohner bekehrte und später Sklaven domestizierte. Und das bloß deshalb, weil die Menschen, die zufällig das Spanische in der Großhirnrinde mit sich herumtrugen, rücksichtsloser und gerissener und technisch versierter waren als jene, die Katalanisch oder Baskisch, Aymará oder Quechua oder Swahili in sich trugen. Auch gab sie mir keinerlei Hinweis darauf, daß Englisch zum Norden gehörte und selbstzufrieden lächelte in der Gewißheit, daß es den Geist erzeugen würde, der jetzt diese Worte schreibt, daß ich mich dessen Zauber schließlich würde unterwerfen müssen. Auch ahnte ich nicht, daß das Englische mir das antun würde, was das Spanische selbst im Laufe seiner Evolution so viele Male anderen, ja auch meinen eigenen Eltern angetan hatte: Es hatte sie aus den Armen ihrer ursprünglichen Sprache gerissen.

Und doch ist das unfair dem Spanischen gegenüber – und deshalb auch dem Englischen gegenüber. Sprachen breiten sich nicht nur durch Eroberungen aus. Sie wachsen auch, indem sie jenen einen sicheren Hafen bieten, die in der Gefahr Zuflucht zu ihnen nehmen, jenen Menschen, die aus einem weitaus weniger sicheren Ort als dem Mutterschoß fallen, jenen, die wie meine Eltern gezwungen werden, aus ihrem Geburtsland zu fliehen.

Schließlich würde ich heute gar nicht leben, wenn das Spanische meinen Eltern nicht großzügig eine Möglichkeit geboten hätte, miteinander Verbindung aufzunehmen. Ich wurde auf spanisch gezeugt, buchstäblich ins Dasein imaginiert durch diese Sprache, wurde von meinen Eltern in einem Spanisch, das es bei ihrer eigenen Geburt nicht gegeben hatte, in die Existenz geflirtet, geworben und gepaart.

Das Spanische konnte mich deshalb im Fall auffangen, weil es viele Jahre zuvor meine Mutter und meinen Vater genauso sanft und mit vielen derselben Versprechungen aufgefangen hatte.

Meine Eltern waren beide Anfang der zwanziger Jahre von Osteuropa aus zu ihrer neuen Sprache gekommen. Sie waren Kinder jüdischer Emigranten in Argentinien – aber weiter reicht die Parallele nicht, denn ihre Verführung durch das Spanische hätte nicht unterschiedlicher sein können.

22

Dahinter verbirgt sich eine Geschichte. Mehr als eine.

Ich werde bei meiner Mutter beginnen. Sie erlebte die Auswanderung auf traditionellere, fast archetypische Art.

Fanny Zelicovich Vaisman wurde 1909 in Kischinew geboren. Ihr Geburtsort war, wie ihr Leben, in hohem Maße den zufälligen Schwankungen der Geschichte unterworfen: Damals gehörte Kischinew zu Großrußland, 1918 wurde die Stadt Rumänien einverleibt und 1940 der Sowjetunion – was zur Folge hatte, daß sie nach dem Zusammenbruch dieses Landes Hauptstadt Moldawiens wurde. Wenn meine Mutter dort geblieben wäre, hätte sie, ohne je aus der Straße wegzuziehen, in der sie das Licht dieser Welt erblickt hatte, viermal die Nationalität wechseln können. Andererseits hätte sie, wenn sie dort geblieben wäre, wahrscheinlich nicht lange genug gelebt, um die vielen Wechsel der Staatsbürgerschaft mitzumachen.

Ihr Großvater mütterlicherseits, ein Viehhändler, wurde während des Pogroms von 1903 ermordet. Viele Jahre später erzählte Karl, der Onkel meiner Mutter, die Geschichte, und zwar, man stelle sich das einmal vor, in Los Angeles. Das war 1969, und er muß weit über Achtzig gewesen sein, aber er weinte wie ein Kind, als er sie uns erzählte, die Tränen strömten ihm übers Gesicht, er sprach in gebrochenem Englisch, sprang gelegentlich ins Jiddische und wurde halbwegs von meiner Mutter ins Spanische übersetzt, damit Angélica und ich sie verstehen konnten. Orkanartig und ungemildert durch die verstrichene Zeit implodierte sein Schmerz in die Sprachmischung: wie sich seine Mutter mit ihm und seinen Schwestern und Brüdern in einer Kirche versteckt, wie sie stundenlang gelauscht hatten, während die Kosaken draußen wüteten – die Schreie in russischer, die Hilferufe in jiddischer Sprache, die Pferde, die Pferde, flüsterte mein Großonkel Karl –, und wie sie erst wer weiß wie viele Jahrhunderte später wieder hervorgekommen und ihren Vater tot gefunden hatten, die Kehle durchgeschnitten, und wie er seinen Vater in den Armen gehalten hatte.

Dieses Erlebnis, so scheint es, hatte die Familie nach Äonen der Verfolgung schließlich veranlaßt, auszuwandern. Australien wurde erwogen und die Vereinigten Staaten, aber die Wahl fiel auf Argentinien: Baron Maurice de Hirschs Jüdische Siedlungsgesellschaft hatte dazu beigetragen, die Pampa jenen Juden zugänglich zu machen, die sehnlichst darauf warteten, endlich Landbesitzer zu werden und die Prärie in fruchtbare Felder zu verwandeln. Zwei Brüder meiner Großmutter Clara machten sich auf den Weg, und als sie nach Hause schrieben, die Straßen von Buenos Aires seien mit Gold gepflastert, begann auch die übrige Familie, Pläne zur Auswanderung zu schmieden. Nur Claras Mutter konnte nicht emigrieren: Ihre jüngste Tochter hätte die Gesundheitsprüfungen der argentinischen Behörden nicht bestanden, offenbar deshalb, weil sie Meningitis gehabt hatte und geistig stark zurückgeblieben war. Was bedeutete, daß beide, Mutter und Tochter, drüben in Kischinew lebten, bis sie von den Nazis umgebracht wurden. Meiner Mutter zufolge ging an dem Tag, als die Braunhemden in die Stadt einrückten, die alte Frau hinaus auf die Straße, beschimpfte sie und wurde auf der Stelle erschossen. Und obwohl ich gern geglaubt hätte, daß diese Geschichte der Wahrheit entsprach, obwohl ich gern eine Großmutter gehabt hätte, die sich nicht in ein Konzentrationslager hatte karren lassen, sondern ihre Feinde zwang, sie auf denselben Straßen zu töten, wo ihr Mann abgeschlachtet worden war, habe ich mich oft gefragt, ob diese Version nicht eine Erfindung ist, mehr dazu gedacht, die Lebenden aufzurütteln, als den Toten Ehre zu erweisen.

Fest steht jedenfalls, daß meiner Mutter solch ein Schicksal erspart blieb, weil ihre Eltern mit ihr das Land verließen. Im Alter von drei Monaten fand sie sich auf einem

Schiff von Hamburg nach Argentinien wieder, wo es vielleicht keine Pogrome gab, aber trotzdem so viele Nazis und Nazifreunde, daß sie, sechsunddreißig Jahre später, in ihr nächstes Exil gezwungen wurde. Die zwiespältige Haltung ihres Gastlandes gegenüber den Juden kündigte sich schon bei zwei bösen Erfahrungen an, die sie in sehr jungen Jahren mit der spanischen Sprache machte.

Mit sechs Jahren, so erzählt meine Mutter, schickte man sie in die Schule. Nachmittags wurden dort private Klavierstunden angeboten, und meine Großmutter Clara bestand darauf, daß ihr Kind daran teilnahm. Vielleicht war das ihre Art, unter Beweis zu stellen, wie vornehm und kultiviert die Familie geworden war. An einem der ersten Nachmittage stand meine Mutter allein im Musikzimmer und wartete auf den Lehrer, als plötzlich die Tür zuschlug. Draußen begann ein spöttischer Chor argentinischer Kinder, ihr auf spanisch etwas zuzurufen. Sie versuchte, die Tür zu öffnen, aber die Kinder hielten sie fest zu. »*No podés*«, höhnten sie. Du kannst die Tür nicht öffnen, weil du eine Jüdin bist, »*porque sos judía.*« Ganz gewiß nicht die ersten Worte, die sie auf spanisch hörte, aber die ersten spanischen Worte, an die sie sich stets erinnern sollte, Worte, die wie eine Narbe in ihrem Gedächtnis geblieben sind. Du sprichst komisch, sagten sie zu ihr. Du sprichst komisch, weil du eine Jüdin bist.

Wahrscheinlich sprach sie komisch. Jahrelang war Jiddisch in Argentinien die einzige Sprache, mit der sie sich in ihrer Familie verständigten. Es stimmt, daß der Vater meiner Mom, Zeide, sich zwang, ein paar Brocken Spanisch zu lernen: Eine Woche nach seiner Ankunft in Argentinien ging er in Buenos Aires mit Decken hausieren, er fing bei der jüdischen Gemeinde an, klopfte bald auch an die Türen spanisch sprechender Gojim, und das Geschäft ging so gut, daß er bald einen kleinen Laden aufmachen konnte. Aber seine Frau hielt sich meist, zumindest in jenen ersten Jahren, von dem neuen Leben fern, von der neuen Sprache – fast so, als fürchtete Clara, ihre kleine Tochter an sich gepreßt, dort draußen lauerten immer noch die Kosaken, bereit zum Angriff.

Statt der gefürchteten Kosaken trat unerwartet ein anderer Militär in das Leben der Familie und überzeugte, mehrere Jahre bevor diese antisemitischen Gören in der Schule meiner Mutter den Zutritt zur Gemeinschaft verweigerten, meine Baba Clara davon, daß Argentinien wirklich willens war, die Einwanderer willkommen zu heißen.

Eines Tages kam ein argentinischer Oberst aus der Villa seines Bruders, die unmittelbar neben dem Haus der Zelicovichs lag. Er trat in die sengende Hitze des bonaerensischen Sommers und sah auf dem Gehsteig seine kleine Nichte mit einem hübschen blonden, fremdartig aussehenden Mädchen spielen – meiner Mutter, die damals vermutlich drei, vielleicht auch vier Jahre alt war und mittlerweile von den Nachbarskindern ein paar Wörter Spanisch aufgeschnappt hatte. Der Oberst ging auf die beiden zu, streckte seiner argentinischen Nichte eine Hand entgegen und zog mit der anderen nicht etwa eine Pistole heraus, um meine Mutter zu erschießen, sondern nahm ihre kleine Hand und schlenderte mit beiden Mädchen zur Ecke, um ihnen ein Eis zu kaufen. Ein unbedeutender Vorfall, nicht jedoch für Baba Clara: Als die Mutter meiner Mutter den Armeeoffizier so freundlich mit den Kindern losziehen und sie dann mit üppigen Eistüten zurückkehren sah, war sie über die Maßen erstaunt. Sie habe die Hände zum Himmel erhoben, sagte sie später, um dem Herrn zu danken. Ein Oberst, jeder Angehöriger jedweder Armee, war ein Teufel, ein potentieller Judenmörder: Daß solch ein Mensch ein Kind aus dem Stamme Israels mit seiner Nichte auf ein Eis einlud, war genauso wundersam, als würde der Zar die Thora zitieren.

Meine Mutter kann sich nicht mehr an jenen Militär erinnern, auch nicht an die kleine Freundin oder das Eis. Was sie im Gedächtnis gespeichert hat, ist die Reaktion ihrer Mutter. Die Stimme ihrer Mutter an jenem Abend, die ihrer skeptischen Schwester Rosa auf jiddisch von den Wundern Argentiniens und seiner Liebe zu den Juden erzählte. Oder war das bei einer späteren Gelegenheit? Denn Clara erzählte diese Begebenheit mit dem Offizier über all die Jahre wieder und wieder. Paradox, daß dies ausgerechnet auf jiddisch geschehen sein soll, weil die Geschichte doch vom Niedergang dieser Sprache erzählt und ihn voraussagt und weil sie zeigt, wie Freundlichkeit das Jiddische zum Rückzug zwang. Es ist eine Geschichte über die ersten zaghaften, freiwilligen Schritte in eine Welt, in der es des Jiddischen nicht bedurfte. Eine Welt, die von meiner Mutter verlangen sollte, was sie von allen Einwandererkindern verlangt: daß sie die Sprache ihrer Vorfahren aufgab, wenn sie durch die Tür gehen wollte, die jene Kinder bald zuschlagen würden. Ich glaube, diese Geschichte blieb so viele Jahre im Gedächtnis der Familie, weil sie eine Gründungsgeschichte ist: die prophetische Geschichte, wie meine Mutter ihr Elternhaus verlassen und sich assimilieren würde, indem sie vor dieser Geistersprache der Vergangenheit in die Straßen entfloh, in denen überall die spanische Sprache widerhallte.

Die Straßen, auf denen mein Vater viele Jahre später auf sie wartete.

Bis dahin sprachen sie, zu meinem Glück, beide Spanisch. Heute kann ich beinahe hören, wie er sie in der einen Sprache, die ihnen gemeinsam war, überredete, ihn zu heiraten, so viele Jahre später versuche ich, in ihren Liebesakt hineinzuhorchen, zu lauschen, wie sie mich zeugten, wie ihre Sprache mich aus dem Nichts heraus zusammenpaarte, mich schuf aus der Nacktheit der Nacht, *la desnudez de la noche.*

Der Weg meines Vaters zu den Wundern des dürftigen Spanisch, das er ihr ins Ohr raunte, war nicht so direkt und einfach gewesen wie der meiner Mutter. Statt des gewöhnlichen Staffellaufs, bei dem eine Sprache die andere ersetzt, hatte mein Vater eher eine spiralförmige Reise in die Zweisprachigkeit unternommen.

Er war ja auch nicht einmal, sondern zweimal nach Argentinien ausgewandert. Wichtiger war vielleicht jedoch, daß er aus einer in der Kunst der Sprache äußerst talentierten Familie stammte, ein Talent, das ihm schließlich mehrmals das Leben retten sollte.

Adolfo wurde 1907 in Odessa, heute Ukraine, damals Großrußland, in eine wohlhabende jüdische Familie hineingeboren, die schon mindestens ein Jahrhundert, wahrscheinlich aber länger, dort ansässig war. Sein Vater, David Dorfman, sprach sowohl Russisch als auch Englisch und Französisch fließend, genauso seine Mutter, Raissa Libowitsch, die sich, nach drei Jahren Studium in Wien, auch auf deutsch unterhalten konnte. All diese Sprachen, aber kein Jiddisch: Sie hielten sich selbst für assimiliert, kosmopolitisch, für echte Europäer. Daß David und Raissa schließlich in Argentinien landeten, lag nicht an irgendeinem Pogrom. Im Gegenteil, das Pogrom, bei dem der Großvater meiner Mutter umgekommen war, war in Odessa von jüdischem Mob und jüdischen Gangstern niedergeschlagen worden, die Isaak Babel in seinen Werken später unsterblich machte. Daß die Familie meines Vaters ihre Staatsangehörigkeit aufgab, hatte einen viel banaleren Grund, die Schwierigkeiten der Mittelklasse nämlich: Im Jahre 1909, etwa zu der Zeit, als jenseits des Schwarzen Meers meine Mutter geboren wurde, ging David Dorfmans Seifenfabrik bankrott, und er sah keinen anderen Weg, seinen Gläubigern zu entkommen, als nach Übersee zu fliehen. Nur ein Siegel, verwendet, um bestimmte, besonders duftende Seifenstücke zu stempeln, bleibt von dem Unternehmen im Besitz meines Vaters: »Kairo-Duft«, verkündet es großspurig auf russisch. Aber anstatt sich nach dem mythischen Kairo des Siegels aufzumachen, brach mein Großvater zum entfernteren und verheißungsvolleren Buenos Aires der Geschichte auf. Und ein Jahr später folgten ihm seine Frau und sein dreijähriger Sohn Adolfo.

Einige Jahre darauf – es war das Jahr 1914, und das Kind war sechs – führte die Geschichte Raissa und ihren Sohn wieder nach Rußland, angeblich zu einem Besuch der Familie, obwohl sich hartnäckig das Gerücht von einer anderen Frau hält, mit der sich David aus unziemlichen Motiven getroffen haben soll. Ob der Klatsch der Wahrheit entspricht oder nicht, sicher ist, daß sich meine Großmutter und mein Vater den schlechtesten Zeitpunkt für eine Rückkehr ausgewählt hatten: Sie wurden in die Wirren des Ersten Weltkriegs und dann der Russischen Revolution verwickelt. Die Gründe für ihr Bleiben sind immer im dunkeln geblieben. »Wir glaubten, diese Preußen in wenigen Monaten zu schlagen, es würde ein Spaziergang werden«, erzählte mir meine Baba Pizzi ein halbes Jahrhundert später, als sie und die ganze Welt wußten, daß es alles andere als ein Spaziergang gewesen war. »Und«, fügte sie hinzu, »man denkt immer, bald ist es zu Ende, und dann geht es doch weiter, und man wartet noch ein bißchen länger, man hat so viel Hoffnung in den Glauben gesteckt, alles sei morgen zu Ende, daß man nicht so schnell aufgeben möchte.« Pizzi erzählte mir das bei meinen Besuchen in Buenos Aires auf englisch, bevor ich am eigenen Leib erfuhr, wie es ist, wenn man glaubt, daß etwas Schreckliches bald aufhört. Bevor mein eigenes Exil mich lehrte, daß wir einen Gutteil unseres Lebens in dem Glauben verbringen, die Dinge würden sich bessern, weil wir uns nicht vorstellen können, nicht vorstellen wollen, daß alles noch schlimmer wird.

Mein Exil – als ich nach meiner Flucht aus Chile aus Buenos Aires floh; mein Exil – als in Amsterdam das Telefon klingelte, ich die Nachricht erhielt, daß Pizzi gestorben war, und ich begriff, daß die Verbannung einem nicht nur die Lebenden raubt, sondern auch die Sterbenden. Pizzi war gestorben, und ich war nicht dagewesen, nie mehr würde ich neben ihr sitzen und sie nach der Vergangenheit fragen, nach den Stufen von Odessa und dem *Potemkin*, nach der russischen Geheimpolizei, die das Haus durchsuchte, nie wieder würde ich sie nach dem Tag fragen können, an dem mein Vater meine Mutter mit nach Hause brachte, um sie als seine zukünftige Frau vorzustellen, nie mehr würde ich mit meiner Lieblingsgroßmutter über die Schwierigkeiten sprechen können, die sie als Journalistin in Buenos Aires hatte, nie wieder würde ich hören, wie sie für mich die Kindergeschichten ins Englische übersetzte, die sie für argentinische Sonntagszeitungen schrieb und die sie bereits vom Russischen ins Spanische übersetzt hatte, so, wie sie als erste *Anna Karenina* ins Spanische übertragen hatte. Nie wieder würde ich aus ihrem Munde hören, wie sie die harte Kriegszeit überstanden hatten, wie sie jene Jahre allein mit ihrem Sohn gelebt und sich darauf vorbereitet hatte, in das Land zurückzukehren, in dem ihr Mann auf die beiden wartete.

Und dann war die Revolution ausgebrochen. Wie so viele Juden war auch Pizzi damals eine ihrer glühendsten Verfechterinnen. Aber wie sollte man seinen Lebensunterhalt verdienen, wenn überall Unruhe und Tumult herrschten? Während ihr Sohn unter Kugelhagel an mit roten Sprüchen bemalten Wänden vorbei zur Schule ging und die Stadt über Nacht in andere Hände überging, sorgte sie dafür, daß er ein Zuhause hatte, daß ein Essen für ihn auf dem Tisch stand und er die Schule zu Ende brachte. Und all das nur dank ihrer Sprachen – sie hielten die beiden am

Leben. Meine Großmutter war sprachlich so bewandert, daß sie zuerst bei Litwinow zu arbeiten anfing und am Ende sogar für Trotzki, den prominentesten bolschewistischen Juden. Sie dolmetschte für ihn bei den Friedensgesprächen mit den Deutschen in Brest-Litowsk, wo das Schicksal der Sowjetunion besiegelt wurde, und konnte sich noch daran erinnern, wie er in dem Zug auf und ab ging, der durch die Ukraine zu dem Treffen raste: wieviel aufgeben, wie viele Zugeständnisse machen, wieviel für den Frieden und die Zeit bezahlen, die man brauchte, um eine neue Armee aufzubauen, eine neue Gesellschaft?

Und während sie Deutsch in Russisch übersetzte, um zu überleben, übersetzte ihr Mann auf der anderen Seite der Erde geduldig vom Russischen ins Spanische, um sie und den Jungen sicher nach Argentinien zu holen. Als die Revolution ausbrach, wurde es fast unmöglich, Menschen gefahrlos aus der neugebildeten Sowjetunion herauszubringen, aber mein Großvater hatte einen Plan ausgeheckt: Eine ganze Flut von Einwanderern strömte nach Argentinien, und die Polizei brauchte Leute, die für sie übersetzten und das Ganze in geordnete Bahnen lenkten. David fand dort Arbeit und hoffte, sein neuer Posten würde seine Behauptung untermauern, daß seine in der Ferne lebende Frau und sein Sohn de facto argentinische Bürger waren und es angebracht sei, ihnen bei der Ausreise aus der Ukraine zu helfen. Es ist kaum zu glauben, aber er konnte einen Beamten der argentinischen Regierung überreden, einzugreifen, und noch unglaublicher war, daß jemand im hektischen sowjetischen Außenministerium ein Ohr für das Problem hatte, und so konnten Raissa und Adolfo das letzte Schiff nehmen – wenigstens lautet so die Familienlegende –, das Ende 1920 Odessa verließ. Mein Vater erinnert sich noch an einen blinden Passagier – an die Soldaten der Roten Armee, die an Bord kamen, und an den angstvollen Blick des jungen

Mannes, der wußte, daß er sterben würde: Sie zerrten ihn fort, schleppten ihn in das glorreiche Odessa der Jugendzeit meines Vaters zurück, das jetzt das Odessa der Gefahr und des Todes war.

Natürlich kann man es nicht mit Sicherheit sagen, aber höchstwahrscheinlich, so mein Vater, hätten er und seine Mutter das Schreckensjahr 1921 nicht überlebt. Der Bürgerkrieg, die Hungersnot, die Seuche dezimierten die Bevölkerung Odessas und vieler anderer Städte: Der größte Teil von Raissas Familie, die im Land zurückblieb, starb. Unter den Toten war auch Iljuscha, Adolfos älterer Vetter. Für den vaterlos aufwachsenden Jungen war Iljuscha sieben einsame Jahre lang ein Beschützer gewesen, ein Engel, ein Bruder. Dieser Vetter nahm meinen Vater mit, als er sich in die Wirren der Revolution und der Revolutionsromantik stürzte. Die Teilnahme meines Vaters ging zwar nicht über das Tragen eines geheimnisvollen schwarzen Beutels hinaus, den Iljuscha immer in seiner Nähe haben wollte, ein Beutel, der anscheinend nichts Gefährlicheres als Gedichte und Pamphlete enthielt, aber es war die erste politische Aktivität im Leben meines Vaters, die er nie vergessen sollte. Die Erinnerung an Iljuscha verfolgte Adolfo durch die turbulenten zwanziger bis hinein in die dreißiger Jahre, als Argentinien selbst auf eine Revolution zusteuerte.

Die spanische Sprache empfing meinen Vater mit offenen Armen, es war eine sanftere Begrüßung als die, die meine Mutter erfahren hatte. Entweder weil er bereits als Kind Erfahrungen mit dieser Sprache gemacht hatte oder weil seine Eltern selbst mehrsprachig waren, beherrschte er das Spanische bald schriftlich wie mündlich ausgezeichnet. Es war so gut, daß der russische Emigrant Dorfman kurz nach seinem Abschluß an der Universität die erste Geschichte der argentinischen Industrie verfaßte und veröffentlichen ließ und der führende Experte des Landes auf diesem Gebiet wurde. Weitere Bücher, zahlreiche Artikel und Aufsätze folgten, alle befaßten sich mit Argentinien und seiner Zukunft, und alle waren auf spanisch abgefaßt – offenbar hatte er sich mit Haut und Haar seinem neuen Land und seiner neuen Sprache verschrieben.

Mein Vater war zweisprachig und ist es bis zum heutigen Tag geblieben. Daß er sein Russisch nicht verlernte, ist vermutlich darauf zurückzuführen, daß er seine entscheidenden Jahre in Odessa verbracht hatte und das Russische in seinem Vokabular die ganze Kraft der nationalen Souveränität, der Literatur und der Weite des Landes enthielt – im Gegensatz zu der Sprache, die meine Mutter aufgab, ein Jiddisch, das kein Territorium besetzte, keinen Namen auf der Karte der Nationen besaß und niemals von einem Staat offiziell gefördert worden war. Daß mein Vater am Russischen festhielt, macht aber vielleicht noch etwas anderes deutlich: einen Zwiespalt, unter dem meine Mutter nicht litt. Indem sie sich des Jiddischen entledigte, brach sie gleichsam mit der Vergangenheit und verschrieb sich dem Argentinien, das sie an jenem Tag als Dreijährige bei der Hand genommen und auf spanisch zu einem Eis eingeladen hatte. Es fiel ihr leicht, ihre erste, ihre ursprüngliche Sprache abzuspalten, sie in eine entrückte Vergangenheit zu verbannen, ein Tor zu einem Land, das nur noch in den Überbleibseln nebulöser Familienanekdoten existierte. Ihre Einsprachigkeit war eine Art Feststellung, daß die jiddische Sprache unbedeutend geworden war für die Gegenwart, für ihre Gegenwart.

Dasselbe hätte mein Vater niemals von der russischen Sprache sagen können. Die Sprache seiner Jugend, die Sprache, die seine Eltern mit ihm zu Hause gesprochen hatten, sollte für viele aus der Generation meines Vaters – in Argentinien und überall auf der Welt – die Sprache verkörpern, in der die Zukunft erbaut wurde: Die erste sozialistische Revolution in der Geschichte, der erste sozialistische Staat, der erste Ort auf der Erde, wo der Mensch nicht mehr vom Menschen ausgebeutet wurde. Schon immer vage links eingestellt und rebellisch, hatte sich mein Vater Anfang der dreißiger Jahre der Kommunistischen Partei angeschlossen und den Marxismus angenommen. Wie viele Männer und Frauen seines Alters sah er keine andere Alternative zu den, wie er meinte, Todeskämpfen des Kapitalismus, der unter der Depression ins Wanken geriet. Es ist eine der Ironien der Geschichte, daß gerade die glühenden Internationalisten, die dem Nationalstaatsgedanken und dem Chauvinismus so kritisch gegenüberstanden und die verkündeten, nur die Bruderschaft des Proletariats aller Länder könne die Menschheit befreien, am Ende ihr Leben, ihre Ideen und Wünsche der Politik und dem Diktat eines einzigen Landes unterwarfen, der Sowjetunion. Sie aber sahen darin keinen Widerspruch: Den realen Sozialismus in dem einen Land zu verteidigen, wo er die Macht übernommen hatte, bedeutete, einen Staat zu unterstützen, der durch sein leuchtendes Beispiel – und später durch seine Armee – dazu beitragen würde, jedem Winkel auf diesem Erdball Freiheit und Gleichheit zu bringen.

Und die Moskauer Prozesse? Und Stalins Säuberungen? Und die Hungersnot und die Zerschlagung der Bauernschaft? Und das Massaker von Kronstadt? Und die geballte bürokratische Macht einer neuen Elite, die im Namen der breiten Masse sprach?

Nur wenige Kommunisten protestierten damals, nur wenige schien das überhaupt zu kümmern. Mein Vater war da keine Ausnahme. Obwohl ich mich frage, ob die Liebesaffäre meines Vaters mit der Sowjetunion nicht auch gestützt und sogar bestärkt wurde durch seine Romanze mit der russischen Sprache, durch den Umstand, daß es sich bei der Sprache, die ihn auffing, als er in den Abgrund der Geburt fiel, zufällig genau um die Sprache handelte, die seiner Ansicht nach dazu bestimmt war, die gesamte gefallene Menschheit zu erlösen. Die Sprache seines toten Vetters, die Sprache in den Straßen von Odessa, die Sprache der Revolution: Die Vergangenheit meines Vaters war nicht etwas, das man hätte wegwerfen können, wie meine Mutter ihr Jiddisch wegwarf. Sie konnte durchaus neben seiner argentinischen Gegenwart existieren und sie befruchten und die beiden Seiten und Abschnitte seines Lebens – Rußland und Lateinamerika – zusammenführen zu einer Zukunft ohne Nation, zum Sozialismus in Argentinien.

Aber eigentlich bedarf es gar nicht einer solchen populären Psychologisierung und auch nicht eines Rückgriffs auf die Sprache, um die blinde Bewunderung meines Vaters für die Sowjetunion zu erklären. Die Geschichte lieferte genügend Gründe. Die Konsolidierung der Stellung Mussolinis, der Aufstieg Hitlers und dann der Bürgerkrieg in Spanien brachten zahllose Revolutionäre dazu, jegliche Zweifel über Bord zu werfen (wenn sie denn welche hatten) und sich der einzigen Macht anzuschließen, die bereit war, den Nazis die Stirn zu bieten. Und selbst nachdem mein Vater Ende der dreißiger Jahre aus der Partei ausgeschlossen worden war – nicht wegen ideologischer oder politischer Differenzen, wie ich leider berichten muß, sondern aufgrund einer geringfügigen Meinungsverschiedenheit in einer abstrusen Frage innerparteilicher Demokratie – selbst da, selbst nach dem Hitler-Stalin-Pakt von 1939, hielt er hartnäckig an der marxistischen Philosophie und Politik fest.

So unbeirrbar, daß mein Vater mir bei meiner Geburt 1942 einen Namen gab, den ich mit neun Jahren aus Gründen, die ich später nennen werde, verabscheuen sollte: den flammenden Namen Vladimiro. Zu Ehren Wladimir Iljitsch Lenins und der bolschewistischen Revolution, die sich, wie mein Vater meinte, raschen Schritts der argentinischen Pampa näherte.

In Wirklichkeit näherte sich dieser Pampa der Faschismus – zumindest eine deformierte, abgemilderte kreolische Version desselben. Ein Jahr nach meiner Geburt, im Juni 1943, stürzte das Militär unter Führung von General Ramírez die konservative Regierung Ramón Castillos. Es war ein Sturz im Sinne der Achsenmächte, und dahinter stand die rätselhafte Gestalt des damaligen Oberst Juan Domingo Perón.

Schon bald geriet mein Vater mit diesen Männern aneinander. Als die neue Militärregierug die Universidad de la Plata übernahm, an der mein Vater lehrte, trat er empört zurück und schickte ihnen einen Protestbrief im Stil eines Emile Zola. Leider existiert davon keine Durchschrift, aber man hat mir erzählt, daß mein Vater darin die Armee beleidigt und ihr Repression, Ignoranz, Klerikalismus, extremen Nationalismus und vor allem ihre Vernarrtheit in Franco, Hitler und Mussolini vorgeworfen habe. Die Machthaber reagierten, indem sie ihn seines Amtes enthoben (so etwas geschah zum erstenmal in der Geschichte Argentiniens) und dann beschlossen, ihn vor Gericht zu bringen, wobei sie die Aberkennung seiner argentinischen Staatsbürgerschaft forderten. Als ich in der Wohnung meiner Eltern in Buenos Aires die alten Kisten hervorholte und die vergilbten regierungsfreundlichen Boulevardblätter von damals durchblätterte, las ich sie, die Schlagzeilen, die verlangten, daß man das »dreckige Judenschwein Dorfman« wieder nach Rußland verfrachtete, »wo er hingehört«.

Die Geschichte wiederholt sich tatsächlich, das eine Mal als Tragödie, das andere Mal als Farce: Fast ein halbes Jahrhundert später verlangten ultrakonservative, antisemitische Rechte in den Vereinigten Staaten dasselbe von mir und verfolgten mich, wo auch immer ich in einer Universität

36

eine Vorlesung über Chile hielt, mit Transparenten, auf denen stand Vladimiro zelicovich *(sic)* go home to russia. Dabei schwenkten sie Kopien einer zwanzigminütigen Rede, die Jesse Helms gegen mich im Senat gehalten hatte und die nur so strotzte von Informationen der chilenischen Geheimpolizei. Aber in den achtziger Jahren, in den Vereinigten Staaten, konnten mir diese Leute nichts anhaben. Die Menschen, die meinen Vater 1943 bedrohten, waren um einiges mächtiger.

Wieder fiel mein Vater.

Aber diesesmal sollte ihn nicht die russische Sprache auffangen und retten. Oder besser gesagt die Russen. Es würden ihre Erzrivalen sein.

Bevor er ins Gefängnis geworfen werden konnte, machte sich mein Vater mit einem bereits gewährten Guggenheim-Stipendium aus dem Staub. Mein antiimperialistischer Vater floh im Dezember 1943 in die Vereinigten Staaten, das mächtigste kapitalistische Land der Welt, und das im Schutz einer Stiftung, die mit dem Geld eines der größten Konsortien der Welt gegründet worden war. Geld, das aus den Zinnminen in Bolivien, vom Nitrat Chiles, den Kautschukplantagen im Kongo und den Diamanten in Afrika stammte, rettete meinen leninistischen Dad.

Aber die Amerikaner bereiteten die Landung in der Normandie vor, in Stalingrad wütete der Krieg, Auschwitz verbrannte Juden und Homosexuelle und Zigeuner, und Roosevelt hatte den New Deal erfunden, und überhaupt, selbst wenn sich meinem Vater nicht all diese nützlicherweise progressiven Gründe für seine Reise ins Herz des Imperialismus geboten hätten, gab es ein ganz praktisches Motiv: Er mußte fliehen. Und die Vereinigten Staaten waren das einzige Land, in das er gehen konnte.

Und deshalb auch das Land, wohin ihm, über ein Jahr später, im Februar 1945, der Rest der Familie folgte.

Zunächst flogen wir quer durch Lateinamerika, über Santiago nach Lima, von dort nach Cali und Barranquilla und schließlich nach Miami, jeder Flug war wegen des Krieges um ein, zwei Tage verspätet, als ob die spanische Sprache sich nur ganz langsam von mir verabschieden, als ob sie mich nur widerwillig zu einer Reise freigeben wollte, die sich am Ende als eine Reise in die Zweisprachigkeit entpuppte. Besonders bezeichnend und vielsagend an diesem allerersten Abstecher nach Norden war die Tatsache, daß die erste Nacht meines ersten Exils im Nachbarland, gleich jenseits der Anden verbracht wurde, in jenem Land, das bis heute für mich den Süden symbolisiert, in jener Stadt, Santiago de Chile, die viele Jahre später meine Heimat werden sollte. *Wundersam* ist vielleicht treffender als *bezeichnend*: weil ich meine erste Nacht in dieser Stadt in einem Hotel, dem Carrera, verbrachte, das dem Präsidentenpalast La Moneda gegenüberlag, wo ich in den letzten Tagen der Allende-Revolution so viele Nächte verbringen, auf die Plaza hinausschauen und einen Blick auf die Menschen hinter den Fenstern jenes Hotels werfen sollte, die wiederum auf mich blickten, vielleicht genau von dem Zimmer aus, in dem ich als kleines Kind geschlafen hatte. Eine geheimnisvolle Parallele, die noch erstaunlicher gewesen wäre, wenn ich in der Moneda umgekommen wäre – weil man in diesem Fall die erste Reise meiner Kindheit nach Santiago als echte Vorahnung hätte konstruieren können – das zweieinhalbjährige Kind besucht den Ort des Mordes, der ihm achtundzwanzig Jahre später bevorsteht.

Wenn es die Götter gäbe und sie zu literarischer Freizeitbeschäftigung neigten, hätten sie aus Vergnügen genau für dieses Ende gesorgt, sie hätten mein Leben genommen und eine verdammt gute Metapher geerntet. Aber zum Glück spielte mir niemand, der mächtig genug war, in mein Schicksal einzugreifen, einen makabren Streich.

Statt dessen war ich derjenige, der anderen Streiche spielte – meiner Mutter und meiner älteren Schwester, die den Großteil des einzigen Nachmittags, der ihnen für Besichtigungen zur Verfügung stand, im Hotelzimmer verbrachten und nach den Babyschuhen suchten, meinem einzigen Paar, das ich hinterlistig in einem Kopfkissenbezug versteckt hatte. Und das so boshaft geschickt, daß wir laut meiner Mutter fast die Gelegenheit verpaßten, vor Einbruch der Dunkelheit eine Rundfahrt durch die Stadt zu machen. Ich rede mir gern ein, daß der kleine Junge, der ich damals war, wußte, was er tat, daß er tatsächlich meine unschuldigen Augen davor bewahren wollte, einen ersten unschuldigen Blick auf Santiago zu werfen, davor, Angélica über den Weg zu laufen, der Frau meines Lebens, die an eben jenem Nachmittag die gleichen Luftpartikel am Fuß derselben Berge einatmete. Gern rede ich mir ein, er habe Santiago erkannt, habe gehört, wie die Stadt oder ihre Zukunft ihm leise zurief, er solle warten, sich bereithalten, die Schuhe verstecken. Vielleicht war es auch die Stadt, die ihn erkannte.

New York aber erkannte mich überhaupt nicht. Oder vielleicht ist Krankheit eine Form zu lieben, seine zärtlichen Gefühle zu zeigen, Kontakt aufzunehmen, denn der New Yorker Winter sickerte in die Lungen des Kindes, das immer noch im Geiste – wenn nicht im Körper – in die schwüle Hitze des bonaerensischen Sommers versunken war, New York ließ den Wind durch seine Kleider pfeifen, durch diesen Abklatsch eines Schneeanzugs, den seine Mutter hastig an der fernen südlichen Spitze der Hemisphäre zusammengenäht hatte, New York nahm dieses Kind in Anspruch, sagte ihm, daß es für ihn nicht leicht würde, daß es kein Schuhe-Verstecken in dieser Stadt gäbe, keine Touren mit Reiseführern: In dieser Stadt ist jedes Spiel Ernst, mein Kind.

Als unsere Familie aus dem Zug stieg und den Bahnsteig der Grand Central Station betrat, war da niemand, um uns zu begrüßen, nur die Kälte. Wir hatten in der Nacht den Süden der Vereinigten Staaten durchquert. Auch an diese Reise habe ich keine Erinnerung, außer daß mich Jahre später der Schauder einer tiefen Erkenntnis durchfuhr, als ich in einem Buch von Thomas Wolfe die Beschreibung las, wie sein langer, ratternder Zug der Heimat entgegenfuhr, zu der der Engel vergeblich hinblickte, der Heimat, in die man, wie er sagte, nie mehr zurückkehren kann – in diesem Zug hatte auch ich gesessen, hatte jenen US-amerikanischen Süden durchquert und meinen Latino-Süden verlassen. Ich erinnere mich also nicht mehr an den Augenblick, da ich zum erstenmal in meinem Leben den Beton des Nordens betrat, dort in New York, an der Hand meiner Mutter.

Mein Vater war nicht da.

Er tauchte fünfzehn Minuten später auf, erklärte, er habe sich geirrt oder der Zug sei auf einem anderen Gleis eingelaufen, aber meine Mutter hatte das Gefühl, daß etwas nicht stimmte, daß dieses verworrene Gerede nichts Gutes ahnen ließ, weil mein Vater abwesend und fremd wirkte und ihren Blick mied. Was mein Vater zu sagen nicht über sich brachte, war, daß er kurz vor unserer Ankunft, etwa um die Zeit, als ich meine Schuhe in einem chilenischen Kissen versteckte, in die US-Armee einberufen worden war, und er, sofern er keine Zurückstellung oder eine Umwandlung seines 4-A-Status erwirkte, an die europäische Front geschickt würde und meine Mutter, die kein Wort Englisch konnte, mit zwei kleinen Kindern in einer fremden Stadt allein zurücklassen müßte. Sie wäre gezwungen, von dem Fünfzig-Dollar-Monatslohn eines GI zu leben. Vier Tage später, er hatte meiner Mutter immer noch nicht die Wahrheit gesagt, verließ mein Vater frühmorgens das Hotel, in dem wir untergebracht waren, und meldete sich in Down-town-Manhattan zum Dienstantritt, hundertprozentig davon überzeugt, daß er in Uniform zurückkehren und meiner Mutter die Nachricht überbringen würde – die Uniform würde ihr eröffnen, was er selbst nicht auszusprechen wagte. Er duschte zusammen mit Dutzenden anderer Wehrpflichtiger, streifte die Armeekleidung über und erfuhr dann, im allerletzten Augenblick, daß er neu eingestuft worden sei, weil die Art von Arbeit, die er in dem neu eingerichteten Büro für Interamerikanische Angelegenheiten verrichtete, als »unentbehrlich« galt. David Rockefeller, der dieses Amt im Außenministerium geschaffen hatte, um den vorrückenden Faschismus in Lateinamerika zu bekämpfen, hatte interveniert. Also wieder die List und Tücke der Geschichte: Ein Republikaner bewahrte meinen kommunistenfreundlichen Vater davor, in den Krieg gegen die Verbündeten der Faschisten geschickt zu werden, vor denen er soeben von zu Hause geflohen war. So konnte mein Vater eine fröhliche Fahrt in den Norden Manhattans antreten und meiner Mutter erklären, warum er seit unserer Ankunft so abwesend gewirkt hatte, konnte ihr versichern, daß kein Anlaß zur Sorge bestehe und nun wieder eine glückliche Zeit anbreche.

Aber dem war nicht so, jedenfalls nicht für mich, zumindest nicht unmittelbar.

Die erste Aufgabe des Tages war, aus unserem unanständig teuren Hotel auszuziehen, keine Kleinigkeit in einem New York, in dem seit Beginn des Krieges keine neuen Wohnungen mehr gebaut worden waren. Ein cleverer uruguayischer Freund empfahl meinen Eltern, die Todesanzeigen in den Tageszeitungen zu studieren und sich eine leer gewordene Wohnung unter den Nagel zu reißen. Verrückterweise funktionierte diese Strategie. Sie mieteten *la casa del muerto*, wie es später im volkstümlichen Jargon der Familie immer hieß, das Haus des Toten. Laut meiner Mutter war es die deprimierendste, heruntergekommenste Bude, in der sie je gewohnt hatte: ein Zwei-Zimmer-Loch, stickig und mit schwachen, trüben Glühbirnen, die wie Nasen von der Decke hingen, mit kleinen Fensterschlitzen, die auf einen grauen, erbärmlichen Hinterhof blickten, und mit drei Betten in jedem Zimmer, als ob mehrere Menschen dort gestorben wären, nicht nur einer.

Dort also geschah es, im Haus des Todes. Dort fing ich mir an einem Samstagabend im Februar 1945 eine Lungenentzündung ein, als meine Eltern zum erstenmal seit unserer Ankunft in den Vereinigten Staaten allein ausgegangen waren – und ich benutze dieses Verb, fangen, mit Bedacht, ich bin mir seiner unbändigen Doppeldeutigkeit bewußt, bin mir immer noch unsicher, bis heute, ob diese Krankheit in mich eindrang oder ob ich sie einlud. Doch später mehr darüber. Um sein Leben zu retten, wurde der Junge in ein Krankenhaus eingeliefert, auf einer Station isoliert, wo niemand auch nur ein Wort Spanisch sprach. Drei Wochen lang sah er seine Eltern nur an Besuchstagen, und auch da nur hinter einer gläsernen Trennwand.

Meine Eltern haben mir die Geschichte so oft erzählt, daß ich manchmal der Illusion erliege, ich selbst könne mich daran erinnern, aber diese Hoffnung verflüchtigt sich rasch wieder, denn wenn man im Kino zu spät kommt und nicht mehr herausfindet, wie der Film begann, ist man für alle Zeiten auf diejenigen angewiesen, die den Anfang mitbekommen haben: *te internaron en ese hospital*, sagt meine Mutter langsam und wählt die Wörter mit Bedacht, als wäre es das erstemal, *no nos acordamos del nombre*, da ist eine große Glaswand, es ist eine kalte, kahle, weiße Station, meine Eltern haben mir erzählt, daß mir jedesmal, wenn sie mich besuchten, Tränen über das Gesicht flossen, daß ich versuchte, sie zu berühren, ich sehe buchstäblich vor mir, wie ich meine Eltern, so nah und doch so weit entfernt, hinter dem Glas betrachte, wie sie Wörter auf spanisch mit dem Mund formen, die ich nicht höre. Dann sind meine Mutter und mein Vater fort, und ich drehe mich um, bin allein, meine Lunge schmerzt und da wird mir bewußt, was ich auch jetzt spüre, daß ich sehr zerbrechlich bin, daß das Leben entzweibrechen kann wie ein kleiner Zweig. Ich denke das in Spanisch, blicke auf, und die einzigen Erwachsenen, die ich sehe, sind Krankenschwestern und Ärzte. Sie sprechen in einer Sprache mit mir, die ich nicht kenne. Eine Sprache, die, so werde ich später erfahren, Englisch genannt wird. In welcher Sprache antworte ich? In welcher Sprache kann ich antworten?

Als drei Wochen später meine Eltern kamen, um ihren inzwischen körperlich gesunden, aller Wahrscheinlichkeit nach aber im Kopf ein wenig kranken Sohn abzuholen, brachte ich sie aus der Fassung, weil ich mich weigerte, ihre spanischen Fragen zu beantworten, und nur Englisch sprach. »Ich verstehe nicht«, habe ich, so erzählt meine Mutter, gesagt – und von dem Moment an weigerte ich mich hartnäckig, standhaft, eisern, auch nur ein Wort in der Sprache zu sprechen, in die ich hineingeboren war.

Zehn Jahre lang sprach ich kein spanisches Wort mehr.

3

Über die Entdeckung des Todes am frühen Morgen des 11. September 1973 in Santiago de Chile

Wenn Susana la Semilla, eine Zeichentrickfigur, die ich erfunden hatte, nicht gewesen wäre, hätte ich den Putsch gegen Allende nicht überlebt.

Zumindest erzähle ich es gerne so. Zum Teil, weil es auf seltsame Weise der Wahrheit entspricht, aber vor allem wohl deshalb, weil mir diese weniger ernste Version meines Überlebens die Illusion gibt, daß ich selber die Voraussetzungen schuf, dem Tod ein Schnippchen zu schlagen. Wenn du nur mit knapper Not davonkommst, du auf eine Reise zu den äußersten Grenzen der Leere mitgenommen und dann zitternd, aber unversehrt an die Ufer der Wirklichkeit zurückgeworfen wirst, dann mußt du einen Grund finden, einen Sinn. Warum ich? Warum bin ich verschont geblieben? Fragen, die sich wie Nägel durch das Leben der Davongekommenen bohren, Fragen, die wir uns selber stellen, weil die Leute, die vielleicht die Antwort wüßten, alle tot sind. Und so antworten wir so gut wir können, versuchen, in der absurden Verkettung von Umständen einen Faden zu finden, der zu unserer Rettung führt, und sagen: Da! Das ist es! Das habe ich selbst fertiggebracht!

Viele Jahre lang lautete meine Antwort, an mich selbst und jeden, der die Fragen stellte: Susana la Semilla, die lächelnde Figur, die ich mir als Beitrag zur Vorbeugung gegen den Putsch, als meine Waffe gegen die CIA ausgedacht hatte.

45

Zugegebenermaßen eine mickrige Waffe gegen die gigantische, von Nixon, Kissinger und dem Elektronikkonzern ITT bezahlte Verschwörung zur »Destabilisierung« der Regierung, einer Regierung, für die sich das chilenische Volk 1970 in freien Wahlen entschieden hatte. Dieser Akt der Aggression wurde schließlich 1975 durch einen Untersuchungsausschuß des amerikanischen Senats unter Leitung von Frank Church erschöpfend dokumentiert, aber in chilenischen und ausländischen Zeitungen wurde schon 1973 offen darüber gesprochen. Was als geheime Operation begonnen hatte, war zu diesem Zeitpunkt keineswegs mehr ein Geheimnis. Ja, als das Ende nahte, trumpften sogar viele, die von der unerwünschten Einmischung und dem Geld der USA profitierten, mit der Intervention auf, anstatt den Mantel des Stillschweigens darüber zu breiten.

Ich war selbst Zeuge eines solchen Auftrumpfens, als ich, etwa zehn Tage vor dem Putsch, mit militanten Mitgliedern der Unidad Popular in die Berge 25 Kilometer nördlich von Santiago zog. Dort, im Schutze der Andenkette, auf einer einsamen Kuppe, die unser Anführer angeblich zuvor erkundet hatte und die einigermaßen abgeschieden wirkte, sollten wir zum erstenmal mit der Handhabung von Feuerwaffen vertraut gemacht werden. Das gehörte zu einem unbeholfen zusammengestellten Trainingsprogramm, mit dem man uns auf den offenbar bevorstehenden Bürgerkrieg vorbereiten wollte.

Nicht nur zu wenig (wir hatten zu siebt nur ein einziges erbärmliches Gewehr), sondern auch zu spät.

Im Rückblick erkenne ich, daß diejenigen von uns, die Allende unterstützten, was die Bereitschaft zur Gewaltanwendung anging, immer einen Schritt hinter unseren Feinden zurückblieben. Während wir uns dem Gedanken einer friedlichen, demokratischen Revolution ohne Blutvergießen verschrieben, während wir in den Straßen tanzten, lernten sie, mit schweren Waffen umzugehen. Ich weiß noch, wie überrascht ich war, als 1971, ein Jahr nach der Amtseinführung Präsident Allendes, in den Straßen Santiagos rechte Schlägertrupps in militärischer Formation auftauchten, Ketten schwangen und mit *linchacos* um sich schlugen, als ob sie einem dieser perversen Bruce-Lee-Filme entsprungen wären. Wir reagierten verspätet darauf, indem wir Karate-Stunden nahmen – zusammen mit einer Gruppe von Freunden trainierte ich, vor Schweiß triefend, um sechs Uhr morgens, bereit, unsere Stadt zurückzuerobern. Doch während wir ächzend und stöhnend um uns traten und schlugen, hatten unsere – noch nicht der Armee angehörenden – Feinde schon eine Ausbildung an Feuerwaffen hinter sich gebracht und schossen auf uns, während die mutigeren unter ihnen Hochspannungsmasten in die Luft sprengten, Sabotageakte auf staatliche Fernsehstationen verübten und Allendes Mitarbeiter umbrachten. Und nun, hier in den Bergen, hielten wir zum erstenmal ein richtiges Gewehr in der Hand, während sie bereits zur Armee gegangen waren; bald würden sie Panzer, Flugzeuge und ganze Bataillone befehligen.

Aber damals wußten wir das noch nicht, und selbst wenn wir es gewußt hätten, wäre uns nichts anderes übrig geblieben, als zu »üben« und zu beten, daß ein gütiger Gott uns die Zeit gewährte, die Sache richtig zu lernen: Wir richteten die Waffe der einsamen Herzen abwechselnd auf eine Blechdose, die nicht weit entfernt auf einem Felsen stand, trafen den Felsen häufiger als die Dose und hatten bald die beiden einzigen Patronenstreifen aufgebraucht, die wir auf dem Schwarzmarkt hatten erhandeln können. Und so standen wir sieben an diesem schönen sonnigen Nachmittag im Schutz der Berge da – mit nichts als einem rauchenden Gewehr ohne Patronen, dem zerschossenen Felsen und mehr Mut als Zuversicht. Und wir hatten Zeit. Eher wie

Kinder in den Ferien statt wie angehende Guerilleros schlichen wir an der anderen Seite des Berges hinunter, um die Gegend zu erkunden, und entdeckten, daß der Hang, auf dem wir geübt hatten, gar nicht so abgeschieden war, wie unser Anführer leichtsinnig behauptet hatte.

Auf einer nahegelegenen Lichtung, hinter dürren Bäumen, brieten fünfzehn bis zwanzig Lastwagenfahrer Fleisch über einem mächtigen Feuer, betranken sich und lachten sich dabei halb tot, während eine kleinere Gruppe schnatternder Frauen dabei war, einen üppigen Salat anzumachen. Unterhalb parkte ein Dutzend Lastwagen und blockierte die Straße: Diese Männer führten zusammen mit Tausenden anderer Fahrer einen Transportarbeiterstreik durch, der schon seit Wochen das Land paralysierte, denn sie hatten viele der Hauptverkehrsstraßen abgeschnitten und so die für die Wirtschaft des Landes lebensnotwendigen Adern abgeschnürt in der Hoffnung, daß Chaos und Verwirrung die Armee zum Eingreifen und zur Wiederherstellung der Ordnung zwingen würde.

Die Lastwagenfahrer erkannten uns sofort. Vermutlich hatten sie die Schüsse gehört. Aber sie hätten nur sehen müssen, wie wir sieben Amateur-Che-Guevaras aus den Bergen kamen, um sofort zu merken, daß wir ihre Feinde waren, daß wir am liebsten ihre Lastwagen angezündet und sie alle zur Hölle geschickt hätten. Sie aber schickten uns nicht zur Hölle, nicht im geringsten: Sie würden siegen, sie siegten bereits, sie waren die Herren über eine Zukunft, die sie – wenn auch nicht wir – sich vorstellen konnten. Und deshalb waren sie, wie viele Leute, die die Oberhand gewonnen haben, nachsichtig gestimmt und seelenruhig. Vielleicht war das auch der Grund, warum ihr Anführer uns, ohne aufzustehen, mit einem Neandertaler-Fleischbrocken in der Hand zu verstehen gab, wir sollten uns dem Bankett doch anschließen. Wir waren erstaunt, diese Berge von Essen zu sehen, denn inzwischen waren durch den Streik, die Wirtschaftssabotage, eine Geldsperre Washingtons und in nicht geringem Maße auch durch die Unfähigkeit der Regierung die Lebensmittel knapp geworden.

Wir traten näher, obwohl wir nicht mit ihnen zusammen essen wollten. Ich glaube, wir waren abergläubisch: Nimm niemals Essen von jemandem an, den du vielleicht töten mußt. Wir standen nur da, sahen ihnen beim Essen und Trinken und Lustigsein zu und waren wie hypnotisiert durch ihre Anwesenheit. Und dann steckte ihr Anführer seine riesige Hand in die Tasche, zog wie ein Gangster im Film ein Bündel Scheine heraus – amerikanische Dollarscheine –, winkte uns damit vielsagend zu, zählte sie vor unseren Augen und gab den anderen ein Zeichen, woraufhin sie ebenfalls ihre Dollarscheine herausholten. Da merkte ich, daß wir das Publikum waren für ihren Triumph, daß sie uns deutlich machen wollten, wie die Dinge standen, wie unglaublich bescheuert wir waren, sie zeigten uns schon jetzt einen nicht allzu fernen Tag, an dem man uns jagen und sie wieder mit ihren Lastwagen unterwegs sein würden. Vor allem aber wollten sie uns vor ihren Frauen demütigen. Chile war ein Land geworden, in dem wir, die wir die legitime, vom Volk gewählte Regierung verteidigten, uns zu Schießübungen verstecken mußten, während diese Männer, die von einer ausländischen Macht bezahlt wurden, damit sie dieselbe Regierung stürzten, ihre Geldquelle nicht verheimlichen mußten. Und es kam etwas hinzu, das die ganze Situation noch paradoxer machte, etwas, das weder die Lastwagenfahrer noch ihre Frauen noch meine Kameraden wußten, weil ich alles dafür getan hatte, es zu verbergen: daß von allen Anwesenden ich am meisten »Amerikaner« war, der einzige, der mit den CIA-Verantwortlichen, die das Geld geliefert und diese ganze Scheiße geplant hatten, in ihrer eigenen Sprache hätte sprechen können. Ich hätte ihre Witze verstanden und ihre Anspielungen auf Dagwood und Blondie.

Aber ich hatte meine amerikanische Staatsbürgerschaft zurückgegeben, ich wollte nichts mehr zu tun haben mit dem Land meiner Kindheit. Mein Land war Chile, es gehörte mir mehr, so dachte ich, als diesen Fahrern, die bereit waren, es an den Meistbietenden zu verschachern. Sie konnten ruhig ihre Dollars zur Schau stellen, soviel sie wollten, denn sehr bald würde ich meine eigene Waffe in jedem Haus des Landes spazierenführen: Susana la Semilla, meine Zeichentrickfigur.

Tatsächlich hatte ich sie als Antwort auf ihren Transportarbeiterstreik entworfen oder, um genauer zu sein, als eine Möglichkeit, mit der verheerendsten seiner Auswirkungen fertigzuwerden: Die Straßenblockaden hatten dazu geführt, daß Tausende Tonnen Dünger in den Häfen verrotteten, so daß die Ernte des nächsten Jahres gefährdet war. Wegen meines Postens in der Moneda hatte mich Jaime Tohá, der Landwirtschaftsminister, gebeten, einen Spot für eine Werbekampagne zu entwerfen, die die Verantwortung für die Krise unseren antipatriotischen Gegnern geben sollte.

Ich hatte mehr als einen Spot entworfen. Ich hatte eine Liebesgeschichte, ein Epos, eine Saga entworfen. Ich hatte eine erotische, sinnliche, geschwätzige Susana hervorgezaubert, Susanne das Samenkorn, eine Art chilenische Version von Chiquita Banana, die auf dem verlassenen Land dahinschmachtete, begierig, Früchte zu tragen und Mutter zu werden. Ihr Fortpflanzungsdrang scheitert jedoch an der Tatsache, daß man ihren Liebhaber Federico Fertilizante, Fred den Dünger, in einem fernen Hafen gefangenhält.

Die Geschichte ging damit weiter, daß Federico seinen Häschern entkommt, sich auf die Straße begibt, die Saboteure austrickst und schließlich zu Susana kommt und sie keimen läßt. Ich hatte fünfundzwanzig einminütige Fernsehspots geschrieben, die von September 1973 an Woche für Woche ausgestrahlt werden und in einem orgastischen Finale enden sollten: Mein Liebespaar sollte sich im März 1974 unter dem Sternenhimmel vereinigen. Heute weiß ich, daß diese sozialistische Seifenoper meine utopische Vorstellung von einer Zukunft war, in der die Menschen den Hunger besiegen: der Wunschtraum vom Sieg der Liebe über den Terror, den die Geschichte schon bald mit Kanonendonner widerlegen sollte.

Doch um Susana auf die Welt zu verhelfen, um die Früchte meiner Visionen von meinem Schreibtisch auf die Bildschirme von Millionen meiner Landsleute zu transportieren, mußte ich erst einen Mann überzeugen: Augusto Olivares, den sympathischen Leiter des Staatlichen Fernsehens – und das Gespräch sollte stattfinden am ... »Sagen wir Donnerstag, den 11. September«, hatte er mir unbekümmert und beiläufig vorgeschlagen, als ich ihm Anfang September mitteilte, daß wir uns unbedingt bald zusammensetzen müßten. Er hatte mich durch seinen buschigen, ausufernden Schnauzbart, der ihn ein bißchen wie ein Walroß aussehen ließ, angelächelt, vielleicht dachte er, ich sei ein wenig verrückt, aber andererseits – er war es auch. Über Saatgut und Dünger zu diskutieren, wenn das Schiff schon im Sinken begriffen ist. »Sagen wir – halb elf. Ich habe gegen halb elf vormittags etwas Luft. Nicht in der Moneda. In meinem Büro. Okay?«

Von allen Tagen, die er hätte aussuchen können, wählte er, ohne es zu wissen, den Tag, an dem der Putsch gegen Allende stattfinden sollte, und von allen Stunden, auch dies vollkommen ahnungslos, eine, die mich den ganzen Morgen von der Moneda fernhalten würde, so daß ich länger schlafen konnte und am späten Morgen des 11. September vom Dröhnen der Militärflugzeuge geweckt wurde, die tief über unser Haus und das ganze Viertel flogen.

Erst da wurde mir klar, daß der Putsch im Gange war. Als ich das Radio einschaltete und der Sender einen Militärmarsch spielte, als ich einen anderen Sender einstellte und dieser ebenfalls einen Marsch spielte, und immer so weiter, einen Sender nach dem anderen, als ich die erste Erklärung der Militärjunta hörte, die die Macht in Chile übernommen hatte, und am Ende dieser Erklärung den Namen von General Augusto Pinochet Ugarte, der die Streitkräfte – die eigentlich der demokratisch gewählten Regierung verpflichteten Streitkräfte – anführte, als ich wußte, daß die Revolution gescheitert war, da, in genau diesem Augenblick, begriff ich auch, daß der Tod mich schließlich doch eingeholt hatte, daß all meine Kindheitsängste nun im wirklichen Leben grausame Gestalt annehmen würden. Und wenige Minuten später, Angélica hielt mir die zitternde Hand, lauschte ich Allendes *últimas palabras* aus dem Präsidentenpalast, seiner Abschiedsrede, in der er seinem Volk mitteilte, er werde nicht zurücktreten, er werde sterbend die Demokratie verteidigen, sterben, damit andere leben könnten. Später sollte ich erfahren, daß während dieser Rede sein alter Freund Augusto Olivares neben ihm stand, bereit, an der Seite des Präsidenten zu sterben. Augusto erfuhr niemals, auf welche Weise Susana la Semilla sein Leben hätte retten sollen, wie ich sie in meinem Dämmerzustand das Land symbolisch retten ließ. Er erfuhr niemals, daß paradoxerweise der einzige, dem meine Zeichentrickfigur letztlich das Leben rettete, ich selbst war.

Aber stimmt das tatsächlich? Ich habe diese Geschichte schon so oft erzählt, daß ich sie am Ende vielleicht selbst geglaubt und mich mit der Vorstellung getröstet habe, ich wäre dem Tod durch meine eigenen Anstrengungen, durch meine Erfindung entronnen. Daß eine Fiktion, die ich aus dem Nichts gerettet hatte, mich vor demselben Nichts bewahrt hätte und auch davor, selbst eine Fiktion zu werden. Es paßt alles sehr gut zusammen, klingt schlau und ergibt eine großartige Geschichte. Aber entspricht sie der Wahrheit?

Soweit ja: Es hätte gereicht, daß Claudio Gimeno nein gesagt, Olivares einen anderen Tag vorgeschlagen, Susana überhaupt nicht gesprochen, nur geschwiegen und mich nicht inspiriert hätte – die geringste Abweichung, und ich wäre tot, ich wäre in der Nacht des Putsches, in der Morgendämmerung des Putsches oder am Vormittag des Putsches zur Moneda gegangen.

So entscheidend diese Zufälle auch waren, eine Garantie für mein Überleben bot keiner von ihnen. Dutzende anderer Aktivisten, die Allende nahestanden oder im Präsidentenpalast arbeiteten, hatten am 10. September keinen Dienst, und viele von ihnen hatten, wie ich, an jenem Morgen irgendwo anders etwas vor, Verabredungen, die nichts mit Allende zu tun hatten – und doch hat es sie nicht davor bewahrt, in der Moneda getötet zu werden. Sie kamen dorthin, weil sie irgendwann in der Nacht angerufen worden waren: Es ist dringend, erklärte man ihnen, der Putsch hat begonnen, sie müßten auf der Stelle erscheinen. Ihre Namen standen auf einer Liste, ich hatte diese Liste in den Nächten, als ich in der Moneda schlief, selbst in Händen gehalten, ich hatte meinen Namen und meine Telefonnummer erst zwei Abende zuvor auf der Liste gelesen, ich gehörte zu denen, die im Ernstfall in den Präsidentenpalast zitiert werden sollten.

Aber niemand rief mich an.

Warum? War das nur ein weiterer verrückter Zufall? Ein weiterer unerklärlicher Vorfall an einem chaotischen Tag, ein Mißverständnis, das, wieder einmal, mir zugute kam anstatt einem anderen? Nicht mehr? Nur das? War es lediglich eine Reihe willkürlicher Einflüsse, die mich verschonten? Kann der Unterschied zwischen Leben und Sterben wirklich darauf reduziert werden: auf Bestimmung oder Schicksal oder schieres blödes, wunderbares, verdammtes Glück oder wie immer man es nennen will? Und das Leben ist nur ein weiterer Zufall in einem zufälligen Universum? Und wir sind nichts weiter als Insekten, mit denen eine dem Wahnsinn anheimgefallene, unergründliche, gesichtslose Macht spielt, die keine Gründe dafür nennen kann, weil es keine gibt?

Oder gibt es doch eine Erklärung? Steckt ein Sinn in alledem, eine Botschaft, etwas, das ich lernen sollte? Als Agnostiker, der ich heute bin und damals schon war – wie sollte ich dieser plötzlichen Gnadenfrist einen Sinn geben: Ich hatte mich bewußt in Gefahr begeben, die Gewalt nahezu herausgefordert, mich zu vernichten, und als diese Gewalt dann in ihrer ganzen aggressiven Energie explodierte, hatte sie mich ignoriert. Wie sollte ich mich da nicht fragen, demütig, vielleicht auch mit Schrecken, ob nicht vielleicht doch eine Bestimmung, eine tiefere, wundersame Bedeutung hinter meiner Errettung vor dem Tod steckte? Wie sollte ich der Versuchung der mystischen Deutung widerstehen, daß irgendeine Macht mich retten, mich befreien wollte, deshalb dem Tod verboten hatte, sich mir zu nähern, und zu dem arglosen Mann sagte: Nein, noch nicht – du wirst anderswo gebraucht. Deine Zeit ist noch nicht gekommen.

Diese religiöse Deutung meines Überlebens erscheint mir abwechselnd faszinierend und abstoßend. Wie soll ich mich freuen können, wenn ich mir einen Gott vorstelle, der so viele Unschuldige zum Tod verurteilt und mich rettet? Was für ein Trost ist das, wenn man die Verantwortung für das, was geschehen ist, einem gleichermaßen fragwürdigen höheren Wesen zuschreibt? Ist der Zufall als Erklärung nicht besser und weniger grausam als ein angeblich höheres Bewußtsein, das nach Gutdünken mit unserem Leben

54

spielt? Und doch muß ich zugeben, daß ich mich jahrelang nicht von dem Verdacht befreien konnte, eine gütige Gottheit hätte zu meinen Gunsten eingegriffen. Eine gütige Gottheit hätte beschlossen, die übelwollenden Götter der Central Intelligence Agency, die Dämonen der chilenischen Armee, die Menschen im Schatten, die meinen Tod wollten, zu bekämpfen.

Wie sich herausstellte, gab es tatsächlich eine gütige Gottheit, eine geheime Hand, eine Botschaft. Aber zum Glück für meine stur atheistische Überzeugung war es nicht die Hand eines Gottes, sondern die eines wirklichen Menschen aus Fleisch und Blut. Als er mir viele Jahre später die Botschaft überbrachte, war ich mehr oder weniger schon selbst darauf gekommen, hatte mich mit der Einsamkeit des Überlebens auseinandergesetzt und herausgefunden, warum ich damals den Segen der willkürlichen, verrückten Hand des Universums hatte.

Der Mann, dem ich mein Leben verdankte, war Fernando Flores, derselbe Minister, der mir einst den Job in der Moneda verschafft hatte. Er hatte in den Stunden vor der Morgendämmerung des 11. September beschlossen, mich von der Liste derjenigen zu streichen, die angerufen werden sollten. Als die Nachricht vom Staatsstreich bestätigt wurde, griff sein Leibwächter zum Telefon, begann zu wählen – und Flores unterbrach ihn, bat um die Liste und nahm sich die Zeit, sie sorgfältig durchzulesen. Als er zu meinem Namen kam, zog er seinen Füller heraus und strich ihn ebenso sorgfältig durch.

Ich sollte erst viel später davon erfahren, als wir beide uns im Exil trafen, als ich ihn in den Vereinigten Staaten besuchte, ich glaube, es war Anfang 1978. Bis dahin war er im Gefängnis gewesen. Das Militär hatte ihn am Morgen des Putschtages verhaftet, als er den Präsidentenpalast verließ, um im Auftrag Allendes mit den aufständischen Truppen einen Waffenstillstand auszuhandeln. Sie ignorierten seine weiße Fahne und verfrachteten ihn für ein paar Tage in die brutale Militärakademie, und danach wurde er, zusammen mit anderen überlebenden Ministern des Außenministeriums, in ein Lager auf Dawson Island vor Tierra del Fuego gebracht, einem der ödesten, verlassensten Orte auf diesem Planeten. Später hielt man ihn noch für mehrere Jahre in verschiedenen anderen Lagern fest, wo er auf einen Prozeß wartete, zu dem es nie kam. Deshalb konnte er mir erst nach seiner Ausweisung erzählen, daß er eingegriffen hatte, um mir das Leben zu retten.

Warum? fragte ich ihn. Warum hatte er das getan?

Er schwieg, nach innen gewandt, als ob er sich mit einer Person beriete, die er einst gewesen war, dachte eine Weile nach und sagte dann mit derselben lässigen Art, mit der er vermutlich auch meinen Namen von der Liste gestrichen hatte:

»Nun ja, jemand mußte weiterleben, um all das zu berichten.«

In der Allende-Zeit, von 1970 bis 1973, hatte ich mir eine vorwiegend politische Identität zusammengezimmert: untrennbar mit Chile, der chilenischen Sache und dem chilenischen Volk verbunden durch die Revolution, die, so glaubten wir, das Land befreien würde. Und so hatte ich mich, als das Ende nahte, bereit erklärt, bei Flores in der Moneda zu arbeiten, weil ich dort hingehörte, wenn die Revolution scheiterte, weil ich mir nicht vorstellen konnte, dieses Scheitern zu überleben, weil es eine Möglichkeit war, mir und allen anderen zu bestätigen, wer ich war und wer ich sein wollte. Bei jenem traurigen Tagesanbruch im September, als klar wurde, daß wir verloren hatten, sah Flores die Dinge anders. Vielleicht wußte er bereits, daß die Aufgaben bei einer Niederlage nicht dieselben sind wie bei einem Sieg. Vielleicht wußte er, daß einige von uns sterben, einige von uns ins Gefängnis gesperrt, einige von uns zu Verrätern würden; und dann, wenn all das eintrat, bedurfte es eines Zeugen, der dieser Feuersbrunst entkommen und der Welt alles berichten konnte. Er glaubte, daß dieser jemand ich sei, und nutzte im letzten Augenblick seine Macht über Leben und Tod, um zu korrigieren, was er für seinen Fehler hielt, nämlich mir den Job angeboten zu haben, und für meinen Fehler, ihn angenommen zu haben.

Es ist ein tröstlicher Gedanke, daß ich verschont blieb, weil ich der Berichterstatter sein sollte. Es erklärt aber nicht, warum ein Freund den Platz mit mir tauschte, warum ein Fernsehdirektor mich zu der einzigen Zeit zu sich bestellte, die mich retten konnte, warum Susana la Semilla wie in einem Kindheitstraum zu mir kam und darauf bestand, daß es Rettung gebe. Es erklärt keine der zufälligen Koinzidenzen, die mich ins Leben zurückwarfen, als ich auf die Selbstzerstörung zuraste. Es erklärt nicht, warum so viele meiner Brüder und Schwestern, die genauso befähigt waren und das Leben genauso liebten wie ich, sterben mußten. Es nimmt dem Rätsel, das immer noch im Kern meines Daseins herumgeistert, nicht seinen Stachel, es vertreibt nicht vollständig die Angst, daß das Leben blind und vom Zufall abhängig ist und daß wir in einer diffusen Dunkelheit herumstolpern und uns weiszumachen versuchen, all dem liege doch ein Plan zugrunde.

Doch was Flores an jenem Tag beschloß, ohne mich zu fragen, bloß weil er glaubte, er müsse die Geschichte wieder ins Lot bringen und dürfe nicht zulassen, daß die Dinge einfach ihren Lauf nahmen – was er an jenem Tag für mich beschloß, ergibt tatsächlich einen Sinn. Vor allem wegen der Entwicklung, die ich nahm. Es gibt dem einen Sinn, was ich aus meinem Leben machte, dem Leben, das mir an jenem Tag, da ich hätte sterben sollen, geschenkt, geliehen, durch Zufall oder Vorsehung, oder wie immer man es nennen will, bestimmt wurde.

Und wenn es nicht wahr ist, daß ich aus diesem Grund gerettet wurde, so habe ich jedenfalls versucht, es wahr zu machen.

In jeder Geschichte, die ich erzähle.

In der ständigen Gewißheit, daß ich ein den Toten gegebenes Versprechen zu halten habe.

4

Über die Entdeckung des Lebens und der Sprache im Jahre 1945 in den Vereinigten Staaten von Amerika

Bitte, verstehen Sie mich nicht falsch: Nicht die rasche und vollständige Unterwerfung unter die englische Sprache überrascht mich heute. In jenem namenlosen Krankenhaus in Manhattan wurde die neue Sprache, die mir aus allen Richtungen entgegenschallte, in das überraschende Vokabular von Essen und Zuneigung, Wärme und Strafe verwandelt, sie wurde die Tür zu den Herzen jener Menschen, die mich als Geisel hielten. Die schmerzliche Erfahrung beschleunigte lediglich einen Lernprozeß, der mich ohnehin erwartete. Das war bei mir nicht anders als bei allen Einwandererkindern, nicht anders als vor mir bei meinen Eltern und später im entwurzelten Leben meiner eigenen Söhne, die die Länder wechseln sollten, wie andere – vielleicht die meisten Leser dieser Zeilen – ihre Joghurtmarke wechseln.

Im Laufe der Geschichte haben Menschen immer schon die Sprache gewechselt, um zu überleben. Sie werden von einer fremden Macht überrollt, sie werden erobert, versklavt, ihre Häuser werden zerstört, ihre Königreiche, ob groß oder klein, in Schutt und Asche gelegt: Und in der Saat der Gewalt verborgen ist, fast wie ein zärtlicher Bruder auf einem anderen Pferd, gleich hinter der Faust, die das Schwert hält, das Wort. Ein Gefangener ist am Ende immer der Gefangene der Wörter eines anderen.

Wenn man sich jedoch die zahllosen Opfer näher ansieht,

die – unter weitaus traumatischeren Umständen als ich – gezwungen wurden, die Sprache ihrer Beherrscher zu erlernen, wird man feststellen, daß viele von ihnen sich entschieden, zweisprachig zu leben. Einigen gelang dies auch, andere konnten nur heimlich die verbotene, die verborgene Sprache mit der neuen, dominierenden vermischen, deren Rhythmus, deren Grammatik, deren Klang unterlaufen, sie auf diese Weise vertrauter machen. Die meisten aber versuchten sicher, ihre erste Sprache am Leben zu erhalten, suchten ihre Wärme, ihre Nähe. Währenddessen trösteten sich diese Konvertiten in ihrem Elend, solange sie konnten, mit der Aussicht, daß die Vergangenheit noch nicht ganz verloren war, daß sie eines Tages wieder auferstehen würde. Sie nahmen das Risiko einer verdoppelten Existenz auf sich und auch die damit verbundene Angst, die Schwere, die Verrücktheit.

Eine Gefahr, die einzugehen ich damals, am Anfang meines Lebens, nicht bereit war.

Statt dessen beschloß ich instinktiv – als ich zum erstenmal mit mir allein war und die Macht über das einzige in der Welt übernahm, das ganz und gar mir gehörte: die Sprache –, die vielschichtige, gespaltene Persönlichkeit zurückzuweisen, die ich eines Tages werden sollte, jenen Menschen, den sich zwei gleichwertige Sprachen teilen und der zu der Überzeugung gelangt ist, daß unsere einzige Rettung als Spezies vielleicht darin besteht, Widersprüche zu tolerieren und sogar in der eigenen Person und im eigenen Kollektiv zuzulassen. Ich weigerte mich, die Abkürzung zu jenem hybriden Zustand einzuschlagen, in dem ich mich heute befinde.

Warum? Warum überschritt der Junge, der ich einst gewesen war, an einem bestimmten Punkt, an einem bestimmten Tag, zu einer bestimmten Stunde, einer bestimmten Minute in jenen unendlich langen drei Wochen,

60

warum überschritt dieser Junge die Linie, von der es scheinbar kein Zurück gab? Warum beschloß er, die Person zu ersticken, die er gewesen war, die Sprache zu töten, in der er sich seine Identität aufgebaut hatte?

Ich weiß es nicht mehr.

Auch wenn ich es noch so sehr versuche, ich bin unfähig, mich wieder in die Gedankenwelt jenes Jungen zu versetzen, der in dem ersten seiner zahllosen Exile vergessen wurde.

Wir möchten alle herausfinden, wie es mit uns begann, möchten der Erinnerung auf die Sprünge helfen. Diese Obsession: so weit wie möglich zu deinen eigenen Ursprüngen zurückkehren, zu jenem Punkt, als du noch kein Gesicht, keinen Namen, nicht den Schatten eines Vokabulars hattest. Dort sein, um zu sehen, wie andere deinen Eintritt ins Dasein beobachten. Aber die Spezies hat per Gesetz festgelegt, daß wir bei den beiden wichtigsten Ereignissen in unserem Leben zugegen sind, uns aber nie an sie erinnern können: bei unserer Geburt und bei unserem Tod. Warum sollte es bei mir anders sein? Aber es war so, ich war so vermessen zu glauben, es sei so. Ich glaubte, jenes Gesetz umgehen und mir Zugriff auf meine zweite Geburt verschaffen zu können, auf jenen Augenblick, als ich mir selbst Mutter und Vater wurde. Ich war dabei, meine beiden Ichs waren dabei – das spanische Kind, das ich gewesen war, und das englische Kind, das ich wurde. Ich wohnte dem Ereignis in zwei Sprachen bei, und eine der beiden würde enthüllen müssen, was geschehen war, würde die Tür öffnen, so daß ich einen Blick auf jenen Augenblick erhaschen konnte, als ich mich selber schuf, mich zu der Person machte, die fünfzig Jahre später diese Worte in beiden Sprachen niederschreiben kann.

In den viel zu vielen Jahren, die ich gebraucht habe, um diesen Text zu schreiben, habe ich mir deshalb jenes Ereignis aus vielen Einzelteilen zusammengesetzt, habe es wie einen toten Gefangenen befragt, habe es in meinem Kopf gedreht und gewendet wie einen Talisman oder einen Fluch. Aber der Stein meiner Vergangenheit wurde um so glatter und rätselhafter, je mehr ich ihn abtastete. Je mehr ich versuchte, Zugang zu jenen beiden Kindern zu erlangen, die meinen Körper besetzt hielten, durch ihr doppeltes Augenpaar zu sehen, was sie sahen, desto mehr entfernte ich mich von dem, was sie an jenem Tag erlebten. Eins von ihnen, das innere Kind, das Spanisch spricht, will nicht antworten, weil ich es in der Dunkelheit habe sterben, weil ich die Sprache habe verkümmern lassen, mit der es mir diese Erinnerungen hätte mitteilen können; und das andere Kind, das, welches Englisch spricht, war natürlich da, aber es wurde in jenem Augenblick von dem bösen Geschwür in seinem Kopf abgelenkt und tat lieber so, als ob der Anfang mit mir schmerzlos, strahlend und unschuldig gewesen wäre, als ob ich noch über keine Sprache verfügt hätte zu dem Zeitpunkt, da es mich in meinem Fall auffing.

Mir bleibt nichts anderes übrig, als über den Gründungsmoment meines Lebens nachzugrübeln, ihm eine Bedeutung abzuringen, ich bin gezwungen, aus dem zerbrochenen schwarzen Spiegel meiner Vergangenheit herauszulesen, wie ich mich an jenem Tag selbst erfand.

Ich hatte mich anständig betragen, alles zu lernen versucht, all die richtigen Gesten imitiert, Töne in Silben verwandelt. Ich hatte mir, fast wie mit einem Schwert, mit Babylauten den Weg in jene Sprache gebahnt, die in Buenos Aires, nur ein paar Häuserblocks von mir entfernt, Borges verwendete. Ich wollte herausfinden, was es für einen Argentinier am Ende der Welt bedeutete, wenn er ein anderer sein möchte – und kaum hatte ich das Trauma meiner ersten Vertreibung aus dem Mutterschoß überwunden, kaum konnte ich mich artikulieren, da befand ich mich schon auf einer weiteren Reise, in einer neuen Vertreibung, in einem anderen Krankenhaus, bei einem anderen Arzt, alles begann wieder von vorn, das Fallen, dieselbe Vorstellung noch einmal, wieder eingezwängt in Pläne von Menschen, über die ich keine Macht hatte. Nur mit meiner Muttersprache bewaffnet, um die Grimasse der Verzweiflung abzuwehren, um mir ins Gedächtnis zu rufen, wer ich war, mit jener Sprache, die meine Mutter mir übergeben hatte mit dem Versprechen, mich nie zu verlassen und damit jeden Schmerz zu bannen, mit der Sprache meiner Mutter, die sich nun als nutzlos erwies, als genauso abwesend wie meine Mutter selbst. Und mein Vater.

Er hat mich auch verlassen, dachte ich. Zum zweitenmal. Eines Tages, kaum ein Jahr nach meiner Geburt, war er einfach aus unserer Wohnung in Argentinien verschwunden und hatte sich in eine Fotografie am Bett meiner Eltern verwandelt, ein verschwommenes, kaum erkennbares Phantom, dessen Abwesenheit ich vermutlich beklagte und gleichzeitig genoß. Ich war allein mit der überbordenden Liebe meiner Mutter: eine ödipale Phantasie, die wahr wurde, ohne daß es des Blutvergießens bedurfte, keine schmutzigen Schuldgefühle. Bis sich plötzlich, eineinhalb Jahre später in einem fremden Land, wo alles kalt und unbekannt war, das Foto in einen leibhaftigen Körper verwandelte und mich auf einem Bahnhof in New York jene großen Männerhände hochhoben. Ich kann ihn eigentlich nicht erkannt haben, den Mann, der mein Vater gewesen und zurückgekehrt war, um mich vor der Einsamkeit zu bewahren, aber auch, um mir damit zu drohen. Wollte ich meine Mutter wieder für mich allein haben? Fürchtete ich, er könne meine schlimmen Gedanken erraten, mich auf magische Weise bestrafen? Bestrafte ich mich selbst, bevor er es tun konnte? Wurde ich krank, um gegen mein Exil zu protestieren, um meine Mutter wiederzubekommen, um sie zu zwingen, mich zu umsorgen wie zuvor in Buenos Aires, als der Ausschlag mich die ganze Nacht nicht hatte schlafen lassen und sie liebevoll meine Hand gehalten hatte? Ließ ich deshalb an dem Abend, als meine Eltern nach beinahe zwei Jahren zum erstenmal ausgingen und mich mit einem Babysitter allein ließen, die Krankheit in meine Lungen eindringen? Und als ich dann wieder allein war, diesmal ohne meine Mutter und ohne meinen Vater, diesmal ohne jemanden, der zwischen mir und dem Tod stand, schlug ich da auf die spanische Sprache statt auf meine spanischsprechenden Eltern ein, weil letzteres unmöglich war? Ging ich einen Pakt mit meinem englischen Ich ein? War das der Preis, den es dafür verlangte, daß es zu meiner Rettung herbeieilte, als ich mich sprachlos in einem Raum voller fremder Erwachsenenstimmen befand, die darüber entscheiden konnten, ob ich leben oder sterben sollte? Der Preis, der bezahlt werden mußte, weil es mir Schutz bot: den totgeborenen Mund meines spanischen Ichs zuzunähen, das kleine Scheißding verhungern zu lassen wie Fortunato, der in Poes Erzählung *Das Faß Amontillado* lebendig eingemauert und begraben wird, sollte ich Stein für Stein eine Mauer errichten, die meine Muttersprache von der Welt abschnitt? Sollte ich mein englisches Ich lieben, während mein spanisches Ich qualvoll starb?

Ich widersetze mich der Deutung, daß sich all das auf ein Trauma reduzieren läßt, daß ich keinen Zugang zu jenem Augenblick finde, weil ich sowohl Täter als auch Opfer bin, Kain und Abel in einer Person, Ödipus, der das Augenlicht seiner Sprachen und sein Gedächtnis auslöscht, um für eine Sünde zu sühnen, die er nicht begangen hat, er kann nicht gewußt haben, daß er sie beging. Nicht alles läßt sich mit Psychologie, Mythologie, Archetypen, den komplizierten Verwicklungen der Persönlichkeit erklären. Auch die Geschichte griff ein.

Außerhalb des Krankenhauses war die mächtigste Nation der Welt, bereit, meine Seele zu heilen und in Besitz zu nehmen: Die Vereinigten Staaten von Amerika warteten auf mich, als ich auf unsicheren Beinen aus dem Gebäude wackelte, ein zweieinhalbjähriger Argentinier, der seinen spanischsprechenden Eltern auf englisch etwas vorplapperte, der sich an die Hand seiner Mutter klammerte, an die Hand seines Vaters, entweder aus Angst oder fröhlich darauf vertrauend, daß er seine Schuld beglichen hatte und die Eltern ihn nie wieder verlassen würden.

Aber sie taten es doch. Ein paar Monate später verschwanden sie. Und diesmal war Amerika da, in der englischen Sprache, hinter der englischen Sprache, und ließ seinen Zauber wirken.

Wieder war es nicht die Schuld meiner Eltern. Es war eine weitere Erkrankung. Diesmal eine Erkrankung meiner Mutter: Seit der spannungsgeladenen Begrüßung am Tag unserer Ankunft auf dem Bahnhof war sie in eine Depression gefallen, die das Haus der Toten und der Winter von New York und der Beinahe-Tod ihres Sohnes nicht gerade milderten. Doch von jenen bitteren Monaten hat sie nur die Sprachlosigkeit und Verletzlichkeit in Erinnerung behalten, die sie damals befielen. Jeden Morgen stapfte sie durch den Schnee, der wie von einem fremden Stern war, zum Metzger, und dort sah sie, wie sich die vornehmen Amerikanerinnen die besten Stücke vom Rindfleisch sicherten, sah, wie sie mit dem Metzger und seinem Gehilfen Witze rissen, wie sie einander nach der Familie fragten oder nach den neuesten Nachrichten von der Front. Meine Mutter stand außerhalb dieses Wortschatzkreises, war ausgeschlossen von dieser Gemeinschaft, und als sie dann schließlich an die Reihe kam, erhandelte sie stotternd und stammelnd und dem Zusammenbruch nahe ein Stück Fleisch für ihre argentinischen Fleischfresser daheim. Und der ungeduldige

Mann mit der verschmierten weißen Schürze auf der anderen Seite der glänzenden Theke gab ihr jedesmal einen Brocken voller Sehnen und Fett und Blut, der nicht einmal für einen Hund taugte – take it or leave it, lady –, und sie mußte ihn nehmen, Tag für Tag, sie schluckte es genauso wie die anderen Demütigungen, und jedesmal wurde sie wieder zu jenem kleinen Mädchen, dem gesagt wurde, es könne die Tür nicht öffnen, weil es eine Fremde und Jüdin und anders sei, und sie fühlte sich wieder genauso ausgeschlossen wie damals – eine Fremde in Babylon.

Doch nicht jeder Gringo schlug ihr die Tür vor der Nase zu: In der ganzen schwierigen Zeit habe sie sich, sagte sie später oft, von einem Amerikaner beschützt gefühlt, einem Mann, der zwar behindert war und im Rollstuhl saß, aber sicher auf irgendeine wunderbare Weise eine Möglichkeit finden würde, für sie und eine schreckliche Welt alles zum Guten zu wenden: Franklin Delano Roosevelt. Und als der Präsident, den sie so verehrte, am 12. April 1945 starb, überstieg die Trauer ihre Kraft. Ihre Depression mündete in einen geistigen und emotionalen Zusammenbruch. Roosevelts Tod wurde zum Sinnbild verborgener und dunkler Mächte in ihrem Leben, wurde zum Sinnbild eines Verlusts, den sie und der Planet erlitten und für den es keinen Trost, auf den es keine Antwort gab. In Europa befanden sich die Nazis auf dem Rückzug, die Japaner würden bald kapitulieren, der Krieg ging seinem Ende zu, aber meine Mutter hatte das Gefühl, als ob Roosevelts Tod ihr den Vater entreißen würde, als ob nicht der Krieg endete, sondern die Welt, als ob nichts jemals wieder in Ordnung sein würde. Und vielleicht hatte sie recht, vielleicht spürte sie damals das, was mit Auschwitz endete und mit Hiroshima bald beginnen würde. Sie kam nicht zurecht mit dem, was aus der verwaisten Welt zu ihr vordrang.

Es gab keine andere Lösung. Widerstrebend brachte

mein Vater seine Frau in eine Anstalt, und da er nicht in der Lage war, sich um uns zu kümmern und gleichzeitig seine Stelle zu behalten, gab er meine Schwester und mich in ein Pflegeheim für Kinder aus schwierigen Familien in der Nähe von New York. Ich habe nur äußerst vage Erinnerungen an diesen Ort: Sommer, Musik, Limonade, und vielleicht sind es meine Hände, die in meiner Erinnerung einen Leuchtkäfer fangen. Aber all das dringt möglicherweise aus einer späteren Zeitzone zu mir vor. Nichts in meiner späteren Entwicklung deutet auf eine Mißhandlung hin, nicht die leiseste Andeutung, daß ich schrecklich unglücklich war. Im Gegenteil. Laut meinem Vater, der uns häufig besuchte, war ich beliebt, überschwenglich und voller Energie wie immer. Ich paßte mich an, lächelte und setzte ein möglichst freundliches Gesicht auf, was hätte ich auch sonst tun sollen? Ich spielte den Menschen, die sich um mich kümmerten, etwas vor, tat alles, um ihnen zu gefallen, verstärkte meine wohl schon vorhandene Neigung zur Gefügigkeit und Heiterkeit, lernte, daß man als Gefangener immer den Spieß umdrehen, seinen Wächter im Netz des eigenen Charmes fangen, sich ablenken kann, um zu überleben.

Auf englisch, versteht sich.

Als es meiner Mutter wieder besser ging, sie wieder ein normales Leben führen konnte und meine Eltern ihre beiden Kinder abholten, als sie mit uns in eine herrliche Wohnung am Morningside Drive zogen – am 1. November 1945, an Allerheiligen, am Tag nach Halloween, welcher Tag hätte besser den Absichten dieser Erzählung entsprochen? –, als meine spanischsprechenden Eltern endlich in der Lage waren, für die Latino-Seele ihres Sohnes zu kämpfen, da entdeckten sie, daß sie mich verloren hatten, daß ich dem Charisma Amerikas erlegen war, daß sich das, was im Krankenhaus als kindischer sprachlicher Wutausbruch begonnen hatte, im Pflegeheim verfestigt hatte zu etwas kulturell Dauerhaftem, zu etwas Fundamentalerem: Die Frage der Sprache hatte sich mit der Frage der Nationalität und damit der Identität verquickt.

Es ist wahr, selbst wenn ich eine eigene Sprache und eine eigene Identität besessen hätte, die sich zwischen mein Ich und Amerika hätten schieben können, als es mich rief, auch dann wäre es schwierig gewesen, seinen Verlockungen zu widerstehen. In der ganzen Welt waren die Menschen damals betört vom amerikanischen Lebenstraum. Warum hätte ich, der ich dort lebte, mich dieser Entwicklung widersetzen sollen?

Und doch kann ich den Gedanken nicht ganz loswerden, daß mein Leben nicht unbedingt so hätte verlaufen müssen. Wenn, so sage ich mir, nicht diese beiden Vorfälle gewesen wären – meine Krankheit und die meiner Mutter –, hätte ich mich höchstwahrscheinlich zu einem zweisprachigen Kind entwickelt, hätte jene zehn Jahre im Norden als jemand verbracht, der zumindest teilweise im Süden verwurzelt war, hätte mich auf eine Rückkehr in jenes Lateinamerika vorbereitet, zu dem ich nie den Kontakt verloren hätte. Dann wäre es mir möglich gewesen, die Spielchen, die die Geschichte mit mir trieb, als ich 1954 erneut von Kräften, auf die ich keinen Einfluß hatte, nach Süden verschlagen wurde, als Heimkehr eines zweisprachigen Latinos zu betrachten und nicht als Exil eines einsprachigen Möchtegern-Amerikaners.

Aber es kam alles ganz anders.

Da ich nicht mehr die Sprache meiner Eltern als Verbündeten in mir hatte, hatten sie keine Chance gegen das Land, das mich im Laufe ihrer sechsmonatigen Abwesenheit mit offenen Armen willkommen geheißen hatte. Mit all seiner sprühenden Lebensfreude, mit seinem Optimismus, mit der heiteren Gewißheit seiner Menschen, daß sie die Größten seien, die je auf Erden gewandelt sind.

Und genau so dachte ich auch.

Man hätte mich nur hören sollen, als wir im Wagen nach Hause fuhren, hätte mich nur in den folgenden Tagen hören sollen: Ich kam around the mountain when she comes, ich kam from Alabama with a banjo on my knee, ruderte the boat ashore, ich arbeitete on the railroad all the live-long day, obwohl ich mich manchmal fühlte like a motherless child, Zip-A-Dee-Doo-Dah I had the whole world in my hands, meine Seele was marching on, marschierte to the green green grass of home.

Zu Hause. Ja, dort war ich, dort hatte ich sein wollen: Ich sang low sweet chariot, come to carry me home, ich war zu Hause, home on the range, ich war in the land of the free and the home of the brave, this land was my land und es war made for you and me, aber ganz besonders, so dachte ich, war es für mich gemacht.

Die nette Geschichte, die die Vereinigten Staaten mir über mich erzählten, hätte kaum passender zugeschnitten sein können auf die Bedürfnisse eines Kindes, das sich selbst neu erschaffen und von dem, was es vorher gewesen war, befreien wollte. Es war dieselbe Geschichte, die Amerika sich selbst erzählt hatte, die es bereits dazu benutzt hatte, die Abermillionen von Menschen, die in der Hoffnung auf ein besseres Leben an seine Ufer gekommen waren, seiner Nation einzuverleiben. Es war die Geschichte sich drängender Massen von Erwachsenen aus unterentwickelten Ländern, die behandelt wurden, als wären sie Kinder und müßten erst noch trocken werden hinter den Ohren. Es war die Geschichte von Modernisierung und Erfolg und Begeisterung, die Aufsteiger-Geschichte, die die Vereinigten Staaten einer entsetzten Welt zu verkaufen sich anschickten, einer Welt, die von ihren eigenen zerstörerischen Kräften schockiert, die gespalten war wie das Atom, eine Welt, die dringend eines allgemeingültigen Systems von

Werten, Maßstäben und der Einigkeit bedurfte – es war die mythische amerikanische Erfolgsstory, die im Begriff war, mitsamt ihren Produkten und ihren Träumen vom »schlafenden Riesen« (Admiral Yamamotos schicksalhafte Worte nach Pearl Harbor) in jeden Winkel des Globus exportiert zu werden. Dieser schlafende Riese war aus dem Zweiten Weltkrieg als technisch, wirtschaftlich, militärisch und kulturell dominierende Macht, vielleicht als die mächtigste Nation der Geschichte erwacht.

Die Story, die jedem Menschen sagt, er müsse nur wie Amerika werden, dann seien alle Probleme gelöst.

Und so kam es, daß mich die englische Sprache am entscheidenden Wendepunkt in der Geschichte des Zwanzigsten Jahrhunderts aufnahm, als deren wichtigster Träger zu einer gottgewollten Mission aufbrach, um die ganze Menschheit zu befreien.

Genauso, wie ich im Krankenhaus in Manhattan befreit worden war. Denn Amerika flüsterte auch mir diese Botschaft zu, bekräftigte jene Botschaft, die ich mir selbst zugeflüstert hatte, so daß in jenem Krankenhaus nur ich sie hören konnte: Du kannst ein anderer werden, du kannst noch einmal ein ganz neues Ich hervorbringen. Du kannst dich in einer vollkommen neuen Sprache in einem vollkommen neuen Land neu erfinden. Ich hatte einen gefährlichen Schritt getan, einen Schritt, der mich mit Schuldgefühlen und Angst erfüllt haben muß, einen Sprung ins Unbekannte: Und da erschien Amerika auf seinem strahlenden Pferd und richtete die ganze Kraft seiner Macht auf mich, derselben Macht, die es auf dem Globus entfesselte, und überzeugte mich mit derselben Energie und derselben billigen, leicht zugänglichen und fröhlichen Kultur, mit der es gerade die Welt zu überzeugen versuchte, daß morgen ein anderer Tag ist, daß der nächste Tag immer besser sein wird. Amerika versicherte mir, daß mein Verrat an einer nutzlosen Vergangenheit und nützlichen Eltern ein Akt der Rebellion sei, des Selbstvertrauens, der Würde, und daß dieser Akt unvermeidlich sei auf welchem Weg auch immer in die Zukunft. Amerika, das aus Einwanderern, Pionieren und Unternehmern bestand, sagte mir, ich sei frei und solle nicht zulassen, daß andere über mein Leben bestimmten.

Amerika sagte mir, ich könne wieder unschuldig sein.

Amerika, das soeben den Zweiten Weltkrieg gewonnen hatte und auf dem Weg war, den ganzen Planeten zu retten und in Besitz zu nehmen, versprach mir, mich als Gegenleistung für meine vollkommene Loyalität niemals zu verlassen.

Es gab nichts, wohin ich sonst hätte gehen, niemanden, an den ich mich sonst hätte wenden können.

Einer Vergangenheit und einer Sprache beraubt, die mir hätten sagen können, wer ich war, was hätte ich da anderes tun sollen?

Ich wurde Amerikaner.

5

Über die Entdeckung des Todes am späten Morgen des 11. September 1973 in Santiago de Chile

Viele Jahre lang habe ich mich geweigert zu glauben, daß Salvador Allende Selbstmord beging.

Kaum hatte die Junta unter Führung General Pinochets in der Nacht des Putsches verkündet, der Präsident habe sich das Leben genommen, wußte ich, daß sie logen. Mein einziger Beweis dafür war in jenem Augenblick, daß sie den Mord an Hunderten unschuldiger Patrioten und den Tod der chilenischen Demokratie leugneten, die Tatsache, daß sie Allende und die Verfassung, die zu verteidigen sie geschworen hatten, verrieten. Später, während meines Exils, verdichtete sich die Gewißheit, daß sie Allendes Ermordung verheimlichen wollten, zu einer Geschichte von Gut und Böse, die wir bei unseren Kampagnen in der ganzen Welt ständig wiederholten. Da sein Tod der erste Tod unter der Diktatur war, der alles überragende Tod, mit dem der Terror eingeleitet wurde, mußte er für uns ein archetypischer Tod sein, einer, aus dem alle anderen entsprangen, es mußte eine epische Erzählung sein, deren Tragik gerade in ihrer Einfachheit lag – der gute König, gemordet von den Generälen, die ihm Treue geschworen hatten. Und in dieser Geschichte entwarfen wir uns selbst als die metaphorischen Söhne und Töchter Allendes, die – zur Rache entschlossen – aus dem Schatten hervortreten und ihn von den Toten zurückholen würden. Es ist eine Geschichte, der ich auch heute noch überall begegne, gleichsam ein Echo jener Menschen, die – wie ich in den Jahren meines Exils – nicht bereit sind, der verworrenen Problematik eines Helden ins Auge zu sehen, der sich das Leben nimmt. Menschen, die mir statt dessen lieber noch einmal jene aufwühlende Version zu Ohren bringen, die mein Mund so lange wiederholt hat, selbst als ich schon den Verdacht hegte, daß sie falsch sei. Mythen sterben nicht so leicht wie Menschen.

Aber nicht nur ihr politischer Nutzen hielt die Legende von einem Allende, der bis zu seinem Tode gekämpft hatte, so lange aufrecht, zumindest in meinem Falle nicht. Meine selbstverständliche Annahme, er sei umgebracht worden, rückte seinen Tod in die richtige Perspektive, half mir, mit dem Schmerz über seinen Tod fertigzuwerden, gab meinem Überleben einen Sinn.

Er starb, damit wir leben konnten.

Ich wußte es, als ich am Morgen des Putsches Allendes letzte Worte im Radio hörte, als ich hörte, wie er die Niederlage eingestand und uns sagte, wir dürften uns nicht demütigen lassen, als ich hörte, wie er eine – gar nicht so ferne – Zeit voraussagte, in der wir wieder frei sein würden. Ich sah Angélica an: Dies waren die Worte eines Mannes, der dem Untergang geweiht war und sich verabschiedete.

In fieberhafter Eile kleidete ich mich an.

»Wohin gehst du?«

Angélica stellte mir diese Frage, obwohl sie an der ungezügelten Trauer in meinen Augen sicher sah, was ich antworten würde. Ich wollte versuchen, zur Moneda vorzudringen. Sie schüttelte den Kopf, ich war außer mir – und dann, verblüffenderweise, beschloß Angélica, damals und auch heute noch das pragmatischste, bodenständigste Wesen auf diesem Planeten, sich an meinem verrückten Unternehmen zu beteiligen: »Ich fahre dich ins Stadtzentrum.«

74

Sie brachte mich so weit, wie es eben ging, und dann stießen wir auf der Plaza Italia am Rand des Stadtzentrums von Santiago auf eine Polizeisperre. Nur vierzehn Häuserblocks entfernt wartete die Moneda auf mich.

Ich stieg aus dem Wagen, entschlossen, die Polizei irgendwie dazu zu überreden, mich durchzulassen. Und als ich dann vor ihnen stand, zögerte ich. Bis zu diesem Augenblick war ich durch eine Reihe zufälliger Umstände, auf die ich nicht den geringsten Einfluß hatte, verschont geblieben. Aber jetzt liegt mein Leben nicht mehr in den Händen eines anderen, in den Händen des Zufalls, in den Händen einer unbekannten Gottheit, die beschließt, meinen Namen von einer Liste zu streichen, eines Freundes, der einwilligt, den Platz mit mir zu tauschen. Diesmal, jetzt, in diesem einen unendlichen Augenblick bin ich der einzige, der darüber entscheiden kann, ob ich leben oder sterben werde.

Und dann, nach diesem kurzen Zögern, wende ich mich plötzlich und entschlossen von den ungerührten Gesichtern der Polizisten ab, ich gehe drei Schritte zurück zum Wagen, steige ein, lasse mich von Angélica wegfahren.

Es ist ein entscheidender Augenblick, der Bruchteil einer Sekunde. Erst später werde ich mir darüber klarwerden, sehr viel später, vielleicht erst jetzt, da ich beschlossen habe, jenen winzigen Augenblick auf seine Bedeutung hin zu befragen. Erst jetzt erkenne ich, daß ich dort, an der Polizeisperre, vor den beiden grundlegenden Schwierigkeiten des Widerstands stand, den beiden Fragen, die nicht leicht zu beantworten sind, die ich damals aber rasch und in Eile löste, dieselben Fragen, die sich in eben jenem Augenblick jeder Chilene und jede Chilenin, die an die Revolution geglaubt hatten, stellen mußten. Sie sind miteinander verwoben, diese beiden Fragen, aber sie sind nicht identisch. Sie sind so alt wie die Ungerechtigkeit, so alt wie der

Kampf gegen die Ungerechtigkeit, diese beiden wesentlichen Fragen, denen niemand ausweichen kann, der selbst Gewalt erleidet oder ihr Zeuge wird und beschließt, Widerstand zu leisten.

Die erste Frage ist bei weitem die weniger interessante: Habe ich den Mut, das zu tun, was mein Gewissen von mir verlangt? Weniger interessant, weil manchmal die Angst siegt und manchmal nicht, doch mehr hat es damit nicht auf sich. Vielleicht finde ich sie aber auch deshalb weniger interessant, weil ich mich immer wieder frage, ob nicht dort, an der Polizeisperre am Tag des Putsches, meine Entschlossenheit entscheidend auf die Probe gestellt wurde und ich mich dabei ertappte, wie ich genau das wollte: Ich frage mich, ob ich nicht mehr hätte tun können, um zur Moneda vorzudringen, ich frage mich, ob ich nicht ein Feigling war, ich frage mich, ob ich deshalb nicht an Allendes Seite gestorben bin, weil ich ganz einfach Angst hatte. Aber mit den Jahren nahm die zweite Frage – und nicht diese rätselhafte Sache mit dem Mut – den größeren Raum ein. Die zweite Frage, die das große Mysterium des Widerstands anspricht, die dem nachgeht, was am Tag des Putsches wirklich in meinem Kopf vor sich ging, dem Beginn eines komplexen Lernprozesses, mit dem sich jeder Überlebende, in Chile und anderswo, herumschlagen muß, die Frage: Besitze ich die Reife, einen Tod, dem ich nicht entrinnen kann, von einem Tod zu unterscheiden, den ich eigentlich begrüßen müßte? Oder um es anders auszudrücken: Angesichts der Gewißheit, daß in bestimmten geschichtlichen Epochen leider unausweichlich jeder noch so kleine Zuwachs an menschlicher Würde und Freiheit mit unendlichem Leid und sogar mit dem Tod bezahlt werden muß, und angesichts der gleichzeitigen Heiligkeit des Lebens, wie kann ich da sicher sein, daß ich den richtigen Tod sterbe für meine Überzeugungen? Eine Frage, die ich dort, an jenem Tag beantworten muß und immer wieder beantworten muß bis zum Tag, an dem die Diktatur endet.

Wenn ich mich in jenem Augenblick, da ich zum erstenmal mit dieser Frage konfrontiert werde, für das Leben entscheide, dann nicht nur deshalb, weil offensichtlich jeder Versuch verrückt ist, sich an der Polizei vorbeizuschleichen, durch das Stadtzentrum zu gehen, wo Heckenschützen und Soldaten einander beschießen, weil es verrückt wäre zu hoffen, daß die Truppen, die die Moneda besetzen, mich in das Gebäude lassen, statt mich auf der Stelle zu erschießen. Es ist nicht nur Leichtsinn und Verrücktheit, die ich in mir besiege, sondern auch Verzweiflung, die Dienerin des Todes.

Das ist die eigentliche Gefahr, der ich an jener Polizeisperre gegenüberstehe, damals und in den folgenden Jahren.

Wenn man besiegt worden ist, wenn alles, woran man glaubte, hinweggefegt worden ist, wenn die Hoffnung auf Veränderung, die eine echte Revolution krönt, besiegt worden ist, dann naht der Augenblick, in dem man leicht in den Brunnen des Todes hinabgezogen wird. Ich spürte ihn in mir, jenen Wunsch, mich selbst zu zerstören, als ich darüber nachdachte, wohin die Träume uns geführt hatten. Wir hatten es gewagt, etwas zu prophezeien, wir hatten gewagt zu glauben, daß wir ohne Blutvergießen eine gerechte Gesellschaft errichten könnten. Und nun war es unser Blut. Unsere friedliche Revolution endete in einem Massaker, einem weiteren Massaker in einem Lateinamerika, das bereits mit Leichen übersät war. Und nur mit Mühe konnte ich der Versuchung widerstehen, meinen Tod in die letzte, die einzige Möglichkeit zu verwandeln, mitten im Scheitern zu sprechen. Er war die einzige Insel der Wirklichkeit, über die ich noch Macht hatte – mein toter Körper als der einzige noch bleibende Beweis für meine

Ernsthaftigkeit, für meinen Glauben an eine Zukunft der Befreiung, die für immer hinausgeschoben zu sein schien. Das war die eigentliche Todesfalle: Wenn die Türen zu jeder anderen Form des Ausdrucks sich schließen, und man das Martyrium willkommen heißt als eine perverse Art, den Tod zu unterlaufen, vielleicht sogar seine Herrschaft zu annullieren und die Zukunft zu zwingen, den Träumen der Gegenwärtigen zu lauschen, wenn man als Legende weiterbesteht statt als Lebender.

Wenn ich an jener Polizeisperre endgültig nicht diesen Weg einschlug, dann vielleicht deshalb, weil ich mir bewußt war, daß ein anderer ihn für mich, für uns alle gegangen war. Salvador Allende hatte die Verantwortung für die Niederlage übernommen, er hatte mit seinem Leben für all unsere Fehler und für seine eigenen gebüßt, ein rituelles Opfer, das mich und viele andere davon abhielt, unser Leben wegzuwerfen.

Aber Salvador Allende bietet mir dort, an jenem Tag, als ich kurz vor der Moneda umkehre, nicht nur Schutz. Sein Tod wird in den folgenden Jahren von denen, die ihn überleben, schrecklich viel verlangen, er wird einen Schatten über unser Leben werfen, uns eine unglaubliche Last auferlegen. Einige von uns werden nicht in der Lage sein, das heilige Gewicht von Allendes Tod zu tragen, einige von uns werden ihm in den Tod folgen.

Eine von ihnen ist seine Tochter Beatriz Allende. Taty, wie sie von ihren engen Freunden genannt wird, ist Allendes ständige Begleiterin und Vertraute. In genau dem Augenblick, da ich mich an jener Polizeisperre instinktiv dem Leben zuwende, werden sie und alle Frauen, die an jenem Tag dort sind, aus der Moneda verwiesen. Der Präsident beschließt, daß Taty und die anderen Frauen gehen müssen, als er erkennt, daß er sterben wird. Als ihm die Armee das Ultimatum stellt, sofort zu kapitulieren, andernfalls würden die Streitkräfte ihn mit Bomben und Hawker Jagdbombern vertreiben, als er verkündet, er werde niemals das Flugzeug besteigen, das ihn ins Exil fliegen soll.

Zuerst weigert sich Taty. Wie ihr Vater sie überredete, habe ich nie herausgefunden. Taty hat es mir nicht erzählt, als wir uns viele Monate später, Anfang März 1974, in dem kleinen Frühstücksraum im ersten Stock des Hotels Havana Libre in Cuba trafen.

Ich war auf dem Weg in mein europäisches Exil. Den Kubanern war es gelungen, mich aus Argentinien herauszuholen, sie hatten mein Flugticket bezahlt, meines, Angélicas und Rodrigos, und zwar gerade noch rechtzeitig. Zwei Tage nach unserer Abreise aus Buenos Aires suchten drei Männer von der argentinischen Polizei meine Großmutter auf und fragten nach mir. Sie glaubten ihr nicht, als sie ihnen erklärte, ihr Enkel habe das Land verlassen. Sie verhörten sie, meine neunzigjährige Großmutter, eine Stunde lang. Dann gingen sie. »Wir werden ihn finden«, sagten sie zu meiner Baba Pizzi, die das Gefühl gehabt haben muß, die Zeit sei stehengeblieben, die Zeit wiederhole sich, denn gewiß erinnerte sie sich, daß sie ungefähr siebzig Jahre zuvor ähnliche Worte auf russisch von der zaristischen Polizei vernommen hatte, die auf der Suche nach ihrem revolutionären Bruder zu ihr gekommen war: »Wir werden ihn finden, egal, wo er sich versteckt.« Die Argentinier fanden mich nicht – aber sie fanden eine Menge anderer Leute, in den folgenden Jahren sollten sie Tausende und Abertausende anderer, die nicht geflohen waren, verschwinden lassen.

Wie seltsam die Pfade des Überlebens sind, die Verbindung, die zwischen den Überlebenden entsteht. Ich hatte mit Taty zuletzt am Nachmittag des 10. September in der Moneda gesprochen, hatte kurz meine Ideen zu Susana la Semilla erwähnt, hatte prognostiziert, wenn wir es bis zum

Frühlingsanfang in elf Tagen schafften, würden wir gewinnen, Mutter Natur würde selbst dafür sorgen. Taty hatte gelacht und gesagt, ich sei ein unverbesserlicher Dichter, total *loco*, aber ich solle nur immer so bleiben. Ich dachte an dieses Lachen, als ich hörte, daß man die Moneda bombardiert hatte, war mir sicher, daß sie dort umgekommen war. Aber sechs Monate später, da waren wir wieder zusammen.

Ich fragte sie nach ihrer Mutter und ihrer Schwester, sie mich nach Angélica und Rodrigo und meinen Eltern. Natürlich interessierten mich brennend ihre letzten Stunden mit Allende, aber das war für uns beide ein heikles Thema, und ich vermied es.

Taty hatte solche Bedenken nicht. Wie aus heiterem Himmel sagte sie: »Erzähl mir von der Moneda.«

Ich schwieg. Es gab nichts zu erzählen.

»Von der Moneda«, beharrte sie. »Wie ist es dir gelungen, an jenem Tag zu entkommen?«

Sie muß an meinem Gesicht abgelesen haben, wie perplex ich war.

»Nach der Bombardierung«, sagte sie. »Wo hast du dich da versteckt? Wie kommt es, daß sie dich nicht gefunden haben?«

Stotternd erwiderte ich, daß ich nicht wüßte, wovon sie redete, daß ich es an jenem Morgen nicht geschafft hätte, zur Moneda vorzudringen.

»Bei mir mußt du nicht bescheiden sein«, meinte sie. »Jeder weiß, daß du ein Held bist. *Vamos*, ich habe die ganzen Monate nur darauf gewartet, mit dir zu sprechen. Du mußt einer der letzten gewesen sein, die meinen Vater lebend gesehen haben.«

Sie habe mich dort gesehen. Eifrig versicherte sie mir, als sie sich das letztemal umgedreht habe, hätte ich neben Allende gestanden und genauso herausfordernd auf das Ende gewartet, wie ich es mir vorgestellt hatte, genauso, wie es nicht passiert war. Und dann fragte sie mich erneut nach den letzten Augenblicken, sie wollte das Martyrium ihres Vaters mit meinen Augen sehen, die nicht dagewesen waren.

Ihre Halluzination verhöhnte mich damals und verhöhnt mich immer noch, so viele Jahre danach, denn daß sie mich neben Allende sah, entsprang meiner Phantasie genauso wie ihrer: Mein eigener Geist sprach zu mir aus ihrem Munde. Sie schenkte mir, wieder und wieder, das Ende, das ich für mich selbst vorgesehen hatte, schenkte mir den Menschen, als der ich gern in Erinnerung geblieben wäre, die entschieden revolutionär engagierte Person, die ich bewußt in den Monaten vor dem Putsch konstruiert hatte. Unerschrocken konfrontierte sie mich mit dem radikalen Ariel, dem ich Treue geschworen hatte, mit all den Worten von meiner Bereitschaft, für die Menschheit zu sterben, die ich heruntergebetet hatte, mit den Worten von der Befreiung, die mir so leicht über die Lippen geflossen waren und mit denen ich mich als unmißverständlich politisches Wesen dargestellt hatte, sie konfrontierte mich mit einem Szenario, das nur in meinem Kopf auf Film gebannt wurde. Sie ist eine Botin des Todes, eine Botin ihres Vaters: Sie erinnert mich daran, daß es in einer anderen, ähnlichen Version meines Daseins mein Gesicht wäre, das auf einem Plakat prangte, während ein anderer Exilant die Witwe die Treppe hinauf begleitet, um irgendeinen Minister für Auswärtige Angelegenheiten zu treffen, jemand wie ich hilft meiner Angélica, vor der Menschenrechtskommission auszusagen. In dem Leben und dem Tod, die ich schließlich doch nicht gewählt habe, würde mein Sohn, zusammen mit anderen Angehörigen in einer von Tränengas erfüllten Straße Santiagos, meine Leiche fordern, mein Sohn heftet ein Foto von mir an seine Jacke und verlangt, daß ich aus dem Verschwinden zurückgeholt werde, klagt sein Recht ein, mich zu bestatten. Taty erinnert mich daran, daß ich nicht zu den vielen Claudio Gimenos dieser Welt gehöre.

Schließlich gelingt es mir, Taty davon zu überzeugen, daß sie sich geirrt hat, indem ich ihr erkläre, wie ich verschont blieb. Doch eines sage ich ihr nicht: Daß ich an der Polizeisperre gezögert und nicht zu ihr in die Moneda gegangen bin, daß der Tod ihres Vaters mich rettete. Ich sage ihr nicht, daß ich mich in einer einzigen Sekunde entschied, mein Leben nicht wegzuwerfen.

Was ich damals sagte, auch was ich verschwieg, sollte mir wieder einfallen, als ich – mehrere Jahre nachdem sie mir dieses trügerische Bild von meinem Ende in der Moneda geschenkt hat – die Nachricht erhalte, daß Taty Allende sich umgebracht hat. Bis zu ihrem Tod treibt sie sich, wie viele von uns in jenen ersten Jahren des Exils, unbarmherzig selber an, arbeitet für die Freiheit Chiles, vielleicht weniger als Tribut an die Lebenden, die dringend Unterstützung aus dem Ausland brauchen, denn als ein Mittel, die Toten versöhnlich zu stimmen. Aber die Toten lassen sich nicht beschwichtigen. Als ihr Vater in der Moneda verfügte, daß an jenem Tag nur Männer sterben sollten, als er seine Tochter hinauswies, weil sie eine Frau war, konnte er nicht ahnen, daß er sie damit zur Selbstzerstörung verdammte. Taty vergaß nie, daß sie, wenn sie Allendes Sohn gewesen wäre, an der Seite ihres Vaters hätte sterben dürfen, ja, daß man es sogar von ihr erwartet hätte. Sie kann sich nicht verzeihen, daß sie nur wegen ihres Geschlechts noch lebt. Sie gehörte dorthin. Sie konnte sich selbst nirgendwo anders vorstellen. Die Kugel, die, dessen war sie sich gewiß, vor so vielen Jahren an jenem Ort, wo Allende starb, für sie gedacht gewesen war, ist die Kugel, mit der sie verspätet auf sich selbst schießt.

Wußte sie in jenem Augenblick, als sie die Pistole in die Hand nahm, als sie sich mit dieser Pistole das Leben nahm, wußte sie da, daß auch Salvador Allende Selbstmord begangen hatte? War das die tiefere Bedeutung, war es ein Todesritual, im Augenblick der Abrechnung nicht neben ihrem Vater zu stehen, sondern ihr Vater zu *sein*, seinem Beispiel zu folgen und sich umzubringen?

Ich habe keine Möglichkeit zu erfahren, was im Kopf meiner Freundin vor sich ging. Tote können nun einmal nicht erzählen, wie sie starben. Unzweifelhaft aber deuteten wir beide Allendes Tod am Ende verschieden – sie wurde schließlich davon verschlungen, und mir gelang es, mich davon zu lösen, die richtige Tochter und der metaphorische Sohn des Präsidenten schlugen entgegengesetzte Pfade ein in einer Welt, in der unser Vater aufgehört hatte zu existieren und zu uns nur dunkel vom Tod sprechen konnte.

Zumindest denke ich das. Und die Tatsache, daß ich überlebt habe und sie starb, läßt mir unwiderruflich das letzte Wort. Obwohl sie da ist, mich ansieht, obwohl sie mich an der Seite ihres Vaters aus dem Totenreich anstarrt und mich mit leiser Stimme daran erinnert, daß ich denselben Weg wie sie hätte einschlagen können.

Daran, daß ich sie und ihren Vater und alle anderen Toten Chiles werde mit mir herumtragen müssen wie ein Waisenkind, bis ich sterbe.

Sie sagt mir, daß ich vielleicht das größere Risiko einging, als ich mich entschloß, mich von dem Putsch nicht vernichten zu lassen.

6

Über die Entdeckung des Lebens und der Sprache
in den Jahren 1945 bis 1954
in den Vereinigten Staaten von Amerika

Daß mein Spanisch in New York gestorben war, stimmte natürlich nicht.

Mein Spanisch hatte widerstanden. Es hatte sich in mir versteckt, als ich es zu ersticken versuchte, und dort ausgeharrt, es hatte auf seine Chance gelauert, wieder herauszukommen und einen Weg in mein Leben zu finden. Ich wußte, daß es da war, ich wußte es, aber ich erzählte niemandem, daß ich die Sprache verstand, die meine Eltern zu Hause immer noch sprachen.

Wie gelang es mir zu verhindern, daß das Spanische an die Oberfläche drang, wie konnte ich es zehn Jahre lang unter Verschluß halten?

Indem ich mich verschloß, die Tür zumachte, den Schlüssel umdrehte und wegwarf. Das heißt, wenn meine früheste Erinnerung, die erste Erinnerung meines Lebens, überhaupt eine Bedeutung hat.

Ich wollte nie, daß gerade sie meine Urerinnerung sein sollte, der Moment, in dem mein Bewußtsein beginnt. Ich wollte mich immer nur an jenen Tag im Krankenhaus erinnern, verstehen, wer ich vor jenem Tag im Krankenhaus war, aber im Strudel der fernen Vergangenheit kommt etwas ganz anderes hoch: Ich bin etwa drei Jahre alt, gehe wahrscheinlich auf die vier zu. Ich sitze auf der Toilette, und draußen vor der verschlossenen Tür ruft mein Vater, ich solle mich beeilen oder ihn hineinlassen. Ich weiß nicht genau, was er will, aber ich weiß, daß er verärgert ist und daß ich lieber hierbleiben würde, an diesem Ort, wo ich ganz mit mir allein sein kann. Das ist alles. Unbedeutend, unheroisch, geheimnisvoll nur insofern, als es sich in mein Bewußtsein hochgewühlt hat, um dort bis zum heutigen Tag unauslöschlich verankert zu sein, im Rückblick noch genauso deutlich, wie ich es damals erlebt haben muß: das düstere Badezimmer, der Spiegel, Shorts und Unterhose heruntergelassen, die Stimme meines Vaters, das sichere Wissen, daß ich hier allein sein möchte, die leise Angst, das unbestimmte Schuldgefühl. Mehr nicht. Nichts, was mir bisher offenbart hätte, warum ich mich an diesen unbedeutenden Vorfall erinnere, warum er am Beginn meines erinnerten Lebens stehen sollte, warum ich alles vergessen habe, was vorher war. Bis zu diesem Moment. Erst während ich dies schreibe, wird mir bewußt, daß mein Vater mich auf spanisch ruft und daß ich ihm nicht antworte, daß er verärgert ist, weil ich nicht antworte, daß er ins Englische wechselt, und darauf reagiere ich, ich rufe etwas, irgend etwas, ich betätige die Wasserspülung, ich wasche mir die Hände, ich mache die Tür auf. Darum geht es also. Ich weigerte mich zuzugeben, daß ich verstand, was er sagte, solange er nicht in meiner Sprache sprach. Das ist meine erste Erinnerung: Wie ich mir einen eigenen Raum schaffe, in den das Spanische nicht eindringen kann, in dem ich mich gegen den bedrohlichen Einfluß dieser Sprache abgrenzen kann, für alle Zeit, kompromißlos. Das ist der zentrale Akt meiner ersten Lebensjahre: Ich ziehe mich auf die Toilette zurück, mit meiner Nacktheit und meiner Intimität und meiner Scheiße und meinem Englisch, ich weise jene spanisch sprechende Stimme zurück, die Stimme der Tradition, die Widerhall findet in mir, was ich mich jedoch vor anderen weigere zuzugeben. Auf diese Weise forme ich, Tag für Tag,

86

meine Identität. Auf diese Weise verleugne ich, Tag für Tag, den Bruder in meinem Innern, der Spanisch versteht, verwehre ihm die Chance auf eine Wiedergeburt.

Diese Szene wird sich, in abgeschwächter Form, noch viele Male wiederholen. Ich sehe mich am Abendbrottisch sitzen, ein Jahr später, inzwischen wohl etwa fünf Jahre alt. Meine Mutter und mein Vater unterbrechen hin und wieder ihre Unterhaltung und versuchen hinterlistig, mich in einem unaufmerksamen Moment mit einer auf spanisch gestellten Frage zu überrumpeln. Sie versuchen, mich mit allen möglichen wunderbaren Dingen zu ködern – mit einem neuen Spielzeug, Süßigkeiten, einem Ausflug, einer Umarmung, einer Extraportion, einer Filmmatinée –, aber ich beiße nicht an, ich wiederhole immer wieder den Satz von jenem ersten Tag im Krankenhaus »ich verstehe nicht«, obwohl ich sie sehr gut verstehe, denn ein paar Minuten später platze ich in Englisch mit einer Bemerkung heraus, die sich auf ihre auf spanisch geführte Unterhaltung bezieht. Aber als sie darauf eingehen, wieder in Spanisch, schiebe ich erneut den Riegel vor. Ich bin nicht bereit zuzugeben, daß meine Muttersprache auch nur die geringste Macht über mich hat, daß unter der Asche noch eine Glut glimmt.

Ich konnte auf dieser Ablehnung des Spanischen so hartnäckig beharren, weil meine Eltern mich nicht mit Gewalt davon abbringen wollten. Es hätte nicht mehr bedurft als eines kleinen Klapses, gleich als wir das Krankenhaus verließen und ich zum zweitenmal störrisch darauf bestand, ausschließlich Englisch zu sprechen, und meine Abwehr wäre zusammengebrochen. Aber meine Mutter und mein Vater waren äußerst gutherzige Menschen und gehörten nicht zu denen, die einem Kind ein bestimmtes Essen aufzwingen, geschweige denn eine Sprache. Und aufgrund ihrer eigenen Erfahrung als Auswanderer konnten sie wahrscheinlich einen Sprachwechsel tolerieren in dem Bewußtsein, daß eine Sprache sich am besten mit Liebe lernen läßt. Es ist nur ein *capricho*, dachten sie, eine alberne Laune, die ganz sicher vorübergehen würde, erklärten sie, sobald die Familie wieder nach Argentinien zurückkehrte. Denn meine Eltern prophezeiten, wie alle Exilanten, daß sie nächstes Jahr wieder zu Hause sein würden.

Und es sollte kein Wunschtraum bleiben.

Ich erinnere mich noch gut, wie meine Eltern eines Abends mit etlichen ebenfalls geflüchteten Freunden erwartungsvoll vor dem Radio saßen – es muß im Juni 1946 gewesen sein, ich war also schon ein vierjähriger Yankee, der sich für die Jack-Benny-Show begeisterte und für Amos 'n' Andy* – und auf Nachrichten über den Ausgang der Wahlen daheim in Argentinien warteten. Alle waren überzeugt, daß der gewissenlose General Juan Domingo Perón (»und seine Schlampe Evita«, wie sie immer hinzufügten) gegen die Koalition aus Konservativen, Liberalen, Vertretern des Zentrums, Sozialisten und Kommunisten, die alle von den USA unterstützt wurden, keine Chance hatte. Auf der ganzen Welt brach die antifaschistische Allianz auseinander, nur in Argentinien, das in allem hinterherhinkte, konnte sie sich noch halten. Ich wartete ebenso gespannt auf die Nachricht, daß Perón – wer immer er auch sein mochte – gewonnen hatte. Ich hatte keine Ahnung, welche Politik dieser General da unten vertrat, nur daß meine Eltern und ihre spanisch quatschenden Freunde, wenn er unterlag, das erste Flugzeug Richtung Buenos Aires beschlagnahmen würden, um in der neuen Regierung mitzuarbeiten, und Vlady würde natürlich mitzockeln müssen.

---

* In den 30er und 40er Jahren populäre Radioserie um zwei schwarze Underdogs namens Amos Jones und Andy Brown, von weißen Schauspielern gesprochen. (A.d.Ü.)

Ich glaube, das war der Grund, warum ich mein spanisches Ich so gnadenlos unterdrückte, denn die Gefahr, daß es aufwachte wie ein Ungeheuer aus dem Märchen in den Verliesen einer Burg, daß es von den Toten auferstand wie der jüngste Bruder, den man in die Sklaverei verkauft hat, diese Gefahr war mit einem realen Ort in der Welt verbunden, einem widerspenstigen physischen Raum, den ich nicht einfach von der Weltkarte streichen konnte wie das Spanische, das sich dort schamlos eingenistet hatte.

Aber mein seltsamer Verbündeter, General Perón, rettete mich, die englische Sprache und Amerika blieben mir erhalten, das Picknick bei den Teddy Bears und Burt Lancaster als *Der rote Korsar* und Joe DiMaggios nächster *home run*, der Geruch brutzelnder Hotdogs bei Nedick's und die Osterparade auf der Fifth Avenue, die »Three Musketeers«-Schokoriegel und die endlosen Regale mit Spielsachen bei Macy's, das Brummen der gelben New Yorker Taxis und das Eislaufvergnügen vor dem Rockefeller Center, der kleine Zug, der es schaffte, und der Große Gildersleeve.

Perón! Der noch nie vom Großen Gildersleeve gehört hatte. Wie wohl die meisten meiner Leser.

Perón rettete mich, indem er etwas für die linken Intellektuellen in Argentinien, meinen Vater eingeschlossen, absolut Unverzeihliches tat: Er stahl ihnen die Arbeiterklasse. Ebenjene Arbeiterklasse, auf die sie sich beriefen, die sie angeblich so gut verstanden und doch nie wirklich hatten vertreten können. Die *cabecitas negras*, so genannt wegen ihres schwarzen Haarschopfs, die wie eine Horde wilder Tiere aus dem Hinterland strömten, die Heerscharen armer Argentinier, die die Nase voll hatten von konservativen Regierungen und sich von eingewanderten marxistischen Klugscheißern aus Europa nicht verstanden fühlten – sie sorgten dafür, daß ein kleiner blonder Judenjunge, der in

New York lebte und Englisch sprach, nicht um Argentinien weinen würde, daß ich meine Amerikanisierung weiter vorantreiben konnte, daß ich mich sonntags mit der *Herald Tribune*, die ausgebreitet größer war als mein ganzer Körper, bäuchlings auf den Boden legen und die neuesten Comics anschauen konnte, und die illusionären Stimmen aus dem Radio wurden zu den Stimmen meiner Comic-Figuren. Kein schlechtes Beispiel dafür, welche Faszination Amerika mit seiner fortschrittlichen Technik und seinem Marketing auf mich ausübte, das Zusammenspiel von Ton und Bildern direkt in unserem Wohnzimmer, das bereits auf jenes rasant um sich greifende, lärmende Wundermedium zusteuerte, das bald die ganze Welt, auch Argentinien, erobern sollte – das Fernsehen.

Und während die Comics wie ein Film vor meinen verzückten Augen abrollten, war mir irgendwie klar, daß ich nur solange im Land des Zauberers Oz bleiben durfte, wie im fernen Argentinien ein offenbar böser General an der Macht war, und daß am selben Tag, an dem er sein argentinisches Refugium würde verlassen müssen, auch ich auf der Stelle aus meinem Paradies, den Vereinigten Staaten, vertrieben würde. Nie wieder würde ich auf dem Times Square ausgelassen das Neue Jahr begrüßen, nie wieder Beleidigungen auf amerikanesisch – ya Fatso, ya big slob, ya jughead – auf dem Spielplatz, dem Schulhof oder auf der Straße austauschen. Viele Jahre später, als Angélica und ich im amerikanischen Exil lebten und wir uns, wie vorher meine Eltern, nach dem Land sehnten, das für uns das Gelobte Land war, sollte sich mein Sohn Joaquín in einer ähnlich verzwickten Lage befinden. Wir sehnten uns nach Chile. Und Joaquín wollte unbedingt in Amerika bleiben. Damals schickte wohl er Gebete zum Himmel, daß seine Eltern ihn nicht zwingen mögen, seine Freunde und die englische Sprache hinter sich zu lassen und für immer in das ominöse Chile zu gehen. Jenes Chile, nach dem sie solche Sehnsucht hatten und das unser in Amsterdam geborener Sohn kaum kannte. Vielleicht war es eine Wiederholung dessen, was sein Großvater Adolfo empfunden hatte, als er um die Jahrhundertwende gezwungen war, sein geliebtes Rußland zu verlassen, vielleicht war es eine Wiederholung meiner kindlichen Gebete Argentinien betreffend.

Allerdings dämmerte mir mit der Zeit, daß die wahre Bedrohung nicht aus Argentinien kam, wo Perón die Zügel immer fester anzog, sondern aus meinem geliebten Amerika, wo in anderer Weise härter durchgegriffen wurde. Die Geschichte hatte mich ausgerechnet am Scheideweg des zwanzigsten Jahrhunderts ein Heimatland wählen lassen, als dieses Heimatland sich anschickte, seine Mission als Weltmacht der Nachkriegszeit neu zu definieren, sich eine Identität zuzulegen, die meinen Vater und so ziemlich jeden Freund und Bekannten, den er hier gefunden hatte, unbarmherzig ausschließen sollte, indem es sie, wortwörtlich und ausdrücklich, als antiamerikanisch einstufte. Als dem amerikanischen Wesen fremd und deshalb nicht wert, in den Vereinigten Staaten zu leben – und, unausgesprochen, vielleicht überhaupt nicht wert zu leben. Hatte der Krieg gegen den Faschismus mich nach Norden verschlagen und das Bündnis zwischen der Sowjetunion und den USA die Voraussetzung dafür geschaffen, daß mein in die russische Sprache verliebter Vater in der Metropole des Kapitalismus mit offenen Armen empfangen wurde, so sollte der Bruch zwischen den früheren Verbündeten schließlich dazu führen, daß es für mich wieder Richtung Süden ging.

Aber das brauchte seine Zeit. Erst im September 1949, ich war inzwischen sieben, begann ich langsam zu begreifen, daß es so etwas wie den Kalten Krieg gab und daß er schwerwiegende Folgen für mein Leben und, ja doch, für meine Sprache hatte.

Bis dahin hatte ich von seinen Auswirkungen nicht viel bemerkt. Ich war noch keine vier Jahre alt, als Winston Churchill in Fulton, Missouri, im März 1946 erklärte, es habe sich ein eiserner Vorhang in Osteuropa herabgesenkt, und zu einem »brüderlichen Bund der englischsprechenden Völker« aufrief, um Stalins Plänen zur Übernahme der Weltherrschaft entgegenzutreten. Ich selbst bemühte mich an ebendiesem Tag in einem Manhattaner Kindergarten zweifelsohne mit aller Kraft und Begeisterung darum, ein vollwertiges Mitglied dieses brüderlichen Bundes zu werden, und eiserne Vorhänge interessierten mich nicht im geringsten. Das einzige mir bekannte Objekt, das je herunterkam, war die London Bridge in dem Kinderlied »London Bridge is falling down«, und ansonsten gab es für mich noch Humpty Dumpty, der auf einer Mauer saß und herunterfiel, und mich, der ich hinfiel und lachte und quietschte, wenn ich mit den anderen Kindern »Ring around a rosy, pocket full of posies, all fall down!« spielte. Ich wußte noch nicht, daß sich der Vorhang mitten in meinem Leben herabsenken und es teilen sollte, als wäre ich ein von zwei kriegführenden Armeen besetztes Land, daß man meinen Vater als einen Mann einstufen sollte, der auf die andere Seite jenes Vorhangs gehörte. Ich wußte noch nicht, daß der Mann, der an jenem Tag neben Churchill stand, Präsident Harry (»Macht ihnen die Hölle heiß«) Truman, schon den Boden bereitete für meine Verbannung aus dem schönen Amerika, America the Beautiful. Als der gewählte Hüter des weiten Himmels und der purpurfarbenen majestätischen Berge, die zu rühmen ich im Pflegeheim gelernt hatte, schickte er die Russen schon »zur Hölle«, als der Krieg noch gar nicht vorbei war, und an jenem Tag in Missouri bereitete er sich darauf vor, seinen Landsleuten mit dem kommunistischen Schreckgespenst »höllisch angst zu machen«. Es war nur eine Frage der Zeit (ja, der Zeit; ich stellte sie mir damals als Maus vor, die auf dem Zifferblatt einer Uhr hinauf- und hinunterläuft, hickory dickory dock up and down a clock), bis sich die Politik der Eindämmung gegenüber dem Feind jenseits des Ozeans zu einer perfiden, gnadenlosen Verfolgung mutmaßlicher Feinde im Innern auswuchs. Ein Jahr später erließ Truman das Federal Loyalty Program, um alle Staatsbediensteten aufzuspüren, die möglicherweise eine Verbindung zum Kommunismus hatten, und der Kongreß verstärkte die Untersuchungs-tätigkeit des House Un-American Activities Committee (HUAC), seines internen Ausschusses für unamerikanische (*sic*!) Umtriebe. Die Hexenjagd hatte begonnen!

Ich selber konnte mich ganz auf Hexen und Umtriebe anderer Art konzentrieren – auf mein erstes Halloween, bei dem ich mit anderen Kindern von Haus zu Haus zog und Süßigkeiten erbettelte, auf die böse, bucklige Stiefmutter mit der dicken Warze auf der Nase in Walt Disneys *Schnee-wittchen*. Mein Vater hatte nämlich den einzigen Job an-genommen, der ihm und seiner Familie einen gewissen Schutz vor dem politischen Terror bot, der sich in Amerika auszubreiten begann.

Er hatte im August 1946 (zwei Monate nach Peróns ernüchterndem Wahlsieg) einen hohen Posten bei den kurz zuvor gegründeten Vereinten Nationen übernommen – als zweiter Mann im Rat für Wirtschaftliche Entwicklung. Die Satzung der Weltorganisation erlaubte dem Gastland kei-nerlei Einmischung in das Leben seiner ausländischen Mit-arbeiter, deshalb glaubte sich mein Vater viele Jahre sicher vor dem Zugriff der Gedankenpolizei oder des Red Scare, selbst als immer mehr seiner amerikanischen Freunde ihre Arbeit verloren, ins Gefängnis gesteckt oder gesellschaftlich geächtet wurden.

Sein Diplomatenstatus hatte nicht nur den Vorteil, daß er nicht ausgewiesen werden konnte. Er brachte uns auch nach Parkway Village, einer Wohnsiedlung in Queens für Angehörige der Vereinten Nationen, die am nahegelegenen Lake Success arbeiteten. Wir zogen Ende 1947 um, wieder einmal – wann sonst? – an Allerheiligen. Jenes kleine Stück Amerika wurde, als Familien aus allen Nationen der Welt in die komfortablen Backsteinhäuser einzogen, zu einem internationalen Dorf: Alle Hautfarben, alle Länder, alle Religionen waren in dieser zwanzig Häuserblocks umfassenden Vorortsiedlung vertreten, kamen hier friedlich zusammen, lebten Seite an Seite. Und all die Sprachen – daheim, wohlgemerkt, wenn die norwegischen und ghanaischen und chinesischen Mütter ihre Kinder nach Hause riefen; draußen aber, in den Parks, auf den Spielplätzen und vor allem an der Internationalen Schule, in die ich zwei Jahre lang ging, war die Sprache Englisch. Die von allen bevorzugte zweite Sprache.

Ich habe sie miterlebt, jene Zeit an jenem Ort in der Geschichte, als Englisch zur ersten wirklich internationalen Sprache der Menschheit wurde, als diese Sprache die multinationalen Räume dieses Planeten eroberte. An die vierzig Jahre bevor von Internet und World Wide Web auch nur die Rede war, wurde Englisch versuchsweise, in meinem »Dorf« am Parkway, zum Treffpunkt der ganzen Welt, wo Kinder aus allen Nationen ausgelassen auf einem gemeinsamen Boden spielten, sich kennenlernten, sich gegenseitig beschwatzten und anfeuerten.

Parkway Village – und die Internationale Schule, die es beherbergte – träumte sich als Insel der Toleranz, der Ölzweige und des Friedens am Rande eines zunehmend fremdenfeindlichen und militanten Amerika, und es verkörperte diesen Traum auch. Meine ersten beiden Jahre dort vergingen, als lebte und lernte ich innerhalb eines Zauber-

94

kreises: Das erbitterte Tauziehen zwischen den beiden Supermächten, der Kampf um Griechenland, um Berlin, um Italien, die ständige Einmischung und Intervention der usa in Ländern der später so genannten Dritten Welt, die brutale Niederschlagung der demokratischen Bewegungen in Ungarn und Polen und der Tschechoslowakei durch die Sowjetunion – all das geschah weit weg, als wären die Straßen um Parkway Village herum ein Schattenland und nur unsere exterritoriale Enklave Realität. Nichts störte meinen Spaß und meine Kinderspiele mit Amerika in meinem geliebten Englisch, *round and round the mulberry bush, the monkey chased the weasel*, rund um den Maulbeerbusch jagt der Affe das Wiesel. Aber Unschuld und Immunität meines Zufluchtsortes konnten in einer Welt, die sich in rasendem Tempo in die andere Richtung bewegte, nicht von Dauer sein.

Im September 1949 geschahen zwei Dinge – nur das eine hatte direkt mit meinem Leben zu tun, das andere war von weltweiter Bedeutung –, die mich aus meinem Kokon herausrissen und den Kalten Krieg auch zu uns vordringen ließen.

Das erste war, daß ich die Internationale Schule verlassen mußte. Ich war inzwischen zu alt dafür, und meine Eltern hatten keine andere Wahl, als mich in eine amerikanische Public School zu schicken, die P.S. 117, ein paar Häuserblocks weiter, auf der anderen Seite des belebten Grand Central Parkway. Auf einmal fand ich mich jenseits der multikulturellen Oase wieder, wo gegenseitige Toleranz herrschte, hineingestoßen in das hektische Treiben eines Amerika, das jeden Tag paranoider wurde.

Dort, an jener Schule, holte mich das zweite Ereignis ein. Dort hörte ich, an einem Tag in jenem September, daß die Sowjets ihre erste Atombombe gezündet hatten. Die usa hatten die Russen praktisch die ganze Zeit gejagt –

round and round the mulberry bush – und nun, urplötzlich, war der Feind stehengeblieben und drohte, mit den Amerikanern zu machen, was die Amerikaner ihm seit Nagasaki angedroht hatten. »*Pop goes the weasel*« – Peng! macht das Wiesel – galt auf einmal für den Affen, der das Wiesel jagt, und für die ganze Welt: *Pop goes the planet.*

In den folgenden Monaten rollte eine Woge der Hysterie über die Vereinigten Staaten, und ich hatte keine Chance, ihr zu entkommen. Wie denn auch, wenn wir Kinder ständig von gräßlich schrillem Sirengeheul terrorisiert wurden und während endloser Luftschutzübungen unter unsere Schreibpulte kriechen mußten in der Erwartung, daß die Russen kämen und uns bombardierten, uns in einer einzigen Sekunde, nur einen blinden Schmerzensschrei lang, in Rauch und Asche verwandelten. Wie konnte ich den Kalten Krieg ignorieren, wenn der Feind überall als ein Schreckgespenst wie die Kinderlähmung dargestellt wurde – eine Krankheit, die einen ohne Vorwarnung treffen konnte, die aus Schmutz und Sünde, innerlich und äußerlich, welcher Art auch immer, hervorkroch und Kinder in Stützapparate, an Krücken oder in den Rollstuhl zwang? Wie konnte ich die rote Gefahr ignorieren, wenn meine Lehrerin uns anhand des unschuldigen Wortes Apfel, A wie Apfel, über die allenthalben lauernde Gefahr und den moralischen Verfall belehrte. »Es gibt Menschen«, sagte sie, »schlechte Amerikaner«, sagte sie, »die sind wie faule Äpfel«.

Hinterher, auf dem Schulhof, kam ein Junge auf mich zu und gab mir das Rätsel des Tages auf, ja der damaligen Zeit: Was ist schlimmer, fragte er, als einen Wurm im Apfel zu entdecken? Und ich antwortete wie aus der Pistole geschossen: ein halber Wurm. Ich erzählte weder ihm noch sonst jemandem, daß ich einen solchen faulen Apfel zu Hause hatte, daß ich der Sohn dieses faulen Apfels war, daß ein Wurm in mir steckte, den ich geschluckt hatte, ein halber

Wurm in mir, als wäre ich der Apfel. Für mich war die rote Gefahr nicht etwas irgendwo da draußen, etwas Diffuses und Ungreifbares.

Die beiden Welten, die ich bisher erfolgreich getrennt gehalten hatte, die meiner Familie und die des Landes, das mich in Pflege genommen hatte, waren nun doch zusammengeprallt. Und irgendwie mußte ich in jener Schule mit der Verwirrung in meiner Seele fertig werden: Mein Vater war der Feind der Fahne, der ich jeden Morgen die Treue schwor, der Fahne und der Worte, die ihrerseits geschworen hatten, mich zu beschützen.

Etwa zur gleichen Zeit, auf der anderen Seite des Atlantiks, schrieb E. M. Forster Worte nieder, die mein trauriges Dilemma widerspiegelten (und paradoxerweise auch den Konflikt so vieler Kinder in der Sowjetunion, diesem grotesken totalitären Polizeistaat, von denen man genau zur gleichen Zeit verlangte, ihre eigenen Angehörigen zu verraten): »Wenn ich mich entscheiden müßte, entweder mein Land oder meinen Freund zu verraten, dann hätte ich hoffentlich den Mut, mein Land zu verraten.«

Ich war gerade dabei, herauszufinden, ob ich den Mut hatte.

Noch bevor ich acht Jahre alt wurde, sollte der Kalte Krieg meine Loyalität auf eine harte Probe stellen.

Ein Ereignis ist mir in Erinnerung geblieben, hat sich in mein Gedächtnis eingegraben wie ein Krebs in den Sand. Es muß Anfang 1950 gewesen sein. Wir saßen beim Frühstück, ich war böse auf meinen Vater oder er böse auf mich – die albernen Details unseres albernen Streits habe ich schon längst vergessen, aber nicht, was dann geschah. Ich ging zur Tür, wie jeden Morgen, um mich auf den Schulweg zu machen, draußen vor dem Haus warteten schon meine Freunde auf mich. Da drehte ich mich plötzlich um und warf meinem Vater trotzig hin: »Ich erzähle meiner

Lehrerin, daß du ein Kommunist bist.« Er wurde sehr blaß, sagte aber kein Wort, sah mich nur an. Meine Mutter stand ein paar Sekunden wie versteinert da. Und jetzt, da ich mir diesen kritischen Augenblick wieder ins Gedächtnis rufe, wird mir klar, daß ich damals sehr wohl um die gefährliche Bedeutung dieses Wortes gewußt haben muß, denn meine Eltern hatten dafür gesorgt, daß ich den Beruf meines Vaters richtig angab, wenn mich jemand danach fragte, daß ich antwortete, er sei »economist«. Mehrere Male hatten sie mich das Wort nachsprechen lassen, Silbe für Silbe, ganz deutlich, damit meine Zunge nicht, wenn auch unabsichtlich, das unheilvolle Wort Kommunist formte. Mein Vater war seit über zehn Jahren kein Kommunist mehr, obwohl er der Sowjetunion nach wie vor wohlwollend gegenüberstand. Er hatte seine frühere Mitgliedschaft geheimgehalten, selbst vor mir – einer der wenigen Akte der Vorsicht in seinem couragierten Leben –, aber die Schuldzuweisung allein aufgrund von Kontakten, das Folgern einer Schuld aufgrund von Meinungsäußerungen, Schuldzuweisungen durch Schweigen, dieses Denken, das Amerika damals vergiftete, hatte auch mich schon erfaßt. Kinder spüren es, wenn etwas nicht stimmt, und ich wußte instinktiv, daß meine Familie anders war. Ich wußte, daß wir eine Art Doppelleben führten, daß das, was innerhalb unserer vier Wände gesprochen wurde, niemals woanders wiederholt wurde. Ich wußte, daß die englische Sprache, die allmählich von Angst zersetzt wurde, nicht in unsere sichere Fluchtburg eindringen konnte, wo das Spanische herrschte, die Sprache der Heimlichkeiten, die Sprache der verborgenen Emotionen. Ich wußte, daß die fremde Sprache, die meine Eltern sprachen, sie irgendwie schützte – sie aber auch zu Außenseitern, zu einer Zielscheibe machte. Und ich wußte noch mehr, nämlich daß ein sehr wichtiger Mann namens Alger Hiss (ich hatte ihn einmal gesehen, er war ein Be-

98

kannter meines Vaters) wegen Spionage festgenommen und wegen etwas, das man Meineid nannte, ins Gefängnis gesteckt worden war. Ich hatte mitbekommen, daß der Komponist Aaron Copland, dessen Stück *Appalachian Spring* ich bei einem Konzert in Tanglewood gebannt gelauscht hatte, daß ausgerechnet dieser freundliche Mann, der nach dem Konzert mit mir gesprochen, mir die Hand geschüttelt und durchs Haar gefahren hatte, persönlich vor dem Kongreß hatte erscheinen müssen und von Männern mit versteinerten Gesichtern über seine Verbindungen zu Kommunisten verhört worden war. Und es ging das Gerücht, daß der umjubelte Charlie Chaplin ausgewiesen werden sollte ... Wenn ich zurückdenke – so gab es rundum Warnzeichen, sie waren wie ein schleichendes Gift in mein Bewußtsein gedrungen, die Gespräche zu Hause, die besorgten Fragen der Freunde meines Vaters: Weißt du, wen sie heute vor den Untersuchungsausschuß geladen haben? Weißt du, wen sie als nächstes rausschmeißen? Weißt du, wer die Aussage verweigert hat? Weißt du, wer Namen genannt hat? Es taucht alles wieder auf in meiner Erinnerung, stückchenweise, Fragmente wie Giftpfeile, die ihre Wirkung schon an jenem Morgen getan haben müssen, als ich an der Tür stand und noch einmal dieses Wort sagte, dieses gefährliche Wort, laut und deutlich.

»Kommunist«, wiederholte ich mit Nachdruck, damit sie begriffen, daß es kein Scherz war. Mein Vater sah mich immer noch stumm an. Keine Verteidigung. Keine Bitte. Und dann kam meine Mutter zu mir herüber, ging in die Hocke und sah mir fest in die Augen. Sie muß gesagt haben, daß sie sicher sei, ich würde das nicht tun, irgend so etwas, an die genauen Worte kann ich mich nicht erinnern, nur an die leichte Berührung ihrer Finger an meinen Armen, ihren Abschiedskuß, ihren besorgten Blick, der doch voller Vertrauen war.

Ich gab keine Antwort.

Ich zog die Tür hinter mir zu, lief still neben meinen Freunden zur Schule, statt mit ihnen herumzukaspern wie sonst, und überlegte den ganzen Tag, ob ich meine Drohung in die Tat umsetzen sollte. Ich erinnere mich noch heute, was für ein Gefühl von Macht es mir gab, das Schicksal meiner Eltern in der Hand zu haben, ich mußte nur den Finger heben, den Mund aufmachen. Der Lehrer erging sich an jenem Tag zweimal über George Washington und Abraham Lincoln und Freiheit, und beide Male dachte ich: Jetzt, jetzt heb die Hand und sag, daß dein Vater ein Verräter ist. Als ich nach Hause kam, wartete meine Mutter schon auf mich. Sie hatte den ganzen Tag gewartet. Ich sagte ihr, daß ich niemandem ein Sterbenswörtchen von meinem Vater erzählt hatte. Sie nahm mich in den Arm und sagte, ich sei ein guter Junge. Und erwähnte die Sache nie wieder. Nicht ein einziges Mal.

Ich hatte, mit der Situation konfrontiert, wie sie E. M. Forster in jenem Buch beschreibt, das ich erst Jahrzehnte später lesen sollte und worin er von der Entscheidung zwischen Land und Freund spricht, den Mut gefunden, den er sich gewünscht hatte. Ich hatte mich für die besten Freunde in meinem Leben, meine Eltern, entschieden, und nicht für das Land, das ich mir zur Heimat gewählt, das mich als sein Kind angenommen hatte, und ich würde mich auch weiterhin für sie entscheiden.

Und so gelang dem Kalten Krieg, was meine Eltern mit ihrer Sehnsucht nach Lateinamerika und ihren in Spanisch angebotenen Verlockungen nicht geschafft hatten – einen Keil zu treiben zwischen Nordamerika und mich, zum erstenmal in meinem Leben.

Ich begann Nordamerika zu fürchten.

Das Land, das ich zu meinem Meister bei der Suche nach einer eigenen Identität erkoren hatte, das Land, das mich behütet und beschützt hatte, war hinter meinen Eltern her, würde ihnen weh tun, sie fortjagen, vielleicht sogar töten.

Und wie um zu beweisen, daß meine Angst nicht unbegründet war, verband sich in jenem Jahr 1950, wie ein makabrer Widerhall, ein Name mit dieser Angst. Eigentlich waren es zwei – Julius und Ethel Rosenberg.

Abends saßen nicht nur vier Dorfmans am Tisch: Seit Beginn der fünfziger Jahre waren die ganze Zeit über die Geister jener anderen Familie bei uns, der vier Rosenbergs, der Mutter und des Vaters und ihrer beiden Söhne, drei Jahre lang aßen wir abends zu acht, von der Stunde an, als Ethel und Julius Rosenberg 1950 festgenommen wurden, bis zur Nacht ihrer Hinrichtung drei Jahre später. Sie waren immer da als Warnung, was auch uns geschehen konnte.

Es geht mir heute noch durch und durch, wenn ich daran denke: Wir verfolgten den Prozeßverlauf im Radio und in den Zeitungen, hörten die Nachricht, daß der Vater und die Mutter jener beiden Jungen wegen Landesverrats, wegen Spionage, weil sie Kommunisten waren, weil sie den Sowjets Geheimnisse und Informationen über die Bombe weitergegeben hatten, zum Tode verurteilt worden waren. Und dann die Appelle und Gnadengesuche von überall. Ich erinnere mich, daß ich damals dachte: Wenn sie Ethel und Julius umbringen, dann können sie auch meine Mom und meinen Dad umbringen.

Es war ein erstes Lehrstück darüber, wie Terror funktioniert.

Auf der anderen Seite der Welt hatte Stalin Millionen unschuldiger Menschen erbarmungslos in den Tod geschickt und dabei dem Traum vom Sozialismus ein blutiges Ende bereitet. Die Regierung der Vereinigten Staaten mußte nicht zum Mittel des Völkermords greifen, um ihre Dissidenten zur Raison zu bringen. Es genügte, an zwei

Menschen, von denen einer, Ethel, offensichtlich unschuldig war, ein Exempel zu statuieren. Es genügte, sie skrupellos hinrichten zu lassen, das Recht auf einen fairen Prozeß mit Füßen zu treten und die Gesetze zu verdrehen, um jedermann zu demonstrieren, was ihn erwartete, wenn er sich gegen die amerikanische Politik zu stellen wagte. Den Rest kann man sich vorstellen: Wir, die wir weiterleben, sind dazu verurteilt, mit jenen Todgeweihten zum elektrischen Stuhl zu gehen, uns in die Lage der Opfer hineinzuversetzen, wenn der Schalter umgelegt wird. Und sobald die *Angst*, denn das ist der eigentliche faule Apfel, das Herz vergiftet hat, dauert es nicht lange, bis auch alles andere infiziert ist – gelähmt die Hand, die Einspruch erheben will, stumm der Mund.

Wie wirksam diese Strategie ist, erfuhr ich schon viele Jahre, bevor der Putsch in Chile es mir in aller Brutalität deutlich machte. Ich war, nein ich wurde zu jenen beiden kleinen Jungen, die man zu Waisen machte. In jener schwülen Nacht des 19. Juni 1953 stand ich neben meinem Vater und meiner Mutter und meiner Schwester, und dann nahm mich mein Vater auf den Arm. Ich schaute über die Menschenmenge vor den Toren von Sing-Sing, eine Schar von Gleichgesinnten. Ich weiß noch, daß die Menschen immer stiller wurden, erinnere mich an ihr unterdrücktes Husten, als die Stunde des Todes näherrückte, alle in Gedanken bei den Rosenbergs, die mit schleppenden Schritten die Korridore entlanggingen, ihrem Ende entgegen und unserem. Ich erinnere mich, wie wir auf die Nachricht warteten, daß Ethel und Julius hingerichtet worden waren, wie wir spürten, daß wir alle die nächsten sein konnten.

Wenn wir die Vereinigten Staaten nicht verließen, wenn meine Familie nicht fortzog.

Der Mord an den Rosenbergs bewirkte, daß ich mich mit dem Gedanken anfreundete, Amerika zu verlieren.

Denn hinter der Angst, daß meine Eltern bestraft werden würden, steckte eine andere, noch bedrohlichere.

Angst um mich selbst.

Mom und Dad mit ihrem komischen Akzent, sie waren keine Amerikaner. Ihre fremde Sprache bewahrte sie davor, mit einem Feind in ihrem eigenen Kopf fertig werden zu müssen, während ich tagtäglich erlebte, wie die Sprache, die ich liebte, immer mehr korrumpiert wurde, immer mehr zu einem Jargon der Intoleranz verkam. Mir stand nicht der sichere Hafen des Spanischen zur Verfügung, um meine Seele rein zu halten, um abends einschlafen zu können. Ich hatte keinen Ort, an dem ich mich vor meinem Landesverrat hätte verstecken können, vor dieser Stimme, die – natürlich in Englisch – geiferte, daß die anderen Jungpfadfinder schon herausbekommen würden, wer ich wirklich war, und dann würden sie es mir zeigen. Ich hatte keine Möglichkeit zu verhindern, daß eine barsche Stimme in meinem Kopf – John Wayne höchstpersönlich – mich mitten im Spiel plötzlich anfuhr, ich sei ein Betrüger und könne zwar davonlaufen, aber das würde mir nichts nützen. Paß auf, was du sagst, schärfte ich mir ein. Überlege dir jedes Wort. Sie waren alle da, in meiner Sprache, die Agenten meines allmächtigen Landes, seine Regierung, die Spione und Militärs, die Stars von Film und Radio, die Nachbarn und Lehrer und Spielkameraden. Sie alle konnten jederzeit entdecken, daß ich sie hintergangen hatte, daß ich nie ein richtiger amerikanischer Junge war und auch niemals sein würde.

Und die Strafe, wenn nicht der Tod, war genauso schlimm. Die psychische, emotionale, moralische Distanz zu Amerika, die der Kalte Krieg in mir geschaffen hatte, drohte in eine physische Distanz verwandelt zu werden, mich Tausende von Meilen weit fortzuschicken. Es gab einen Mann, der das veranlassen würde. Der Name war damals, in jenem Jahr 1950, aufgetaucht und fand neben den Rosenbergs seinen Platz in meinem Angstvokabular: Joe McCarthy. Der republikanische Senator aus Wisconsin, der etwa um die Zeit, als ich beschloß, meinen Vater nicht zu verraten, Amerika zu einem Kreuzzug gegen »das ganze jämmerliche Pack von Irren« aufrief, das es hinauszuwerfen gelte, damit »wir wiedergeboren werden können«. Es sollte noch bis 1953 dauern, ehe er jenen Irren namens Adolfo Dorfman ins Visier nahm, aber in den Jahren davor gab es keinen einzigen Tag, an dem er nicht in meinen Gedanken war, diese Nemesis, die meine Familie aus den Vereinigten Staaten hinausjagen würde. Was hätte er gesagt, wenn er gewußt hätte, daß seine Aktion »sauberes Amerika« ganz unbeabsichtigt den Effekt hatte, einen argentinischen Jungen, der Walt Disney verehrte, nach Lateinamerika zurückzuschicken, wo er von all den faulen Äpfeln dort verdorben werden und am Ende die erste linke Kritik über Donald Duck, das imperialistischste aller Geschöpfe, schreiben würde? Man stelle sich vor: Joe McCarthy trennt mich von Charlie McCarthy, der frechen Kinderfigur.

Das Netz um meinen Vater zog sich immer enger zu.

Im Laufe des Jahres 1953 erreichte die Verfolgung schließlich auch die Vereinten Nationen, deren Administration sich dem Druck der Regierung beugte: Neun der zehn Amerikaner, die in der Abteilung meines Vaters arbeiteten, wurden entlassen. Aber er, störrisch wie ein Esel, rebellisch wie immer, tat nichts, um seine Spuren zu verwischen, sein Tun zu verschleiern. Im Gegenteil, mein Dad setzte sich in der Cafeteria demonstrativ zu denen, die gefeuert worden waren, unterhielt sich an ihrem letzten Arbeitstag besonders lange mit ihnen, hängte Abschiedsgrüße ans Schwarze Brett und protestierte gegen ihre Entlassung mit Briefen, die genauso impulsiv waren wie die, mit denen er sich einst bei der argentinischen Armee unbeliebt gemacht hatte.

Wenn er etwas vorsichtiger gewesen wäre, wenn er »mit-gespielt« hätte, wie einer seiner Vorgesetzten ihm nahe-gelegt hatte, wäre vielleicht alles ganz anders gekommen. Aber er war schon drauf und dran – ist es bei Exilanten nicht immer so? –, unbesonnen den nächsten unverzeih-lichen Fehler zu begehen.

Ein alter Freund von ihm, Maurice Halperin, war in Schwierigkeiten.

Wild Bill Donovan hatte Maur, einem prominenten »linken Gesinnungsgenossen«, während des Krieges einen hohen Posten beim COI (Coordinator of Information) über-tragen, aus dem bald darauf das OSS (Office of Strategic Services) und später die CIA wurde. Halperin hatte sich als Leiter der Lateinamerika-Abteilung Dutzender exilierter Linker angenommen, darunter auch meines Vaters, dessen größtes Anliegen es ebenfalls war, die nazifreundlichen Militärs in Argentinien zu verjagen. Maur hatte meinem Vater seine erste Arbeitsstelle nach dem Guggenheim-Stipendium verschafft und ihm geholfen, die Familie aus Argentinien nachzuholen. (Seltsam, daß der Vorläufer ebenjener CIA, die mich dreißig Jahre später aus Chile vertreiben sollte, auch mithalf, daß ich als kleiner Junge Argentinien verlassen mußte.) Nach dem Krieg hatte sich die Freundschaft zwischen Maur und meinem Vater noch vertieft, und als er Ende 1953 eines Morgens las, daß Halperin, damals Professor an der Boston University, vom Untersuchungsausschuß für unamerikanische Umtriebe (HUAC) der Spionage bezichtigt wurde und vorgeladen wer-den sollte, griff er sofort zum Telefon und bot Maur seine Unterstützung an, ohne sich darum zu scheren, ob wo-möglich J. Edgar Hoover höchstpersönlich das Gespräch mithörte.

Die einzige Unterstützung, die Halperin brauchte, war eine Übernachtungsmöglichkeit in New York. Als Maur und seine Frau Edith bei uns waren – es muß im Oktober, vielleicht November 1953 gewesen sein –, erzählten sie unter dem Siegel der Verschwiegenheit, daß sie nach Mexiko weiterfahren, das Land verlassen wollten, ehe ihnen noch Schlimmeres geschah. Ich war verstört nach diesem Besuch, nach dieser Nacht, die sie in unserer Wohnung am Riverside Drive verbrachten. Ihre hastige Flucht, die Folgen für die Familie – ihr sechzehnjähriger Sohn David blieb allein zurück, um die Schule zu Ende zu bringen –, ihre Stimmen, die versagten, als sie mit ihrer verheirateten Tochter Judith telefonierten und ihr versicherten, es sei alles in Ordnung, wirklich, und sie würden am nächsten Tag von Washington aus anrufen, auf dem Weg nach Süden, nach Süden – das alles hinterließ in mir Spuren. Wie seltsam, daß die ersten politischen Flüchtlinge, an die ich mich erinnere, Amerikaner waren, daß sie bei uns schliefen, so wie ich mit meiner Familie viele Jahre später bei ausländischen Freunden auf dem Boden schlafen würde, seltsam, daß meine Eltern ihnen ebenso Zuflucht boten wie Angélica und ich später anderen Exilanten. Die beiden Halperins nahmen ohne ihre zwei Kinder an demselben Tisch Platz, an dem zuvor die vier Phantom-Rosenbergs bei den vier Dorfmans zu Gast gewesen waren.

Am nächsten Tag waren sie fort, und Maurice sollte nie mehr in sein Heimatland zurückkehren. Er lebte fünf Jahre in Mexiko, anschließend vier Jahre in der Sowjetunion, dann bis 1968 in Kuba. Den Rest seines Lebens verbrachte er in Vancouver, tief enttäuscht vom Kommunismus, den unterstützt zu haben, ihn seine Heimat gekostet hatte. Ich sah zu, wie er und Edith die Koffer in ihrem Studebaker verstauten, sah sie jene lange Reise antreten, von der sie nicht zurückkehren sollten, sah sie um die Ecke biegen und verschwinden, als erlebe ich meine eigene Zukunft.

Und so war es auch. Daß mein Vater dem angeblichen

Spion, dem Mann ohne Heimat, Unterschlupf gewährte, war wahrscheinlich der Tropfen, der das Faß zum Überlaufen brachte. Einige Tage nachdem wir die Halperins hatten fortfahren sehen, wurde Adolfo zu einem UN-Beamten zitiert, und dieser eröffnete ihm, daß Senator McCarthy persönlich den Generalsekretär angerufen und ihn aufgefordert hatte, »diesen Unruhestifter Dorfman hinauszuwerfen, sonst ...« Sonst was? Wahrscheinlich Ausweisung. Wenn er Glück hatte. Der Beamte wies darauf hin, daß das Visum meines Vaters Mitte 1950 – seltsamerweise zur gleichen Zeit, als der Koreakrieg begann – annulliert worden sei. Deshalb sei mein Vater auch jedesmal, wenn er vom Ausland in die Vereinigten Staaten zurückkehrte, festgehalten und verhört worden, und deshalb sei ihm die Einreise jeweils erst nach massiven Protesten hoher UN-Beamter gestattet worden. Nun könne man sich nicht länger für ihn einsetzen. Er habe die Wahl, entweder aus dem Dienst auszuscheiden oder eine Stelle beim UN-Regionalbüro in Bangkok oder Santiago anzunehmen.

Zwei Tage später saß mein Vater in einem Flugzeug nach Chile, und acht Monate danach, als das Schuljahr zu Ende war, begann auch für mich der letzte Tag meiner Zeit in Amerika. Alles war schon gepackt, und ich war bereit, mit unseren sämtlichen Besitztümern an Bord eines Schiffes Richtung Süden zu gehen. Ich erinnere mich so deutlich, als hätte ich einen blanken Spiegel in meinem Kopf oder in meinem Herzen, ich erinnere mich an meine letzten Stunden, bevor wir ins Taxi stiegen, als sähe ich ihr Spiegelbild im See der Vergangenheit. In jenem Sommer hatte ich jeden Nachmittag in einem Park in der Nähe unserer Wohnung mit Blick auf den Hudson Baseball gespielt. Ich hatte mich mit jedem Spiel verbessert, und an jenem letzten Tag, bei meinem letzten Spiel, wollte ich einfach alles geben und zog mir wild entschlossen den Handschuh über. Es klingt so kitschig, daß ich fast zögere, es niederzuschreiben, ja, ich frage mich, ob nicht mein Gedächtnis das alles nur erfunden hat: Aber ich stellte mich zu meinem letzten Schlag auf, schlug den Ball mit weit aufgerissenen Augen, machte einen *home run*, umlief langsam alle *bases*, landete mit beiden Füßen auf der *home base*, das Spiel war vorüber, und wir hatten gewonnen. Viel zu schön, um wahr zu sein, aber was soll ich machen, wenn es doch wirklich so war, ich mir alles noch schwerer machte, indem ich ein möglichst melodramatisches Finale hinlegte? Der Trainer kam strahlend zu mir herüber und sprach vom Spiel am nächsten Tag. Ich brachte es nicht über mich, ihm zu sagen, daß ich fortgehen würde, konnte es ihm nicht einmal erklären. Ich sagte, klar, bis morgen dann, und wußte, sie würden eine Zeitlang auf mich warten, dann würde der Trainer schulterzuckend auf einen anderen deuten, der meinen Platz einnehmen sollte, ich wußte, daß sie mich vergessen würden. Es war vorbei. Der Tag, vor dem ich mich seit fast zehn Jahren gefürchtet hatte, war gekommen.

Und doch hatte ich für diesen Augenblick schon seit langem geprobt, seit ich mir geschworen hatte, daß ich mir meine idyllische Beziehung zu Amerika von der verrückten und sinnlosen Polarisierung, die der Kalte Krieg in mein Herz gepflanzt hatte, nicht zerstören lassen würde.

Ich hatte mich auf den Verlust nicht, wie es vielleicht logisch gewesen wäre, in der Weise vorbereitet, daß ich gewissenhaft aus allem Treibholz meines schiffbrüchigen Spanisch, das noch in meinem Leben herumschwimmen mochte, meine Brücken zu Lateinamerika wieder aufgebaut hätte. Im Gegenteil. Was ich machte, war, diese Brücken mit noch größerer Entschlossenheit niederzubrennen. Je erbitterter die Konfrontation zwischen Ost und West wurde und je näher der Tag meiner Abreise rückte, um so entschlossener schlug ich mich auf die andere Seite, um so tiefer tauchte ich ein in den kraftvollen Sog des amerikanischen Traums, spann mich unbekümmerter denn je in meine neurotische Beziehung zur englischen Sprache ein. Oder vielleicht ließ ich mich nur noch bedingungsloser auf das Land ein, das ich bald verlassen würde, weil ich es durch meinen Verrat an ihm bereits verlassen hatte. Vielleicht wurde meine Leidenschaft noch verstärkt durch die bereits immer größer werdende Distanz, vielleicht war sie ein Versuch, so zu tun, als ginge der Riß nicht auch durch mich hindurch. Ich bereitete mich auf eine Zukunft vor, in der ich Amerika nicht in meiner Nähe haben würde, und es war, als müßte ich mit aller Macht möglichst viel von ihm in mir speichern. Wie ein Paar sich vor einer Trennung bis zur Erschöpfung liebt und die Morgendämmerung, in der einer von ihnen in den Krieg ziehen muß und der andere zurückbleibt, möglichst lange hinauszuschieben versucht. Ich war wie er, wie sie, und versuchte verzweifelt, den anderen Körper ganz in mich aufzunehmen, schwitzend und reibend und fühlend und riechend, damit weder Zeit noch Entfernung ihn oder sie würde auslöschen können.

Ich tat dies, indem ich meine Loyalität zu dem einzigen Amerika bekundete, das von Dauer war, das ich als meinen Beschützer akzeptieren konnte: nicht das kurzlebige, oberflächliche Amerika, dessen Regierung meine Eltern und ihre Freunde schikanierte und mich einschüchterte, sondern die ursprüngliche und freundliche Kultur jenes Amerika, das für mich mit Politik nichts zu tun hatte. Schon fast unterwegs zu einem anderen Kontinent, ging ich nun im gigantischen Schmelztiegel Amerika auf, versuchte ich, darin aufzugehen, wollte ich darin aufgehen, ganz und gar – verzaubert, geblendet, verwirrt. Ich erlebte die frühen fünfziger Jahre, als wäre Amerika eine Dauerdusche, die ich mir so oft wie möglich gönnte. Ich versuchte, mir »diesen Mann aus dem Haar zu waschen«, wie es in einem meiner

Lieblingslieder heißt, das ich die unvergleichliche Mary Martin in der Broadway-Show *South Pacific* einmal hatte singen hören, wobei der Mann in meinem Fall die Reste meines argentinischen Ichs waren, meiner spanischsprechenden Seite, des Chiquita-Banana-Jungen. Zu einer Zeit, als die USA einen Feldzug gegen alles Fremde und Ausländische führten, führte ich Krieg in meinem Innern, entschlossen, mit allem aufzuräumen, was meine Geburtssprache boshafterweise in mir hinterlassen hatte. Damit ich, falls ich gezwungen sein sollte, nach Lateinamerika zurückzukehren, wenigstens nicht versucht sein würde, dort zu bleiben und mein Vaterland zu vergessen, die Vereinigten Staaten, die nun paradoxerweise meinen richtigen Vater fortschickten.

Ich trieb diesen Kreuzzug gegen meine Vergangenheit bis zum Äußersten. Denn es gab all die Jahre hindurch ein Relikt aus meinem früheren Leben, das mir selbst und allen anderen bewußt machte, wie sehr ich mich von ihnen unterschied: meinen Namen. Er stand zwischen den Vereinigten Staaten und mir, er rief mir jeden Tag, jeden Augenblick des Tages wieder ins Gedächtnis, wie weit ich tatsächlich davon entfernt war, endgültig ein richtiger Amerikaner zu sein, wie sehr ich sowohl von Rußland als auch von Lateinamerika belastet war.

Ich haßte es, Vladimiro genannt zu werden, aber Vlady haßte ich noch viel mehr. Die Kinder in der Schule verunstalteten meinen Namen gnadenlos: Bloody, Floody, Flatty – und besonders beliebt waren Laddie und Lady, Namen für Hunde, die allerschlimmste Beleidigung. Kinder sind grausam. Aber auch Erwachsene, die nicht unbedingt grausam sind – zumindest nicht zu Kindern –, stürzten mich in Verlegenheit. Woher hast du denn diesen Namen? Was bedeutet er? Meine Eltern hatten mir sinnigerweise beigebracht, ich solle sagen, man habe mich nach dem Pianisten Vladimir Horowitz genannt. Und ich gehorchte. Was hätte ich in dieser Zeit der Linkenhatz sonst auch sagen sollen? Daß mein Vater Lenin verehrte und froh war, daß Uncle Joe Stalin die Bombe hatte, damit er den Sozialismus gegen die Imperialisten verteidigen konnte? Was bedeutete mein Name? Er bedeutet, daß ich immer auffalle, daß ich niemandem weismachen kann, ich sei von hier, *das* bedeutet er.

Irgendwann hatte ich begonnen, wenn ich allein war, mir selbst einen anderen Namen zu geben, zu träumen, wie Kinder es häufig tun: Eigentlich bin ich gar nicht das Kind meiner Eltern, ich bin als Baby vertauscht worden, ich bin ein Prinz, eine Prinzessin, ich stamme aus einem königlichen Geschlecht, und niemand weiß es. Der Name, den ich mir wählte, klang entsprechend hoheitsvoll: Edward. Ich war zum erstenmal in der Classic-Comics-Ausgabe von Mark Twains *Der Prinz und der Bettelknabe* auf diesen Namen gestoßen, und der Roman hatte mich so beeindruckt, daß ich mir später noch die Filmversion mit Errol Flynn ansah und auch eine gekürzte Fassung des Textes immer wieder las. Ich war fasziniert von der Geschichte der beiden äußerlich zum Verwechseln ähnlichen Jungen im England der Renaissance, die am selben Tag geboren waren, der eine in Armut und Entbehrung hinein, der andere in Reichtum und Macht, und wie sie ihren Platz im Leben tauschten, der Betteljunge und der Prince of Wales. Vielleicht war das meine erste Begegnung mit der Idee vom Doppelgänger, die sich später durch mein ganzes literarisches Werk ziehen sollte, diese Gewißheit, daß da draußen (da drinnen?) jemand genauso leidet wie wir und zusieht und auf seine Chance wartet, unser Leben zu übernehmen. Oder die umgekehrte Vorstellung: Unwissenden Augen mögen wir armselig und hilfsbedürftig erscheinen, aber eines Tages wird man unsere Größe erkennen, und die Welt wird sich vor uns verbeugen. Zwillinge, Doppelgänger,

Dualität, Duplizität schon in den ersten Jahren meines Lebens. Ich redete mir also ein, ich sei in Wirklichkeit Kronprinz Edward, aber im Gegensatz zu den meisten Kindern war es mir nicht genug, meinen Phantasien heimlich, ganz für mich allein, zu frönen. Ich wollte die Welt zwingen, wenn schon nicht mein Prinzentum, dann doch wenigstens mein Edwardtum anzuerkennen. Und so plante ich mit aller Sorgfalt und der gleichen wahnwitzigen Entschlossenheit, mit der ich meine Eltern gezwungen hatte, nur Englisch mit mir zu reden, Vladys Ableben und Edwards Krönung.

Ich war jedoch nicht so verrückt zu glauben, ich könne diese Metamorphose in meiner gewohnten häuslichen Umgebung bewerkstelligen. Ich konnte meine Mom und meinen Dad nur dazu zwingen, meinen neuen Namen zu akzeptieren, wenn ich es ihnen an einem Ort eröffnete, an dem ich selbst bestimmte, wie ich genannt wurde. Als mein Vater dann eines Tages verkündete, daß er im Auftrag der Vereinten Nationen viele Monate in Europa verbringen müsse und wünsche, daß die ganze Familie mitkomme – London, Paris, Genf, Italien, und vor der Rückkehr in die Staaten noch Heimaturlaub in Argentinien –, war ich hellauf begeistert: ein halbes Jahr nicht in die Schule gehen, die legendäre Alte Welt mit ihren Burgen und Abenteuern erleben, die Heimat der großen Malergenies kennenlernen. Was aber noch viel wichtiger war: Es war meine große Chance, Vlady ins Meer zu werfen, den Bastard zu ertränken und mich auf meinen wahren prinzlichen Namen zu taufen. Ich erzählte meinen Eltern nichts von meinen Plänen, als wir im Juni 1951 an Bord des französischen Schiffes *De Grasse* gingen. Um sicherzugehen, verbreitete ich meinen neuen englischen Namen zuerst unter den mitreisenden Kindern, dann bezog ich ihre Eltern mit ein, die Mitglieder der Mannschaft, die Kellner und die Stewards, bis mich schließlich alle Eddie nannten. Ich hätte ja das stolze, vornehme Edward vorgezogen, aber sei's drum – ein kleines Zugeständnis, dieser ordinäre Diminutiv, um den verhaßten Vladimiro loszuwerden. Als meine Eltern langsam dahinterkamen, was ich da eingefädelt hatte, war es zu spät. Ich erklärte, daß ich nicht antworten würde, sollten sie mich jemals wieder Vlady nennen. Das stimmte nicht ganz, denn als wir viele Monate später wieder in die Staaten zurückkehrten, wartete Vlady schon im Gedächtnis der Nachbarn, der Lehrer und Mitschüler auf mich. In den folgenden Jahren wurde mal der eine, mal der andere Name häufiger benützt, bis sich mit unserer Auswanderung nach Chile im Jahr 1954 die Gelegenheit bot, einen neuen Anfang zu machen und Lenins einbalsamierten Namen ein für allemal aus meinem Leben zu streichen. Sogar meine Abschlußzeugnisse von der Highschool sind alle auf den Namen Edward Dorfman ausgestellt (verrückt, denn in meinen Ausweispapieren stand und steht tatsächlich immer noch Vladimiro). Viele meiner Freunde in Chile nennen mich heute noch Ed oder Eddie und nicht Ariel – diesen Namen sollte ich als letzten annehmen.

Den eigentlichen Namenswechsel vollzog ich jedoch auf jenem französischen Schiff, und ich hätte mir keinen geeigneteren Schauplatz vorstellen können: ein schwimmendes Hotel mitten im Nirgendwo, ein Ort des Exils, wo man sich seine Identität nach Belieben zurechtschnitzen kann, wo man jedem alles weismachen kann, weil die eigene Vergangenheit durch nichts bestätigt oder angefochten werden kann.

Und auf jenem Schiff sollte noch eine Wandlung anderer Art beginnen, eine Wandlung, die sich in den folgenden Jahrzehnten als viel bedeutsamer erwies für die Verteidigung des Ichs, das ich mit der englischen Sprache identifizierte. Eine Wandlung hin zu etwas, das man wohl als den größten vom Menschen jemals erfundenen Schwindel bezeichnen könnte – die Literatur. Und auch jetzt betreibe ich dieses Spielchen, denn der Leser glaubt meinen vergänglichen, glatten Worten, glaubt ihnen, ohne den geringsten Beweis zu haben, daß ich das alles nicht nur erfinde, daß ich in diesem Buch nicht ein Ich erfinde, wie ich mir auf jenem Schiff einen Namen für meine Zukunft ausgedacht habe (wie ich behaupte).

Aber das war nicht der Grund, warum die Literatur so früh und so stürmisch in mein Leben trat, zumindest nicht am Anfang, nicht damals. Während jener sechs Monate in Europa, jener Generalprobe für die längerfristige Abwesenheit, die mir bevorstand, entdeckte ich die Literatur als die beste Antwort auf die Frage, wie ich mir die Sprache, die meine Identität bestimmte, bewahren konnte, obwohl ich nicht in dem Land lebte, wo sie gesprochen wurde.

Bis zu diesem Zeitpunkt hatte das Schreiben in meinem Leben eine nebensächliche, eigentlich kaum der Rede werte Rolle gespielt. Englisch war für mich, wie für alle Muttersprachler, eine Sache des Sprechens und Hörens. Es war von Anfang an, seit jenem Krankenhausaufenthalt, ein Mittel gewesen, Erwachsene für mich einzunehmen und mich mit den anderen Kindern zu verbünden, meine Worte in ihre fremden Herzen tanzen zu lassen. Mein eifriges Englischlernen wurde, sobald ich der amerikanischen Welt begegnete, zu einem Zugehörigkeitsritual, einem zusätzlichen Mittel gegen die Einsamkeit. Ich perfektionierte Aussprache, Grammatik und Wortschatz als Beweis dafür, daß ich kein Immigrant war, den es erst vor kurzem hierherverschlagen hatte. Als Kind spielte ich immer Theater, teils weil ich besonders lebhaft war (heute würde man bei mir eine leichte Hyperaktivität diagnostizieren), aber auch, so glaube ich, weil ich mir ständig meinen Anteil am öffentlichen Raum sichern wollte in einer Sprache, der englischen, von der ich wußte, daß ich nicht in sie hineingeboren war; aus diesem Grund spielte ich meinen amerikanischen Freunden zuliebe unaufhörlich Theater.

Ich hatte nicht die Mittel – und nicht den Wunsch –, meinen frühen Darbietungen eine dauerhafte Form zu geben, sie in Briefe auf Papier zu verwandeln, sie »literarisch« zu machen. Es genügte mir, mit Worten zu spielen und zum Vergnügen (oder zum Verdruß) anderer Leute endlos herumzukaspern. Diese geräuschvollen Demonstrationen gerieten dermaßen außer Kontrolle, daß meine Eltern eine »Blödelstunde« einführten, eine Stunde jeden Tag, in der meine Phantasie sozusagen mit Erlaubnis von offizieller Seite alternative Sprachwelten erfinden durfte. Aber nicht einmal das reichte mir. Ich baute aus alten Obstkisten eine kleine Theaterbühne zusammen, auf der ich Marionetten und Zeichnungen mit Leben erfüllte und Vorstellungen gab – für meine Familie, für unsere Gäste und Nachbarn, für die anderen Kinder, meine Lehrer und jeden, den ich sonst noch als Publikum gewinnen konnte. Bedenkt man die Ausdrucksmöglichkeiten der menschlichen Stimme, ist es nicht weiter verwunderlich, daß ich kein Interesse zeigte, als eine neue Perspektive am Horizont auftauchte, das Lesen nämlich. Alle mal hersehen, das ist Spot[*]. Schaut, wie Spot rennt. Lauf, Dick, lauf. Ich legte eine andere sprachliche Gangart ein, war so schnell mit meinem lauten Mundwerk, daß ich in der Lesefertigkeit schließlich weit zurücklag. Und wenn meine Mutter mit mir üben wollte, trieb ich sie zur Verzweiflung, weil ich dauernd um ihren Stuhl herumrannte (*sic!*), von einer Seite auf die andere, unfähig, ruhig sitzen zu bleiben, unfähig, mich zu konzentrieren. Schaut, wie Vlady rennt.

---

[*] Spot und Dick: Figuren aus einem Lesebuch für Erstkläßler Anfang der 50er Jahre. (A.d.Ü.)

Wenn ich schon nicht die Geduld zum Lesen aufbrachte, so war Schreiben quälende Schwerstarbeit und als schöpferisches Ausdrucksmittel noch weniger reizvoll. Meine ersten Texte waren denn auch recht mittelmäßig, unbedeutend und parasitär, lediglich kleine Erläuterungen zu Illustrationen, wie die Sprechblasen in den Pseudo-Comics, die ich zu schreiben begann. Selbst mein erster »Roman« (ein zwanzigseitiges Cowboy-und-Indianer-Epos, das ich mit gut sieben Jahren als Geschenk für meinen Vater verfaßte) war nicht mehr als eine Aneinanderreihung von Bildern mit ein paar hier und dort hingekritzelten Wörtern.

Bis zu jener Reise nach Europa, meine ganze Kindheit über, gingen sogar alle davon aus, daß ich mich der bildenden Kunst zuwenden würde. Von klein auf blieb ich nur beim Zeichnen und Malen ruhig sitzen, und das über Stunden, es war meine bevorzugte Methode, der Welt meine Gefühle unverstellt mitzuteilen. Daß die Farben so schnell mein Leben zu beherrschen begannen, lag daran, daß sie, ebenso wie die Sprache, eine Möglichkeit waren, mich selbst zu lieben und zu erforschen, aber auch, fast gleichzeitig, von anderen geliebt, von anderen erforscht zu werden – anfangs von meinen Eltern, später dann von der Welt außerhalb der Familie. Sie waren bereit, die Gestalt, die Schönheit, wie sie sagten, jener Offenbarungen zu sehen und anzuerkennen, die ich aus irgendeiner geheimnisvollen Quelle in mir schöpfte. Es gab und gibt bis heute keine größere Freude für mich, als in anderen eine Zuflucht für das zu finden, was in mir gewesen ist, gleichsam als ob Samenkörner in sie gelegt würden, das beglückende Gefühl, jene aus meiner Freude geborenen Visionen an Herz und Augen anderer Menschen weiterzugeben. Vielleicht weil ich soviel Unterstützung erhielt und Eltern hatte, die ihrem Sohn jeden Wunsch von den Augen ablasen, galt meine Kunst bald als *kraftvoll*. Ich meine damit, daß sie Kraft ausstrahlte und mir gleichzeitig selbst Kraft gab, mich mit den Menschen da draußen verband und mich trotzdem auch einzigartig, zu etwas Besonderem machte, mich dazugehören ließ und mir zugleich erlaubte, anders zu sein.

Als wir im Jahr 1951 nach Europa reisten, deutete nichts darauf hin, daß die bildende Kunst in meinem Leben schon bald von etwas anderem abgelöst werden sollte. Im Gegenteil, ich hatte gerade ein Jahr lang einen Förderkurs für begabte junge Künstler am Queens College besucht, und dort wartete schon ein neues Stipendium auf mich.

Viele Monate später, wieder aus Europa zurückgekehrt, schlug ich die mögliche Künstlerkarriere jedoch aus. Ich hielt mich – im Alter von neun Jahren – für einen Schriftsteller, denn ich hatte auf jener Seereise entdeckt, daß die Literatur, und nicht die Malerei, meine in der englischen Sprache konstruierte Identität schützen konnte.

Diese Entdeckung, daß die literarische Vorstellungskraft mich schützen konnte, hatte einen bescheidenen Ursprung: ein kleines Notizbuch, in rotes Leder gebunden, das mir meine Eltern schenkten, als wir an Bord der *De Grasse* gingen. Sie schlugen vor, ich solle darin meine Reiseerinnerungen aufschreiben, sie auf diese Weise für immer (ich erinnere mich an dieses Wort, für immer) festhalten. In diesem Tagebuch – leider ging es während des Putsches in Chile viele Jahre später verloren – machte ich die ersten zaghaften Versuche, die Wunder des Schreibens zu erkunden. Am Ende eines Tages, mit all seinen anstrengenden und vielfältigen Unternehmungen, setzte ich mich hin und sah meine Hand gewissenhaft auf dem Papier festhalten, was sonst schnell dem Vergessen anheimgefallen wäre: Ich verankerte die Zeit, hielt sie an, zähmte sie. Wenn ich das, was ich geschrieben hatte, am folgenden Abend durchlas, fand ich es unzulänglich, strich ein Wort, fügte ein anderes ein, prüfte es, zwang mich zum Arbeiten. Niemand wird das jemals lesen, sagte ich mir, aber hin und wieder zeigte ich meiner Mutter, was ich geschrieben hatte (immer nach Bestätigung verlangend, besessen von dem Wunsch, Kontakt zu anderen aufzunehmen), und mir wurde bewußt, daß ich körperlich abwesend und, durch meine Worte, trotzdem dasein konnte, bei ihr oder wem auch immer. Noch wichtiger als die Möglichkeit, mich selbst in anderen zu reproduzieren, war vielleicht die intuitive Erkenntnis, daß Schreiben vor allem ein privater Akt ist und in erster Linie man selbst das Publikum. Die Einsamkeit mußte also nicht dadurch bewältigt werden, daß man die Flucht in die äußere Welt der Selbstdarstellung antrat, den begeisterten Beifall anderer einforderte, sondern indem man mit geschriebenen Worten die Reise in die Einsamkeit hinein unternahm. Eine gefährliche Entdeckung, denn ich glaube, daß ich von diesem Augenblick an zu leben begann, um das Leben aufzuschreiben, und daß dieses Protokollieren des Lebens mit der Zeit wichtiger wurde als das Leben selbst. Damals begann ich das, was geschah, bereits in Worte zu fassen, während es geschah, oft sogar bevor es geschah. Aber ich war mir dieser Gefahr nicht bewußt: Indem ich mein Englisch in einer vom gesprochenen Wort völlig unabhängigen Form zum Ausdruck brachte, machte ich einen entscheidenden Schritt zur Beantwortung einer wichtigen Frage. Der Frage nämlich, wie ich die Sprache, die ich zu meiner gemacht hatte, am Leben erhalten konnte, wenn ich die Vereinigten Staaten verlassen müßte.

In jenem Tagebuch schuf ich mir zum erstenmal einen imaginären Raum, ein imaginäres Ich außerhalb des Körpers und, vielleicht ebenso wichtig, jenseits geographischer Grenzen. Es war ein Dialog mit der Sprache, der jederzeit und unabhängig davon, wo dieser Körper sich gerade befand, welche Landschaft mich umgab, vertieft werden konnte.

Diese leise Ahnung von der Macht der Literatur und wie diese Macht meine persönlichen Bedürfnisse stillen könnte, erhielt aus einer unerwarteten Richtung Bestätigung, ja sogar Auftrieb.

Eines Morgens, als ich, wie immer kindische Späße im Kopf, an Deck unseres Dampfers mit Kurs auf Le Havre an meinem Vater vorbeistürmen wollte, hielt er mich am Ärmel fest.

Er wies auf einen Mann – ich habe ihn als sehr hager in Erinnerung –, der mit dem Rücken zu uns am Bug stand und die Hand einer Frau hielt.

»Das ist Thomas Mann«, sagte mein Vater in einem ehrfurchtsvollen Ton, den ich kaum jemals von ihm gehört hatte. Meine Familie war nicht religiös, und ich glaube, ich hatte bis zu diesem Zeitpunkt noch keine Kirche oder Synagoge betreten. Allerdings sollte ich einige Wochen später die großen Kathedralen Frankreichs und Englands kennenlernen, die mich mit weihevoller Stille empfingen, und die gedämpften Stimmen meiner Eltern, sobald sie das Innere betreten hatten, sollten mich an die tiefe Ehrfurcht erinnern, die ich bei meinem Vater spürte, als er von Thomas Mann sprach.

»Er ist ein großer Schriftsteller, vielleicht der größte auf der Welt«, flüsterte mein Vater. »Möchtest du ihm guten Tag sagen?«

Ich nickte.

Wir gingen zu ihm hinüber. Thomas Mann schaute nach vorne, in Richtung Europa, wo er geboren war und wohin er zum erstenmal seit seiner Flucht vor den Nazis im Jahr 1938 zurückkehrte. Mann löste den Blick von der Heimat, die ihn erwartete, sah mich eindringlich und prüfend an, schüttelte mir die Hand. Ich, unbeeindruckt, erwiderte den Blick sehr direkt. Ich erinnere mich nicht, welche Belanglosigkeiten wir austauschten, wahrscheinlich über die Reise, das Wetter, irgend so einen Unsinn. Ich muß ihm einen Bären aufgebunden und ihm erzählt haben, ich hieße Edward – rückblickend ein amüsanter Aspekt, denn der deutsche Schriftsteller sollte schon bald mit der Arbeit an seinem Roman *Bekenntnisse des Hochstaplers Felix Krull* beginnen, sammelte vielleicht schon erste Gedanken zu dieser dem Schreiben so verwandten Profession, damals in seiner Kabine. Aber es ist nicht in erster Linie die Tatsache, daß ich mich mit meiner neuen Persönlichkeit einem großen Mann habe vorstellen können, die mir heute noch im Gedächtnis ist.

Ich würde diese Begegnung viel zu sehr mystifizieren, wenn ich behauptete, unser kurzer und belangloser Austausch von Höflichkeiten hätte mein Leben verändert, mir schlagartig meine wahre Berufung enthüllt. Es stimmt, daß ich einen Augenblick lang, als ich dem grüblerischen, unwahrscheinlich großen Thomas Mann gegenüberstand, plötzlich wußte, was ich mir vom Leben wünschte: Ich wollte wie er sein, wollte Thomas Mann sein. Ich wollte diese Macht haben, alle Menschen zu erreichen. Ich wollte, daß die Welt mich bewunderte, wie sie ihn bewunderte, wie meine Eltern mich bewunderten, wenn ich, getrieben von dem Wunsch nach Anerkennung und Lob, mit meinen kleinen Kunstwerken zu ihnen rannte, wie meine Eltern ihn bewunderten, obwohl er nicht ihr Sohn war.

Viel entscheidender für meinen Wechsel zur Literatur und das Besondere an dieser letztlich so flüchtigen, wie durch glückliche Fügung herbeigeführten Begegnung mit Thomas Mann auf jenem Schiff, viel interessanter als jener beiläufige Anflug von Neid auf seinen Erfolg war eine durch Manns starken, merkwürdigen Akzent im Englischen provozierte Frage, die ich meinem Vater stellte, kaum daß wir außer Hörweite waren.

»In welcher Sprache schreibt er?«

Die schlichte Antwort meines Vaters, daß Manns Sprache die deutsche sei und er weiterhin hervorragende Werke in seiner Muttersprache verfaßt habe, nachdem er vor den Nazis hatte flüchten müssen, hätte ein Jahr zuvor keine besondere Bedeutung für mich gehabt, aber ich sollte in den folgenden Monaten, während wir durch Europa reisten und ich für jene andere, längere Reise probte, die ich auf mich zukommen sah, noch oft daran denken.

Und als es soweit war, als ein anderes Schiff, drei Jahre später, in den Hafen von Valparaíso einfuhr, sah sich ein zwölfjähriger Junge, ausgerüstet mit der Literatur als Superwaffe, gewappnet für die Schrecken des Spanischen und Lateinamerikas. Es sollte kein Jahrzehnt dauern, bis ich mich selbst als Chilene empfand. Die Distanz, die die Politik des Kalten Krieges in mir hatte entstehen lassen, sollte schließlich zur völligen Trennung von Nordamerika führen. Die Allianz aber der englischen Sprache mit dem Schreiben, ihre Verschmelzung mit der Literatur, stand auf einem ganz anderen Blatt. Als ich in Chile von Bord ging, war Englisch das gut funktionierende Instrument meines Seelenlebens geworden, ein inneres Reich, worüber ich selbst bestimmte, und auch die Grundlage für das, was ich schon als meinen Beruf betrachtete, vollkommen überzeugt davon, daß mein Platz in der Welt und in der Geschichte durch die Art und Weise bestimmt würde, wie ich auf diese Sprache fortwährend einwirkte und sie formte.

Die spanische Sprache und die Geschichte hatten anderes mit mir vor.

7

Über die Entdeckung des Todes am
13. und 14. September 1973 in Santiago de Chile

Kaum daß Allende gestorben ist, laufe ich los.

Aber muß ich das? Ist das wirklich die einzige Möglichkeit, mein Leben zu retten?

Mein Name steht nicht auf der Liste der Meistgesuchten. Am späten Nachmittag des 11. September höre ich die Namen im berüchtigten Radiosender Bando Número Cinco, die Namen derjenigen, die gestern noch Minister, Senatoren, Gewerkschaftspräsidenten und Vorsitzende der Regierungsparteien waren, heute Flüchtige und Ausgestoßene sind und aufgefordert werden, sich bei den zuständigen Behörden zu melden, sonst müßten sie die Folgen tragen. Ich halte mich bei Manuel auf. Wir waren mit den anderen Mitgliedern unserer Parteizelle übereingekommen, uns im Notfall in seiner Wohnung zu treffen. Ich ging dorthin, als mir klar wurde, daß ich nicht bis zur Moneda kommen würde. Es tauchen noch sechs andere auf. Wir alle warten auf Instruktionen.

Als unser Kontaktmann von der Partei eintrifft, hat er für uns nur eine Anweisung von oben: Rückzug.

»Was bedeutet das?« fragen wir ihn.

»Das, was es bedeutet«, erwidert er. Wir warten auf eine nähere Erklärung. »Es bedeutet, daß wir im Arsch sind«, sagt er. »Daß wir verloren haben. Es bedeutet, daß wir uns erst umbringen lassen, wenn es unbedingt sein muß.«

Er spricht mit uns noch einmal die Kommunikationskanäle durch, über die wir uns mit ihm verständigen werden und die wir in den vergangenen zwei Monaten aufgebaut haben, er verspricht uns weitere Informationen und Erkenntnisse, sobald solche vorhanden sind. Noch was? »Ja«, sagt er, »noch eins. Wir sollen dafür sorgen, daß Ariel nichts zustößt. Ihr könnt also alle nach Hause gehen, bis auf Ariel.«

So herausgehoben zu werden, empfinde ich auf perverse Weise als befriedigend. Als jedoch ein wenig später die Namen der neuen Staatsfeinde im Radio vorgelesen werden, wird klar, daß ich nicht so wichtig bin, wie ich angenommen habe. Ich bin zwar erleichtert, daß mich in diesem Augenblick niemand verfolgt, fühle mich aber auch sehr gedemütigt, weil mir das makabre Stigma verweigert wird, zu den von der Militärjunta Meistgesuchten zu gehören, ich fühle mich gedemütigt, weil meine Feinde mich offenbar nicht als wirklich gefährlichen Unruhestifter einschätzen. Jahre später, die ersten Gefangenen aus den chilenischen Lagern kamen frei und zerstreuten sich nach Europa, hörte ich von einem ähnlich absurden Masochismus: »Als wir die Liste derer lasen, die entlassen werden sollten«, erzählten sie mir, »fühlten sich diejenigen von uns, die in den Genuß kamen – also, wir empfanden Scham, eine groteske Scham, weil man uns dort nicht länger festhielt, als ob sich darin irgendwie eine Unmännlichkeit ausdrückte. Diejenigen, die zurückblieben, waren plötzlich die legendären, größeren Helden. Wir wollten die Gefährlichsten sein. Auch wenn das gleichbedeutend mit Unfreiheit war.«

Diese Männer waren ohne Gerichtsverfahren drei Jahre lang eingesperrt worden, man hatte sie Scheinexekutionen ausgesetzt, sie waren gefoltert worden, und doch brauchten sie noch weitere Beweise dafür, wie sehr die Faschisten sie haßten – also war es kaum verwunderlich, daß ich mir damals wünschte, von den neuen Herrschern Chiles als

Staatsfeind Nummer eins auserwählt zu werden. Obwohl es in meinem Fall nicht nur darum ging, daß ich als Revolutionär anerkannt wurde. Was Pinochet mir eigentlich vorenthielt, genauso wie Abertausenden von Anhängern Allendes, die nicht auf der im Radio verlesenen Liste standen, war das Wichtigste, was man unter einer Diktatur wissen mußte: Man mußte Klarheit darüber haben, wie gefährdet man tatsächlich war, eine Antwort auf die entscheidende Frage überhaupt: was tun?

Sollte ich nach Hause gehen? Meinen Nachbarn und Kollegen verkünden, daß Allende uns betrogen, uns in den Untergang geführt hatte, daß ich kapiert hatte und von nun an für das Wohl der *patria* arbeiten würde? Vielleicht würde die Junta der Aufforderung der Kirche, der Christdemokraten folgen und Gnade walten lassen gegenüber den am Boden liegenden Gegnern. Oder war es besser, das Land zu verlassen? Doch warum in Panik geraten? Warum sollten wir uns in unbegründeter Angst aus dem Land zurückziehen und Pinochet die Dreckarbeit abnehmen? War dies, diese Grauzone der Ungewißheit, in die wir geworfen waren, nicht bereits ein Zeichen für den Sieg unserer Feinde, dafür, daß sie uns zwingen konnten, ihre Macht zu verinnerlichen, daß sie so in unsere Köpfe, in unsere Wohnungen und unsere Betten Einzug hielten und wir uns fragten, wer wohl der nächste sei?

Wenn du nicht auf dieser Liste stehst, gibt es auf all das keine sichere Antwort.

Also laufe ich fort. Weniger aufgrund einer wirklichen Gefahr als vielmehr, weil ich Zeit brauche, um herauszufinden, ob ich wirklich in Gefahr bin, ich laufe, bis ich mir gewiß sein kann, daß ich nicht mehr laufen muß.

Die ersten Zeichen sind nicht günstig.

Am Nachmittag des 13. September, als die Ausgangssperre für ein paar Stunden aufgehoben wird, verlasse ich

Manuels Haus. Ich bin dort nicht mehr sicher, deshalb hat einer aus unserer Gruppe, ein Labortechniker, den ich Alberto nennen möchte, den Vorschlag gemacht, daß ich für die kommende Woche bei seiner Frau, den drei Kindern und der Schwiegermutter in seiner kleinen Wohnung unterschlüpfen soll – in einem dieser bescheidenen Viertel, wo die Leute sich nur um ihre eigenen Angelegenheiten kümmern. Bevor ich gehe, bringt mich Manuel noch in ein Nachbarhaus, wo es ein Telefon gibt. Zum erstenmal seit zwei Tagen kann ich mit Angélica sprechen. Sie hat den gestrigen Tag, ihren Geburtstag, wegen der Ausgangssperre zu Hause verbracht, allein mit Rodrigo und meinen Eltern, um Allende trauernd und voller Sorge um mich und unsere Freunde. In der Stadt, so sagt sie, wuchern wild die Gerüchte; Fabriken sind bombardiert worden, Festgenommene werden hingerichtet, die ausländischen Botschaften sind belagert von Menschen, die um Asyl bitten. Eine gute Nachricht: Unser Haus ist nicht durchsucht worden – vielleicht ein Zeichen dafür, daß sie mir nicht bis zum Haus meiner Eltern nachspüren. Aber sie weiß es nicht genau, zum erstenmal ist meine Hexenfrau, die in die Zukunft sehen und Menschen und Situationen durchschauen kann, als wären sie durchsichtig, mit ihrer Weisheit am Ende. Allenfalls kann sie vermuten, daß ich in Gefahr bin, aber wir sollten abwarten.

Da keine Busse fahren, müssen Alberto und ich etliche Kilometer quer durch die Stadt zu Fuß gehen, und überall begegnen uns Leute wie wir, den Kopf gesenkt, die Blicke der anderen meidend, in Eile, jeder einzeln und für sich. Was vor zwei Tagen noch eine Gemeinschaft war, beginnt bereits, sich unter dem Druck der Angst aufzulösen. In der Nähe ist Maschinengewehrfeuer zu hören, die Kämpfe sind also noch nicht vorbei. Wir versuchen zu trampen, aber kein Autofahrer hält an. Dann sehe ich einen alten Freund auf dem Gehsteig auf mich zukommen, einen militanten Sozialisten aus früheren Zeiten. In den letzten Jahren waren wir zu sehr beschäftigt, um uns zu treffen, aber ich hatte gehört, daß er sich von seiner Frau trennen wollte. Und nun ist er da, nur ein paar Meter von mir entfernt, in den Armen einen kleinen Säugling und neben ihm eine mir unbekannte Frau, die sich an ihn klammert. Als er wie betäubt an mir vorbeigeht, blicke ich ihm ins Gesicht, aber er nimmt mich nicht wahr: In ihm tut sich ein solcher Abgrund der Trauer auf, daß ich einfach den Blick abwenden muß, als hätte man mich dabei ertappt, mitanzusehen, wie die Seele eines Menschen zerfließt und sich auflöst. Aber ich habe keine Zeit für diesen Mann, mit dem ich studiert, mit dem ich Fußball gespielt und Wein getrunken habe, ich habe keine Zeit für irgend etwas, denn Alberto zieht mich am Ärmel, Alberto ist es endlich gelungen, einen Wagen anzuhalten, der uns den Rest des Weges mitnehmen will.

Als wir einsteigen, legt der Fahrer den ersten Gang ein, wirft uns durch seine Brille einen Blick zu, schaut auf die Straße und dann wieder mich an. »He«, sagt er und fixiert mich mit verwegenem Blick. »Sie sind doch Ariel Dorfman, oder?« Ich antworte nicht. Er bleibt hartnäckig, ist sich sicher, daß ich es bin: Ich sehe so ganz anders aus als die meisten Chilenen, daß man mich leicht erkennt. »Bestimmt suchen sie nach dir, *hombre*«, fügt er freundlich hinzu. »Bestimmt suchen sie nach dir.«

Ich sehe Alberto neben mir an. Wir hatten beide mit mehr Anonymität gerechnet. »Ach, ich glaube nicht, daß sie so sehr an mir interessiert sind«, antworte ich. »Ich bin ja nur Schriftsteller. Ich habe nichts mit Politik zu tun.«

»Tja, niemand hat mehr etwas mit Politik zu tun«, sagt der Fahrer. »Aber versuch das mal den *hijos de puta*, die an der Macht sind, zu erklären.«

Wieder quält mich die Enttäuschung darüber, daß ich nicht auf der Prioritätenliste der Junta stehe. Dabei ist es beileibe nicht lustig, den Status zu erhalten, den ich mir so sehr wünsche: den Status eines politisch gefährlichen Menschen, der auch Fremden, die ihn noch nie gesehen haben, Respekt einflößt. Ich spüre förmlich, wie Alberto neben mir erstarrt, er denkt an seine Familie. Wir bleiben an einer Ampel stehen, und es ist, als wäre jeder Unbekannte, der an uns vorbeigeht, eine Bedrohung. Ein Jeep voller Soldaten hält neben uns, den Motor im Leerlauf. Einer der Rekruten starrt mir in die Augen, als ob er meine Gedanken lesen könnte. Fast erwarte ich, daß er ein Photo von mir herauszieht und anfängt zu schießen. Ich fühle mich nackt: Wenn dieser Mann, der uns mitgenommen hat, nun glaubt, ich sei in Schwierigkeiten, wenn dieser Mann, der in gewisser Weise die Stimme jedermanns verkörpert …

Noch am selben Abend bestätigen sich meine Befürchtungen. Eine spannungsgeladene Mahlzeit bei Alberto zu Hause. Kaum jemand am Tisch sagt ein Wort. Später zeigt man mir mein Zimmer. Die beiden ältesten Mädchen sind ausgezogen und werden im engen Wohn-Eßbereich auf dem Boden schlafen. Alberto und seine Frau streiten sich in ihrem Schlafzimmer, das unmittelbar neben meinem liegt, und die Wände sind dünn wie Papier. Albertos Frau ist krank vor Sorge. Die letzten beiden Tage hat sie in ständiger Ungewißheit verbracht, ob ihr Mann noch lebt. Jetzt ist er zwar wieder da, aber sie ist klug genug zu ahnen, daß man ihn an der Universität verhören und er im besten Falle seine Stelle verlieren wird. Und ausgerechnet jetzt hat er einen Mann mitgebracht, dessen Anwesenheit sie alle umbringen kann: Erst gestern, sagt sie mit schriller Stimme, sei ein paar Straßen von hier entfernt eine ganze Familie mitgenommen worden, die jemandem Unterschlupf gewährt habe. Ob Alberto denn …? Alberto erwidert, sie solle ruhig sein, leise sprechen. Jetzt kann ich nicht mehr hören, was sie sagen, nur das aufgeregte Flüstern, ihre Angst, seinen Zorn.

Eine Stunde später kommt er zu mir.

»Hör mal«, sage ich zu ihm, lasse ihn gar nicht erst zu Wort kommen. »Ich gehe morgen wieder.«

»Du bleibst. Ich habe ihr gesagt, daß du bleibst. Sie wird sich damit abfinden müssen.«

»Ich an ihrer Stelle«, erwidere ich, »hätte auch Angst.«

»Alle haben Angst«, sagt Alberto. »Wenn wir alle soviel Angst kriegen, daß wir nicht mehr tun, was richtig ist, dann haben sie uns wirklich fertiggemacht, *perdimos de verdad*, dann haben wir wirklich verloren.«

Am nächsten Tag gehe ich.

Albertos Frau bleibt in ihrem Zimmer, verabschiedet sich nicht von mir. Seine Töchter umarmen mich und bitten mich zu bleiben, wann kommt der *tío* wieder, sie haben gern Besuch, bitte sag, ich komme bald wieder, bitte. Ich lüge sie an, sage, bald, sehr bald, und Alberto nickt unglücklich.

Dann bin ich wieder auf der Straße, auf dem Weg zu einem Kontaktmann der Partei, den Alberto beauftragt hat zu prüfen, ob jemand anderes mir helfen kann. Ich fühle mich wie ein Gepäckstück. Alberto besteht darauf, mich zu begleiten.

Nach wie vor sind kaum Autos oder Busse unterwegs, so daß wir zu Fuß gehen müssen. Wir gehen mitten durch die Stadt, und beide steuern wir fast automatisch auf die Moneda zu, ohne ein Wort darüber zu verlieren, warum wir diesen Umweg nehmen.

Als ich dort vor den Ruinen des Präsidentenpalastes stehe, in dem Allende gestorben ist, steigt plötzlich Zorn in mir auf, mit einer solchen Heftigkeit, daß ich fürchte, er wird mich umbringen, wenn ich nicht die Leute umbringe, die das uns, mir, unserem Land angetan haben.

Es ist ein leidenschaftliches Verlangen nach Mord und Rache, das nur allzubald Gelegenheit erhalten wird, gestillt zu werden.

Als wir weitergehen durch die zerstörten Straßen Santiagos, um unseren Kontaktmann zu treffen, sehen wir, vielleicht vier Häuserblöcke von der Moneda entfernt, einen jungen Rekruten, der an einer abblätternden Wand zusammengesunken ist. Zuerst denken wir, er ist tot, ein Heckenschütze muß ihn erwischt haben, aber nein, er schläft, das Gesicht halb im Schatten, halb in der Sonne. Wahrscheinlich hat er die Nacht über Dienst gehabt, hat den Kopf an die Wand gelehnt, um seinen Augen etwas Ruhe zu gönnen, und ist eingeschlafen. Und so liegt er da, kaum der Jugend entwachsen, die Beine auf dem schmalen Gehsteig unschuldig auseinandergespreizt, seine Maschinenpistole zu Füßen.

Alberto und ich bleiben stehen. Wir blicken auf den Soldaten, blicken auf seine Waffe, blicken uns gegenseitig an.

Sonst ist niemand da. Kein Zeuge. Ein Gedanke schießt mir durch den Kopf, und ich sehe ihn, wie in einem Spiegel, auch in Albertos Augen: Es wäre ein leichtes, die Pistole zu stehlen. Und wenn das Schwein aufwacht, ziehen wir einfach den Abzug, ein Mörder weniger. Sie wollten Krieg? Sie können ihn haben.

Wir zögern beide, wie gebannt auf den schlafenden Soldaten kaum einen Meter vor uns starrend, wir zögern noch zwei Sekunden, als stünden wir am Rande der Ewigkeit.

Solange brauche ich nämlich, um den Gedanken als verrückt zu verwerfen, solange brauche ich, um zu beobachten, wie dieser Gedanke auch aus Albertos Gesicht verschwindet, als ob wir auf eine gemeinsame innere Uhr synchronisiert wären. Ein weiterer Augenblick vergeht, und wir sind weg, wir lassen den jungen Rekruten und seine Waffe dort an der Ecke zurück.

Jene wenigen Sekunden sollten genauso wichtig und prophetisch für mein Leben und das Leben des Landes werden wie der kurze Augenblick drei Tage zuvor, als ich mich von der Polizei abwandte, die mir den Weg zu meinem Tod in der Moneda versperrte, zu dem Tod, den Taty sich für mich vorstellte. Was Alberto und ich instinktiv verworfen haben, ist der bewaffnete Kampf als Mittel, die Demokratie wiederherzustellen. Im Rückblick sieht es für mich aus, als hätten wir symbolisch mit dem ganzen Land diese Entscheidung getroffen, denn zur gleichen Zeit müssen viele andere Chilenen darüber nachgedacht haben, ob sie auf die militärische Gewalt ihrerseits auch mit Gewalt reagieren sollen. Kollektiv haben wir uns zur Strategie des friedlichen Widerstands gegen die Diktatur entschlossen, einer Strategie, die siebzehn Jahre später in der Rückkehr zur Demokratie ihren Höhepunkt finden wird.

In meinem Fall liegt diese Strategie – obwohl sie innerhalb weniger Sekunden ins Wanken geraten kann – in tiefsitzenden Überzeugungen begründet, die zurückgehen auf die Entdeckung, wer ich bin und wer ich sein will. Diese Entdeckung machte ich über dreizehn Jahre zuvor, im März 1960, als ich mit meinem Studium an der Universität von Chile begann und mich am zweiten Vorlesungstag zum erstenmal in meinem Leben mit der Polizei anlegte. Das Thema des Seminars in Vergleichender Literaturwissenschaft an jenem Morgen war der abstruse Kampf gegen Autorität und Repression gewesen, und wir stellten kluge Analysen einer Kafka-Erzählung über eine Krähe an, die an den Füßen eines Menschen pickt. Die nächste Stunde fiel zugunsten einer stürmischen Studentenversammlung aus, in der die miserable Situation bei der staatlichen Ausbildung und die niedrigen Gehälter der Lehrer an höheren Schulen angeprangert wurden. Die Regierung mit ihrer konservativen Finanzpolitik hatte sich geweigert zu verhandeln, und so wurde für die folgende Woche ein Streik ausgerufen. Es wurde der Antrag gestellt und auch angenommen, aus Solidarität mit den Lehrern ab sofort an keinen Veranstaltungen der Fakultät mehr teilzunehmen. Dann wurde durch Akklamation ein zweiter Antrag gebilligt: Wir würden hier und jetzt eine Demonstration beginnen, einen Blitzausfall auf die Straßen machen, um Präsident Alessandri und seiner Rechtskoalition zu verstehen zu geben, daß wir diese Behandlung nicht untätig hinnehmen würden. Ich schloß mich der aufgewühlten Masse an, die singend durch die breite, von Bäumen gesäumte Avenida Macul marschierte, wir verteilten Flugblätter an unbeteiligte Passanten, brachten den Verkehr zum Erliegen und, um ehrlich zu sein, die Sache der höheren Bildung nicht besonders weiter. Ich zögerte ein wenig, Solidarität mit Lehrern zu zeigen, die ich noch wenige Monate zuvor an der Schule für die – außerdem langweiligen – Todfeinde junger Menschen gehalten hatte. Doch meine Skepsis verflog in dem Augenblick, als ich mich unter die friedlichen Demonstranten mischte. Friedlich – bis die Polizei auftauchte, uns aufforderte, auseinanderzugehen, sich ein paar Rädelsführer schnappte und sie verprügelte, obwohl, wie ich zugeben muß, nicht mit übertriebener Härte. Das war der Tag, an dem ich Freddy Taberna zum erstenmal in Aktion sah, einen hochaufgeschossenen Studenten der Geographie mit Hakennase und geschmeidigen Bewegungen, der einer meiner dicksten Freunde werden sollte, Freddy, der vier Tage nach dem Putsch im Norden Chiles von einem Exekutionskommando hingerichtet werden würde, Freddy, dessen Leichnam seiner Familie nicht zurückgegeben werden würde, dieser Freddy ist damals noch lebendig, er brüllt die Polizei an, tanzt und stolziert vor ihnen, provoziert sie. Ich sah, wie Freddy unter dem Schlag eines Gummiknüppels in die Knie ging, sah, wie er wieder aufstand, als wenn gar nichts passiert wäre. Dann gab ein Polizeibeamter den Befehl, Tränengas zu werfen, und wir flohen alle hustend und würgend die Macul hinunter Richtung Universität, die wie überall in Lateinamerika für die Polizei Sperrzone war, exterritorial wie eine Botschaft. Vor den Toren blieben wir stehen und drehten uns, wieder ermutigt durch die Nähe der heiligen Hallen der höheren Bildung, noch einmal um, stellten uns der Konfrontation mit der Polizei. Als ich sah, wie sie eine junge Frau an den Haaren zogen, spürte ich in mir eine abgeschwächte Form jenes Zorns, der mich viele Jahre später angesichts der zerbombten Mauern der Moneda erfassen sollte. Rings um mich hoben die Studenten Steine auf, und bald war die Luft erfüllt von Geschossen, von denen die meisten ihr Ziel um Längen verfehlten. Ich bückte mich, hob einen Stein auf, der hart, rund und handlich war wie ein Baseball, zielte und warf ihn, beobachtete, daß er viel weiter flog als die anderen Wurfgeschosse und krachend gegen den Schild eines bulligen Polizisten prallte. Alle in meiner Nähe jubelten. Ich konnte verdammt gut werfen. Die Tatsache, daß ich mit diesem im Yankee-Sport Baseball erworbenen Können meine fußballspielenden Kommilitonen übertreffen und einen chilenischen Polizisten angreifen konnte, der von den Vereinigten Staaten ausgebildet und mit Waffen ausgerüstet worden war, war ein kultureller Widerspruch, über den ich noch lange nachdachte. Aber das war nicht der richtige Zeitpunkt, um zu überlegen, was Yogi Berra wohl dazu gesagt hätte, daß einer seiner ehemaligen Fans seine Technik beim Straßenkampf im fernen Chile anwandte.

Ermutigt durch die allgemeine Anerkennung, die mir plötzlich zuteil wurde, ließ ich einen weiteren Stein fliegen, und dieser verfehlte nur knapp den Kopf eines anderen Polizisten. Wieder gab es Applaus, und ich nahm noch einen Stein, hob schon den Arm und dann ... Und dann ließ ich ihn fallen. Dies waren die beiden ersten und letzten Steine, die ich in meiner langen Karriere als Revolutionär werfen sollte.

Was zwischen dem zweiten Stein, der durch die Luft flog, und dem dritten, der in meiner Hand blieb, geschah, war, daß ich Angst bekam, ich könnte am Ende jemandem bleibende Verletzungen zufügen. In jener kurzen Pause zwischen zwei Handlungen identifizierte ich mich mit dem unbekannten Polizisten, den ich fast mit meinem Gringo-Arm niedergestreckt hätte, aber ich identifizierte mich nicht nur mit ihm, sondern auch mit seiner Frau, seinen Kindern, seiner Familie. Ihn oder einen anderen zu verletzen, sofern es nicht unvermeidbar war, würde mich in einen Menschen verwandeln, mit dem ich nicht leben könnte. Ich glaube, mit der Hand, die den Stein fallen ließ, verwarf etwas tief in mir die Gewalt als politisches Mittel, als Lösung, als Lebenseinstellung.

Bedeutet das aber, daß ich ausgerechnet während meiner Feuertaufe plötzlich zum Pazifismus konvertierte und von da an meinen aufgebrachten Kommilitonen Toleranz predigte? Nicht im geringsten. Wie für die meisten meiner Generation war Fidel Castros hausgemachte Revolution, die erste Revolution auf dem lateinamerikanischen Kontinent, der es gelang, den Gringos die Stirn zu bieten, unser Prüfstein, unser Mekka, der Leitstern unserer Männlichkeit. Ich rühmte ihre Errungenschaften genauso wie ihre Exzesse und rechtfertigte den verhängnisvollen Export des bewaffneten Kampfes. Schaudernd muß ich auch zugeben, daß ich Fidels Hinrichtungen und die Ausweisung seiner Gegner für absolut notwendig hielt. Sie oder wir, pflegte ich zu sagen: Du kannst es dir aussuchen, sagte ich, zehn Millionen verhungernde Kinder oder ein paar bourgeoise Konterrevolutionäre. Damals war nicht die Zeit für subtile Unterscheidungen.

Ich versuche also erst gar nicht, mich über dreißig Jahre später als Heiligen hinzustellen und so zu tun, als wäre mir bei meiner ersten Straßendemonstration Anfang 1960 Gandhi erschienen. Dennoch zeigt jener Vorfall meine auf tiefster Überzeugung gründende, ganz persönliche Vorliebe für eine Revolution, die die Macht übernehmen konnte, ohne ihre Feinde – oder auch ihre Anhänger, wohlgemerkt – umzubringen.

In den sechziger Jahren verteidigte ich die bewaffnete Gewalt voller Begeisterung und unverblümt. Aber ich verteidigte sie mit Worten, ohne selbst aktiv Gewalt auszuüben. Und was, wenn ich, um das Volk zu retten, die Revolution zu retten, um die Kinder vor dem Verhungern zu bewahren, einen Polizisten töten müßte? Was dann? Eine Frage, die die ganzen sechziger Jahre über in Kaffeehaus-Debatten und bei konspirativen Abendessen in rauchgeschwängerten Zimmern immer wieder laut wurde, eine Frage, die ich nie beantworten mußte, weil mein Vater nach seiner Flucht aus den Vereinigten Staaten in den fünfziger Jahren rein zufällig in Chile gelandet war. Wenn die chilenischen Arbeiter nicht vierzig Jahre lang auf eine friedliche Revolution hingearbeitet hätten, wie sie schließlich durch Allende verkörpert werden sollte, hätte mich das Engagement für die Befreiung der Armen Lateinamerikas wie so viele meiner Generation in anderen Ländern des Kontinents in die Berge und in die Slums geführt, wo ich, ein Gewehr in der Hand, gejagt und abgeschlachtet worden wäre. So aber hatte ich das Glück, auf eine der wenigen Massenbewegungen dieser Erde zu stoßen, die mein unbedingtes Verlangen nach strukturellen, die Welt aus den Angeln hebenden Veränderungen mit dem Wunsch in Einklang brachten, dieses Ziel zu erreichen, ohne anderen Schaden zuzufügen.

Bis zum Sieg der Unidad Popular im Jahre 1970 waren alle Revolutionen ausnahmslos gewalttätig und gingen von der Prämisse aus, daß radikale Veränderungen in Gesellschaft und Wirtschaft nur erreicht werden können, wenn zuvor der Militärapparat zerstört wird, durch den sich die herrschende Klasse ihren Reichtum und ihre Macht sichert; nur so könne man eine vollständige – manche würden sagen: totale – Übernahme aller Staatsorgane (Exekutive, Legislative, Judikative), aller Kommunikationsmittel und schließlich aller Formen des Privateigentums erreichen. Dies war die orthodoxe Linie der Linken seit der bolschewistischen Revolution gewesen. Ja, eigentlich seit die Pariser Kommune von 1870 – also genau ein Jahrhundert vor unserem Triumph in Chile – von Marx als Beispiel für die Zwangsmaßnahmen interpretiert wurde, auf die jede erfolgreiche Revolution zurückgreifen muß, wenn sie an der Macht bleiben will. Im Jahre 1959 war ein solcher Zwangsapparat mit der kubanischen Revolution in Lateinamerika etabliert worden. Allende – und mit ihm die Mehrheit des chilenischen Volkes – glaubte nun, es sei möglich, ja sogar wünschenswert, jene Veränderungen mit demokratischen Mitteln durchzusetzen. Er glaubte, daß man seine Feinde nicht verfolgen und töten müsse, um sie unschädlich zu machen, daß man niemandes grundlegende Freiheiten einschränken müsse, um Plagen wie Hunger, Arbeitslosigkeit, Wohnungsnot und Ausbeutung zu beseitigen, daß man keine Diktatur errichten müsse, um die Errungenschaften der Revolution zu verteidigen.

Kritiker des chilenischen Wegs zum Sozialismus prophezeiten, daß diese Strategie scheitern würde, daß die herrschenden Klassen ihre Macht niemals freiwillig aufgeben würden, daß dieser Weg in einem Blutbad enden würde. Und sie wiesen auf ebendie Pariser Kommune hin, darauf, daß die Konterrevolution, als sie die Ordnung wiederherstellte, die Kommunarden abgeschlachtet hatte. Allendes Antwort darauf war, er hege keine Illusionen hinsichtlich

136

der Friedlichkeit seiner Gegner. Sobald sie sich nicht mehr darauf verlassen könnten, daß die Demokratie ihre Interessen schützte, würden die früheren Machthaber Chiles sich verschwören, um ebendiese Demokratie zu zerstören, zu demolieren, und zweifellos versuchen, das Militär zu unterwandern. Aber sie würden allein dastehen, lautete unsere Theorie. Wir hatten sie entwaffnet, sie jeglicher Rechtfertigung, Terror auszuüben, beraubt, indem wir selbst den Terror als notwendige Geburtshelferin der Veränderung ablehnten. Dies war unsere Strategie der Überzeugung als moralischer Kraft der Geschichte, es war Allendes Weg, aus der Spirale von Gewalt und Gegengewalt herauszukommen, die sich das ganze zwanzigste Jahrhundert hindurch in unersättlicher Gier voneinander genährt hatten. Wir versuchten, nicht nur unsere Hände von Blut rein zu halten, sondern auch die unserer Feinde.

Ich sage wir, doch in Wahrheit war ich zu Beginn der Allende-Zeit voller Zweifel, ob eine sanfte Revolution überhaupt machbar war. Am Ende jener drei Jahre aber war ich ein überzeugter Anhänger geworden, vor allem deshalb, weil ich zusehen mußte, wie eine kleine, aber stimmgewaltige Minderheit der chilenischen Linken mit ihren Bücherweisheiten, denen sich die Realität anpassen sollte, unsere Revolution sabotierte. In der Gewißheit, daß keine Repressalien seitens Allende zu befürchten waren, beschleunigten sie den gesellschaftlichen Wandel in unverantwortlicher Weise, um dem Konflikt mit Waffengewalt ein Ende zu bereiten. Ihre unablässige Mobilisierung der ärmeren Gesellschaftsschichten, ihre wahllose Übernahme von Industrieunternehmen, Wohnbauprojekten und Ländereien, ihre Vorstöße zur Radikalisierung der Revolution führten zu einer Entfremdung der Mittelklasse, die für unseren Triumph von essentieller Bedeutung war, wollten wir die Armee auf unserer Seite behalten.

Aber hatte die Ultra-Linke nicht recht?

Nun, im Jahre 1973, da jemand wie der Polizist, der 1960 Freddy Taberna ein paar Hiebe mit seinem Gummiknüppel versetzt hatte, die Kellertreppe hinunterging, um jemanden wie Freddy zu foltern, nun, da die bewaffneten Männer, die ich damals im Jahre 1960 aus Mitgefühl nicht hatte verletzen wollen, auf uns schossen, nun, da sie die Gewalt gegen uns ausübten, die gegen sie auszuüben wir uns geweigert hatten – glaubte ich da immer noch, wir sollten auch die andere Wange hinhalten? Glaubte ich immer noch, auch nur einen Stein auf sie zu werfen, entbehre der Rechtfertigung? Würde ich dem schlafenden Rekruten die Waffe lassen, der seinerseits, wenn wir aufwachten, wahrscheinlich auf der Stelle abdrücken würde? Glaubte ich immer noch, daß Gewalt keine Lösung war?

Durch den jungen Soldaten, den wir an diesem Tag schlafend vor uns sahen, war meine Überzeugung auf die Probe gestellt worden.

Der Putsch führte mir nicht nur meinen eigenen Tod als Möglichkeit vor Augen, sondern auch eine weitere, besonders tückische Spielart des Todes überhaupt. Für einen kurzen Augenblick an jenem 14. September 1973 machte das Schicksal mich zum Jäger statt zum Gejagten. Ich war der Gott, der entscheidet, ob ein Mensch lebt oder stirbt.

Jemand, der die nötige Macht besaß, hatte mich während des Putsches verschont, der Tod hatte mich in der Finsternis gestreift und war an mir vorbeigegangen, als ob auch ich geschlafen hätte.

Nun war dieser junge Soldat an der Reihe.

Während er schlief, beschloß ich, daß er leben sollte.

Alberto und ich, wir ließen ihn dort zurück, halb in der Sonne, halb im Schatten, wir ließen ihn atmend dort zurück und setzten unseren Weg fort.

Ich erfuhr nie seinen Namen.

8

Über die Entdeckung des Lebens und der Sprache in den Jahren 1954 bis 1959 in Santiago de Chile

Es sollten vierzehn Jahre vergehen, bis ich wieder in die USA zurückkehrte, und da war es bereits zu spät.

Als ich eines Tages in einem kleinen Zimmer in Berkeley, Kalifornien, an meiner Schreibmaschine saß (es muß gegen Ende jenes turbulenten Jahres 1968 gewesen sein), hörte ich plötzlich, einfach so, mitten im Satz auf zu schreiben. Ich sah auf diese englischen Wörter, die da auf dem Papier hockten, und fragte mich – der Gedanke drang mir ohne jede Vorwarnung ins Bewußtsein, eine simple Erkenntnis, die eigentlich offenkundig, aber trotzdem die ganze Zeit nur unterschwellig dagewesen war und erst jetzt, weit weg von Chile, wieder in Amerika, endlich an die Oberfläche kam: Was mache ich hier, ich spiele den Gringo und schreibe in dieser Sprache, die mir plötzlich völlig fremd vorkommt? Ich bin nicht von hier. Ich bin Lateinamerikaner.

Und dann traf ich eine Entscheidung, die derjenigen, die ich vor vielen Jahren in New York, an der Ostküste der Vereinigten Staaten, getroffen hatte, genau entgegengesetzt war, im übrigen aber ebenso unumstößlich: Ich beschloß in jenem nicht weit vom Pazifischen Ozean entfernten Zimmer, der englischen Sprache abzuschwören und mit ihr dem Amerika des Nordens, seinem Weltreich und seiner Kultur, dem allen abzuschwören und es zu verurteilen, mich von nun an zu bemühen, den Menschen in mir zu unterdrücken, der sich sein Leben lang über diese Sprache definiert, sich sprechend und schreibend eine Persönlichkeit in dieser Sprache aufgebaut hatte. Und da sich niemand im Alter von sechsundzwanzig Jahren eine Sprache sozusagen aus dem Kopf schlagen kann, da sich Sprachen so spät im Leben nicht per Beschluß verlernen lassen, tat ich das Nächstbeste, um meine Überzeugung glaubhaft zu machen, um zu beweisen, daß es mir ernst damit war. Wie alle Konvertiten mußte auch ich dem Feuer übergeben, was ich einmal verehrt hatte, und so schwor ich, niemals mehr ein Wort in Englisch zu schreiben. Spanisch sollte die Liebe meines Lebens sein.

Ich zwang mich, wieder einsprachig zu werden.

Nicht unbedingt die Entwicklung, die ich 1954, als ich mit einer Belagerungsmentalität im Kopf in Chile ankam, vorhergesagt hätte. Das Spanische war überall, umgab mich mit einem blubbernden, klebrigen, erstickenden Klangmeer. Aber die Taktik, die mir in den vergangenen zehn Jahren sehr geholfen hatte – mir vorzumachen, daß die Sprache, in die ich hineingeboren war, nicht existierte –, nützte mir jetzt nichts mehr. Ich konnte nichts anderes tun, als mir vorzunehmen, sie nicht in mein Herz zu lassen, diesen elenden Ort zu verlassen, sobald ich alt genug war, in mein geliebtes Amerika zurückzukehren.

Jetzt, da ich dies schreibe, bin ich mir nicht sicher, wie stark die Mauer meiner isolationistischen Haltung wirklich war, ob sie nicht völlig in sich zusammengefallen wäre, hätte man mir in Chile einen glorreichen Empfang bereitet. Aber das war nicht der Fall: Sobald meine Mutter daranging, schon am Tag nach unserer Ankunft in Valparaíso, die dringliche Frage meiner künftigen Schulausbildung zu klären, wurden meine Vorurteile gegen das Land und insbesondere die spanische Sprache entscheidend verstärkt.

Meine Eingliederung in das chilenische Schulsystem wurde zu einem Alptraum.

Eine solche Umstellung hätte jedem Kind Probleme bereitet, aber bei mir kam erschwerend hinzu, daß ich meine letzten beiden Jahre in den USA an einer für mich idealen Schule verbracht hatte: in Dalton, einer fortschrittlichen privaten Lehranstalt an der East Side von Manhattan, wo meine Mutter Spanisch unterrichtete – ein Umstand, der mir ein paar Schulstunden ersparte – und wo ich dank meines künstlerischen Talents ein Stipendium erhalten hatte.

Da meine Eltern mir den Abschied von dieser Schule erleichtern wollten und zudem der Ansicht waren, daß Kinder am besten gedeihen, wenn man ihnen viel Freiheit läßt, bemühten sie sich um einen Platz am Liceo Manuel de Salas, einer modernen staatlichen höheren Schule in Santiago mit vermeintlich der gleichen Erziehungsphilosophie. Meine Mutter, unverbesserliche Optimistin und überzeugt, jeder müsse ihren Sohn ebenso bedingungslos lieben wie sie, ging davon aus, daß ich ohne Probleme aufgenommen werden würde.

Wir kamen ins Zimmer der Direktorin.

Sie wirkte streng und spröde. Auf ihrem Schreibtisch lagen etliche überschwengliche Empfehlungsbriefe aus Dalton, die meine Mutter gewissenhaft ins Spanische übersetzt und ihr vorab geschickt hatte. Die Direktorin heuchelte Begeisterung. Ich war erst zwölf Jahre alt, aber ich spürte, daß sie nur so tat als ob. Wie schön, einen Schüler aus Dalton hier begrüßen zu dürfen, flötete sie, wir fühlen uns diesem Institut doch so sehr verbunden.

Gut. Meine Mutter fragte, wann ich anfangen könne.

Die Direktorin verzog den Mund und sagte: »*Bueno …* nuuun …« Es gebe da, sagte sie, einige Probleme. Und zählte sie, an meine Mutter gewandt und mich kaum eines Blickes würdigend, mit erhobenem Zeigefinger der Reihe nach auf. Erstens: Chile richte sich, möglicherweise wüßten

wir das nicht, nach dem französischen Modell. In den Vereinigten Staaten gelte er, Vladimiro (sie meinte mich,
Eddie, der vor ihr saß), als Kind – *un niño* –, das noch zwei
Jahre an der Hauptschule zu absolvieren habe, aber hier –
an dieser Stelle wollte meine Mutter etwas einwenden, aber
die Direktorin brachte sie mit einer Handbewegung zum
Schweigen –, hier, fuhr sie mit Nachdruck fort, ist er ein
joven, ein junger Mann. Mit zwölf Jahren muß er hier
eigentlich schon in die höhere Schule gehen, denn hier, sie
betonte das Wort *aquí*, umfaßt sie sechs Jahre und nicht
vier, wie in den Vereinigten Staaten. Und nicht jeder
Schüler, sagte sie, kann automatisch in die höhere Schule
wechseln, denn diese wird vom Staat bezahlt und vom chilenischen Volk, und deshalb entscheidet der Staat, ob ein
Kind schon für eine höhere Schule geeignet ist, und es gibt
eine ganze Reihe von Prüfungen, denen sich jeder Schüler
vor einer Zulassung unterziehen muß. Prüfungen, die *este
joven* nicht abgelegt habe, sagte sie. Meine Mutter wollte
wieder etwas einwenden, aber die Direktorin war nicht zu
bremsen. Das ist aber noch nicht alles, sagte die Direktorin.
Es gibt noch etwas, sagte sie, und hob erneut mahnend den
Zeigefinger. Es komme zweitens hinzu, daß wir uns hier in
der südlichen Hemisphäre befänden, wir seien uns vielleicht
nicht klar darüber, daß hier, *aquí en Chile*, die Jahreszeiten
umgekehrt seien. Sie deutete auf den Schulhof hinaus, wo
Kinder in Mänteln herumliefen, einige starrten auf die Fenster des Direktorats, um zu sehen, was zum Teufel dort vor
sich ging, alle riefen sich irgendwelche Dinge auf spanisch
zu, kein einziges nettes englisches Schimpfwort ver-
schmutzte die reine chilenische Luft. Und das bedeute, fuhr
die Direktorin fort, daß die Schule im März begonnen
habe, und jetzt sei Ende August, ich hätte also schon fünf
Monate verloren. Allerdings, sagte sie, angesichts der Emp-
fehlungen, sagte sie und sonnte sich selbstgefällig in ihrer

Macht, doch, sie habe das Gefühl, es würde dem *joven Vladimiro* sehr zugute kommen, wenn er seine Ausbildung an ihrer vorbildlichen Schule fortführen könne.

Meiner Mutter entschlüpfte ein erleichterter Seufzer.

Es war geschafft.

Nicht ganz. Nun wandte sich die Direktorin mir zu. Sie stellte mir eine Frage. Ich stammelte ein paar Worte auf spanisch, es war ein Gringo-, Pidgin-, Mischmasch-Spanisch, in Aussprache und Grammatik falsch, die ersten Worte, die ich in dieser meiner Muttersprache seit zehn Jahren von mir gab. Vorsichtig zog ich die Wörter aus mir hervor, gegen ihren Willen und gegen meinen, und das erste, was ich – dumm und überheblich und trotzig – zu ihr sagte, war, daß ich Edward heiße, ich versuchte ihr klarzumachen, obwohl ich kaum einen Ton herausbrachte, daß ich auf einen anderen Namen hörte als den, der in meiner Geburtsurkunde stand. Mein erstes Gespräch mit einem chilenischen Staatsbürger. Und sie ließ mich ausreden, meine Meinung äußern, wenn man so sagen kann, beobachtete, wie ich ein buckliges Wort nach dem anderen hervorstieß, jeden nur möglichen Fehler machte; sie ließ mich stockend und stolpernd ausreden und mein Massaker an der Sprache von Cervantes zu Ende bringen. Und ich spürte, wie sich das Mißtrauen der Direktorin mit jedem Schnitzer in immer größere Feindseligkeit verwandelte.

Sie mochte mich nicht. Oder nein. Nicht ich war es, den sie nicht mochte. Es war meine Sprache. Es war, weil ich ein Yankee war. Es war, weil ich mich Edward nannte. Daß ich meinte, ich könne hier einfach so hereinplatzen, in ihr Heiligtum, wo die besten und klügsten jungen Chilenen mit Steuergeldern ihrer Landsleute in Freiheit und Unabhängigkeit erzogen wurden, daß ich mich erdreistete zu denken, ich könne Tausende einheimische Bewerber, die einer solchen Ausbildung würdig waren, einfach überspringen und würde hier aufgenommen, nur weil ich aus dem Norden kam, ein Junge, der seinen Namen und sein Erbe verleugnete. Ein Junge, der Lateinamerika verraten, die Sprache und Kultur während der zehn Jahre im Norden vergessen hatte. Zeit, es ihm heimzuzahlen.

Übertreibe ich? Lege ich das, was ich heute weiß, hinein in das, was ich damals nicht wußte? Wahrscheinlich. Aber die Feindseligkeit war da. Ich spürte sie damals, und ich kann sie heute, so viele Jahre später, immer noch spüren – sie kam aus irgendeinem Kältekern unter ihrer Haut –, obwohl ich sie damals noch gar nicht in ihrem ganzen Ausmaß erfassen konnte und Chile noch nicht gut genug kannte, um zu wissen, daß viele Menschen hier, besonders aus der intellektuellen Elite, die USA ablehnten und sogar haßten, sie für die Armut und Rückständigkeit ihres Landes verantwortlich machten. Der Kalte Krieg, der mich aus den USA verjagt hatte, wollte mich nicht einmal jetzt in Ruhe lassen, da ich bis an die äußersten Grenzen des amerikanischen Einflußbereichs gezogen war, so weit nach Süden, wie es nur ging.

Wie sollte ich, während das stolze Ressentiment der Direktorin mich wie unter einer Eisschicht erstarren ließ, wie sollte ich da auch nur auf die Idee kommen, daß ich als Vertreter des Nordens eingeordnet wurde, als Vertreter jener Gringos, die nach Chile gezogen waren und die ganze Wirtschaft übernommen hatten, denen die Kupferminen und die Banken, die großen Industrieunternehmen, die Außenpolitik und die Dampfschiffe gehörten. Es war die Aufgabe der Direktorin, einer Generation junger Männer und Frauen das nötige Wissen zu vermitteln, damit sie auf eigenen Füßen stehen und diesen Ausländern die Stirn bieten konnten, die glaubten, ihre Dollars und ihre Technik und ihre Sprache gäben ihnen das Recht, einem souveränen Land Bedingungen zu diktieren.

Viele Jahre später sollte ich verstehen, was sie empfand, denn da war ich ihr sehr ähnlich geworden – ungeheuer stolz auf Chile, entschieden nationalistisch, leidenschaftlich unser Recht verteidigend, ohne fremde Beeinflussung oder Einmischung selbst über unser Schicksal zu bestimmen. Ich sollte wie jene Direktorin werden, deren Namen ich nie erfuhr, sollte in ihr Lager überwechseln, ihren Kampf um die Befreiung Chiles zu meinem Kampf machen. Ja, ebendiese Frau hätte mir in den Tagen nach dem Putsch gegen Allende sofort Unterschlupf gewährt, mich aufgenommen, ihr eigenes Leben und das ihrer Familie aufs Spiel gesetzt, um mich zu retten, wäre sie nicht selbst, wie es mir rückblickend wahrscheinlich erscheint, unter den Gejagten gewesen. Aber damals, als ich zum erstenmal den Fuß in meine zukünftige Heimat setzte, war sie nicht bereit, mich sofort aufzunehmen, mir den Eintritt in die chilenische Gesellschaft zu erleichtern, mich in die spanische Sprache, von der ich mich losgesagt hatte, freundlich einzuführen.

Sie wandte sich wieder meiner Mutter zu und sagte, mein Spanisch sei – wie sagte sie gleich wieder? Hier muß ich meinem Gedächtnis etwas nachhelfen, denn ich erinnere mich eher an ihren Ton als an die Worte, ihr deutlich spürbares Bedürfnis, Grenzen zu ziehen, auszuschließen, ihr Quentchen an sektiererischer Macht auszuüben – sie sagte so etwas wie »*este niño no sabe hablar castellano*«. Dieses Kind kann ja gar nicht Spanisch. Vorbei mit dem *joven*: zurückgestuft im Alter, zurückgeworfen in die Hilflosigkeit. Wie auch immer sie es formulierte, ihre Entscheidung hätte nicht drastischer ausfallen können. Vladimiro, sagte sie und betonte dabei jede Silbe des russisch-revolutionären Namens, wird sieben Monate warten müssen, bis März 1955, erst dann kann er aufgenommen werden, er wird leider ein volles Jahr verlieren und die höhere Schule ganz von vorn beginnen müssen. Wir sollten dankbar sein, daß sie als Reverenz an die Schwesterschule in Dalton auf alle Aufnahmeprüfungen verzichte, daß ich nicht zwei Jahre verlöre.

Fünf Minuten später standen wir auf dem Flur, meine Mutter und ihr zwölfjähriger Sohn. Fünf Minuten später, kaum daß sich die Tür des Direktorats hinter uns geschlossen hatte, platzte ich, in Englisch natürlich, mit meinem Entschluß heraus: »In diese blöde Schule gehe ich nicht!« Ich erinnere mich noch gut an die erschrockenen Gesichter zweier Mädchen, die an uns vorbeiliefen, an ihr Erstaunen – ob wegen der fremden Laute, die aus meinem Mund kamen, oder wegen der leidenschaftlichen Empörung, mit der ich sie hervorstieß, kann ich nicht sagen. Aber ich erinnere mich an den Ausdruck in ihren Gesichtern und daran, daß ich mich ihnen, ihrer Schule und ihrem Land gegenüber noch fremder fühlte, daß mich das in meinem Entschluß bestärkte, dieser Art von Gesichtsausdruck nach Möglichkeit aus dem Weg zu gehen.

Meine Mutter schüttelte verzweifelt den Kopf. »Aber in welche Schule sollst du denn dann gehen, um Himmels willen?«

Zwei Tage später saß ich im Büro von Mr. Jackson, dem in England geborenen Schulleiter des Grange, einer renommierten englischen Privatschule. Man hatte sie gegründet, damit die Abkömmlinge britischer, im 19. Jahrhundert nach Chile ausgewanderter Kaufleute und Unternehmer in bester viktorianischer Tradition erzogen würden – und die Sprache ihrer Vorväter bewahrten. Mein Dad hatte auch diese Schule in Betracht gezogen, sich aber dagegen entschieden, und jetzt warnte er mich: Das Grange sei in jeder Hinsicht genau das Gegenteil von Dalton. Es sei eine reine Jungenschule, streng hierarchisch, und werde nach dem Prinzip geführt, daß junge Männer Wilde seien, die diszipliniert, unter Druck gesetzt und abgehärtet werden müßten für ein Leben, in dem sie andere, minderwertige Menschen würden rücksichtslos beherrschen müssen, um Erfolg zu haben. Schuluniform mit Krawatte sei Pflicht. Die Schüler bekämen den Rohrstock zu spüren, wenn sie aus der Reihe tanzten. In den Duschen gebe es nur eiskaltes Wasser, und morgens in aller Frühe müßten die Jungen zur Kiesauffahrt marschieren und eine halbe Stunde lang härteste Turnübungen absolvieren. Und wenn sie sich an den Steinen die Hände verletzten, um so besser. Dem verhaßten Spanisch würde ich auch nicht aus dem Weg gehen können, denn am Grange würde, wie in jeder anderen Lehranstalt in Chile, der gesamte offizielle Lehrplan in Spanisch unterrichtet.

»Warum heißt es dann englische Schule?« fragte ich.

Weil das System nach dem Vorbild einer englischen Public School aufgebaut ist, bekam ich zur Antwort. Weil die Jungen am Grange Rugby und Kricket spielen (und nicht, wie meine Eltern ausdrücklich betonten, Baseball oder American Football oder Basketball). Weil einige Fächer zusätzlich in Englisch unterrichtet werden – Englisch, Literatur, Geschichte, Gesellschaftslehre, Geographie, sogar Mathematik. Und das bedeute, beeilten sich meine Eltern zu erklären – in der Hoffnung, es würde ihren aufsässigen Sohn vielleicht davon abbringen, auf eine derart autoritäre Schule gehen zu wollen –, daß die Schultage am Grange wegen dieses zusätzlichen Unterrichts um einige Stunden länger seien als an anderen chilenischen Schulen. Sogar am Samstagvormittag werde unterrichtet.

»Und was sprechen die Kinder in ihrer Freizeit, in der Pause?«

»Sie sollen nur Englisch sprechen«, antwortete mein Vater. »Darauf wird streng geachtet, wie es scheint.«

Mehr wollte ich gar nicht wissen. Schon bevor ich sein ehrwürdiges Portal durchschritten, den weitläufigen Park gesehen, die efeuumrankten Gebäude betreten hatte, stand mein Entschluß fest: Das Grange war genau die richtige Schule für mich.

Ein kleiner Vorfall, den ich beobachtete, während meine Eltern sich am Eingang zum Hauptgebäude einige Minuten mit dem Konrektor unterhielten, bestärkte mich in meiner Entscheidung.

In der Nähe spielten drei kleine Jungen in grauen Sakkos auf dem staubigen Boden mit Murmeln und stritten auf spanisch heftig darüber, wer von ihnen geschummelt habe. Ihr aufgeregtes Geschnatter wurde von einem älteren Jungen in einem blauen Sakko unterbrochen. Lautlos tauchte er aus dem Nichts auf wie ein blauer Schatten und bellte: »Englisch!« Nur dieses eine Wort. Die Jungen sahen schuldbewußt hoch, verstummten, standen auf. Der ältere Junge (später erfuhr ich, daß er Aufsichtsschüler war, ein sogenannter Präfekt) stand ein paar Sekunden schweigend da und wippte auf den Fußspitzen wie ein Polizist, die Hände hinter dem Rücken verschränkt – die jugendliche Karikatur eines Dickensschen Stiefvaters. Der Präfekt ließ die Murmelspieler noch ein wenig zittern, verlangte dann ihre Namen und verkündete ihnen in untadeligem Laurence-Olivier-Englisch ihre Strafe: »Ihr hättet Stockhiebe verdient. Aber ich bin heute gnädig gestimmt. Zwei Stunden Nachsitzen. Am Samstag nachmittag! Ihr schreibt tausendmal: Ich soll in der Pause kein Spanisch sprechen. Sagt es nach.«

Die Jungen wiederholten einer nach dem anderen den Satz in einem Englisch mit starkem spanischem Akzent und quälten sich mit den Wörtern, als wären sie Komparsen in einem Western und würden Mexikaner spielen, die sich kaum verständlich machen können.

»Das nächste Mal …«, sagte der Präfekt drohend, hob den Arm, ließ ihn, begleitet von einem pfeifenden Geräusch mit dem Mund, niedersausen und schlug die Hände aneinander, daß es knallte.

Dann war er fort.

Es wäre schön, wenn ich sagen könnte, daß ich großes Mitgefühl für die Opfer empfand, die wie ich der Sprache beraubt worden waren, die ihrem Leben Sinn gab, deren Spielen nun die Freude fehlte, da sie von älteren, mit Autorität ausgestatteten Menschen gezwungen wurden, lustlos Worte in einer fremden Sprache hervorzustottern, die sie haßten. Aber für Mitleid gab es in meinem leeren Exilantenherzen keinen Platz. Hier am Grange wurde dieses murmelspielende Trio schikaniert – nun, Pech für sie. Mich hätte man am Liceo Manuel de Salas wegen meiner Sprache schikaniert, es wäre mein täglich Brot gewesen, von Kindern wie ihnen im Dschungel chilenischer Schulhöfe ausgeteilt. Jener blonde Präfekt mit seinem blauen Sakko – herrisch, fanatisch, gefühllos – verteidigte meine Interessen, meine Sprache, meine koloniale Enklave am Grange, diesem Außenposten der Zivilisation inmitten eines erst halb erschlossenen Territoriums, wo ich ungehindert mein Englisch sprechen durfte. Er war wie ein Stacheldrahtzaun, der Chile den Zutritt versperrte, das Spanische auf die Straßen außerhalb des Grange verbannte, wo es auch hingehörte: eine minderwertige, barbarische Sprache, Gebrabbel von Eingeborenen.

Trotzdem würde ich diese Sprache lernen müssen. Dies teilte mir der Schulleiter, Mr. Jackson, höchstpersönlich mit, als ich ihm einige Minuten später gegenübersaß. Er war bereit, mich am Grange aufzunehmen, und es störte ihn auch überhaupt nicht, daß ich nicht Vladimiro genannt werden wollte. Man spreche die Jungen hier ohnehin mit ihrem Nachnamen an, und außerdem scheine ihm Edward eine gute Wahl. Er könne mich allerdings so spät im Jahr nicht mehr aufnehmen. Er schlug jedoch eine Lösung vor, die die Direktorin des Liceo Manuel de Salas nicht einmal erwähnt hatte. Ob ich nicht die verbleibenden Monate des Jahres 1954 dazu nützen wolle, mir den Lehrstoff für die erste Klasse anzueignen und die Prüfungen nachzuholen? Dann könne er mich im kommenden März in die zweite Klasse nehmen. Meine Eltern erläuterten, daß mein Spanisch einer solchen Prüfung wohl nicht standhielte.

Mr. Jackson faßte mich fest ins Auge. Unsinn, sagte er. Du schaffst das, Dorfman, sagte er und legte mir die Hände auf die Schultern, du wirst ihnen zeigen, aus welchem Holz wir geschnitzt sind, du wirst Spanisch im Handumdrehen lernen, sagte er. Später sollte ich allerdings feststellen, daß sein Spanisch fürchterlich war, daß er die Sprache gar nicht richtig beherrschte. Wir stehen das durch, nicht wahr? sagte er.

Und ich nickte.

Ich würde aufhören, mir selber leid zu tun, und die Sache durchstehen.

So kam es also, daß ich in den ersten Septembertagen 1954 meine Zunge zwang, sich wieder an das zehn Jahre lang vernachlässigte Spanisch zu gewöhnen. Lernend kehrte ich wieder in jene Sprache zurück. Ich tat es aus Liebe zum Englischen. Ich tat es, weil ein Verteidiger des Empire mich ermutigt hatte, an mich zu glauben, Selbstvertrauen zu haben, den Kopf oben zu behalten – wie Rudyard Kipling in *If*, Mr. Jacksons Lieblingsgedicht, sagt –, wenn alle anderen ihn verlieren. Ich tat es der chilenischen Direktorin zum Trotz, die meinte, ein kleiner Gringo sei ihrer Schule nicht würdig. Aber vor allem tat ich es, weil meine Eltern mir klargemacht hatten, daß es jetzt reichte: Wenn ich diese Prüfungen nicht bestand, würde ich in die erste Klasse am Manuel de Salas kommen, und Schluß.

Ich hatte also eine einzige Chance, meine englischsprachige Identität zu verteidigen, und ich strengte mich sehr an, sie nicht zu verspielen. Wenn es nur die spanische Sprache gewesen wäre … Aber es kamen ja noch Mathematik, Geometrie und Botanik dazu, Grundlagen der chilenischen Geschichte und der chilenischen Geographie, der chilenischen Pflanzen und Früchte und Kriege, ein Schnellkurs über das kulturelle Erbe dieses Landes, das ich verachtete. Die größte Herausforderung für mich war jedoch die Sprache, in der Pablo Neruda eben zu dieser Zeit seine Verse voller Leidenschaft dem Wind entgegenschleuderte, keine zehn Häuserblocks entfernt von dem Ort, wo ich die Schulbank drückte und widerwillig den Unterricht über mich ergehen ließ – an einer privaten *academia*. Ein hochtrabender Name für eine Nachhilfeschule mit ein paar schäbigen Klassenzimmern in der schmutzigsten Ecke des Zentrums von Santiago, an der Kinder, die Schwierigkeiten hatten, für ihre Prüfungen paukten, Kinder, die meistens älter waren als ich und Legastheniker waren, eine andere Lernstörung hatten oder von ihrer Schule verwiesen worden waren. Und dort, unter Außenseitern und Versagern, begann ich widerwillig eine neue Beziehung zu der Sprache aufzubauen, die ich in jenem Krankenhaus in Manhattan verworfen hatte.

Angesichts der Tatsache, daß ich Spanisch geradezu verabscheute, erscheint es wie ein Wunder, daß ich die Prüfungen im Dezember tatsächlich bestand, in Mathematik recht passabel abschnitt und in chilenischer Geschichte gerade noch durchrutschte. In Spanisch sah es jedoch anders aus. Meine Leistung im Schriftlichen war derart schlecht, daß die Prüfungskommission, bestehend aus vom Staat ernannten Lehrern, entschied, mich zusätzlich mündlich in die Mangel zu nehmen. Entrüstet legten sie mir des Ergebnis meiner schriftlichen Prüfung vor. Einer der Fehler war so haarsträubend, daß ich mich heute noch daran erinnere. In dem Text, den mir eine Prüferin mit üblem Mundgeruch diktierte, kam auch das Wort *azucena*, Lilie, vor, das sie zweifellos nicht aus Bewunderung für die Blume ausgewählt hatte, sondern in der Hoffnung, der Schüler möge *z* und *c* verwechseln, die in Lateinamerika beide wie *s* ausgesprochen werden. Ich ging allerdings nicht in diese Falle, denn ich hatte das Wort noch nie zuvor gehört. Als ich die Prüferin schüchtern fragte, ob sie es wiederholen könne, sah sie mich erbost an, als wäre ich taub, schlich sich heran und zischte mir die vier Silben noch unverständlicher ins Ohr. Was ich dieses Mal hörte – vielleicht beeinflußt durch den Geruch von schlecht verdautem Schweinefleisch und gebratenem Knoblauch, der mir aus ihrem Mund entgegenwehte – war *a su cena*, »zu ihrem [oder seinem] Abendessen«. Ich würgte und kritzelte achselzuckend diese drei Wörter hin. Die Prüfer müssen mich, als sie mein Diktat sahen, für einen Kretin gehalten haben. Als sie mich jedoch mündlich zu befragen begannen, erkannten sie, daß ich nur ein dummer, gerade erst ins Land gekommener Gringo war und daß meine tapferen Bemühungen, die Sprache in drei Monaten zu erlernen, eher gelobt als bestraft werden sollten. Sie gaben mir eine Note, mit der ich gerade noch durchkam, so etwas wie ein »ausreichend«. Vielleicht wären sie nicht so großzügig gewesen, wenn sie gewußt hätten, daß ich geborener Lateinamerikaner war, daß meine Eltern Argentinier waren, daß ich dieses Diktat mit Leichtigkeit hätte schaffen müssen. Oder vielleicht hätten sie mich trotzdem bestehen lassen, als Dank für das opulente Mittagessen, zu dem die »academia« sie geladen hatte – das Essen, dessen fettige Rückstände mir die diktierende Dame ins Ohr gerülpst hatte. Mir konnte es egal sein. Ich war schlauer gewesen als sie. Ich würde bald ins Grange gehen, Hort der englischen Sprache, wo das Spanische zweitrangig, nebensächlich, irrelevant war.

Nun ja, nicht ganz, wie mein erster Spanischlehrer am Grange mir schnell klarmachte, als ich das Pech hatte, ihm zu begegnen an jenem Tag im März 1955, als meine Schulzeit an Mr. Jacksons britischer Lehranstalt begann. Meine ersten beiden Schulstunden am Vormittag vergingen wie im Flug. Wir hatten Gesellschaftslehre und Literatur, beides in Englisch, und ich hob eifrig den Finger, bemühte mich um einen vermeintlich englischen Akzent und schmeichelte mich bei den Lehrern ein. In der Pause schließlich trabte ich auf den Schulhof hinaus, um jedem, der mir zuhören wollte – und vielen, die vermutlich überhaupt kein Interesse daran hatten –, meine überragenden Englischkenntnisse vorzuführen. Dann marschierte ich ins Klassenzimmer zurück, freudig erregt und selbstzufrieden, bereit, mein Erbe weiterhin siegreich zu verteidigen. Und sah mich von Angesicht zu Angesicht mit dem Lehrer für *castellano* konfrontiert. *Castellano?* So wird die spanische Sprache in vielen lateinamerikanischen Ländern genannt, eine Erinnerung daran, daß das, was wir Spanisch nennen, eigentlich der Dialekt Kastiliens ist, der Dialekt, den dieselben Katholischen Könige, Isabella und Ferdinand, die die Juden aus dem Land jagten, die Inquisition wieder einführten und Kolumbus finanzierten, dem Rest der Halbinsel aufgezwungen hatten. Der Dialekt, den nun jener Lehrer sich anschickte, mir aufzuzwingen.

Als er die Namen aufrief, brauchte er mich nur mit meinem fürchterlichen unkastilischen Yankee-Akzent antworten zu hören, da verzog er auch schon sarkastisch den Mund und zitierte mich nach vorne. Er drückte mir ein Lehrbuch der zweiten Klasse in die Hand und ließ mich ein Gedicht vorlesen. Mein erstes Gedicht in Spanisch: »*Nadie dijo nada*« von einem chilenischen Dichter des 19. Jahrhunderts namens Carlos Pezoa Véliz. Es handelt von einem heimatlosen Mann, der anonym begraben wird, und als die Totengräber den Leichnam mit Erde bedecken, »*nadie dijo nada, nadie dijo nada*«, sagte niemand ein Wort, sagte niemand ein Wort. Heißt es in dem Gedicht – denn ich wurde gezwungen, jedes Wort auszusprechen. Der Lehrer korrigierte mich mit sichtlichem Genuß, während ich mich von Zeile zu Zeile quälte, und wollte dann noch einige Synonyme von mir hören. Verzweifelt durchforstete ich mein Gedächtnis, fand aber nur Leere vor. Wie die Leute in dem Gedicht, hatte ich nichts zu sagen und fühlte mich, als wäre ich derjenige, der begraben wird. Der Lehrer half jedoch mit ein paar Vorschlägen nach, befahl mir, die Wörter an die Tafel zu schreiben, und mokierte sich sowohl über meine Schrift als auch über meine Rechtschreibung. Dann ließ er mich mehrere Male den Satz »*Hablo este idioma en forma execrable*« wiederholen, ich spreche diese Sprache abscheulich schlecht. Diese Art Volksbelustigung dauerte einige Minuten, dann schickte er mich auf meinen Platz zurück, wo ich, vor allen gedemütigt, für den Rest der Stunde vor mich hin schmollte.

Als der Unterricht vorbei war, lief ich hinter dem Lehrer her, holte ihn auf dem Flur ein. Ich wußte nicht, was ich ihm sagen würde, und war über das, was dann aus meinem stammelnden Mund kam, vielleicht ebenso erstaunt wie er: daß ich, noch bevor ich meinen Abschluß am Grange machte, den Preis für hervorragende Leistung im Spanischen bekommen würde. Er sah mich eine Weile an, fragte sich vielleicht, ob sich dieser ungezogene kleine Gringo über ihn lustig machte oder einfach nur verrückt war. Einer Entscheidung unfähig, beschränkte er sich auf ein Wort: *nunca*. Niemals. Dann machte er zackig auf dem Absatz kehrt und ließ mich Rachepläne schmiedend stehen.

In den folgenden Wochen ignorierte er mich, dann kam er eines Tages nicht mehr in die Schule, und wir hörten, daß er gekündigt hatte und nun sein Glück im Ausland suchte, daß er ausgerechnet an ein kleines College in den Vereinigten Staaten gegangen war (soviel zu seinen yankee-

154

feindlichen Gefühlen!). Seine Stelle übernahm ein farbloser, langweiliger Lehrer, dem es vollkommen egal war, ob ich ein Gringo war oder vom Mars kam. Und so blieb es meinem Peiniger erspart, demütig zu Kreuze zu kriechen, als ich Ende 1959, fast fünf Jahre später, bei der Abschlußfeier den Preis für Spanisch erhielt, genau wie ich geschworen hatte. Einmal traf ich ihn allerdings noch, viele Jahre danach, als ich im Exil lebte. Ich war Ende Dezember 1977 von Amsterdam zu einem Kongreß der MLA (Modern Language Association [of America]) nach Chicago geflogen, denn man hatte mich eingeladen, vor über tausend amerikanischen Professoren für spanische und lateinamerikanische Literatur die Einführungsrede zu halten. Ich hatte mir inzwischen einen Namen gemacht, mehrere stark beachtete Essays geschrieben und für einen Roman einen bedeutenden Literaturpreis bekommen. Als ich meine Rede beendet hatte (Thema war der Widerstand der chilenischen Kulturschaffenden gegen Pinochet und die Fehler, die in der Allende-Zeit gemacht worden waren), kam niemand anderer als mein früherer Lehrer für *castellano* am Grange auf mich zu. Ich hatte zwar gehört, daß er demnächst jenes kleine College verlassen und in den Ruhestand gehen würde, jedoch nicht erwartet, ihn auf diesem Kongreß zu treffen. Er drückte mir überschwenglich die Hand und sagte: *Quiero que usted sepa, señor Dorfman*, Sie sollen wissen, Herr Dorfman, wie sehr ich Ihr literarisches Schaffen bewundere, *cuánto admiro lo que escribe*. Ob ich so freundlich sein wolle, ihm ein Exemplar meines Buches über Phantasie und Gewalt im lateinamerikanischen Roman zu signieren? Er verwende es schon seit einigen Jahren an seinem College im Unterricht.

Ich sah ihn an, sprachlos ob dieser unerwarteten Gelegenheit, mich zu rehabilitieren. Es war offensichtlich, daß er in diesem Ariel Dorfman, der vor ihm stand, nicht den

Edward erkannte, den er in seinem Klassenzimmer damals in Chile gedemütigt hatte. Als ich meinem jüngsten Sohn Joaquín viele Jahre später von dieser Begegnung erzählte, erteilte er mir eine scharfe Rüge, denn er meinte, ich hätte meine Identität mit der stolzen Pose eines Grafen von Monte Cristo offenbaren und den Bastard in den Staub treten sollen. Statt dessen, muß ich bekennen, murmelte ich eine alberne Höflichkeitsfloskel und ließ ihn mit meinem signierten Buch davontrotten. Ich stand genauso verwirrt da wie damals, als sich unsere Wege zum erstenmal kreuzten, nur daß es diesmal nicht mein Mangel an Spanischkenntnis war, der mir die Zunge lähmte, sondern das Übermaß. Nichts, was ich ihm hätte sagen können, hätte hinreichend verständlich gemacht, was dieser Zunge in den ungefähr zwanzig Jahren seit unserem letzten Wortwechsel widerfahren war. Ja, er war unverantwortlich grob mit einem heimatlosen Jungen umgegangen, der sich nicht verteidigen konnte. Und ja, ich hasse Menschen, die Kinder quälen. Aber ich war zu dem absurden Schluß gelangt, daß ich ihm einen Gefallen schuldete; ich überlegte tatsächlich, ob ich ihm nicht dafür danken müßte, daß er so grausam gewesen war. Dort, auf dem MLA-Kongreß in Chicago, erschien er mir plötzlich – und es geht mir jetzt, da ich dies schreibe, wieder genauso – als Racheengel der spanischen Sprache, als Sendbote der Geschichte, der mich aus meiner Arroganz aufrütteln sollte, ein geheimes Werkzeug des chilenischen Volkes, das mir ein für allemal klarmachen wollte, daß ich nicht länger so tun dürfe, als hätte die Sprache, die mir bei meiner Geburt gegeben wurde, kein Existenzrecht.

Der Lehrer war in der Tat grausam gewesen, aber ich genauso, nämlich zu der Sprache, deren Pflege er sich zur Lebensaufgabe gemacht hatte, damit sie in der nächsten Generation wachsen und gedeihen konnte. Ich verdiente seine Verachtung, und diese blitzartige Erkenntnis brachte mich dazu, daß ich der spanischen Sprache in meinem Leben Raum gab, wenig Raum, lächerlich wenig Raum im Vergleich zu dem riesigen Areal in meinem Kopf, das die englische Sprache besetzt hielt, aber das genügte. Sobald ihr Respekt erwiesen wurde, sobald sie eine Chance erhielt, sich in meinem Leben niederzulassen, war sie nicht mehr aufzuhalten.

Die englische Sprache hatte Amerika als ihre Geheimwaffe eingesetzt. Nun war für die spanische Sprache die Zeit gekommen, sich Chiles zu bedienen, um mich in ihr Netz zu locken. Draußen, direkt vor den Toren jener britischen Schule, jener Oase, dem Relikt eines alten Weltreichs, das nicht mehr existierte, direkt an den Grenzen meines Körpers, der unbedingt in das Weltreich neueren Datums, in die Vereinigten Staaten (die mit dem Chile, von dem ich bisher kaum Notiz genommen hatte, bald auf Kollisionskurs gehen sollten), zurückkehren wollte, da draußen, direkt vor meiner Zungenspitze, die spanischen Worte, die ich kaum auszusprechen wußte, in Reichweite, wartete eine echte Herausforderung auf mich: die Menschen, die diese Sprache sprachen, die Hüter einer Fülle von Dingen und Erfahrungen, die meinen Körper sinnlich umfangen sollten und benannt werden wollten. Dieses Spanisch da draußen barg meine Zukunft. Es trug die Worte García Lorcas in sich, die ich eines Tages zu Angélica sagen würde, *Verde que te quiero verde*, das leidenschaftliche Grün des Verlangens, und die Worte Quevedos, die ich zu meinem Land sagen würde, *Miré los muros de la patria mía*, ich sah die Mauern meines Vaterlandes einstürzen, und die Worte Nerudas, die ich zur Revolution sagen würde, *Sube a nacer conmigo, hermano*, erhebe dich und erwache mit mir zum Leben, Bruder, und die Worte Borges', die ich der Zeit zuflüstern würde, *los tigres de la memoria*, die Tiger der Erinnerung, mit denen ich noch einmal versuchen würde, den Tod zum

Narren zu halten. Eines Tages würde ich erkennen, daß das spanische Wort für Hoffnung, *esperanza*, den Klang und die Bedeutung von *esperar*, warten, in seinen Silben trägt, daß in der Sprache selbst eine Weissagung von Enttäuschung steckt, eine Warnung, vorsichtig zu sein, zu hoffen, aber sich nicht zuviel zu erhoffen, denn die Erfahrung hat diejenigen, die diese Silben formten, gelehrt, daß uns am Ende durch die Geschichte meistens Gewalt angetan wird.

Aber sie hat nicht nur Wunderbares, die spanische Sprache; sie bringt einem auch bei, wie man sich aus der Verantwortung stiehlt. Ich erinnere mich an einen Tag – ich muß sechzehn gewesen sein –, als mir zum erstenmal bewußt wurde, daß das Spanische mich zu sprechen begann und meinen Alltag durchdrungen hatte. Es war im Werkunterricht, und ich hatte einem völlig mißratenen Stück, das ich zusammengebaut hatte, mit dem Hammer gerade einen letzten ungeschickten Schlag versetzt. Es zerbrach, fiel vor meinen Augen auseinander, und ich drehte mich zum Lehrer um und sagte achselzuckend: »*Se rompió*«.

Er verzog ärgerlich den Mund. »*Se, se, se*«, fauchte er. »Ständig heißt es in diesem Land *se*, es zerbrach, ganz von allein, warum zum Teufel sagst du nicht, ich habe es zerbrochen, ich habe es vermasselt. Sag es, sag, *Yo lo rompí, yo, yo, yo*, übernimm Verantwortung, Bursche.« Und plötzlich war ich ein Spanischsprechender, wurde dafür gescholten, daß ich diese sprachliche Wendung benutzt hatte, hinter der man sich so gut verstecken kann, hatte automatisch dieses allgegenwärtige, unpersönliche *se* benutzt, hatte mich in die Sprache hineingeflüchtet, *escapé lenguaje adentro*, war mit ihr eins geworden.

Dann wurden mir die vielen Möglichkeiten bewußt, die die Sprache ihren eifrigsten Anhängern bietet, um anderen die Verantwortung zuzuschieben – das häufig angewendete Passiv und der ständige Gebrauch der Formen *hay que*, *había que*, *habría que* (etwa: »man müßte«) –, was mich in späteren Jahren schier verrückt machte, denn alle Leute um mich herum diskutierten in verräucherten Räumen endlos darüber, was man tun müßte, und nur die wenigsten taten wirklich etwas. Aber zu diesem Zeitpunkt war ich schon tiefer in die Sprache eingedrungen und hatte begriffen, daß diese vielfachen Möglichkeiten und parallelen Wege auch ein Vorteil, eine Bereicherung der Sprache sein konnten. Inzwischen hatte ich das spanische Verbsystem erforscht, das vielleicht reichste in der Familie der indoeuropäischen Sprachen. Ich bewunderte den virtuosen Gebrauch der Zeiten, mit dem das Spanische spielt. Ich hatte den Konjunktiv verinnerlicht, mit dem sich vielfältige Formen der Zeit, die noch nicht eingetreten sind, geistig erleben lassen, einer Zeit, die aufgeschoben wird und darauf wartet, Gegenwart zu werden, einer Zeit, die im Kopf existiert, selbst wenn sie keine Chance hat, geschichtliche Realität zu werden, der Aufbau anderer imaginärer Welten, die unsere in der harten Wirklichkeit, im Gefängnis des Hier und Jetzt gefangenen Herzen nie loslassen.

Ich war mir nicht bewußt, was geistig mit mir passierte. Es war ein subtiler, raffinierter Prozeß, Vokabular und Grammatikregeln sickerten langsam in mein Bewußtsein ein und verwandelten mich in einen Menschen, der, ohne es zu bemerken, in beiden Sprachen zu leben begann. Obwohl ich meiner neuen Sprache von Anfang an nicht erlaubte, mit der älteren in Dialog zu treten. Ich vermied es hartnäckig, ihre jeweiligen Vorzüge zu vergleichen – was die eine mir bieten konnte, die andere nicht. Es war, als bewohnten sie zwei verschiedene, streng voneinander getrennte Bereiche meines Gehirns, oder als gäbe es zwei Edwards, einen für jede Sprache, jeder *incomunicado* wie eine gespaltene Persönlichkeit, jeder bemüht, den anderen aus Angst vor seinem schädlichen Einfluß zu ignorieren.

Den Versuch einer gegenseitigen Befruchtung unternahm ich nicht, ja ich zog diese Möglichkeit nicht einmal in Betracht. Format und Leistung beider Sprachen gegeneinander abzuwägen hätte bedeutet, ein Territorium zu schaffen, von dem aus die Phänomene zu denken wären, einen Raum in mir, den beide Sprachen sich geteilt hätten. Es hätte bedeutet, zuzugeben, daß ich unwiderruflich zweisprachig war, hätte Fragen der Identität Tür und Tor geöffnet, mit denen mich auseinanderzusetzen ich viel zu verletzlich und unreif war: Wer ist der, der Spanisch spricht? Ist es derselbe Junge, der Englisch spricht? Gibt es einen Kern, der unverändert bleibt, egal nach welchem Wörterbuch ich greife? Und welche Sprache ist besser geeignet, eine bestimmte Geschichte zu erzählen? Und wie kommt es, daß sich meine Körpersprache verändert, wenn ich von einer Sprache in die andere wechsle? Ist es ein anderer Körper?

Erst viele Jahre später, erst jetzt, da ich mich mit ihrer Koexistenz abgefunden habe, werden mir diese Fragen bewußt. Fragen, die, hätte ich sie am Anfang dieser Reise in die Dualität gestellt, mich dazu getrieben hätten, das Spanische wieder zu unterdrücken, zu ersticken, ihm sein Recht auf eine Stimme zu verweigern. Und mein Spanisch wußte das und zeigte sich kooperativ, es war froh, wieder einen Platz in meinem Kopf zu haben, machte nicht auf seinen Bodengewinn aufmerksam, ließ sich nicht zu törichtem Triumphgeschrei hinreißen, wenn plötzlich, mitten in einem englischen Satz, als wäre es die natürlichste Sache der Welt, ein spanisches Wort auftauchte, weil es keine englische Entsprechung für den unübersetzbaren Ausdruck gab. Mein Spanisch verlangte nicht, daß ich prüfte, warum ich genau jenes Wort brauchte, wo ich doch unendlich viele englische zur Verfügung hatte, warum es unersetzlich war. Mein Spanisch hatte sich ja eingeschmuggelt und war klug genug, mich nicht in die Enge zu treiben. Statt dessen wuchs es ganz einfach. Und wuchs. Und wuchs.

Hätte ich gewußt, wie radikal dieser Prozeß des Spanischlernens sein würde, wie er mein Leben verändern und mich an Chile ketten würde, ich hätte zweifellos rebelliert, hätte lieber Hunderte grausamer Lehrer und hänselnder Schulkameraden ertragen, als die Vormachtstellung meiner englischsprachigen Identität zu gefährden, meinen Entschluß, nach Amerika zurückzukehren.

Ich sah damals nicht die geringste Gefahr, daß Chile oder die spanische Sprache mich für immer in ihren Bann schlagen könnten. Mein Kopf war immer fest nach Norden gewandt, gebannt vom Urtraum des Kolonialisten, hielt Ausschau nach all den wertvollen Dingen aus dem Mutterland, und da mein Vater zufällig Diplomat war, konnte nicht nur mein Kopf, sondern auch mein Bauch so tun, als lebten wir noch in den Vereinigten Staaten.

Einige Wochen nachdem mich meine erste Spanischstunde am Grange in Richtung Chile gestoßen hatte, holte mich schon meine Yankee-Vergangenheit wieder ein und zwar in Form eines riesigen Pakets, das mein Vater mitbrachte. Direktimport aus Amerika. Er drückte mir ein Messer in die Hand und sagte, ich solle einfach hineinschneiden. Ich stach dem Karton, ohne zu zögern, mitten ins Herz, und schon quoll meine Beute hervor und wurde ausgepackt. Cornflakes, Sirup von Hershey's, Campbell's Tomatensuppe, Aunt Jemima's Pfannkuchenmischung und Krachmandeln von Schrafft's, außerdem Zeitschriften und Bücher, Platten und T-Shirts und Badesachen, für alle. Ein Beutestück aber war für mich ganz allein: ein Sortiment von zwölf Schokoriegeln. Alle drei Monate, sagte mein Vater, kommt eine neue Lieferung. Jubelnd lief ich in mein Zimmer hinauf und versteckte, hortete jene Schokoriegel sofort in der untersten Schublade meines Schreibtischs, unter meinen allerwertvollsten Manuskripten. Essen und Literatur, die beiden Obsessionen meines Lebens, nah beieinander. Mein Vorrat mußte für genau zwölf Wochen reichen, bis das nächste Schiff Nachschub brachte. Wenn ich mich beherrschte, konnte ich, wie Robinson Crusoe auf seiner Insel, die Belagerung der Wilden und die schrecklichen Zeitläufte überstehen. Wenn ich der Versuchung widerstand, würde ich dank der Schokoriegel das Kind bleiben, das ich gewesen war, mich jeden Abend mit einem Bissen in die USA zurückversetzen, bis ich eines Tages wirklich nach Hause fahren und mich im nächsten Drugstore würde vollschlagen können.

Ich hatte Proust damals noch nicht gelesen, und ebensowenig wußte ich, wie man das Wort *madeleine* ausspricht, aber mit Hilfe meiner Schokoriegel gelang es mir in jenen ersten Jahren in Chile, in ähnlicher Weise wie Proust die Vergangenheit wiederzufinden. Allerdings überließ ich den Beweis, daß die Zeit eine Illusion ist, nicht dem Zufall, sondern erhob ihn, so bildete ich mir zumindest ein, zu einem nüchternen, streng wissenschaftlichen Versuch. Jeden Abend vor dem Schlafengehen knabberte ich ein wenig an einem, sagen wir Baby-Ruth-Riegel und wickelte den Rest sorgfältig, fast feierlich, wieder ein. Dann ging ich zu Bett, lag wach da und grübelte nicht über den Tod nach, wie früher als Kind, sondern darüber, wer zum Teufel Baby Ruth gewesen war und ob sie alles hatte essen dürfen, was sie wollte. Meine Gedanken wanderten unweigerlich zu dem Schokoriegel dort in der Schublade, so nah, so einsam, nur allzu bereit, mich genußvoll in meine verlorene, ferne Heimat zu entführen, und ich kroch unter der Decke hervor, zog die Schublade auf, holte jene köstliche Baby Ruth heraus, schälte sie aus dem Papier wie eine Blume und roch daran, öffnete fast schon den Mund, wickelte sie erregt wieder ein und legte sie zurück, ohne auch nur daran geleckt zu haben, schlüpfte ins Bett zurück und hing wieder meinen Gedanken nach. Und dann eine Woge der Einsamkeit und abgrundtiefes Verlangen und schließlich mit einem Satz aus dem Bett, die Schublade aufziehen, das Einwickelpapier abstreifen, das weiche Herz des Schokoriegels freilegen und ein kleines Eck abbeißen, hoffen, daß das schmelzende Stückchen Schokolade mich nach Amerika trägt. Aber es war nie genug, und schon allzubald biß ich noch einmal ab und noch einmal, bis ich alles aufgegessen hatte, und oft, allzuoft, holte ich mir den nächsten Baby-Ruth-Riegel und dann ein Mars – nur noch diesen, nur noch diesen, ich verspreche es, ich schwöre es! –, und plötzlich stand ich da, gestrandet in meinem Zimmer in Santiago, Einwickelpapier um mich herum verstreut und mit leichten Bauchschmerzen und der Erkenntnis, daß ich gerade auf einen Sitz einen ganzen Monat heimlicher Reisen nach Amerika verschlungen hatte. Und ich versuchte vergeblich, mir einzureden, was alle Exilanten sich einreden, wenn sie davon träumen, morgen nach Hause zurückzukehren: Diese Trennung ist nur ein Zwischenspiel, eine Strafe, die irgendwann vorbei sein wird, wenn ich nur der gleiche bleiben, wenn ich der Zeit nur ein Schnippchen schlagen kann. Ich wußte damals nicht, daß ich viele Jahre später, in meinem nächsten Exil, mit der gleichen Erwartung *empanadas* verschlingen würde, daß dann diese chilenischen Teigtaschen mein Erwachsenenticket in die Vergangenheit sein sollten, in das Land der Vergangenheit, in das mein Körper nicht zurückdurfte. Das Land, dem ich in meiner Jugend entfliehen wollte, die *empanadas*, die ich damals, so versessen, wie ich auf meine Milky Ways war, kaum eines Blickes würdigte.

Ich hatte natürlich auch einfachere Möglichkeiten, an den Ort zurückzukehren, den ich hartnäckig meine Heimat nannte, und abonnierte mehr Zeitungen und Zeitschriften – von *Mad* bis zur *Saturday Evening Post* –, als ich in den USA je gelesen hatte, vor allem weil ich in Sachen Sport auf dem laufenden bleiben wollte. Und Comics und Krimis, die man, im Gegensatz zu Schokolade, immer wieder verschlingen kann. Und ich konsumierte Filme – jeden Abenteuerfilm, jede rührselige Liebesgeschichte, sogar die entsetzlich schlechten, billig gemachten Science-Fiction-Filme à la Ed Wood, die heute einen Großteil des Unterhaltungsprogramms im amerikanischen Fernsehen ausmachen.

Dort in Chile machte ich einen viel amerikanischeren Jungen aus mir, als es jedes in den USA lebende Kind war. Als hätte die magnetische Wirkung der spanischen Sprache und dieses neuen Landes, die mir noch nicht bewußt war, meine Bindung an die USA um so mehr verstärkt. Als müßte ich eifrig meine Loyalität beweisen, um jeden Verdacht auszuräumen, ich könnte tatsächlich Gefahr laufen, diese Bindung zu verlieren.

Aber diese Gefahr bestand gar nicht. Amerika war allgegenwärtig, es begegnete mir auf Schritt und Tritt, vor allem in der Musik, die bei der chilenischen Jugend immer mehr Anhänger fand. Mein gerade wiederentdecktes Spanisch ließ mich zwar die Verse der *boleros* und *tangos* und *rancheros* verstehen, aber ich verachtete diese lateinamerikanischen Lieder immer noch, denn ich fand – wie meine yankeefreundlichen Kumpane aus der britischen Festung des Grange, mit denen ich in der Schule und zu Hause Englisch quatschte –, daß sie den Geschmack der dunkelhäutigen niederen Klassen zeigten, der *sirvientas*, der Dienstboten, und der alten Ärsche. In unseren Zimmern und bei unseren Tanzpartys hatten wir das Radio ständig auf einen der Sender eingestellt, die im Laufe des Jahrzehnts immer öfter nur noch amerikanische Platten spielten, zuerst Frank Sinatra und die Ames Brothers und Nat King Cole. Doch schon bald, gerade zur rechten Zeit, die ersten aufpeitschenden Rhythmen von Elvis, Bill Haley und Connie

Francis, gerade zur rechten Zeit für einen in die Pubertät drängenden, rebellierenden Körper, gerade zur rechten Zeit für einen Körper, der sich schmerzhaft nach einem Rhythmus sehnte, der die verwirrenden Verheißungen der Sexualität ausdrücken konnte.

Daß mir all diese Produkte amerikanischer Kultur so leicht zugänglich waren, lag daran, daß sie nicht von meinem Vater importiert werden mußten, daß sie nicht nur alle drei Monate mit dem Schiff kamen. Sie eroberten Chile genauso schnell, wie sie den Rest der Welt eroberten – erste Anzeichen einer globalen Kultur, in der alle jungen Menschen, wo auch immer sie leben, dieselben Lieder singen und nach derselben Musik tanzen, die auf dem halben Planeten herausgeplärrt wird.

Jahre später, während der Revolution unter Allende, mißbilligte ich diese Expansion der amerikanischen Medienindustrie und prangerte sie als Bedrohung des chilenischen Nationalcharakters und -gefühls an, aber damals in den Fünfzigern war ich ihr Nutznießer. Daß ich so viele amerikanische Filme konsumieren konnte, verdankte ich der Tatsache, daß die heimischen Filmverleiher von Tochterfirmen Hollywoods übernommen und die chilenische Filmindustrie, die während des Zweiten Weltkriegs eine Blütezeit erlebt hatte, vom amerikanischen Monopol in die Bedeutungslosigkeit abgedrängt wurde. Damals rief ich nicht zum Widerstand auf. Die chilenischen Mädchen mit ihren knospenden Brüsten und ihrem pseudo-englischen Akzent fielen bei den Liedern fast in Ohnmacht, und ich wäre verrückt gewesen, wenn ich einem Schnulzensänger, der diese wundervollen Geschöpfe dazu brachte, Wange an Wange mit mir zu tanzen – komm ein bißchen näher, noch ein kleines bißchen näher –, ins Handwerk gepfuscht hätte. Und so setzte ich bei diesem Kampf, bei dem der Cleverste siegt, mein einziges Kapital möglichst gewinnbringend ein –

die Beherrschung der englischen Sprache. Allerdings war es nicht Shakespeare, der mich beflügelte, sondern Fats Domino.

Da alle um mich herum ehrfurchtsvoll nach Norden starrten, umgab ich mich nur allzugern mit einer Aura der Modernität und nutzte meinen Vorteil als topaktuelles wandelndes Lexikon für umgangssprachliche, ultrahippe Amerikanismen. Und trotzdem, obwohl ich in die amerikanische Popkultur regelrecht vernarrt war, wurde mir während dieser Jahre immer stärker bewußt, daß mein Adoptivland für das Elend in Lateinamerika und insbesondere in Chile verantwortlich war.

Natürlich hatte ich auch in New York vom US-Imperialismus gehört. Meine Eltern hatten ihren yankeehörigen Sohn bei jeder Gelegenheit darauf hingewiesen, daß sein Amerika die Schöne so groß geworden war, weil es südlich der Grenze als Amerika die Häßliche auftrat, aber diese Häßlichkeit offenbarte sich erst, als wir auf dem Kontinent lebten, den die Vereinigten Staaten als ihren Hinterhof betrachten. Nur ein Beispiel: In dem Jahr, 1954, als wir die USA verließen, waren in den USA ausgebildete Truppen (unterstützt durch Bomber der U.S. Air Force) in Guatemala einmarschiert, weil der demokratisch gewählte Präsident Jacobo Arbenz es gewagt hatte, einen Teil der Ländereien, die im Besitz der United Fruit Company waren, verstaatlichen zu wollen. Ein Jahr später kam der mittlerweile exilierte Arbenz in unser Haus in Santiago zum Abendessen. Sein Leid und das Leid seines Landes waren die direkte Folge dessen, was mein Land dort, in Mittelamerika, angerichtet hatte. Ich könnte noch Hunderte von Beispielen anführen, aber den stärksten Eindruck hinterließ ein Ereignis – wir lebten damals schon einige Jahre in Santiago –, das mir drastisch vor Augen führte, wie eine Weltmacht funktioniert.

Ein paar Häuser weiter wohnte Bernie, ein amerikanischer Junge mit Brille und Bürstenschnitt, und sein Vater war leitender Angestellter bei einer der US-Firmen, die die chilenischen Kupferminen besaßen und ausbeuteten. Er war eigentlich kein richtiger Freund, mehr ein Kumpel, eben ein Junge, der wie ich weit weg von der Heimat in derselben Straße wohnte. Wir tauschten Comics aus, hörten zusammen Schallplatten, diskutierten über die letzten Vereinswechsel von Baseballspielern in der American League, träumten gemeinsam von »heißen Miezen«, aßen von seiner Mutter selbstgemachte Brownies, wetteiferten, wer die größten Kaugummiblasen zustande brachte.

Eines Tages – Bernie sollte wenige Monate später nach Amerika zurückgehen – öffnete er einen der Wandschränke in seinem Zimmer und zeigte mir ein riesiges, unter einem Berg von Kleidungsstücken verstecktes Glasgefäß. Es war randvoll mit chilenischen Pesos, alle aus Kupfer.

»Was sagst du dazu?« fragte er.

Ich wußte nicht, was ich dazu sagen sollte. Was wollte er damit?

»Sie sind so furchtbar dumm, diese Kerle«, sagte Bernie und deutete in Richtung Straße, in Richtung Santiago, Chile, Lateinamerika. »Weißt du, was ich mit diesen Münzen mache? Ich werde sie umschmelzen lassen, zu fünf Kupferbarren, und verkaufen. Dann bekomme ich den zehnfachen Preis dafür. Es sind Indianer, diese Kerle, die wollen verarscht werden.«

Ich war geschockt. Grobe Bemerkungen über Chile hatte ich schon früher gehört und würde sie immer wieder hören: von Schulkameraden am Grange, bei ihnen zu Hause und im Prince of Wales Country Club, wo sich die chilenischen Torwächter von meinem blendenden Englisch täuschen und mich passieren ließen, obwohl ich nicht Mitglied war. Aber keine dieser selbstgerechten, beiläufigen Bemerkungen ging mir so unter die Haut wie Bernies »Möglichst schnell reich werden«-Strategie, vielleicht weil keine so ungeheuerlich war, keine so dreist und unverblümt geäußert wurde. Ich habe sogar gezögert, ob ich diese Episode hier überhaupt erzählen soll, denn sie ist so grotesk, daß sie fast unglaubwürdig erscheint und eine beinahe zu perfekte Metapher für Raffgier und Großmachtsgehabe: ein amerikanischer Teenager, der Münzen hortet wie der miese Geizhals Mc-Duck, der in kleinerem Maßstab das gleiche macht wie sein Vater; beide sind nur darauf aus, dem Land sein Metall abzupressen.

War es nur Bernies Raffgier, sein Rassismus, sein Vergnügen daran, die einheimische Bevölkerung übers Ohr zu hauen, seine Verachtung gegenüber diesem Land, das schließlich meiner Familie Zuflucht gewährt hatte und uns eine angenehme Existenz inmitten landschaftlicher Schönheit bot, war es nur das, was mich so anwiderte? Oder entdecke ich in dem Jungen, der ich damals war, eine neue Regung, den Beginn einer Loyalität zu Chile, leisen Stolz darauf, Lateinamerikaner zu sein? Hatte ich zum erstenmal das Gefühl, auf der anderen Seite zu stehen, wir gegen sie? Wenn ja, dann war es die zunehmende Verarmung Chiles, die diese Distanz, diese Kluft zwischen Bernie und mir, zwischen den Vereinigten Staaten und mir schuf.

Nicht daß ich Not und Elend erst wahrgenommen hätte, seit wir in Chile lebten. Ich kann mich wirklich an keine Zeit in meinem Leben erinnern, in der mir nicht bewußt war, daß viele Menschen auf der Welt weniger vom Glück begünstigt sind als meine Familie. Ich blicke zurück und sehe sie dort stehen, am Rand meines Lebens, mich beobachten, wie ich sie beobachte, und ich erinnere mich, daß ich Mitleid empfand, daß ich versuchte, mich in ihre Lage zu versetzen, mich selber zum Bettler zu machen, daß ich mir Gedanken machte, was Hunger, was Krankheit, was

Verzweiflung bedeutet, was es bedeutet zu sterben, ehe man gelebt hat. Da es jedoch im boomenden New York der Nachkriegszeit gar nicht so viele wirklich arme Menschen gab, blieb ihr Schicksal in gewisser Weise rätselhaft und abstrakt, wurden sie Gegenstand intellektueller Erörterungen, in begriffliche Kategorien gefaßt und damit wegdiskutiert, besonders von meinem Vater. Immer wenn ich fragte, warum diese erschütternden Elendsgestalten so häufig in meinen Büchern, Comics oder Filmen auftauchten (öfter als auf meinen Straßen), benutzte mein Vater dieses Beispiel, um erzieherisch auf mich einzuwirken, und betonte, daß es eine direkte und notwendige Folge des Reichtums einer kleinen Minderheit sei, wenn es arme Menschen gebe.

Die Armut hörte auf, ein abstrakter Begriff zu sein, sobald wir in Chile waren. Schon am Tag unserer Ankunft war sie da, in den müden Rücken der Hafenarbeiter, die die knarzenden Taue unseres Schiffes festzurrten; sie war da in den verwitterten Hütten, die wie Fliegenschwärme an den Hügeln um Valparaíso klebten; sie war da in den bloßen Füßen der Bauern, die sich auf Feldern abrackerten, die ihnen nicht gehörten, und kaum die sonnengegerbten Gesichter wandten, als unser Wagen auf der Straße nach Santiago vorbeisauste; sie war da in den sich endlos dahinziehenden Elendsvierteln der Hauptstadt, dem Wildwuchs von Hütten aus Pappe und Wellblech zwischen Unkraut und streunenden Hunden; sie war da im Heer der Obdachlosen jeden Alters, die auf den Straßen der Stadt herumwanderten, unter den Brücken des Mapocho schliefen und sich wie flügellahme Vögel auf den Stufen der Kirchen niederließen.

»Du wirst dich daran gewöhnen«, sagte ein Kollege meines Vaters von der UNO auf englisch zu mir, als ich mein Erstaunen über das Ausmaß des Elends äußerte. »Du kannst ja ohnehin nicht viel dagegen machen.«

Er hatte mehr oder weniger recht mit seiner schnodderigen Bemerkung. Selbst wenn ich nicht vermeiden konnte, jedesmal in Verlegenheit zu geraten, wenn ein verzweifelter Mensch durch mein Leben gehumpelt kam, war ich im Grunde in jeder nur möglichen Weise von den Armen Chiles abgeschirmt: Ich war jung, ich wohnte in einem vornehmen Viertel, und ich besuchte eine Schule, an der die Elite ausgebildet wurde, die einmal über dieses Land und seinen Reichtum regieren würde.

Einen Versuch, am Elend der armen Menschen in Chile etwas zu ändern, unternahm ich allerdings doch. Ich muß etwa vierzehn gewesen sein und sprach genug Spanisch, um mit Menschen außerhalb meiner Familie eine normale Unterhaltung führen zu können. Eines Tages, als ich vom Zahnarzt nach Hause fuhr, erregte ein Straßenjunge, der im Bus *boleros* sang, mein Mitleid. Seine Stimme war so rauh wie seine blasenbedeckten Füße. Die Haut war voller Schorf, das Haar eine verfilzte schwarze Mähne, das Hemd löchrig. Er kann nicht älter als sechs Jahre gewesen sein. Ich gab ihm eine Münze, fragte ihn etwas, er sah ein freundliches Licht in meinen Augen und begann, vielleicht durch meinen fremden Akzent ermutigt, seine Geschichte zu erzählen: daß es besser war, auf der Straße zu leben, als sich immer vor den Schlägen des Vaters fürchten zu müssen, noch dazu, wenn man nie wußte, ob er heimkam oder nicht; daß die *pacos* (die Polizisten) ihn einmal aufgegriffen und gedroht hatten, ihn in ein Heim zu stecken, aber er hatte sie ausgetrickst und war abgehauen; daß er ab und zu mal seine Mutter besuchte, die immer lieb zu ihm war und ihm sein Repertoire an melancholischen *canciones de amor* beigebracht hatte. Während er erzählte, erreichte unser Bus das *barrio alto*, wo ich wohnte, und als wir an den Prunkvillen vorbeifuhren, hinter deren Fassaden die Oberklasse in unglaublichem Luxus lebte, wirkte der kleine

Junge noch mitleiderregender. Deshalb lud ich ihn, als wir meine Haltestelle in einem etwas bescheideneren Teil des Viertels erreichten, spontan ein, mit mir nach Hause zu kommen und dort etwas Warmes zu essen. Wir wohnten in einem großen, komfortablen Haus, keineswegs einer Villa, aber ihm muß es wie ein prachtvoller Palast erschienen sein.

Wir hatten zwei Hausangestellte – eine Frau, die kochte, und eine, die saubermachte und bei Tisch auftrug –, und keine der beiden war sonderlich erfreut über den heruntergekommenen Gast, den ich mitgebracht hatte. Aber meine Eltern waren nicht da, also war ich der Boß. Der Junge schwatzte weiter, während er aß, und kurz darauf kam meine Mutter nach Hause, setzte sich einen Augenblick zu uns und ging dann auf den Dachboden, um ein paar abgelegte Sachen für den Jungen zu suchen. Ich begleitete meinen kleinen Freund zur Tür und sagte, daß ich mich freuen würde, ihn einmal wiederzusehen.

Schon am nächsten Tag läutete es, und er stand vor der Tür. Ich lud ihn erneut zum Essen ein, aber diesmal ließ sich meine Mutter nicht sehen, weder mit Kleidungsstücken noch mit einem freundlichen Lächeln zur Begrüßung, und ich schlug auch kein neues Treffen vor, als ich ihn verabschiedete, vermutlich weil ich dachte, daß er ohnehin wiederkommen würde. Deshalb war ich nicht weiter überrascht, als er vierundzwanzig Stunden später mit zwei anderen Straßenkindern vor der Tür stand. Diesmal zögerte ich, aber was sollte ich tun? Sie wegschicken? Die Kinder marschierten in die Küche, und ich setzte sie der Köchin vor die Nase, die stirnrunzelnd ein paar Essensreste aus dem Kühlschrank holte und sie aufwärmte. Da läutete es wieder, das Hausmädchen ging zur Tür, um nachzusehen, wer es war, kam zurück und verkündete gleichgültig: »*Buscan*«. Jemand wollte mit mir sprechen.

Vor dem Tor stand die Mutter (zumindest behauptete sie es) meines singenden Freundes. Auf dem Arm trug sie ein Baby, an ihren Rock klammerte sich ein zerlumptes älteres Mädchen. Sie fragte, ob ich Arbeit für sie hätte, für das Mädchen. Ich bat sie zu warten und ging nach oben zu meiner Mutter, die die Sache in die Hand nahm. Sie trat hinaus, um mit der Frau zu sprechen, gab ihr etwas Geld, sagte ihr, daß wir leider keine Arbeit hätten, und fügte hinzu, daß der Junge und seine Freunde bald kämen.

Eine halbe Stunde später, als all die ungebetenen Gäste fort waren, hieß meine Mutter mich hinsetzen, lobte mich für mein gutes Herz und erklärte mir in entschiedenem Ton, daß es nicht so weitergehen könne. Das sei nicht der Weg, um das Problem der Unterentwicklung in Chile zu lösen. Ein Bettler habe zwei weitere nach sich gezogen, jetzt stünden andere mit Forderungen vor der Tür, und es würden immer mehr, es gebe zu viele arme Menschen da draußen und zu wenig Häuser wie unseres, die sich überhaupt darum kümmerten. Sie würden uns überschwemmen, so daß wir kein normales Leben mehr führen könnten. Natürlich dürfe ich, wenn ich das wolle, meine Schallplatten, meine Bücher und meine Schokoriegel verkaufen – aber nicht deine Kleider! fügte sie hastig hinzu – und das Geld meinen notleidenden Freunden geben. Meine Mutter wies mich darauf hin, daß das Geld innerhalb weniger Tage verbraucht wäre und ich an genau dem gleichen Punkt stünde wie jetzt: Sie wären immer noch so arm wie vorher, und ich hätte noch genauso mein Essen, meine Kleidung und mein Heim wie vorher, die Kluft, die uns trennte, wäre nicht beseitigt. Eines Tages könne ich gegen diese Armut etwas unternehmen, wie mein Vater es versucht hätte, aber jetzt sei nicht der rechte Zeitpunkt und dies nicht der richtige Weg.

Am folgenden Nachmittag beobachtete ich, wie das Hausmädchen zum Tor schritt, als mein singender Straßenjunge wiederkam, mit denselben zwei Kumpels und etlichen älteren Kindern, die sich im Hintergrund hielten. Ich beobachtete die Szene von einem Zimmer voller Kunstbücher aus, hinter dem Vorhang versteckt, einem Zimmer, in dem meine Mutter mich zu Liedern, die ich in Englisch sang, auf dem Klavier begleitete, einem Zimmer mit der riesigen Reproduktion eines Gemäldes von Siqueiros, das Lateinamerika als Zentaur im Todeskampf darstellte, halb Tier, halb Mensch, auf ewig geteilt. Ich beobachtete, wie das Hausmädchen dem Jungen sagte, daß ich nicht zu Hause sei, und er sah genau auf das Fenster, wo ich hinter dem Vorhang stand, und dann hinauf zum zweiten Stock unseres Hauses, wo sich mein Zimmer befand. Er sah auf dieses Haus, das voller Bücher war, in denen Ungleichheit und Mehrwert und wirtschaftliche Unterentwicklung, die Philosophie der Gerechtigkeit und die Rechte der Ureinwohner analysiert wurden. Ich beobachtete, wie der Junge fortging, und am nächsten Tag tauchte er ein letztes Mal auf. Ich zwang mich, immer wieder über sein Scheitern und mein Scheitern nachzudenken, und damit hatte es sich. Danach läutete er nie mehr an unserer Tür. Er hatte begriffen, was geschehen war, hatte die Grenzen meines Mitleids erkannt, er kam nicht mehr, und wie groß meine Schuldgefühle auch sein mochten, sie waren nicht so groß, daß ich mit dem Leben gebrochen hätte, welches ich bis dahin geführt hatte. Ich lebte mein entfremdetes Leben in Chile weiter, als wäre nichts geschehen. Aber etwas hatte ich doch gelernt: Wer wir beide, der Junge und ich, wirklich waren, welche Karten wir gezogen hatten. Ich, der ausländische, zweisprachige Sohn eines Diplomaten, hatte ein sicheres, glückliches Zuhause und ging auf die exklusivste Schule in ganz Chile, und jener Junge hatte nichts als seine Kehle und seine Lieder von Liebe und Enttäuschung unter Erwachsenen, um den Tod abzuwehren. Ich beobachtete, wie er davonging im Schatten der prächtigen Bäume Santiagos und der Berge, die es mir Jahre später so schwer machten, dieses Land zu verlassen. Sein Leid, seine Verlassenheit wirkten durch den Kontrast zu der atemberaubend schönen Umgebung, in der sie wie ein Geschwür um sich fraßen, noch viel schlimmer. In diesem Land, das mehr als genug Ressourcen hatte, ihn eine Million Male satt zu machen, ihm und so vielen anderen wie ihm aber nicht einmal eine Mahlzeit am Tag garantieren konnte.

Wenn ich dem UN-Kollegen meines Vaters mit seiner Prophezeiung auf den Leim gegangen war und mich tatsächlich unfähig fühlte, an der jahrhundertealten Ungerechtigkeit in Chile etwas zu ändern, dann jedenfalls nicht für sehr lange. Wohin ich auch sah, standen Tausende Chilenen bereit, Taten sprechen zu lassen.

Zweihundert Jahre bevor ich meinen Fuß an diese Küste setzte und mich fragte, wie ein so reich gesegnetes Land so großes Leid hervorbringen konnte, hatte ein Chilene namens José Cos de Iribari, noch ehe die Unabhängigkeit Chiles von Spanien errungen war, eine ähnliche Frage gestellt: Wie ist es möglich, daß »inmitten dieser üppigen, prachtvollen Natur [Lateinamerikas]« der Großteil der Bevölkerung »unter dem Joch der Armut, des Elends und den Lastern, ihrer zwangsläufigen Folge, stöhnt«? Und nun, nachdem diese Frage, die jede Generation von Chilenen (und Lateinamerikanern in den anderen Ländern des Kontinents) erneut stellte, noch immer nicht zufriedenstellend beantwortet war, begann eine linksgerichtete Bewegung aus Intellektuellen, Arbeitern und Bauern zu erstarken, die sich über einen Großteil dieses Jahrhunderts hinweg formiert hatte. Seit der Kolonialzeit hatten dieselbe herrschende Klasse und ihre Verbündeten im Ausland die

Wirtschaft des Landes – die meiste Zeit auch seine Regierung – im Würgegriff gehabt, und die Folge waren soziale Ungerechtigkeit, Stagnation in Schulwesen und Technik, eine skandalöse Ungleichheit zwischen den Möglichkeiten und dem Lebensstil einer kleinen Oligarchie einerseits und der großen Masse des verarmten Volkes andererseits gewesen und ein auf die Wünsche ausländischer Märkte statt auf die Bedürfnisse der eigenen Bürger ausgerichtetes Produktionssystem. Die Linke erklärte, es sei an der Zeit, echte Reformen einzuleiten, den ausländischen Firmen und einer Handvoll raffgieriger Familien die Kontrolle über Chiles Reichtum zu entreißen. Es sei an der Zeit, daß eine andere Klasse die Macht übernahm. Die Zeit sei reif, sagten sie, für eine Revolution.

Damals, 1956, muß ich zum erstenmal den Namen Salvador Allende gehört haben, ein Arzt und Sozialist, der 1938 jüngster Minister in der Volksfront-Regierung von Pedro Aguirre Cerda gewesen war und auf diesem Posten das erste Sozialversicherungs- und Gesundheitssystem Chiles eingeführt hatte. Er war inzwischen Senator und hatte entscheidend an der Ausarbeitung eines Programms mitgewirkt, das die strukturellen Probleme des Landes lösen sollte. Die Kupfer-, Nitrat-, Kohle- und Eisenminen verstaatlichen, die wichtigsten Industrien und Banken enteignen, die riesigen *haciendas* unter den Bauern aufteilen, die das Land bearbeiteten. Und diese Umkehrung der Privilegien sollte auf demokratische Weise, auf dem Wege der Wahl, erreicht werden. Das Programm war praktisch identisch mit dem, das Allende 1970 einleitete, als er die Präsidentschaft errang, und schon 1958 eingeführt hätte, wenn er damals nicht die Wahl um Haaresbreite verloren hätte – es fehlten ihm dreißigtausend Stimmen gegenüber dem Kandidaten der Rechten, Jorge Alessandri.

Einer wie ich, der als Baby rote Windeln anhatte, ist

natürlich zum *Allendista* prädestiniert. Etwas anderes kam
für mich gar nicht in Frage. In den Vereinigten Staaten war
meine politische Erziehung durch die in der McCarthy-Ära
gebotene Vorsicht eingeschränkt gewesen, in Chile jedoch
gab es keine solchen Einschränkungen. Meine linken Eltern
konnten sich hier der Gesellschaft gleichgesinnter Freunde
erfreuen. An dem Tisch, an dem die Bettler Santiagos kei-
nen Platz fanden, wurde die chilenische und lateinamerikanische Elite bewirtet – vom späteren Präsidenten Argentiniens, Arturo Frondizi, bis zum späteren Präsidenten
Guyanas, Cheddi Jagan –, die sich zum Ziel gesetzt hatte,
den Kontinent von Bettlern zu befreien. Außerdem eine
ganze Reihe Roter aus Nordamerika, Huberman, Sweezy,
die ganze Clique von der *Monthly Review*. Es gab hitzige
Debatten über Sozialismus, Demokratie, Befreiung und die
Zukunft der revolutionären Alternativen zum sowjetischen
Modell, vor allem nachdem der XX. Parteikongreß die
monströsen Verbrechen Stalins eingeräumt hatte, ein Eingeständnis, dem sofort die brutale Unterdrückung des
ungarischen Aufstands folgte. Wodurch sich mein Vater,
der Hardliner, bei den ständigen Diskussionen mit meiner
Mutter in die Defensive gedrängt sah. Sie hatte schon Ende
der vierziger Jahre angekündigt, mit einer gehörigen Portion Ironie natürlich, daß sie demnächst eine Partei namens
SRCLCP, die Slightly Reformed Conservation Life Communist Party, gründen werde. Die Mitgliedschaft sei, gab sie
bekannt, vorerst auf eine Person begrenzt. Sie selbst. Aber
die Partei würde größer werden, hatte sie prognostiziert,
und nun gab ihr die explosionsartig steigende Zahl ehemals
treuer Gefolgsleute des Sowjetkommunismus in aller Welt,
die sich von diesem System lossagten und die Nachrichten
über Repressionen und Unzufriedenheit in den Ostblockländern recht. Meine Mutter hatte sich außerdem schon
früh gegen den Einsatz von Gewalt und die Todesstrafe

ausgesprochen. Ich sollte mich zwar in den folgenden Jahren unter dem Einfluß Allendes und seiner Anhänger zunehmend mit der Haltung meiner Mutter identifizieren und die meines Vaters kritisieren, aber an diesem Punkt meiner Entwicklung war das alles noch reine Theorie. O ja, ich blätterte hin und wieder in marxistischen Texten, ich plapperte bei Diskussionen mit den reichen Eltern meiner Freunde vom Grange nach, was meine Eltern und ihre Genossen gesagt hatten. Und sie tolerierten den bezaubernd exzentrischen Linken und Fan von James Dean, diesen Atheisten mit mystischen Neigungen, diesen Jakobiner mit den allerbesten Manieren und der überaus liebenswürdigen Art, diesen Anwalt der ungewaschenen, ungebildeten Chilenen, der verwickelte und geheimnisvolle Geschichten in Englisch schrieb. Sie konnten meine ausgeklügelte Argumentation mühelos entkräften: Würde ich etwa nicht in die Vereinigten Staaten zurückkehren? Würde ich mich denn nicht als Amerikaner betrachten?

Sie hatten recht.

Ich war unfähig, mich mit ihnen auseinanderzusetzen, weil ich unfähig war, mich mit mir selbst auseinanderzusetzen, mit dem Leben, das ich in Chile führte, mit meiner Sehnsucht nach ebenjenem Land, das meiner Meinung nach in hohem Maße für das Leid um mich herum verantwortlich war. Ich konnte nicht gegen dieses Leid kämpfen, solange ich davon träumte, nach New York, in das Gelobte Land zurückzukehren.

Meine Zukunft lag woanders, und während das Datum der Abschlußprüfung am Grange näherrückte, schmiedete ich weiterhin Pläne, Chile zu verlassen, und bewarb mich bei mehreren amerikanischen Universitäten. Nur für alle Fälle stellte ich mich auch bei einer amerikanischen Firma vor, die junge Reisevertreter für englischsprachige Bücher und Zeitschriften in Lateinamerika suchte. Es wurde in

Aussicht gestellt, daß sie nach einem Jahr zur Weiterbildung in die USA geschickt würden. Ich könne den Job haben, hatte mir der Personalchef telefonisch mitgeteilt, und dann erhielt ich von der Columbia University Bescheid, daß ich mit einem Stipendium zum ersten Semester zugelassen war.

Ein paar Tage war ich furchtbar aufgeregt, ganz aus dem Häuschen. Ich würde zurückgehen! Endlich!

Meine Eltern sahen meinen Freudentaumel mit Sorge, warteten, bis meine Aufregung sich etwas legte, und machten dann behutsam einen Vorschlag: Vielleicht wäre es besser, das Ganze noch ein bißchen zu verschieben, bis ich etwas älter war. Schließlich war ich mit siebzehn, zumindest nach lateinamerikanischen Maßstäben, noch zu jung, um von zu Hause wegzugehen. Sie meinten, ich solle es mir noch einmal durch den Kopf gehen lassen, statt mich übereilt von dem schönen Leben zu trennen, das ich in diesem Land führte, von dem großen Haus mit dem wundervollen Garten, den liebevollen Eltern und aufmerksamen Hausangestellten, die sich um alles kümmerten, den treuen Freunden, der Schallplattensammlung, all meinen Büchern und dem Motorrad und …

Ich machte mich allein zu einem langen Spaziergang auf.

Ich liebte die sommerlichen Abendstunden in Santiago, und das ist immer noch so. Selbst heute, da der Smog das Valle Central vergiftet hat, heute, da zu viele Autos die Luft verpesten und die Bäume gefällt wurden, um Platz zu machen für häßliche Häuserblocks und ständig verstopfte Straßen, selbst heute, da wir diese einstmals magische Landschaft gnadenlos verdreckt haben, selbst heute noch erfüllen mich ehrfürchtiges Staunen und Dankbarkeit, wenn die Sonne unterzugehen beginnt. In diesem Augenblick zu leben, wenn ein leichter Wind von den Bergen herunterkommt und du tief einatmest, nicht nur mit der

Lunge, sondern durch die ganze Haut, als ob die Erde dich besänftigen würde, stimmt versöhnlich. Es ist nur ein kurzer Moment vor der Dunkelheit, aber immer wenn ich dastehe, zu den Anden bei Santiago hinaufschaue und diesen plötzlichen Luftstoß spüre, der geradewegs von den Toren des Paradieses zu kommen scheint und die trockene, irrwitzige Hitze des Tages verdrängt, wenn ich hinaufschaue und die Berge in der untergehenden Sonne in Flammen stehen, wenn die Anden sich orange, dann rot verfärben und der Himmel hinter ihnen purpurn wird, wenn es zu dunkeln beginnt und die Nacht noch ein wenig zögert, dann bin ich sicher, daß dies der Zustand ist, für den wir geschaffen sind, für diesen Frieden. Es ist alles eine Illusion, es kann nicht von Dauer sein, dieses Zwischenspiel der Dämmerung, wenn es scheint, als läge ein Segen auf uns, wenn es scheint, als hätten wir unseren Weg wiedergefunden, und doch ist es für eine Weile wahr – der Körper, der leise Wind, dieser stille Moment zwischen Licht und Dunkelheit, von dem du dir wünschst, daß er nie enden möge.

Ich empfinde heute noch wie damals, wenn ich das Geschenk der Anden einatme und mir wünsche, eines Tages hier begraben zu sein, eines Tages meine Asche hier verstreut zu wissen.

Und in dieser Stunde, an dieser Stelle, am Fuße jener Berge, fragte ich mich, ob dieses Land nicht irgendwie, ohne daß ich es bemerkt hatte, meine Heimat geworden war. An dieser Stelle, weit weg von New York und Buenos Aires, wählte ich eine andere Zukunft für mein Leben.

Aber meine Literatur? Und mein Englisch?

Es wäre undenkbar gewesen, mich gegen eine Rückkehr in die USA zu entscheiden, wenn ich nicht während der letzten Jahre zu dem Schluß gelangt wäre, daß ich meine Geschichten auch dann in Englisch schreiben konnte, wenn ich weit weg war von den Vereinigten Staaten.

Diese Trennung, diese Befreiung von der englischen Sprache, in der ich weit entfernt von dem Volk schrieb, bei dem ich sie gelernt hatte, hatte sich schrittweise vollzogen und war ebensosehr ein Ergebnis meiner Lesegewohnheiten wie meiner existentiellen Erfahrung. Während meiner ersten Jahre in Santiago machte ich von meinem Schreiben in einer Weise Gebrauch, die meinen Plänen damals in New York entsprachen: Da ich unbedingt heim wollte, ahmte ich die vielen Exilanten in der Geschichte nach, fuhr voller Sehnsucht mit Worten in das Land, in dem ich nicht leben durfte, und zwar, wen wundert es, in typisch nordamerikanischen Genres. Ich produzierte am laufenden Band Abenteuerromane, erfand Detektivgeschichten im Stil der Hardy Boys und ihrer Nachahmer und schrieb Dutzende halbstündiger Comic-Parodien für das Radio, die in einer mythischen amerikanischen Landschaft spielten.

Als ich etwa fünfzehn war, wurde mein Schreibstil plötzlich reifer. Wieder war eine Krankheit im Spiel, eine gefährliche Form von Hepatitis. Hätte man ihn zu Rate gezogen, meinen alten Freund Thomas Mann, der an die Symbiose von Krankheit und Kreativität glaubte, von Tod und künstlerischem Drang, innerer Auflösung und der äußeren Ordnung, die wir einer geschriebenen Seite aufzwingen, so hätte er meine plötzliche Wandlung durch diese unerwartete Begegnung mit meiner Sterblichkeit erklärt. Aus welchem Grund auch immer, ich schrieb während meiner zweimonatigen Rekonvaleszenz jedenfalls einen vierhundert Seiten langen, deliriösen, utopischen Science-Fiction-Roman, in dem ich zum erstenmal Politik und Phantasie miteinander verband, aber meine Figuren auch weit entfernt von den USA auftreten ließ, eine entschiedene Abkehr vom Realismus.

Als ich dann wieder in die Schule ging und mich mit den üblichen Dingen beschäftigte, entdeckte ich, daß Schreiben – das Erschaffen einer anderen Welt – Einfluß darauf haben kann, wie man sein Leben lebt. Mein Tag wurde zweigeteilt. Natürlich hielt ich an der heiteren Welt von Doris Day und Rock Hudson fest, die mein anscheinend normales Alltagsleben, meine kolonialisierte Persönlichkeit, bei Tage beherrschten; abends und am Wochenende schrieb ich jedoch Geschichten, die immer dunkler und gewagter und intimer wurden, entfernte mich insgeheim immer weiter von der Kindheit und ihrem Hunger nach Unkompliziertheit, Unbeschwertheit und einfachen Lösungen.

Es war ein Entwicklungssprung, der sich schon eine ganze Zeit angekündigt hatte und den ich mit der direkt aus den USA importierten Literatur, die ich las, vorweggenommen hatte. Als ich von den Hardy Boys auf Hemingway umstieg, von Tom Swift auf Steinbeck, von Nancy Drew auf Jack Kerouac und die Beatgeneration, von Woody Woodpecker auf John Hersey und Howard Fast, stellte ich fest, daß ich im Schreiben Zugang zu einer Ambiguität und ungestümen Kraft gewann, die sich bis dahin nicht hatte äußern dürfen. Oder vielleicht war es anders herum: Ich konnte diese verstörenden Bücher wie zum Beispiel *Der große Gatsby* verstehen, weil ich in meinem eigenen Leben, wenn auch nur andeutungsweise, das gleiche zu erleben begann, was diese amerikanischen Autoren ihren Romanfiguren zumuteten – daß der amerikanische Traum sich schließlich doch als Alptraum erweisen könnte. Dieses intellektuelle und emotionale Wachstum nährte sich zudem durch gierige Beutezüge unter den englischen Klassikern – Shakespeare, Dickens, Sterne, Milton, Hardy, Donne, Austen –, dann kamen französische Autoren (ebenfalls in Englisch) wie Stendhal, Zola und Romain Rolland hinzu und schließlich, in meinem letzten Jahr am Grange, die Existentialisten Sartre, Camus und Beauvoir, und die tiefgründigen, selbstquälerischen Russen. Und ich erinnere mich noch an den Tag, als ich die *Buddenbrooks*-Saga aus dem Bücherregal meiner Eltern holte, an die Seiten, die in meinem Hinterkopf gewartet hatten, seit ich damals auf dem Dampfer nach Europa jene wenigen Worte mit meinem Mentor-im-Exil wechselte. Und zu guter Letzt, in einer wundersamen Nacht, stieß ich auf *Die Verwandlung* von Kafka und wußte, daß Literatur ein Gebet und eine Axt sein konnte, ein Ausweg aus der zu Eis erstarrten Welt, in der wir gefangen sind, unser einziger Protest gegen Tod und Einsamkeit.

Und so war ich in der Stunde, als ich am Fuße jener chilenischen Berge spazierenging, bereits zu dem Schluß gelangt, daß ich zum Schreiben keine andere Gemeinschaft brauchte als die gleichgesinnter Menschen, die *Humanitas* auserwählter Geister. Ich glaubte wirklich, daß ich beliebig lange in Chile leben und gleichzeitig in Englisch schreiben konnte, ohne daß meine Identität dadurch untergraben oder auf die Probe gestellt wurde.

Wie hätte ich damals ahnen können, an jenem Abend, als ich den überwältigenden Sonnenuntergang über Santiago de Chile erlebte, daß es kaum ein Jahrzehnt später in Berkeley einen Augenblick geben würde, in dem ich schwören würde, die englische Sprache niemals wieder zu benützen? Wie hätte ich ahnen können, daß die Geschichte wieder einmal rigoros in mein Leben eingreifen würde?

Es kam etwas zu auf mich und das Land, das ich als Zufluchtsort gewählt hatte. Angesichts meines schizophrenen, ehebrecherischen Lebens – englisch schreiben und spanisch sprechen, morgens amerikanische Lieder singen und abends von den chilenischen Bergen in den Schlaf gewiegt werden, verrückt nach Conrad und verrückt nach Cervantes, wehrlos zwischen zwei Völkern und zwei Sprachen gefangen – war ich völlig unfähig zu erkennen, was auf mich, was auf uns zukam, unfähig zu erkennen, daß die von

Menschen gestaltete Zukunft sich bald meiner Welt bemächtigen und sie für immer verändern sollte.

Die Revolution kam nach Lateinamerika.

Der Kontinent, auf dem ich geboren war und jetzt lebte, der Kontinent, den nicht mehr zu fliehen ich endlich beschlossen hatte, war in den sechziger Jahren im Begriff zu explodieren.

Zweiter Teil

SÜD UND NORD

9

Über die Entdeckung des Todes irgendwann im September 1973 in Santiago de Chile

Es ist der Morgen des 14. September, und zum erstenmal seit dem Putsch bin ich allein.

Ich habe mich von Alberto verabschiedet und von unserem Kontaktmann zur Partei erfahren, daß Angélica in einem Café im *barrio alto* auf mich wartet. So gehe ich nun die Avenida Eleodoro Yáñez hinauf, zum erstenmal allein mit meinem Schmerz, ohne so tun zu müssen, als könne ich mit dieser Trauer allein fertigwerden, als bräuchte ich keinen anderen Menschen, der mir beisteht. Ich bin allein mit dem beispiellos Bösen und der Gewalt, die dieses Land heimsuchen, und ich spüre, während ich gehe, wie die Hoffnung aus mir herausgesaugt wird, als würde ich bluten. Ich spüre, wie aller Zorn Chiles mich erfüllt, und es gibt nichts, weder in mir noch außerhalb, was ich dieser Verzweiflung entgegensetzen könnte, nicht einmal Tränen. Ich habe keine Träne in mir, um meinen toten Präsidenten zu beweinen, mein sterbendes Land und mein verdorrtes Herz.

Ich fühle mich leer und ausgehöhlt, treibe dahin wie jemand, der nicht weiß, wer er ist oder was er mit seinem Leben anfangen soll.

Und gerade als ich mich so verloren fühle wie nie zuvor, in der Mitte meines Lebens, eben einunddreißig geworden, gerade da sehe ich jenen Mann.

In Wirklichkeit sieht er mich zuerst.

Er sieht mich, als ich eine Straße überquere, er liest in meinem Gesicht, als ich die Straße überquere, er nimmt alle meine Empfindungen wahr, als ich die Straße überquere, und als ich mich ihm kurz zuwende, für den Bruchteil einer Sekunde, den keine Kamera einfangen, kein Spitzel registrieren könnte, in jenem Augenblick, als er in der Mitte der Straße an mir vorbeigeht, schließt und öffnet jener Mann – ein chilenischer Arbeiter, kupferbraun, stämmig, muskulös, entschlossen, würdevoll – jener Mann, den ich nie zuvor gesehen hatte und heute wahrscheinlich nicht wiedererkennen würde, sein linkes Auge, und dann ist er fort, verschwunden, als hätte er nie existiert.

Er zwinkerte mir bloß zu. Mehr nicht. Aber dieses Zwinkern sagte alles. Es sagte mir: *No es para tanto, compañero*. Nimm es nicht so schwer, *compañero*. Es sagte: *Vamos a salir adelante*. Wir werden es schaffen. Es sagte: *No está tan solo como piensa*. Du bist nicht so allein, wie du denkst.

Er sah mich in tiefster Verzweiflung und machte mir einfach nur Mut, zeigte mir, daß ich in Wirklichkeit nicht allein war, daß er da war, selbst wenn wir uns nie wieder sehen würden, daß wir in Verbindung treten konnten, selbst wenn die Soldaten durch die Straßen patrouillierten und es nirgendwo eine Zuflucht zu geben schien und sie ein paar Häuserblocks weiter die ersten Gefangenen folterten. Er zeigte mir mit dem Öffnen und Schließen seines Auges, daß wir beginnen würden, das Land, das uns gestohlen worden war, wieder aufzubauen, Stück um Stück, Lidschlag um Lidschlag, direkt unter ihren Gewehren und ihren Stiefeln. Aber vor allem sagte mir sein Zwinkern, daß ich anerkannt war, daß ich dazugehörte, daß er meine Sprache sprach, und diese Sprache war nicht Spanisch und natürlich auch nicht Englisch, sondern die wortlose Sprache der Solidarität, die Geste eines Mannes, der die Hoffnung nicht verloren hatte, gerichtet an einen anderen, der dabei war zu verzweifeln.

Es war ein Willkommensgruß, dachte ich, ein komplizen-
haftes Zwinkern, das mir zu verstehen geben sollte, daß ich
kein Fremder mehr war, sondern endlich ein *compañero*.

Compañero. Ein Wort, für das es keine angemessene englische Entsprechung gibt, denn »soul mate«, »buddy«,
»friend«, »comrade«, selbst »companion« tragen für mich
nicht, wie ein Echo, das spanische Wort für Brot – *pan* – in
sich, und gerade dieses *pan* in *compañero* erzählt so eindringlich von zwei Menschen, die das Brot miteinander teilen,
von jenem anderen Menschen, der ein Bruder ist, selbst
wenn du ihm noch nie begegnet bist, von jenem Vertrauen.

Viele Monate später werde ich diese Begegnung mehr als
eine *despedida* sehen, ein Lebewohl. Ich werde mir vorstellen, daß er mir ein Abschiedsgeschenk gab, weil er wußte,
daß ich schon dabei war fortzugehen, daß ich nicht bleiben
konnte; daß er mir jenes Zwinkern schenkte, damit ich mich
in den langen Jahren des Exils daran erinnern und erfreuen
konnte, wenn die Verzweiflung, die ich am 14. September
1973 auf jener Straße in Santiago in mir spürte, nichts sein
würde im Vergleich zu der unendlich großen Distanz, der
Schuld und dem Entsetzen im Exil, wenn ich aus der Ferne
auf mein Land schaute und sah, wie es geschändet und
meine Freunde abgeschlachtet und Männer wie dieser
fremde *compañero* Tag für Tag gedemütigt wurden. Dann
wird mir jenes Zwinkern wieder in den Sinn kommen und
mich daran erinnern, daß er auf mich zählte, wie ich an dem
Tag in meiner Verzweiflung auf ihn hatte zählen können.
Aber damals empfand ich unsere Begegnung nicht so, sah
nicht, daß sie mir im Winter meines Exils Wärme spenden
würde, sondern ich fühlte, daß ich dazugehörte, daß nichts
mich dazu bringen würde, dieses Chile zu verlassen, das mir
an jenem Tag mehr denn je zur Heimat geworden war.

Niemand teilt meine Meinung. Angélica berichtet, daß
meine Mutter zwei Drohanrufe bekommen hat, am anderen

Ende der Leitung eine männliche Stimme, die sich an ihrer Angst weidet: Ihr Sohn, dieser Wichser, dieser marxistische Bastard, wird demnächst was erleben. Wenn er bei Ihnen auftaucht, gnädige Frau, nehmen Sie besser Abschied von ihm, denn Sie werden ihn nie wiedersehen, Ihren *conchatumadre*, Judenbengel und Verräter. Es scheint also keine besonders geniale Idee, wenn ich versuche, bei meinen Eltern unterzukommen. Und noch weniger, wenn ich zu uns nach Hause gehe, wo Angélica begonnen hat, Papiere zu verbrennen, von Che-Guevara-Postern bis zu Protokollen von Parteiversammlungen und zahllosen politischen Dokumenten, alles geht in Rauch auf, vereint sich mit anderem Rauch, der sich wie ein verräterisches Sargtuch über ganz Santiago legt, wo es in diesem Frühjahr viel zu warm ist, als daß all diese Kamine rauchen müßten, Tausende stolzer Männer und Frauen, die die Worte der Allende-Revolution in Luft und Asche aufgehen lassen. Meine Manuskripte übergibt sie nicht dem Feuer, und ich frage sie nicht, warum, ich möchte nicht von ihr hören, daß es ein erster Schritt ins Exil ist, ein Schritt zu dem Eingeständnis, daß wir nie mehr in unserem kleinen Bungalow schlafen werden, daß ich mich nie mehr an den Schreibtisch in meinem Arbeitszimmer setzen werde.

Ich frage sie etwas anderes. Wo soll ich dann hingehen?

Angélica hat auch versucht, ein Treffen mit Abel zu arrangieren, meinem Führungskader, um zu erfahren, was wir tun sollen. Die nächsten Nächte, länger allerdings nicht, kann ich in der Wohnung einer Freundin – nennen wir sie Catalina – unterkommen, deren Eltern überzeugte Anhänger der Rechten sind. Sie selbst sympathisiert erst seit kurzem mit den *Allendistas*, und niemand würde je vermuten, daß sie einen Untergetauchten bei sich aufnimmt.

»Gibt es auch irgendwelche guten Nachrichten?« frage ich.

»Ja«, entgegnet Angélica. »Na ja, vielleicht. Es ist verrückt, aber das Kulturinstitut von Ñuñoa hat angerufen, um dich daran zu erinnern, daß du in der Jury für die Literaturpreise 1973 sitzt und bitte deine Kandidatenliste schicken sollst, damit du bei der Sitzung nächste Woche mit abstimmen kannst.«

Das Leben geht also weiter. Ich klammere mich an diesen Strohhalm wie ein Verrückter, der am Ertrinken ist. Die Leute im Literaturpreiskomitee halten mich nicht für gefährlich, sie rufen mich an, als wäre nichts geschehen. Vielleicht ist das das Zeichen, auf das ich warte, vielleicht lassen sie mich in Ruhe. Aber das sage ich Angélica nicht. Sie würde antworten, daß es eine Falle sein könnte, wer weiß, ob nicht am anderen Ende der Leitung ein Militär war, der mich nur aus der Deckung locken wollte. Statt dessen frage ich: »Was hast du ihnen gesagt?«

Und Angélica: »Ich habe gesagt, daß du am Strand bist und an deinem neuen Roman schreibst und daß du dich bei ihnen melden wirst.« Sie zögert kurz. »Das habe ich übrigens auch Rodrigo gesagt.«

»Und hat er dir geglaubt?«

»Nicht so ganz. Er glaubt, daß du tot bist.«

»Er glaubt, daß ich tot bin?«

»Er sagt es nicht, aber er denkt es.«

»Ich rufe ihn an.«

»Mach das lieber nicht, vorerst zumindest nicht. Unser Kontaktmann von der Partei meint, daß du am besten überhaupt nicht zu Hause anrufst, daß ich jedem, der anruft, sagen soll, daß ich nicht weiß, wo du bist, daß wir … uns getrennt haben.«

In jener Nacht, in der Wohnung unserer Freundin Catalina, schaltet meine Gastgeberin den Fernseher ein, und wir sehen in den Nachrichten, wie im Zentrum von Santiago Bücher verbrannt werden. Vierzig Jahre nach Hitlers

Machtergreifung, vierzig Jahre nachdem die Nazis Feuer anzündeten, um die entartete Literatur zu verbrennen, die die deutsche Jugend verdarb, lassen chilenische Soldaten wieder die Flammen lodern und Bücher von ihnen verschlingen. Plötzlich geht die Kamera näher heran – und da sehe ich es, mein eigenes Buch, *Para leer al Pato Donald* – Wie man Donald Duck lesen sollte –, das jeder Rechte in Chile haßt. Ich sehe, wie die Flammen der Inquisition es öffentlich vernichten – vielleicht komme ich dadurch endlich ins Guinness-Buch der Rekorde, als erster Autor in der Geschichte, der live am Fernseher verfolgt hat, wie sein eigenes Werk verbrannt wurde. Ich schaue Catalina an, und sie wendet den Blick ab, und wir denken beide: Wenn sie das mit dem Buch machen, was werden sie mit den Händen machen, die das Buch geschrieben haben, und was machen sie in diesem Augenblick mit den Augen in ganz Chile, die dieses Buch gelesen haben, und was werden sie mit ihrem Körper machen, wenn sie meinen Körper hier finden.

Zwei Tage später holt Angélica mich ab, und wir brechen zum Haus eines Diplomaten auf, eines Anwalts aus Paraguay, der für die UNO arbeitet. Unterwegs schauen wir bei einem anderen Freund vorbei, Angel Parra, einem der besten chilenischen Sänger, Sohn der größten *folklorista* Lateinamerikas, der schon vor langer Zeit gestorbenen Violeta Parra. Ich hatte Angel zwei Tage zuvor angerufen und ihm dringend geraten, irgendwo um Asyl zu bitten. Er war nicht da, aber seine Frau Marta war ans Telefon gekommen und hatte gesagt, daß Angel sich weigere, Chile zu verlassen. Als sie uns jetzt die Tür aufmacht, steht sie sichtlich unter Schock. »*Por Dios*«, flüstert sie, »*ándate*, geh, verschwinde, schnell. Sie haben ihn gerade abgeholt, *se llevaron al Angel*, vor einer halben Stunde, die Soldaten sind einfach reingestürmt und haben ihn mitgenommen. Ich muß jemand finden, der ihn retten kann, der sich für ihn einsetzt, bevor sie …« Sie wandte sich mir zu: »Ariel, du mußt hier weg. Du mußt hier weg, ehe die Botschaften voll sind.« Der Rat, den ich ihrem Mann hatte geben wollen, den er nicht hatte hören wollen, den ich jetzt nicht hören will, als ich mich wieder auf den Weg mache. Und zwei Tage später, im Haus unseres Diplomatenfreundes, führe ich mein erstes Gespräch mit ausländischen Journalisten, die er zusammengeholt hat, damit sie von jemandem informiert werden, der Englisch spricht, der ihnen sagen kann, was der Widerstand weiterhin vorhat, und ich analysiere die politische Situation mit einer Sicherheit, die ich überhaupt nicht habe (»Sie denken, sie sind hier in Indonesien, und die Leute lassen sich abschlachten wie in Jakarta; sie werden ein zweites Vietnam erleben«, ist eine meiner unprophetischen Aussagen), und am Ende erfahre ich von ihnen mehr als sie von mir. Sie erzählen mir vom Tod des Sängers Victor Jara, auch ein Freund, im sechstausend Personen fassenden Estadio Chile, erzählen mir, daß die Militärs beschlossen haben, im Estadio Nacional, in dem sechzigtausend Menschen Platz finden, ein noch größeres Gefangenenlager einzurichten. Doch ich ignoriere die Zeichen, ich beginne mich unverwundbar zu fühlen, als würde mich das alles nicht betreffen, als würde das unglaubliche Zusammenspiel von Glück und menschlichem Eingreifen, das mir das Leben rettete – ein Kollege, der zufällig mit mir die Schicht tauscht, mein Name, der von einer Liste gestrichen wird, eine Comic-Figur, die meine Verabredung mit dem Tod verhindert – sich ewig wiederholen. Ich laufe und laufe, und Angélica erzählt mir, daß die Universität, so absurd es auch scheinen mag, ihr mein Gehalt ausgezahlt hat, und ich lächle und sage, das sei doch der Beweis, daß ich weiter meine Arbeit machen könne. Aber sie erzählt mir auch, daß sie sich bald mit Abel treffen und eine neue Nachricht für mich empfangen wird, und daß es vielleicht keine gute

Nachricht sein wird, und am nächsten Tag muß ich das Haus des paraguayischen Anwalts verlassen; in der Nacht zuvor haben Soldaten das Domizil eines anderen UNO-Mitarbeiters durchsucht. Ich renne wie Dr. Kimble auf der Flucht, damit ich nicht wahrhaben muß, was mit mir und meinem nicht wiederzuerkennenden Land passiert, renne, bis ich mir die Nachricht, die Angélica ihrem Mann wohl oder übel zu überbringen hat, schließlich doch anhören muß, dort im Café an der Plaza Ñuñoa. An den Nachbartischen klirren die Kaffeetassen, der *mozo* bestellt *lomito con palta* in der Küche, die Augen brennen vom Zigarettenrauch, ich drehe mich zur Tür, um zu sehen, ob jemand hereinkommt, um mich zu schnappen, und laufe vor der Botschaft davon, die Angélica nun an mich weitergibt: Abel hat sich mit ihr getroffen, der Widerstand hat beschlossen, daß ich das Land verlassen, in einer Botschaft um Asyl bitten, ins Exil gehen muß.

»Ich gehe nicht.«

»Was willst du damit sagen? Man hat es so beschlossen.«

»Sag Abel, daß ich ihn sehen will. Sag ihm, ich will eine zweite Meinung.«

Eine zweite Meinung. Als ob du krank wärst, als ob ein anderer Arzt eine andere Diagnose stellen würde, als ob du das Denken der Junta übernommen hättest, ihre medizinische Prognose für das Land als Körper, der operiert, das Krebsgeschwür, das herausgeschnitten werden muß, damit er weiterleben kann. Als würde jemandes zweite Meinung entscheiden, nein, du bist kein Krebsgeschwür, du mußt nicht beseitigt werden, du mußt Chile nicht verlassen.

Angélica ist einverstanden. Es ist riskant für sie, für Abel, für mich, aber sie ist einverstanden. Sie weiß, daß ich mir damit vormache, ich hätte eine Wahl, sie weiß, daß ich nicht lange so weiterleben kann, immer auf der Flucht, sie weiß, daß ich mich am Ende in mein Schicksal fügen werde. Aber sie weiß auch, daß ich auf die Möglichkeit angewiesen bin, mir – und anderen, so wie jetzt auch meinen Lesern – später sagen zu können, daß ich ins Exil gezwungen wurde, daß ich kein Feigling bin.

Angélica unternimmt noch einen letzten Versuch. »Du bist nicht unsterblich, weißt du«, sagt sie.

Das kann ich nicht bestreiten.

Zwei Tage später allerdings werde ich entdecken, wie sterblich ich bin. Ich finde mich hier wieder, in diesem Auto, das mich zu meinem nächsten sicheren Versteck bringt, am Steuer eine Frau, der ich nie zuvor begegnet bin. Sie gehört zu einem geheimen Netzwerk, das sich spontan im ganzen Land gebildet hat, Menschen, die ihr Leben riskieren, um diejenigen zu beschützen, die in Gefahr sind. Ich erfahre nicht, wie sie heißt – es ist besser, wenn ich überhaupt nichts über sie weiß –, aber Jahre später, als ich an *Der Tod und das Mädchen* schreibe, lasse ich meine Protagonistin Paulina in den Monaten nach dem Putsch ähnliches tun, obwohl ich nur hoffen kann, daß die Frau, die mir damals half, niemals erwischt wurde, daß sie niemals Paulinas Erfahrung von Folter und Vergewaltigung durchmachen mußte.

Diese Frau, deren Namen ich nie wissen wollte, erzählt mir, daß ihr Sohn, der an der Katholischen Universität studiert, einen Kommilitonen hat, nennen wir ihn Esteban, Psychologiestudent im ersten Semester. Esteban ist der ideale Mitarbeiter für den Widerstand, ein engagierter *Allendista*, den weder die Professoren an seiner Universität noch die Nachbarn irgendwelcher Sympathien für die Linke verdächtigen, weil er das ganze letzte Jahr aufgrund einer Krankheit gezwungen war, sich aus politischen Dingen herauszuhalten. Estebans Vater – er war Textilarbeiter, glaube ich – hat angeboten, mich für die paar Tage aufzunehmen, die es dauern wird, um mein geplantes Treffen mit Abel zu arrangieren. Bei dem die Entscheidung fallen wird, ob ich Chile verlassen muß.

»Wir werden also keine Schwierigkeiten bekommen?« frage ich die Frau.

»Keine besonderen«, entgegnet sie beiläufig.

Ich spüre, wie sich mein Körper immer mehr anspannt, während wir auf den Industriegürtel von Santiago zufahren, und die Anspannung steigt noch um einiges, als meine Fahrerin von der Hauptstraße abbiegt und eine halbfertige Straße in einer neu erbauten Arbeitersiedlung entlangkurvt. Ich werde mir meines Körpers überdeutlich bewußt. Meine grünen Augen, meine Brille à la Woody Allen, meine Größe von einsachtundachtzig, meine jüdische Nase, mein blondes Haar, meine allzu helle Haut, jede einzelne meiner Gesten macht mich hier verdächtig. Wir halten vor einem bescheidenen, einstöckigen Haus. Ich spüre Augen auf mir ruhen, als ich aussteige, jemand beobachtet uns. Ein Stück von uns entfernt spielen ein paar Jungen Fußball. Einer von ihnen tritt fest, zu fest, gegen den Ball aus alten Lumpen, und er landet ganz in meiner Nähe. Ich schaue ihn an, gehe hin, schieße ihn zurück, dann gebe ich mir in Gedanken auch einen Tritt und frage mich, ob ich damit nicht erst recht auf mich aufmerksam gemacht habe, obwohl es noch auffallender gewesen wäre, wenn ich den Ball gar nicht beachtet hätte. In der Tür des Nachbarhauses erscheint eine alte Frau, mustert erst das Auto, dann mich und meine modisch gekleidete Fahrerin. Die alte Frau sagt kein Wort, steht einfach nur da wie eine düstere, feindselige Statue aus Stein und beobachtet, wie Esteban aus dem Haus kommt und uns herzlich begrüßt, beobachtet, wie ich mich mit einem flüchtigen Kuß auf die Wange von meiner Fahrerin verabschiede, beobachtet, wie ich mit Esteban im Haus verschwinde – nichts bleibt in diesem Viertel verborgen.

196

Die Familie mit ihrem Humor, ihrem selbstverständlichen Mut, als würden Katastrophen wie dieser Putsch ihnen alle Tage passieren, nimmt mir bald meine Befangenheit. Wir setzen uns an den Tisch, um schnell etwas zu essen, und als es dunkler wird, führt Esteban mich hinters Haus, in einen kleinen, ummauerten Hof, in dem ein Gemüsebeet und eine Holzhütte fast allen Raum einnehmen. Esteban war der erste aus seiner Arbeiterfamilie, der es an die Universität schaffte, und damals baute ihm sein Vater dieses Refugium, damit er in Ruhe lernen konnte. Ein schmales Bett steht darin, ein Tisch, der gleichzeitig als Schreibtisch dient, und eine Wand wird ganz von einem Bücherregal eingenommen. Es gibt ein Fenster mit dichten Vorhängen, das auf den Hof hinausgeht.

Esteban gibt mir eine Taschenlampe und bittet mich, das Licht nachts nach Möglichkeit nicht anzumachen. Und tagsüber sehr leise zu sein.

»Wenn die Militärs kommen«, sagt er, »dann am ehesten in der Nacht. Sie waren letzte Woche da, aber ich glaube nicht, daß sie noch einmal kommen. Falls doch, versuchen wir sie aufzuhalten. Und du verschwindest über diese Mauer.«

Er beginnt eine Karte zu zeichnen. Das Haus, die Straße, eine Tankstelle in der Nähe, eine Kirche, dem Pfarrer kann ich vertrauen, aber der beste Weg zur Kirche ist nicht hier lang, sondern da lang, weil in diesem Haus, zwei Straßen weiter, ein Faschist wohnt. In der Tankstelle gibt es einen Münzfernsprecher, aber es könnte riskant sein, ihn nach der Ausgangssperre zu benützen. »Dem Pfarrer kannst du auf jeden Fall vertrauen«, wiederholt er. »Und wenn hier wieder reine Luft ist, kannst du jederzeit zurückkommen.«

Dann fragt er mich, ob ich alles verstanden habe, und ich nicke, und er geht hinaus und läßt mich in der nächtlichen Dunkelheit allein.

Ich habe kein Wort verstanden von dem, was er sagte. Ungläubig starre ich auf die Karte. Ich werde nicht schlau daraus. Während er redete, während er auf dieses und jenes deutete und Pfeile zeichnete und sagte, daß ich dem Pfarrer vertrauen könne und welche Straße ich nehmen solle und welche nicht, habe ich nur eines verstanden, mit brutaler Deutlichkeit – daß ich verloren war.

Jede Nacht seit dem Putsch hatte es irgendeine wenn auch noch so lahme Rechtfertigung gegeben, um nicht zu Hause zu schlafen. Ich konnte hundert Gründe finden. Aber hier? Was machte ich hier? Bei einem Textilarbeiter, irgendwo in den Randbezirken von Santiago?

In dieser Hütte holt mich schließlich die Angst ein, vor der ich seit zehn Tagen davongelaufen bin, eine Angst, wie ich sie noch nie erlebt habe. Richtige Angst, die mir Übelkeit macht, in meinen Kopf kriecht, mich anbrüllt, schleunigst von hier zu verschwinden, ehe es zu spät ist. Was denen geschieht, die umgebracht werden, kann auch mir geschehen, nicht in meiner Phantasie, dem nackten Körper von Claudio Gimeno, dem sich ein Offizier nähert, sondern in der Realität, meinem eigenen Körper.

Ich bin von der Außenwelt abgeschnitten an diesem Abend, in dieser Hütte, als die Schatten im Hof mir sagen, daß die Ausgangssperre begonnen hat. Ich bin stärker gefährdet als meine Gastgeber. Wenn ein Militärkommandant auf die Idee käme, diese *población* heute nacht durchsuchen zu lassen, wenn meine ungewöhnliche Glückssträhne zu Ende ginge, dann würden mir genau jene Umstände, die mir in meiner gewöhnlichen Umgebung helfen könnten zu überleben – mein Aussehen, meine Kontakte, die Gesellschaftsschicht, in die ich hineingeboren wurde, meine Sprache – hier zum Verhängnis werden. Ich würde gerade dafür bestraft werden, daß ich mich über die für mich geltenden Grenzen und Privilegien hinweggesetzt habe.

Vielleicht ist das der Grund, neben der Angst, vielleicht in ihr, ohne sie beiseite zu schieben noch zu verhehlen, daß ich eine seltsame, unbändige Zufriedenheit in mir spüre: So haben einfache Menschen in diesem Land, das ich heute meine Heimat nenne, immer gelebt, tagein, tagaus, so müssen die meisten Menschen auf dieser Erde tagtäglich leben. Ohne einen Vater, den man um Hilfe bitten kann, ohne internationale Beziehungen, ohne zweite Sprache, die sie schützt, ohne helle Haut, die ihre Feinde zögern läßt, ehe sie zuschlagen. Ohne großartige Worte, um den Tod abzuwehren. Gewalt in Form von Elend, Krankheit, Unterernährung, Unwissenheit und, wenn sie es wagten, gegen diese Zustände aufzubegehren, die brutale Gewalt von Polizei und Armee – all dem konnten sie nicht entfliehen, das war ihr Leben.

Ist es nicht genau das, was ich mir seit jenen fernen Tagen in den sechziger Jahren gewünscht habe, als ich zum erstenmal konkret an die Möglichkeit einer Revolution dachte? Wonach ich mich all diese Jahre verzweifelt gesehnt habe: eins zu werden mit der chilenischen Arbeiterklasse, wenn auch für noch so kurze Zeit, so tief in sie einzudringen, daß ich ihr Schicksal teilen kann?

Und jetzt war die Distanz, die Einsamkeit, die mich mein Leben lang gequält hatte, verschwunden. Meine Beziehung zu den Armen und Gedemütigten war nicht mehr rückgängig zu machen, war, zumindest im Augenblick, nicht mehr von meiner Entscheidung abhängig. Mein Leben war jetzt ein Glücksspiel, die Verantwortung mir aus den Händen genommen, und es war seltsam tröstlich, nicht fliehen oder weiterrennen zu können, seltsam tröstlich zu wissen, daß mein Körper, als die Stunde der Wahrheit gekommen war, meinem Traum von einer Welt ohne Leid treu geblieben war, daß ich bereit war, die Folgen meines Widerstands gegen die Ungerechtigkeit auf mich zu nehmen. Die Revolution hatte mich in diese Hütte geführt, zu diesem möglichen Ende, und hier, allein mit meinem Tod, fühle ich mich so vollständig und ganz und wirklich, wie ich mich nie zuvor gefühlt hatte und nie mehr fühlen würde.

Ich bin zu Hause.

In dieser Nacht habe ich keine Alpträume. Ich schlafe ein, wache ab und zu auf, lausche fernem Hundegebell und sporadischem Gewehrfeuer und frage mich, ob das Motorengeräusch eines Lastwagens die Stille stören wird, ob die Rufe von Soldaten die Morgendämmerung zerreißen werden, frage mich, warum das Tageslicht so lange auf sich warten läßt. Aber die Angst ist verschwunden. Ich bin bereit, mich dem kommenden Tag, was immer er bringen mag, zu stellen, und dem Tag darauf und der Unterredung mit meinem Kontaktmann Abel, dem ich sagen werde, daß nichts mich dazu bringen wird, dieses Land zu verlassen, das ich nun wirklich meines nennen kann.

Aber es wird anders kommen.

Der nächste Tag hält eine andere Offenbarung für mich bereit.

In jener Hütte, beim ersten Tageslicht, beginne ich Estebans Bücherwand zu erkunden und entdecke – neben meinem eigenen Buch über Donald Duck – Hunderte anderer Bücher, meist preiswerte Ausgaben von Quimantú, dem staatlichen Verlag, die an Zeitungsständen verkauft und von Millionen Chilenen gelesen werden. In zweieinhalb Jahren sind mehr Bücher produziert und verkauft worden als in den vorangegangenen hundertsechzig Jahren der chilenischen Geschichte. Ich selbst war an diesem einzigartigen kulturellen Kreuzzug beteiligt. Ich habe zweimal pro Woche als Berater bei der Auswahl der literarischen, philosophischen und historischen Texte mitgeholfen, die dann ihren Weg in die Hände der Menschen fanden. Ich wußte natürlich, daß die Bücher gekauft wurden. Das sagte uns die

200

Umsatzstatistik. Und ich habe während der Regierungszeit Allendes Hunderte von Arbeitern, Studenten, Hausfrauen und einmal sogar einen jungen Bauern getroffen, die alle unsere Bücher lasen, Dostojewski und Cortázar und Aischylos und lateinamerikanische Kurzgeschichten und Bolívar und Balzac.

Aber diese Bücher gerade hier vorzufinden, in dieser Hütte, und unter ihnen eines von mir, gerade jetzt auf sie zu stoßen, inmitten der Niederlage, das war etwas anderes. Ich hatte meine Worte in die Realität geworfen wie Flaschen in ein unbekanntes Meer, und wenn es zutraf, daß meine Worte, daß Bücher mich nicht vor Tod oder Folter schützen konnten, so ließ sich auch nicht leugnen, daß diese Bücher hier waren, gelesen wurden und auch morgen noch dasein würden, und was gelesen und gedacht und im Herzen sorgsam verwahrt wurde, war nicht so leicht auszulöschen. Angélica hatte mir bei unserem letzten Treffen erzählt, daß Rodrigo eines Tages, als sie auf dem Weg zur Bushaltestelle waren, die Hymne der Unidad Popular zu singen begonnen hatte: »*Venceremos, venceremos, la miseria sabremos vencer.*» Wir werden siegen, wir werden einen Weg finden, das Elend zu überwinden. Sie hatte gesagt, er solle sofort aufhören, dieses Lied nie wieder singen, und er hatte sich geweigert: *Esas canciones me gustan*, diese Lieder gefallen mir. Sie packte ihn bei den Schultern, faßte ihn unters Kinn, damit er ihr in die Augen sah, und erklärte dann unserem sechsjährigen Sohn, daß, wenn er jemals wieder dieses oder irgendein anderes von den Liedern sänge, die wir früher so oft auf der Straße gesungen hatten, die Soldaten kommen und seinen Papa erschießen würden. Ob er das verstanden habe? Rodrigo hatte einige Sekunden geschwiegen. Angélica wartete. Dann hatte er gesagt: »Aber wenn ich sie im Kopf singe, weiß es niemand.» Er brachte damit zum Ausdruck, vor seiner todtraurigen Mutter, was ich einige Tage später in dieser Hütte mit den vielen Büchern entdecken sollte. Dies war der Weg, wie der Widerstand wachsen, wie die Vergangenheit fortdauern würde: Die Worte und Taten, die wir gestern in die Welt gesetzt hatten, würden, konnten nicht so leicht von dieser Erde getilgt werden.

Und dennoch, wenn die Bücher mir zeigten, daß mein Leben einen Sinn hatte, der nicht in mir selbst begann und endete, sondern darüber hinausging, in die Gemeinschaft, dann waren dieselben Bücher auch eine Mahnung, daß ich nicht verbergen konnte, wer ich wirklich war – ein Intellektueller, ein Mann, der schreibt, jemand, der anderen Menschen Worte und Geschichten schenkt. Die Bücher sagten mir, daß ich nicht so tun konnte, als würde meine Vergangenheit nicht existieren. Meine Bücher – diejenigen, die ich schrieb, und diejenigen, zu deren Veröffentlichung ich beitrug – konnten in dieser Hütte bleiben. Ich konnte das nicht, ohne das Leben der Menschen in Gefahr zu bringen, die mir Zuflucht gewährt hatten. Vielleicht würde ich am Ende doch gezwungen sein, mein Land zu verlassen.

Und so bin ich am nächsten Tag ziemlich durcheinander, voller widersprüchlicher Wünsche und auf mich einstürmender Signale, als ich an der Wohnung läute, in der Abel sich mit mir treffen soll. Abel öffnet die Tür, und ich trete ein.

Es ist eine bescheidene bürgerliche Wohnung, alles ganz normal, nur daß die Jalousien heruntergelassen sind. Sie scheint Abel vertraut zu sein. Wer hat ihm die Wohnung zur Verfügung gestellt? Verwandte? Freunde? Sympathisanten? Es ist besser, wenn ich es nicht weiß. Besser, wenn ich nicht auf Einzelheiten achte. Wenn ich alles vergesse, was diese Wohnung betrifft, so wie ich schon vergessen habe, hoffe, vergessen zu haben, wo sie sich befindet. Was du nicht weißt, kann man nicht aus dir herausprügeln. Das ist das »Verdienst« einer Diktatur: Sie macht uns zu Menschen mit sofortigem Gedächtnisverlust, zwingt uns, wie mit verbundenen Augen durchs Leben zu gehen, verlangt aber paradoxerweise auch das Gegenteil – um zu überleben, mußt du wachsam sein, alles aufmerksam registrieren, ein winziges Detail kann zwischen Leben und Tod entscheiden. Als ich mich in den Sessel setze, auf den Abel zeigt, fällt mein Blick unwillkürlich auf ein Porträt im Wohnzimmer, ich kann meine Augen nicht mehr abwenden von diesem auffallenden Marineoffizier in voller Uniform, der von der Wand hinter Abel herunterstarrt. Wie ein Halbwüchsiger, dem gesagt worden ist, daß er wegsehen soll, wenn die vollbusige Frau, mit der er gleich schlafen wird, sich zum erstenmal vor seinen Augen auszuziehen beginnt, werde ich vom Verbotenen magisch angezogen, überlege, ob das bedeutet, daß der Widerstand auch innerhalb der Marine Leute hat, ob dies das Haus eines Admirals ist, und ehe ich mich im Zimmer weiter nach Hinweisen umsehen kann, die diese Vermutung bestätigen oder widerlegen, stoppe ich diese Gedankengänge, soweit ich mich erinnern kann, versuche, mich auf Abel zu konzentrieren, auf dieses Treffen mit Abel, vor dem ich soviel Angst hatte.

»Dir ist doch hoffentlich klar«, legt Abel los, »daß du uns mit dieser Bitte um ein Treffen beide in Gefahr bringst.«

Es ist mir klar. Tut mir leid, sage ich, aber ich konnte den Parteibeschluß, in einer Botschaft um Asyl zu ersuchen, nicht akzeptieren. Deshalb wollte ich eine zweite Meinung hören.

»Also gut, die zweite Meinung ist, daß du schleunigst verschwinden sollst, ehe es zu spät ist. Und die dritte Meinung wird die gleiche sein, und die vierte auch, und alle Meinungen der Welt. Mein Gott, schau dich doch mal an. Schau mal in den Spiegel. Wo sollten wir dich verstecken?

Und welchen Nutzen hättest du schon für uns, im Untergrund? Glaubst du wirklich, daß du hier gebraucht wirst?«

»Ja«, sage ich.

»Nein«, sagt Abel. »Deinetwegen willst du bleiben. Deinetwegen, weil du den großen Roman von der chilenischen Revolution schreiben willst. So ist es doch, oder?«

Wie soll ich Abel in zehn Minuten die Geschichte meiner durch die Welt irrenden Vorfahren erzählen, die seit zweitausend Jahren auf der Flucht sind, wie soll ich ihm klarmachen, daß das jetzt aufhören muß, genug ist genug, wie soll ich ihm erklären, daß ich mich in einem Krankenhaus in Manhattan gegen Spanisch und Lateinamerika entschied, in einem Alter, in dem die meisten Kinder gerade gelernt haben, die Wörter »God« und »dog« auseinanderzuhalten, daß die Geschichte mich hierherzukommen zwang, auf diesen Kontinent, der mich verhext hat, daß ein Mann mir auf der Straße zugewinkert hat, daß meine Bücher in jener Hütte standen, daß ich durch die ganze Welt geirrt bin und jetzt nicht fortgehen kann? Wie soll ich ihm das alles sagen, wenn das Land verwüstet wird, wenn der Präsident tot ist, wenn Abel auf seine Uhr schaut und wir beide feststellen, daß es noch drei Stunden sind bis zur Ausgangssperre, drei Stunden, bis die Sonne über Santiago de Chile untergeht, und dann gehört die offene Stadt den Soldaten, die sie mit ihren Jeeps und ihren Hunden und ihren Maschinengewehren kontrollieren. Und alle anderen Menschen, in ihren Häusern gefangen, hören die fernen Schüsse, hören die Patrouillen, die immer näher kommen, horchen auf das Geräusch von Bremsen und Männern in Stiefeln und gebrüllte Befehle, hören, wie der Lärm vorbeizieht und nicht plötzlich abbricht, nicht dieses Mal, nicht dieses Mal. Irgendwo in dieser Stadt hört ein Mann wie ich, daß sie das Haus des Nachbarn durchsuchen, hört die Schreie, hört sein erleichtertes Herz ruhiger schlagen, entsetzlich froh, daß sie jemand anderen mitnehmen. Wie soll ich ihm meine eigene Tragödie begreiflich machen, wenn er derjenige ist, der bleibt, und ich derjenige, der weggeht, wenn er recht hat, daß ich bleiben will, weil ich – es gibt noch zehntausend andere Gründe – den Gedanken nicht ertragen kann, aus diesem Land ausgesperrt zu werden, seine Geschichte nicht mit meinen eigenen Worten bezeugen und weitergeben zu dürfen, daß ich mir diese Chance nicht entgehen lassen kann, ganz und gar, endgültig, für immer Chilene zu werden, indem ich mich in das Land hineinschreibe und das Land sich in mich?

Abel läßt nicht locker. »Draußen kannst du uns von Nutzen sein, hier nicht«, sagt er. »Denk daran, was wir brauchen, nicht was du brauchst.«

Er hat natürlich recht. Gegen die kalte Logik seiner Worte gibt es kein Argument. Ich gehöre zum chilenischen Volk, nicht weil ich mit ihm in den Tod gehen, sondern weil ich zu seinem Kampf gegen den Tod beitragen kann.

Abel muß den Schmerz in meinen Augen sehen, als ich meine Entscheidung treffe. Er muß etwas Erschöpftes und Altes in meinen Augen sehen, denn jetzt redet er mit mir, als könne er meine Gedanken lesen, als kenne er die Geschichte dieses Lebens, die ich ihm nie erzählt habe.

Er umarmt mich, er verabschiedet sich, er flüstert mir ins Ohr: »*Vive por todos nosotros.*«

Lebe für uns alle.

Und· dann, während er mich fest umarmt, wird seine Stimme noch leiser, so leise, daß ich fast nicht weiß, ob er es tatsächlich sagte oder ich mir seine Worte nur einbildete: »Wenn du Chile wirklich liebst ...«

Wenn ich Chile wirklich liebe ... werde ich das Exil überleben, werde ich mich sogar noch stärker mit diesem Land identifizieren können, selbst wenn meine Reise unterbrochen worden ist, selbst wenn die Quellen, aus denen ich meine Kraft schöpfte, weit weg sind und die Sprache und die Menschen und der Kampf und die Weintrauben und das Meer, alles weit, weit weg, es ist, als wäre all das jetzt, in diesem Moment, schon irreal, Abels wissendes Lächeln und seine schweren Lider und seine Umarmung und diese Wohnung mit dem absurden Porträt eines Admirals, all das wird schon Vergangenheit, all das ist schon ein Traumbild, Worte in meinem Kopf, an die ich mich erinnern werde, wenn schwere Zeiten kommen und der Abstand zu groß wird, bloße Erinnerungen, die ich weder mit den Händen greifen noch werde hören können, mir leise ins Ohr geflüstert, Abels Worte, die von Weisheit und Solidarität zeugen, die mich nicht retten können, weil nichts mich bewahren kann vor dem, was jetzt geschehen wird, daß ich mich einer Angst stellen muß, schlimmer als der Tod, der Angst, daß ich nie wieder in dieses Land zurückkehren werde, das ich inzwischen so sehr liebe.

10

Über die Entdeckung des Lebens und der Sprache in den Jahren 1960 bis 1964 in Santiago de Chile

Woher kommst du?

Die Frage hatte ich von meinem dritten bis zu meinem achtzehnten Lebensjahr spontan stets gleich beantwortet: Ich stammte aus Amerika, ich war Amerikaner.

Und dieselbe Antwort lag mir auch im März 1960 an meinem ersten Vorlesungstag in der Universidad de Chile auf der Zunge – doch da blieb sie, ich entließ sie nicht in die aufgeladene politische Atmosphäre eines Lateinamerika, das auf einen Showdown mit den Vereinigten Staaten zusteuerte.

Woher kommst du?

An das Gesicht der Person, die mir diese Frage stellte – die ja implizit bedeutete: Wer bist du? –, kann ich mich nicht mehr erinnern, nur noch an mein augenblickliches Entsetzen und daran, daß ich meine Herkunft aus den Vereinigten Staaten nicht zuzugeben wagte. Vielleicht war es sogar Claudio Gimeno, der mich fragte. Jedenfalls erregte er an jenem Tag zum erstenmal meine Aufmerksamkeit, wenngleich es doch sehr grotesk ist, vielleicht auch zu literarisch und konstruiert erscheint, daß ausgerechnet er als erster gehört haben soll, wie ich meine nordamerikanische Herkunft verleugnete. Schließlich hat mich ja Claudio Gimeno in ein Exilantenleben gerettet, das hier in den Vereinigten Staaten endete. Ich zwinge mich, noch intensiver nachzudenken über jenen Augenblick. Es war wohl unmittelbar nach *Historia de América*, jenem ersten Seminar auf meinem Stundenplan, in dem der Professor, ein Mulatte aus Panama mit radikalen politischen Ansichten, zunächst einmal den Begriff Amerika auseinandernahm. Er erklärte, die Vereinigten Staaten hätten das Wort für sich beansprucht und es dem Süden verweigert, ungefähr genauso, sagte er, wie dieselben Vereinigten Staaten einen Großteil Mexikos gestohlen, Nicaragua besetzt hätten und nun auch auf jenem schmalen Streifen am Kanal säßen und sich weigerten, ihn dem Volk Panamas zurückzugeben. Es sei schwierig, so meinte er, ein einmal verlorenes Territorium zurückzuerlangen. Doch eine andere Geschichtsschreibung zu begründen sei ein Anfang, selbst wenn sein eigenes erzwungenes Exil beweise, daß ein solch intellektuelles Unternehmen mit Risiken verbunden sei. Es sei aber von entscheidender Bedeutung, daß die Amerikaner südlich des Rio Bravo endlich anders über sich dächten, frei nämlich und souverän. Denn von einem solchen Denken, vom Reich der Imagination aus, könne Geschichte verändert werden. Man möge sich nur an José Martí erinnern, der 1895 starb, bevor sein Traum von der Unabhängigkeit Kubas Wirklichkeit wurde, bevor seine warnenden Worte an die Vereinigten Staaten als prophetisch erkannt wurden: Die mächtigste Nation der Hemisphäre habe Spanien den Krieg erklärt (und Teddy Roosevelt habe nie jenen Hügel gestürmt – das sei alles Schwindel, ein gestelltes Foto), habe dann Puerto Rico als Kolonie behalten und Kuba jahrelang besetzt. Die Vereinigten Staaten seien zwar in das Land einmarschiert, wann immer sie den Eindruck hatten, »jene Leute, die genausowenig für die Selbstregierung taugen wie Schießpulver für die Hölle« – ein unvergeßlicher Satz von General Shafter –, hätten eine Lektion verdient. Doch es seien Martí und seine Worte gewesen, die Fidel Castro zu seinem ersten Aufstand im Jahre 1953 inspirierten, die ihn inspirierten, die Moncada-Kaserne einzunehmen, nach seiner Gefangennahme den Prozeß gegen ihn in eine Anklage gegen Batista umzuwandeln und zu erklären, er, Castro, habe sich erhoben, damit hundert Jahre nach der Geburt Martís dessen Worte nicht in Vergessenheit gerieten. Und jetzt stehe Kuba gegen Eisenhower auf, befreie sich von den Spielcasinos und Bordellen und erobere die Zuckerplantagen zurück, die von US-Unternehmen geführt würden. Und all das sei nur möglich geworden, weil Martí Kuba als Teil von *nuestra América* betrachtet habe, als Teil unseres und eben nicht ihres Amerikas.

Während seines Vortrags fragte der Professor uns nach unserer Meinung, und jeder von uns äußerte sich dazu. Schließlich war ich an der Reihe. Ich weiß nicht mehr genau, was ich damals sagte, aber ich erinnere mich noch gut daran, *wie* ich es sagte, an jenen leichten, kaum merklichen Gringo-Akzent, der immer noch in meine Stimme sickerte wie Schlamm aus einem Sumpf. Ich weiß noch, daß mir bewußt wurde, wie fremd ich meinen neuen Studienkollegen vorkommen mußte. Meine Haare, meine große Statur, meine Augen, meine Haut, meine Gesten, all das zeigte offenkundig, daß ich von irgendwo anders herkam. Ich weiß noch, wie sich all diese Studenten aus *la otra América* neugierig zu mir umwandten und daß sie alle schon die Frage parat hatten: Woher kommst du? Eine Frage, der ich in den folgenden Jahren auszuweichen versuchen würde, indem ich unerbittlich an meinem chilenischen Akzent, meinem chilenischen Slang, meinem Alltagswissen über Chile arbeitete. Aber erst einmal würde ich mich dieser Neugier stellen müssen, sobald das Seminar vorbei war, und bei meiner Antwort mußte ich berücksichtigen, daß Millionen Menschen in der ganzen Welt gegen eine koloniale und postkoloniale Ordnung rebellierten, die von den Vereinigten Staaten aufrechterhalten wurde. Ich würde in

Betracht ziehen müssen, daß ein Jahr, bevor ich diesen Seminarraum betreten hatte, Fidel mit seiner Guerilla in Havanna einmarschiert war, daß exakt zu diesem Zeitpunkt die ersten US-Berater in Vietnam eintrafen, daß ich gerade an jenem Schnittpunkt der Geschichte den Seminarraum wieder verließ, als das Land, in dem ich meine Universitätsausbildung erhielt, von Aufständen und Streiks und Protestmärschen gegen die konservative Regierung und ihre nordamerikanischen Geldgeber erschüttert wurde. Ich würde die Frage nach meiner Identität in einer Welt zu beantworten haben, deren Mauern der berühmte Spruch zierte: »Yankee, go home.«

¿De dónde eres? Woher kommst du?

Jemand, an dessen Gesicht und Namen ich mich nicht mehr erinnere, stellte mir diese Frage, sobald das Seminar vorbei war. Ich hätte erwidern sollen: Ich weiß es nicht. Hätte antworten sollen: Mein ganzes Leben lang habe ich geglaubt, ein Yankee zu sein, aber jetzt bin ich mir nicht mehr so sicher. Und weil ich so sehnlichst einer sein wollte, bin ich sogar so weit gegangen, mir den Namen Edward zuzulegen. Du heißt also Edward? *¿Te llamas Edward?* Woher kommst du? Ich hätte antworten sollen: Willst du die Wahrheit hören? Ich fühle mich immer noch zu den Vereinigten Staaten hingezogen, und wer weiß, wenn ich am Ende nicht dort lande, hasse ich vielleicht ihre Politik, aber ich liebe ihren Jazz, ihre Filme, die Menschen dort und die Sprache, die sie mir gegeben haben und die immer noch die Sprache ist, die ich benutze, um die Welt zu verstehen. Du willst die Wahrheit wissen? Erst vor kurzem habe ich ein Techtelmechtel mit dem Spanischen gehabt, aber ich kann diese Sprache nicht in meinem Inneren spüren, ich kann mir nicht vorstellen, etwas Intimes oder Wichtiges in der Sprache zu schreiben, die ihr sprecht. Ich hätte antworten sollen: Ich habe kein Land, keine Sache, für die ich eintrete, ich gehöre keiner Gemeinschaft an. Verdammt, ich habe nicht einmal eine Freundin, die mich vielleicht an einen Ort binden könnte. Ich hätte antworten sollen: Ich bin allein auf diesem Planeten, und ich weiß nicht, wo ich hingehöre.

Statt dessen sagte ich ganz einfach: »*Soy de Argentina*«, ich komme aus Argentinien. Ich verfiel also wieder auf jenes zufällige Geburtsland, das ich kaum kannte und das mich auch nicht besonders interessierte, weil ich nichts anderes hatte, woran ich mich hätte klammern können, als jenen vergangenen Augenblick, in dem ich in das Nichts fiel und Eltern, ein Land und eine Sprache fand, die mich erwarteten. Auf diese Weise brauchte ich meine Orientierungslosigkeit nicht zu hinterfragen, mußte nicht zugeben, daß mein unstetes Leben ein Leben in der Vorläufigkeit war und zwischen einem Land im Norden hing, das sich von mir entfernte, und diesem Land hier im Süden, für das ich mich noch nicht endgültig entscheiden konnte. Es war, als wollte ich auf diese Weise Zeit gewinnen, um herauszufinden, wer ich wirklich war.

Zehn Jahre später wußte ich es.

Zehneinhalb Jahre später, um genau zu sein. Am Abend des 4. September 1970 stand ich auf der Hauptstraße Santiagos, der Alameda, um mich herum wild tanzende Menschenmengen, meine Landsleute, die unseren Sieg bei der Präsidentschaftswahl feierten. Und oben auf dem Balkon des Gebäudes der Studentenvereinigung stand Salvador Allende, Allende, der um zwei Uhr in der Früh über die Geburt einer neuen Nation präsidierte.

»*Entraré a La Moneda*«, teilte uns Allende in jener Nacht mit, »*y conmigo entrará el pueblo. Seré el Compañero Presidente.*« So lautete sein Versprechen an die Ausgestoßenen Chiles: Er werde Einzug halten in die Moneda und mit ihm das Volk. Er werde kein gewöhnlicher Präsident sein. »Ich werde«, sagte er, »euer *Compañero Presidente* sein.« Ich war dabei, als Allende uns Treue, Gleichheit und Brüderlichkeit versprach, als er schwor, uns nicht zu betrügen. Und ich jubelte ihm aus der Tiefe meiner *Compañero*-Seele zu, ich rief ihm zu, als befände ich mich auf einer verlassenen Insel und er sei gekommen, mich zu retten, ja ich sang: *Compañero, compañero* – der Widerhall Tausender anderer, die ihm zuriefen. Die Worte strömten aus meinem Mund, als ob sie schon immer dort gewartet hätten auf diese Nacht, diesen Platz, diesen historischen Augenblick. *Compañero, compañero* erscholl es, bis es nichts mehr gab auf der Welt als diese Stammesklänge, die die Straßen erfüllten, die Straßen, die nun für immer uns gehörten, auf die wir Anspruch hatten durch unsere Geburt. Bis aus den vielen Stimmen eine einzige wurde. Wir würden mit ihm in die Moneda einziehen, in den Palast der chilenischen Präsidenten, *Compañero Presidente*.

Als ich ihm zurief, war es schon nicht mehr mein Ruf: In diesem Meer von Worten war mein Wort zu ihrem geworden.

Wir hatten Salvador Allende getauft.

Obwohl, um ehrlich zu sein, ich es war, der getauft wurde. In diesem Augenblick wußte ich hundertprozentig die Antwort auf die Frage, der ich seit Beginn der sechziger Jahre ausgewichen war – zumindest redete ich mir das ein. Ich wußte, woher ich kam und, noch entscheidender, daß die Frage falsch gestellt war. Als ich in der Menge stand, erkannte ich: Was zählt, ist zu wissen, wohin man geht. Woher kam ich? Soeben hatte ich zum erstenmal in meinem Leben meine Stimme abgegeben, und zwar für Salvador Allende. Woher kam ich? Ich kam aus Chile, dieses Meer von Menschen um mich herum war meine Gemeinschaft, und neben mir stand, meine Hand haltend, meine chilenische Frau. Und die Sprache, in der ich mir die

Zukunft ausmalte, war dieselbe Sprache, in der ich über diese Zukunft schrieb. Ich hatte das Englische aus meinem Leben verbannt, um der privilegierte Hüter der spanischen Sprache zu werden, die ich sang wie ein Mantra und in der ich bald, da war ich mir sicher, dieses Epos erzählen würde, das sich vor meinen Augen entfaltete. Und wenige Kilometer entfernt schlief unser dreijähriger chilenischer Sohn, der nicht das Wanderleben seines Vaters und seiner Großeltern würde führen müssen. Ich hatte geschworen, daß er nach vielen Generationen als erstes Mitglied dieser Familie unter demselben südlichen Himmel aufwachsen und eigene Kinder haben würde, unter dem er geboren war. Ich hatte es, als er im Februar 1967 zur Welt kam, geschworen, als wäre es meine eigene Geburt. Und um diesem Entschluß Nachdruck zu verleihen, hatte ich meinem Sohn Namen gegeben, die meine Bindung an die spanische Sprache und an Lateinamerika symbolisierten: Rodrigo, der eigentliche Name von El Cid, dem ersten iberischen Helden, und Fidel, weil dieser Kuba von den Amerikanern befreit hatte. Und nun würden wir auch Chile befreien.

Der Weg zu jenem Augenblick, in dem ich mich in einer breiten sozialen Bewegung zu Hause fühlte, einer Bewegung, die sich das Ziel gesetzt hatte, jedem eine Heimat zu geben, der Weg zu einer Revolution mit dem Ziel, Chile bis auf seine Grundfesten zu erschüttern, hatte für mich – wie passend – seinen Anfang genommen mit einem Erdbeben. Ja, es war buchstäblich ein Erdbeben, das die Mauern niederriß, hinter denen ich all die im Süden verbrachten Jahre in Abgeschiedenheit und Gleichgültigkeit und als Privilegierter gelebt hatte.

Es war an einem Tag Ende Juni 1960, wenige Monate nachdem ich an der Universität jene erste Frage nach meiner Identität nicht eindeutig hatte beantworten können. Ich war mit Freunden zu einem Fußballspiel ins Nationalstadion gegangen, dasselbe Stadion, in dem dreizehn Jahre später einer dieser Freunde und viele Angehörige der arbeitenden Klasse, die ich noch kennenlernen würde, gefangengehalten und gefoltert werden sollten. Ich weiß noch, daß wir die Andenkette sehen konnten. Der Grund, warum ich mich so genau erinnere, wo wir saßen – mit Blick auf die Berge –, ist das, was kurz darauf geschah. Plötzlich, ohne Vorwarnung, begannen die Sitzplätze zu beben, ein Dröhnen durchschnitt die Luft, und das ganze Stadion schwankte wie ein riesiges Schiff, und dann waren, kaum zu glauben, für eine Sekunde die Anden weggewischt, sie verschwanden einfach, wurden durch die andere Hälfte des Stadions, die sich erhob, verdeckt. Alle waren wie betäubt, so daß nicht einmal Panik aufkam. Ich hielt mich an der Holzbank fest und konzentrierte mich komischerweise auf die Spieler, die sich, nicht weniger komisch, um einen willkürlich auf und ab hüpfenden Ball balgten, obwohl sie übereinanderpurzelten wie Betrunkene. Dann war alles vorbei.

Für uns in Santiago jedenfalls. Denn wir hatten bloß das Nachbeben einer Verschiebung tektonischer Platten mitbekommen, die ein großes Gebiet im Süden Chiles verwüstet hatte. Ganze Städte lagen in Trümmern, Dutzende Menschen hatten ihr Leben verloren, Tausende waren verletzt, und die Überlebenden schliefen bei eisigem, strömendem Regen auf den Straßen, aus Angst, ihre Häuser könnten jede Minute einstürzen. Da die Erde im Süden weiterbebte, gingen die chilenischen Studenten – einschließlich Eddie Dorfman, bald Ariel Dorfman – nicht mehr zu den Vorlesungen und verbrachten die nächsten Wochen damit, für Hilfsaktionen zu sammeln: Lebensmittel, Kleidung, Decken, Baumaterial und, vor allem, Geld. Am Ende der Woche waren mehrere Räume unserer Fakultät bis unter die Decke gefüllt, und wir transportierten die Hilfsgüter sofort auf Lkws nach Süden. Ich arbeitete unermüdlich –

und als Belohnung für meine Anstrengungen entdeckte ich die »working poor«, die arme arbeitende Bevölkerung Chiles.

Obwohl arm vielleicht nicht das richtige Wort ist, denn es definiert diese Menschen durch das, was ihnen fehlt, definiert sie im Kern als Leidende und Unterprivilegierte. Aber das, was ich zu Tage förderte, was hinter ihrer Unsichtbarkeit verborgen lag, war gerade, daß sie nicht zu bemitleiden, ganz gewiß aber nicht gönnerhaft zu behandeln waren. Sie produzierten das, was ich konsumierte, das, was alle konsumierten, und hatten dafür nichts vorzuweisen als den Stolz ihrer Hände und die endlosen Geschichten, die diese Hände erzählten, Hände, die jede einzelne der zahllosen Straßen Chiles asphaltiert hatten, Straßen, von denen nicht eine einzige nach ihnen oder ihren Vorfahren benannt war. Sie besaßen praktisch nichts und waren doch bereit, großzügig zu geben, was zu geben sie sich eigentlich nicht leisten konnten, um jenen Brüdern und Schwestern im fernen chilenischen Süden – Nackte unter freiem Himmel wie sie – zu helfen. In dieser Woche entdeckte ich nicht nur einmal ihren Mut und ihre Zuversicht, auch nicht zweimal, sondern immer wieder – bei Hunderten von Textilarbeitern, die sich an riesigen Webstühlen abrackerten, bei Bauarbeitern mit staubbedeckten Gesichtern, bei braungebrannten Frauen, die in strahlend weißen Uniformen unter dem grellen Licht und im säuerlichen Geruch der pharmazeutischen Fabriken schufteten, bei immer lächelnden Verkäuferinnen in den Supermärkten, deren Beine übersät waren mit Krampfadern, bei jungen Kerlen hinter Lebensmitteltheken, die hungrig an ihren Schnurrbärten kauten, bei verarmten Bauern, die trockene Parzellen bestellten und mir mit stolzem Blick in die Augen sahen, bei sauberen Bewohnern schmutziger Barackensiedlungen und Mietskasernen. Und überall fand ich – ja, was fand ich? Mit einem Wort? Wie lautet das Wort, das beschreibt, was ich bei ihnen sah? Hoffnung. Wenn ich nur ein einziges Wort auswählen dürfte, dann das. *Esperanza.*

Ich hatte damals ein paar Bücher über Revolutionstheorien gelesen und darüber nachgedacht. Ich hatte nachgesonnen über Formulierungen wie »die Welt erkennen, indem man sie verändert«, »das Proletariat als Totengräber der bestehenden Ordnung«, »die Notwendigkeit, im Strom der Massen zu schwimmen«, aber all das waren nur Worte auf einem Stück Papier gewesen. Arbeiter aller Länder, vereinigt euch, hatten Marx und Engels am Ende des *Kommunistischen Manifests* gefordert, und ich war unbedingt dafür, daß sich alle Armen, die ich sah, vereinigten, aber einen Arbeiter hatte ich noch nie kennengelernt. Erst jetzt begriff ich, daß jene Gedanken sich in wirklich existierenden Menschen, in einer bestimmten Klasse, in einem bestimmten Territorium manifestieren konnten, in Menschen also, die *residencia en la tierra* hatten – auf dieser Erde beheimatet waren. Nur ein paar Häuserblocks von meiner Enklave der Privilegiertheit und rhetorischen Entrüstung entfernt, existierte eine wild entschlossene historische Kraft, die über Handlungsmacht verfügte, die meinen freischwebenden Wunsch nach einer besseren und schöneren Welt wahr machen, die die Hoffnung in den zweifelhaften Versprechungen trockener Texte in die Wirklichkeit umsetzen konnte. Diese Arbeiter waren dem Blick verborgen, man hatte sie versteckt in den Industrievierteln von Santiago, auf den Feldern, in den Fabriken, in den Bars, ja, sie lebten alle im Verborgenen, aber wenn sie jemals ins Blickfeld kommen, wenn sie jemals physische Präsenz erlangen sollten, wenn sie jemals die Welt, die diese Körper geschaffen hatten, übernehmen sollten, dann würden sie eine Gesellschaft errichten, die es verdiente, menschlich genannt zu werden.

216

Und ob ich mich ihnen nun anschloß oder nicht, sie würden dieses gigantische Werk in Angriff nehmen. Doch wenn ich ihre Herausforderung annehmen und die Welt mit derselben Hartnäckigkeit und Furchtlosigkeit neu definieren würde, mit der sie sich selbst neu definierten, wenn mein heimatloser Körper sich ihrem heimatlosen Leben anschloß, konnte ich nicht nur dazu beitragen, eine ungerechte Welt zu verändern, sondern auch mich selbst. Ich konnte mir durchaus ein Leben vorstellen, das nicht der individuellen Selbsterfüllung diente und aus dem ich nach meinem Tod verschwinden würde, sondern das ein Leben im Dienst der Menschlichkeit war, in dem es eigentlich keinen Tod gibt. Bei ihnen fand ich schließlich die Bruderschaft, über die ich erstmals als Kind spekuliert hatte, jene Bruderschaft, die ich damals in den vierziger Jahren so dringend gebraucht hatte, um die Einsamkeit in der Finsternis zu überwinden, und die nun, in den sechzigern, meine zerbrechliche, verwirrte, zweisprachige Persönlichkeit dazu drängte, sich ihrer Sache zu verschreiben.

Mich dieser Herausforderung zu stellen, war ich jedoch damals, im Jahre 1960, noch nicht in der Lage. Ich war nicht bereit, den nächsten logischen und schwerwiegenden Schritt zu tun, der auf die überwältigende Vision hätte folgen müssen – mich einer revolutionären Organisation anzuschließen.

Das Erdbeben hatte lediglich die Mauern niedergerissen, die mich von den Arbeitern trennte, jedoch alle Schranken belassen, die ich seit meiner Geburt errichtet hatte, Schranken der Rasse, der Klasse, der Sprache, der Interessen, des Lebensstils. Und diese Schranken sollten erst dann wirklich beseitigt werden – und auch da nur Stück für Stück –, als nicht ein natürliches Erdbeben, sondern ein soziales, das Erdbeben der Allende-Revolution, mein Dasein veränderte. Erst als die Arbeiter endlich aus ihren Vierteln kamen und drohten, sogar den Staat zu übernehmen und von dort aus die ganze Gesellschaft umzuformen, erst als sie die Grenzen überschritten, die ihr Leben von meinem trennte, erst da begriff ich, daß ich nicht mehr am Rande stehen bleiben durfte, daß ich mich nicht mehr damit begnügen konnte, ein linker Intellektueller zu sein, sondern militant werden mußte.

Aber damals, 1960, zu jenem Zeitpunkt und auch noch in den nächsten zehn Jahren, war es undenkbar für mich, mein ganzes Leben den Unterdrückten zu widmen. Wie denn auch, wo ich doch nicht einmal wußte, wer ich war – welches Leben hätte ich ihnen widmen sollen? Wie hätte ich meinen unbedingten, alles andere in den Schatten stellenden Wunsch, Schriftsteller zu werden, mit den Bedürfnissen dieser Menschen in Einklang bringen sollen, die ich kaum je gesehen hatte, auch wenn ich ihre Hartnäckigkeit über die Maßen bewunderte? Und wie hätte ich meine zerbrechliche Identität mit ihren unendlich vielen Geheimnissen dem forschenden Blick einer Organisation aussetzen können, die sich so wenig wie möglich um persönliche Probleme kümmerte und angesichts solcher Verirrungen eines Kleinbürgers nur die Stirn runzeln konnte? Noch schlimmer, eine solche Unterwerfung unter die Parteidisziplin würde mich der Unabhängigkeit berauben, die ich brauchte, um mich mit den Widersprüchen meiner Existenz auseinanderzusetzen: Ich wollte den Armen dienen, lebte aber in einem großen Haus mit zwei Dienstmädchen und fuhr den riesigen Diplomatenwagen meines Vaters, den ich natürlich schamhaft vor meinen neuen Kameraden an der Universität verbarg. Und so lautstark ich auch den lateinamerikanischen Widerstand unterstützte, so verbissen hielt ich daran fest, mein persönlichstes Werk auf englisch abzufassen, in der Sprache des »räuberischen Yankees«, der an der Unterentwicklung des Landes schuld war. Mein Vorname Edward erinnerte daran, daß ich ein falscher Chilene war, der gar nicht in dieses Land gehörte, geschweige denn zu den Arbeitern und ihrer Sache.

Und die Änderung meines Namens war dann tatsächlich der erste, wenn auch äußerst leichte und rein symbolische Schritt hin zu einer tiefergehenden und schwierigeren Umwandlung meiner ganzen Persönlichkeit – als ich mich anschickte, ein anderer zu werden –, es war fast eine ironische Antwort auf die Geisteshaltung jener europäischen Einwanderer in die Vereinigten Staaten, deren Land ich nun aus meinem Leben fernhalten wollte. In den folgenden Monaten nahm ich, fast unmerklich, den Namen Ariel an – der zufällig mein vernachlässigter zweiter Vorname war und seit meiner Geburt in meinem Paß stand.

Als mein Vater Lenin zum Vorbild für meine Zukunft erwählte, hatte sich meine Mutter, die den zweiten Namen bestimmen durfte, zaghaft für Ariel entschieden, weil sie, wie sie sagte, diese Figur aus Shakespeares *Der Sturm*, den Luftgeist, den Geist der Güte und der Magie, sehr liebte: Auf diese Weise wollte sie einen Ausgleich zur ausgesprochen irdischen und unverhüllt politischen Namensgebung meines Vaters schaffen. Nicht daß ich jemals auch nur über den mädchenhaften und feinfühligen Ariel nachgedacht hätte, als ich nach einem Ersatz für den verhaßten Vlady suchte. Doch nun auf der Universität, wo ich mich mit dem Edward, der mir am Grange so gute Dienste geleistet hatte, unwohl fühlte, entdeckte ich, daß eine übermäßige Zahl junger Lateinamerikaner meines Alters – mehrere von ihnen studierten an derselben Fakultät wie ich – ebenfalls von ihren Eltern Ariel genannt worden waren, eine kollektive Taufe, die einem Essay des Uruguayers José Enrique Rodó aus dem Jahre 1900 zu verdanken war, dem einflußreichsten Essay in der Geschichte des Kontinents. Für die meisten Angehörigen der Generation meiner Mutter war sein Buch *Ariel* ein Meilenstein in ihrer Entwicklung gewesen, als sie sich mit dem Rätsel auseinandersetzen mußten, warum ihr Lateinamerika so weit hinter die Vereinigten Staaten zurückgefallen war. Rodó setzte Lateinamerika mit der Gestalt von Prosperos idealistischem Helfer gleich, die im Gegensatz zu dem krassen Materialismus Calibans steht, der sich dem Profit und dem Positivismus verschrieben hat, allzu utilitaristisch denkt und »die energische Verfolgung des Wohlergehens, das außer sich selbst kein Ziel kennt«, preist. Meine Mutter war der Aufforderung Rodós an die Jugend des Kontinents gefolgt, das spirituell überlegene Amerika des Südens gegen den seelenlosen Titan aus dem Norden zu verteidigen. Und so gab sie ihrem Sohn einen Namen, der zum Ausdruck brachte, daß Lateinamerika eines Tages dem Europa ebenbürtig sein würde, das es (und sie) hervorgebracht hatte.

Allmählich fand ich Gefallen an Ariel. Obwohl meine Sympathien dem kolonisierten und verachteten Caliban aus *Der Sturm* galten, dem die Sprache seines Herrn beigebracht wird, und zwar einzig und allein, damit er fluchen kann. Und obwohl Ariel in den antikolonialistischen Interpretationen, die in den sechziger Jahren in Mode waren, als der privilegierte Diener des Eindringlings Prospero galt, als der gebürtige Kreole, der sich der Macht gebeugt und beschlossen hatte, die europäische Kultur nachzuahmen; trotz alledem betrachteten viele Lateinamerikaner den Namen, den meine Mutter mir gegeben hatte, als Symbol des Widerstands gegen die Vereinigten Staaten. Für mich aber nahm auf diese Weise mein wachsender Unmut über das Land Konturen an, dessen extremen Materialismus ich geschätzt und angenommen hatte; gleichzeitig konnte ich mich geschickt der Verbindung zu jener Sprache vergewissern, die immer noch mein ständiger Begleiter und bester Freund war, zu jenem Englisch, das in den Werken Shakespeares seine Vollendung gefunden hatte. Das war ich also – Träger eines biblischen Namens, der in Europa durch das erste Werk der Moderne berühmt wurde, welches sich mit den aus der Kolonisierung der Neuen Welt erwachsenen Spannungen auseinandersetzte, der Name einer Figur, deren sich dann ein uruguayischer Schriftsteller bedient hatte, weitergegeben an eine argentinische Mutter, um einem mißratenen Gringo-Sohn eine Identität zu verschaffen, der am Ende doch in ihr geliebtes Lateinamerika zurückgekehrt war. Das war ich also, ein in Buenos Aires geborener und in New York aufgewachsener junger Mann, der auf dem besten Wege war, Chilene zu werden, ein Amalgam aus *latino* und *anglo*. Ich verschlang den Namen und gab ihm die Bedeutung, die ich so sehr ersehnte. Um meiner selbst willen war ich Caliban der Wilde, der Kannibale, der Ariel fraß, den althebräischen Löwen Gottes.

Die Wahl des Wortes Kannibale zur Beschreibung des Prozesses, in dem ich meine neue Identität schuf, kommt nicht von ungefähr und ist nicht bloß ein Wortspiel, das sich auf Shakespeares Figur bezieht. Zu Beginn dieses Jahrhunderts prägten brasilianische Modernisten das Verb *cannibalizar*, um zum Ausdruck zu bringen, wie die Neue Welt auf die europäischen (und später nordamerikanischen) Elemente reagieren sollte, die sie importierte. Sie wollten zeigen, daß die Neue Welt nur groß werden konnte, indem sie diese Sitten verschlang, gründlich kaute, verdaute, verwandelte, einer Transsubstantiation unterzog und etwas Neues daraus schuf. Diese Theorie lateinamerikanischer Identität empfiehlt, angesichts der Unmöglichkeit, den Einflüssen aus dem Ausland zu entrinnen, sich ihnen weder sklavisch zu unterwerfen noch sie als gänzlich fremd abzulehnen. Die Lösung bestehe darin, sie zu verschlingen, sie sich zu eigen zu machen. So wie es lateinamerikanische Kunst und Literatur seit jeher getan hatten, so wie Allende es mit der

Revolution zu machen versprochen hatte. Der Prozeß meiner Namensgebung – der Prozeß, in dessen Verlauf ich meinen Platz auf der Grenze zwischen dem Kontinent meiner Geburt und der Außenwelt fand – verdeutlicht mehr als der Name Ariel selbst, wie ich Lateinamerikaner wurde. Denn in dem Prozeß der Umwandlung meiner Identität wird die Art und Weise sichtbar, wie Lateinamerika meiner habhaft wurde.

Ich hatte das Glück, daß meine Suche nach einer Lösung für meine Widersprüche, mein Verlangen nach einem Zufluchtsort auf diesem Planeten zufällig mit einem einzigartigen Augenblick in der Geschichte des Kontinents zusammenfiel, auf dem ich geboren war. Es war der Augenblick, in dem die Hoffnung auf ein Ende der jahrhundertelangen Erniedrigung wiedererwachte, es war eine Zeit, in der Lateinamerika sich von seiner Vergangenheit löste und mit aller Macht versuchte, sich von den fremden Einflüssen zu befreien, die sein Schicksal so lange bestimmt hatten. Und bei diesem Unterfangen war auch Platz für jemanden wie mich, es war eine berauschende Verlockung für einen Youngster, der im Begriff war, erwachsen zu werden, der zu labil war, um seine eigene Zukunft zu entwerfen, der – wie der Kontinent selbst – bei seiner Entwicklung in eine Sackgasse geraten war und sich nicht länger einreden konnte, das Mittel zur Lösung seiner Probleme läge im Ausland. Anstatt meine Fragen zu beantworten, gab mir dieser Kontinent noch mehr Fragen auf. Wie ich war auch Lateinamerika ein großes Rätsel, eine wuchernde, vertrackte Wirklichkeit, wußte selbst nicht, was es war oder wohin es ging, war verstrickt in die Suche nach der eigenen Vergangenheit. Dieser Kontinent war eher ein Projekt als ein Objekt und bestand aus einer Reihe nur halbwegs zu Nationen formierter Länder, die, gefangen in einer Geschichte, die sie nicht selbst bestimmt hatten, eine Alternative finden wollten.

Die Vereinigten Staaten hatten mich zu einem ihrer Kinder gemacht, indem sie mir in ihrer expansivsten und optimistischsten Nachkriegsphase Annehmlichkeiten, Sicherheit und Kraft boten. Lateinamerika, streitbar, aufrührerisch und rebellisch, ließ hingegen ein ganz anderes Selbstbild entstehen, indem es mich ermutigte, meine persönliche Identitätskrise mit seiner umfassenderen Krise, meine eigene Suche mit seiner Suche, meine Reise mit seiner Reise gleichzusetzen. Und obwohl ich Angst hatte vor dem zwielichtigen Grau einer Identität im Schwebezustand, obwohl ich vielleicht Angst hatte, erneut in einem Niemandsland ausgesetzt zu werden, begann ich doch schon bald zu begreifen, daß ich genau dies brauchte, einen Kontinent, der ein Mischling war wie ich, ein solches Gemisch aus Fremdem und Einheimischem, daß es manchmal unmöglich war zu unterscheiden, wo das eine begann und das andere aufhörte. Noch bevor ich wußte, was mir da begegnet war, war ich hingerissen von einem Lateinamerika, das meinem zutiefst gespaltenen, hybriden Zustand entsprach. In seiner Kultur entdeckte ich mein geheimes Spiegelbild, das genau zeigte, wer ich wirklich war – eine Mischung, ein Kind, das wie so viele Lateinamerikaner von der Flucht in die moderne Welt geträumt hatte und sich dann doch hier im Süden, *en el sur*, wiederfand und gezwungen war, sein wirres Schicksal zu definieren wie ein Protagonist in einer Geschichte von Borges. Ich hatte beschlossen, nicht in den Norden zurückzukehren. Es war an der Zeit, alle nur möglichen Wege einzuschlagen, die nach Lateinamerika führten. Aber vielleicht schlug in diesem turbulenten Jahrzehnt umgekehrt Lateinamerika alle möglichen Wege zu mir ein wie ein Eindringling, durchdrang mich, betörte meine Sinne, füllte mich mit Menschen, mit Landschaften, mit Essen, mit Farben, mit Zielen und einem Wirrwarr von Fragen. Ich schickte mich an, den Raum und die Menschen um mich herum mit wilder Energie zu erforschen. Und diese Energie wurde noch verstärkt durch das Bewußtsein der ganzen Kraft, die ich einst darauf verschwendet hatte, mein Spanisch zu tilgen und meinem Latino-Ich den Rücken zuzukehren.

Ähnlich verhielt es sich auch mit meinem Bemühen um eine neue Staatszugehörigkeit. Nur daß die Geburt dieser neuen Identität vom eigenen Willen, dazuzugehören, abhängt und von der Bereitschaft anderer, dieses Bedürfnis anzuerkennen. Der Weg zu einem Staatsbürger Chiles hingegen, der ja von der Anerkennung durch den Staat und nicht von meinen eigenen Wünschen abhing, erwies sich als weitaus holpriger. Als ich im weiteren Verlauf der sechziger Jahre begann, mich mehr als Lateinamerikaner zu sehen, hörte ich zu einem nicht genau bestimmbaren Zeitpunkt – ich kann wirklich nicht sagen, wann es geschah – auf, den Leuten zu erzählen, ich sei Argentinier, ich begann, sie und mich zu belügen, indem ich behauptete, daß ich Chilene sei.

Diese Lüge aber erwies sich als ein Bumerang und hätte beinahe meine Bemühungen, ein rechtmäßiger chilenischer Staatsbürger zu werden, zunichte gemacht.

Es war bei Allendes Wahlkampf im Jahre 1964. Ich hatte mich so sehr in der Politik des Landes engagiert, daß ich schließlich zum Präsidenten der Unabhängigen Allendista-Studenten der Universidad de Chile gewählt wurde. Bis dahin hatte sich mein politischer Aktivismus nicht von denen meiner linken Kommilitonen unterschieden: Man wohnt zu Hause, liest eine Menge, führt unendlich lange Diskussionen, man geht hin und wieder in einen Slum, um sich an einem von der Studentenschaft organisiertem Sozialdienst zu beteiligen, man schmiedet Komplotte gegen die Christdemokraten und versucht, die Universität aus ihren Klauen zu befreien, man verbringt einen Monat in einer *población*, einer Siedlung, und bringt Bauern, die gerade erst vom Land hierhergekommen sind, das Lesen bei, man nimmt ständig an Demonstrationen teil, man wird mit Tränengas beschossen, bekommt einen Schlag mit dem Gummiknüppel in die Rippen, es bilden sich ein, zwei Blutergüsse, sie verschwinden wieder, das Leben geht weiter, man ist mehr in den Begriff *el pueblo* verliebt als in das Volk selbst.

O ja, ich versuchte, jenen Massen zu dienen, von denen ich weiterhin behauptete, sie würden mich und die Welt retten. Mißtrauisch gegenüber den politischen Parteien und ihren schwerfälligen Bürokratien, dachte ich, der ich vor Gringo-Macher-Gehabe nur so strotzte, ich könnte diese verkrusteten Strukturen umgehen und mich direkt den ärmeren Teilen der Gesellschaft zuwenden, jenen Menschen, die schließlich mit ihren Steuern und ihrer Arbeit für unsere Ausbildung bezahlten und denen wir uns erkenntlich zeigen sollten. Irgendwann 1963 plante ich, finanziell unterstützt von meinem stets hilfsbereiten Dad, unter dem pompösen Titel Universidad Móvil para el Trabajador (Mobile Arbeiteruniversität) eine einwöchige Reihe von Seminaren, die die besten unter meinen Studienkollegen unmittelbar in den *poblaciones callampas* halten sollten, in den Barackensiedlungen, die sich eben genau wie Pilze (*callampas*) in ganz Santiago ausgebreitet hatten, als obdachlose Familien brachliegendes Land in Besitz nahmen, dort über Nacht ihre Blechhütten errichteten und ihre chilenischen Flaggen hißten.

Ich nahm Kontakt mit den Gemeindevorstehern einer dieser *poblaciones* auf, in der ich zuvor bei einem freiwilligen Einsatz gearbeitet hatte, und stellte ihnen unser Programm vor. Es begann mit »Was ist Literatur?« am Montag abend, gefolgt von den Themen »Was ist Chile?«, »Was ist Lateinamerika?«, »Was ist Geschichte?« und »Was ist der

Körper?« an den weiteren Abenden, und endete mit »Was ist das Universum?« am Samstag.

Sie waren skeptisch. Angesichts ihrer enormen Probleme – kein Gas, keine Straßenbeleuchtung, keine asphaltierten Straßen, keine Bäume, keine Spielplätze, kein Wasser, aber natürlich Unmengen von Schlamm – fragten sich die *pobladores*, ob unser Bildungsprojekt tatsächlich als vorrangig behandelt werden sollte. Meine Antwort: Wie sollten diese Schwierigkeiten überwunden werden, wenn wir keine Anstrengungen unternahmen zu verstehen, wer wir waren, nicht unsere Ursprünge aufspürten, wenn wir nicht daran glaubten, daß Wissen uns frei machen könne. Die Gemeindevorsteher wirkten gerührt – doch ich glaube, mehr durch meine sprühende Begeisterung als durch meine Argumente. Sie sahen sich an und warteten schweigend, und dann bot uns einer von ihnen das heruntergekommene, aus einem Raum bestehende Gebäude an, in dem die Grundschule untergebracht war. »Da habt ihr euch ja ganz schön was vorgenommen«, meinte er. »Warten wir mal ab, was passiert.« Später begleitete er mich zur Bushaltestelle, und bevor ich einstieg, hielt er mich zurück.

»Der Schlüssel«, sagte er, »sind die Kinder.«

»Die Kinder?«

»Wenn die Kinder kommen, kommen auch die Eltern.«

Wir folgten seinem Rat. Den Sonntag vor der ersten Unterrichtsstunde verbrachte unsere Gruppe gesinnungstreuer zukünftiger Lehrer in der *población*, verteilte Handzettel an die Kinder und sagte ihnen, daß am nächsten Abend der Einführungskurs der Universidad Móvil in die Literatur stattfinden würde und der Eintrittspreis zu den Zeichentrickfilmen, die vorher gezeigt würden, sei, daß mindestens ein Elternteil mitkomme.

Die Taktik funktionierte. Als ich mit dem alten 8-mm-Filmprojektor meiner Familie und den Stummfilmen aus meiner Kindheit eintraf, war die Grundschule bis auf den letzten Platz besetzt. Den Kindern und ihren Eltern gefiel vor allem *Mighty Mouse*, genauso wie mir 1947, als ich fünf war und mein Vater das damals brandneue Heimkino mit nach Hause brachte. Die meisten von ihnen sahen zum erstenmal überhaupt einen Film – damals war das Fernsehen in Chile noch nicht sonderlich verbreitet. Und mein Gespräch war anscheinend ebenfalls von Erfolg gekrönt: Wir sprachen über Klänge und Rhythmen und Bilder und darüber, daß sie alle Dichter wären, so wie sie tagtäglich miteinander sprachen, und daß selbst die einfachste Geschichte so viele Interpretationen zuließe, wie sie Leser habe. Am Ende erinnerte ich alle daran, daß es am nächsten Tag einen weiteren Vortrag geben würde, und viele aus dem Publikum versprachen, wiederzukommen.

So war ich am nächsten Tag sofort in Alarmbereitschaft, als ich einen kurzen Anruf von Miguel erhielt, dem Geographiestudenten, der für »Was ist Chile?« zuständig war. Er rief von dem einzigen Telefon in der *población* an, das sich, wie das Glück es wollte, in der Grundschule selbst befand.

»*Oye*«, sagte Miguel, »hörst du das?«

Ich lauschte. Durch das Telefon hörte ich den Klang dumpfer Schläge und in der Ferne die schwachen Schreie kindlicher Stimmen.

»Hast du's gehört?«

»Ja.«

Mein Freund blieb ganz ruhig. »Es sind die Kinder aus der *población*. Sie bewerfen die Schule mit Steinen und drohen, sie niederzubrennen, wenn du nicht wieder *Mighty Mouse* zeigst.«

»Was?«

»Ich glaube, es ist besser, du kommst her und hältst mit mir zusammen die Stunde über die Frage, was Chile ist.«

Ich schnappte mir das Auto meines Vaters, aber bei meiner Ankunft merkte ich, daß nichts unpassender sein konnte als der riesige Diplomatenwagen, denn sofort war ich von Hunderten Hurra schreienden Kinder umringt, die verlangten, daß ich *Ratón Aerodinámico* und dazu noch ein paar andere Kurzfilme zeigte. Ich verfolgte, wie mein Freund mit den Kindern – und den drei einsamen Erwachsenen, die hinten im Klassenzimmer saßen und erst hereingetrottet waren, als klar war, daß keine Gefahr von seiten der Steinewerfer bestand – darüber sprach, was Chile war. Aber ich lernte mehr über Chile als sie, ich lernte, daß es nicht anging, einfach hier hereinzuplatzen, daß es Jahre dauerte, ehe die geeigneten Kommunikationswege gefunden waren, die richtigen Methoden, die richtigen Kontakte, und daß ich versucht hatte, diese Jahre schwerer Arbeit zu überspringen und die Art und Weise zu ignorieren, in der die Dinge hier, bei diesen Menschen, vonstatten gingen. Und das Ergebnis war, daß ich, um unsere provisorische Universidad Móvil made in Chile zu retten, gezwungen wurde, auf ein fliegendes Nagetier aus den imperialistischen Vereinigten Staaten zurückzugreifen.

Den Rest der Woche lief es etwas besser, weil wir zur Ursprungsformel zurückkehrten: erst die Trickfilme, dann die Unterrichtsstunde. Doch am Samstag waren wir einhellig der Meinung, daß das so naiv geplante Experiment der Mühe nicht wert gewesen war und wir es besser nicht wiederholten, daß dies nicht gerade der geeignete Weg war, das Bewußtsein des chilenischen Volkes zu verändern. Anstatt unseren Landsleuten Anreize zu geben, mehr über sich zu erfahren und darüber, warum sie so unterprivilegiert waren, hatten wir in ihren Kindern den Wunsch geweckt, wie Mighty Mouse zu sein und die mächtigen US-Medien zu bewundern. Unser Beschluß, die Türen der Universidad Móvil zu schließen, war aber vielleicht auch von der Tatsache beeinflußt, daß die Präsidentschaftswahlen des Jahres 1964 bevorstanden, und wenn diesmal Allende gegen den christdemokratischen Kandidaten Eduardo Frei gewann, waren solche Bemühungen wie unsere unnötig. Dann würde die Regierung selbst alles daransetzen, ein ganz neues Bildungssystem für die Arbeiter zu entwickeln. Ein ganz neues System? Wenn wir siegten, würden wir eine ganz neue Welt errichten.

Die Macht in greifbarer Nähe, stürzte ich mich mit einer Begeisterung in den Wahlkampf, die selbst meinen marxistischen Vater erschreckte. Ich organisierte Kundgebungen und half, die Studentenvereinigung unserer Fakultät mit einer raffinierten Werbestrategie den Christdemokraten abspenstig zu machen (die Ironie, die darin lag, daß ich Techniken der Madison Avenue in den Dienst der Revolution stellte, ließ mich kalt). Ich beschrieb Wände, erfand Slogans, schrie mir bei Demonstrationen die Kehle heiser, beschwatzte unentschlossene Wähler, schrieb zahnlose, alte Frauen ins Wahlregister ein, klopfte an Sonnabenden und Sonntagen an Türen, fuhr runter nach Valparaíso, um zusammen mit Angélica und Hunderten anderer Studenten in den Bergen an freiwilligen Arbeitseinsätzen teilzunehmen, überredete eines Tages den großen Neruda persönlich, in unsere Fakultät zu kommen und aus seinen Gedichten vorzulesen, um gegen die Zerstörung unserer Plakate durch die politischen Gegner zu protestieren, und ging überhaupt den Leuten auf die Nerven. Ich war überall, laut, mahnend, überzeugend, von einer grenzenlosen Energie und ebenso grenzenlos überzeugt. Ich reizte die Persönlichkeitsmerkmale, die in meiner Yankee-Kindheit geformt worden waren, bis zum Anschlag aus, und mein Überschwang und mein Exhibitionismus standen in krassem Gegensatz zu dem bescheidenen, oft übertrieben förmlichen und ein wenig unterwürfigen Auftreten der meisten

Chilenen. Ich stellte mein geradezu obsessives Verhältnis zu Verantwortung und individueller Leistungsbereitschaft, das ich mir in Amerika angeeignet hatte, in den Dienst der sozialistischen Revolution.

Ende August, wenige Tage vor der Wahl, als ich für unsere Fakultät Slogans für den bevorstehenden letzten Aufmarsch der Allende-Anhänger entwarf, kam das böse Erwachen. Ich schlug eine der linken Zeitungen auf (*Ultima Hora*, herausgegeben von Augusto Olivares, der mein Freund werden und mich, ohne es zu wollen, am 11. September 1973 retten sollte) und las darin, daß Allende die sofortige Ausweisung eines (angeblich von der CIA bezahlten) tschechischen Exilanten und Nazis gefordert habe, der sich widerrechtlich in die chilenische Politik eingemischt hatte. Ich zeigte die Meldung meiner Mutter und gluckste hämisch: Endlich haben sie das Schwein gekriegt, weg mit ihm.

Und dann läutete das Telefon.

Meine Mutter reichte mir verdutzt den Hörer: »Es ist Jorge Ahumada«, sagte sie.

Jorge Ahumada war der Vater Quenos, eines meiner engsten Kameraden – einer der wenigen, die mir noch aus der Zeit am Grange geblieben waren. Jorge, ein Freund meines Vaters aus der UNO, war inzwischen Eduardo Freis erster Wirtschaftsberater.

»Eddie.« Jorge gebrauchte meinen Namen aus der Grange-Zeit. »Ich rufe vom Hauptbüro der Christlich-Demokratischen Partei an. Ich saß gerade in einer Besprechung über Wirtschaftspolitik, und zufällig – es war wirklich reiner Zufall – habe ich dort mitbekommen, daß meine Kollegen eine Möglichkeit gefunden haben, den Anschuldigungen gegen den tschechischen Exilanten entgegenzutreten. Sie wollen die Regierung auffordern, einen jungen linken Agitator, der sich in unsere inneren Angelegenheiten einmischt, auszuweisen. Er ist Argentinier. Sein Name ist Vladimiro Dorfman. Ein russisch klingender Name.«

Er machte eine Pause, damit sich das erst einmal bei mir setzen konnte. Dann fuhr er fort: »Ich habe ihnen gesagt, daß ich dich schon als Jungen kannte und mich für dich verbürgen kann. Sie haben sich bereit erklärt, die Sache nicht weiterzuverfolgen. Ich habe ihnen mein Wort gegeben, daß du augenblicklich mit deinen politischen Aktivitäten aufhörst.« Schweigen. »Hörst du mir zu?«

»Ja, Jorge.«

»Wenn sie dich auch nur einmal bei einer Demonstration photographieren, wenn sie dich bei irgendeiner öffentlichen Veranstaltung erwischen, die auch nur annähernd politischen Charakter hat, wird am nächsten Tag dein Name in allen Zeitungen stehen, und noch einen Tag später werde ich die Polizei nicht mehr daran hindern können, dich aus Chile zu verjagen. Hast du verstanden?«

»Ja, ich habe verstanden. Und danke. Danke, Jorge.«

Ich legte auf.

Die nächsten Tage waren die reine Hölle. Ich mußte mich von allen Aktivitäten zurückziehen, rasch Ersatzleute für mich finden und, was noch schlimmer war, mein schmutziges Geheimnis lüften, daß ich kein echter Chilene, sondern in Argentinien geboren war, ich mußte zusehen, wie meine Mitstreiter verwirrt die Augen zusammenkniffen, ich mußte mich von ihnen trennen, war wieder ein Fremder, stand draußen, heimatlos. Meine Enttäuschung darüber, daß ich zu dem bevorstehenden Sieg, für den ich so schwer gearbeitet hatte, nichts mehr beitragen konnte, war unendlich groß, und wie so viele *Allendistas* damals schloß ich mit einem christdemokratischen Freund aus unserem Viertel eine Wette ab: Wenn mein Kandidat verlor, würde ich den Anflug meines – wie ich glaubte, revolutionären –

Bartes abschneiden; und wenn Allende gewann, würde mein Freund Gastón nackt in den Brunnen vor der Moneda springen und darin herumtoben wie ein Affe. (Er gehörte zu der prüden Sorte und muß vollkommen davon überzeugt gewesen sein, daß Frei einen überwältigenden Wahlsieg erringen würde.)

Meinen Bart zu verwetten trug jedoch keineswegs dazu bei, mein Gefühl der Verlassenheit zu mildern, das seinen Höhepunkt an dem Tag erreichte, als die Allende-Anhänger zu ihrer letzten Demonstration aufbrachen. Ich hatte so lange auf die Erleichterung und Genugtuung gewartet, die diese Demonstration versprach, auf die Erregung der Menge, den Adrenalinschub durch das kollektive Tier, die Verbrüderung, die gute Stimmung, die schönen Frauenbeine und die entrollten, provozierenden Transparente, hatte so lange darauf gewartet, daß sich die Worte, die herausgeschrien wurden, mit denen auf den Plakaten vermischten. Ich demonstrierte gern, weil man auf diese Weise am ehesten für ein paar Stunden der Geißel der Vereinzelung abschwören und glauben konnte, man unterscheide sich in nichts von allen anderen, es war eine fast Nirwana-ähnliche Entgrenzung, all diese Menschen, die sich ihres Ziels so sicher waren und einen mit sich rissen. Diesmal aber rissen sie mich in die Leere der Nutzlosigkeit. Angélica hatte mir angeboten, sie werde bei mir zu Hause bleiben und nicht zur Demonstration gehen, aber ich sagte ihr, sie solle sich ihren Kommilitonen anschließen, während ich alleine hingehen wollte, um zu grübeln und mir Selbstvorwürfe zu machen. Ich verdiente diese Strafe. Zeigte meine Ausgrenzung, die mich am Rande stehen ließ und wie all die einzelnen, unbeteiligten Zuschauer auf zwei leblose Augen reduzierte, zeigte dies nicht deutlicher, wer ich war, als wenn ich inmitten der Menge herumgehüpft wäre, getanzt und geschrien und so getan hätte, als wäre ich Chilene, obwohl ich in Wirklichkeit dies gar nicht als mein Land definiert hatte, obwohl ich während meiner Schulzeit in Chile sehnsüchtig ins Ausland geschielt hatte, anstatt dieses großartige, sich verbrüdernde Volk zu erforschen, das nun an mir vorüberzog auf dem Weg in eine Zukunft, von der ich ausgeschlossen war? War ich nicht tatsächlich ein Fremder? Und war es nicht mein Schicksal, immer ein Fremder zu bleiben?

Durch Taty Allende und ihre Schwester Isabel wurde ich von diesen bitteren Gedanken befreit. Die Töchter Salvador Allendes marschierten wie ganz normale Bürger an mir vorbei und erkannten mich, der ich auf dem Gehsteig stand und sie wie das Leiden Christi in Person beobachtete. Sie winkten, ich winkte zurück. Sie müssen in meinen Gesten wohl etwas Trostloses und Verlorenes entdeckt haben, denn sie stürzten aus der Menge auf mich zu.

»Tag, Ariel«, rief Isabel. Ich dankte Gott, daß sie mich nicht Eddie nannte und mich als Lateinamerikaner sah. »Wartest du auf jemanden?«

»Komm doch mit uns«, sagte Taty. »*Ven.*«

Ich erklärte ihr mit knappen Worten, warum ich das nicht konnte, wobei ich mich nervös umsah, als ob eine Horde imperialistischer Photographen nur darauf wartete, mich in dieser kompromittierenden Situation abzulichten – mit den dämonischen Töchtern Salvador Allendes, die mich in den Demonstrationszug bugsierten. Ich stellte mir bereits vor, wie irgendein subalterner Funktionär das Belastungsmaterial mit einem Vergrößerungsglas untersuchte und nach dem Ausweisungsbefehl griff.

»*Hijos de puta*!«, brummte Taty, als ich meine Lage erklärt hatte.

Dann zogen sie los. Ihre Gruppe war schon einen Häuserblock weiter. Voller Selbstmitleid blickte ich ihnen nach. Plötzlich drehte sich Isabel um und kehrte zu mir zurück.

»Weißt du was?« meinte sie. »Komm doch heute abend nach der Demonstration zu uns. Es gibt Arbeit für dich, die dich in keinerlei Gefahr bringt.«

In jener Nacht und auch in den folgenden Nächten arbeitete ich bis zum Morgengrauen in Allendes Haus. Wir stellten Listen all jener Wähler zusammen, die aus dem Bezirk, in dem sie wohnten, abgeholt und in den Bezirk gebracht werden mußten, wo ein Wahllokal war. Nur ein paar junge Revolutionäre – Taty, Isabel, ein paar Freunde von ihnen, Angélica und ich – hockten dort auf dem Boden des Wohnzimmers, vor sich ausgebreitet eine riesige Karte Chiles. Allende selbst sah ich bloß ein einziges Mal in jenen paar Nächten. Ich weiß noch, wie er kurz nach Mitternacht hereinkam, genau zwischen dem 3. und dem 4. September, dem Wahltag. Müde, aber aufrecht stand er in der Tür und sah uns zu. Ich sehe ihn noch vor mir, wie er die Brille abnahm, sich die Augen rieb und uns dann zulächelte – seinen Töchtern und ihren Freunden.

»¿*Qué tal, muchachos?*« fragte Allende. »Wie geht's, Kinder?«

Wir murmelten etwas wie, alles sei großartig, und er nickte, trat zu uns, sah sich die Listen an und lächelte erneut. Vielleicht dachte er an seinen Wahlkampf, vielleicht dachte er, daß er in all diesen Städten und Dörfern Chiles, in jedem Winkel des Landes gewesen war, über den zu regieren er sich erhoffte. Vielleicht war er sich auch schon darüber im klaren, daß er die Wahl verlieren würde. Aber er verbarg, was in ihm vorging, nickte nur noch einmal, wünschte uns eine gute Nacht und ging dann zu Bett.

Wir blieben bis zum Morgengrauen, um, wie wir glaubten, unseren Sieg vorzubereiten.

Aber der blieb aus. Allende verlor die Wahl und ich meinen Bart. Am Morgen des 5. September 1964 rasierte ich ihn mir ab. »Ich werde mir erst wieder einen Bart wachsen lassen«, schwor ich mir, »wenn Chile sozialistisch ist.«

Ich schwor aber noch etwas weitaus Wichtigeres an jenem Tag, etwas, das für mich leichter erreichbar war: In sechs Jahren würde Allende erneut einen Anlauf nehmen, Präsident Chiles zu werden, und dann würde mich kein Mensch auf der ganzen Welt daran hindern können, dabei zu sein. Beim nächstenmal wäre ich chilenischer Staatsbürger. Ich würde ein Land haben.

Aber meine Einbürgerung ging nicht so einfach vonstatten, wie ich gedacht hatte: Es stellte sich heraus, daß ich all die Jahre aufgrund des Diplomatenvisums meines Vaters in Chile gewesen war, und um die Staatsbürgerschaft zu erhalten, mußte ich eine Aufenthaltsgenehmigung beantragen, was bedeutete, das Land zu verlassen und dann für eine befristete Zeit zurückzukehren, und danach mußten erst fünf weitere Jahre verstreichen, bevor ich um die Staatsbürgerschaft ersuchen konnte, und so weiter, und so weiter.

Ein Christdemokrat hatte mich davor bewahrt, aus Chile ausgewiesen zu werden, und ebenfalls ein Christdemokrat sollte mich aus diesem Wirrwarr gesetzlicher Bestimmungen befreien. Ein Freund von Angélicas Mutter nahm Kontakt zu Freis Polizeiminister Bernardo Leighton auf, der ohne eine Gegenleistung zu verlangen den gordischen Knoten der Bürokratie durchtrennte und mir die Staatsbürgerschaft verlieh.

In den Jahren des Exils sollte Leighton mein Verbündeter und Freund werden. In Rom überlebte er sogar einen Mordanschlag durch Pinochets Geheimpolizei, die mit den italienischen Neofaschisten zusammenarbeitete. Doch damals war er für mich in erster Linie derjenige, den wir bei einer Studentendemonstration im Jahre 1964 mit Tomaten beworfen hatten. Ja, ich hatte den Mann, der mich schließlich zum chilenischen Staatsbürger machen sollte, verhöhnt, den Mann, der die Tür zu Chile für mich öffnen und mir ermöglichen würde, an einer Revolution teilzunehmen, die ihn als ihren Feind betrachtete. Denn, so verkündeten wir, er war eine Schachfigur unseres eigentlichen Feindes, der Vereinigten Staaten von Amerika, in deren Plan, die lateinamerikanische Revolution aufzuhalten.

1961 hatte John F. Kennedy als Antwort auf Fidel Castros Revolution die Allianz für den Fortschritt ins Leben gerufen, ein finanzielles Hilfsprogramm mit dem Ziel, die Republiken südlich des Rio Grande zur Durchführung von Reformen zu bewegen, die den Sumpf sozialer und wirtschaftlicher Ungerechtigkeit austrocknen sollten. Drei Jahre später schien die Allianz kläglich gescheitert zu sein, nicht nur weil die Eliten in den einzelnen Ländern das Geld in die eigenen Taschen steckten, sondern vor allem weil die USA die Ökonomien der Länder in einen Würgegriff genommen hatte, der wirkliche Veränderungen kaum zuließ. Die chilenischen Christdemokraten jedoch schienen entschlossen, das Hilfsprogramm durchzuführen, verfolgten einen mittleren Kurs zwischen Allendes revolutionärer Linker und den reaktionären Konservativen um Alessandri und hießen die *Alianza para el Progreso* willkommen. Höhnisch schleuderten wir ihnen entgegen, in Wirklichkeit sei es eine *Alianza que para el Progreso*, die Allianz, die den Fortschritt verhindere und die nur ein weiteres Manöver der Yankees darstelle, Lateinamerika in Abhängigkeit zu halten und das Volk zu spalten.

Zur Zeit des Wahlkampfs 1964 hatte ich begonnen, das Land, das ich so lange als meine Heimat bezeichnet hatte, zu dämonisieren, und ich machte es bereits für jedes Übel verantwortlich, das mein neues Land und meinen neuen Kontinent befiel.

236

Und dennoch schrieb ich weiter in englischer Sprache, hatte weiterhin, durch die Sprache, Anfälle von Loyalität gegenüber dem Land, in dem ich sie gelernt hatte, und versuchte, diese Schlange zu ignorieren, diesen Gedanken, der nicht von mir weichen wollte, diese Stimme, die in meinem Kopf flüsterte, sich durch meine Gehirnwindungen schlängelte und mir sagte, daß ich nie ein richtiger Lateinamerikaner würde, wenn ich nicht mein Verhältnis mit dieser ersten Sprache beendete, in der ich noch immer meine Zukunft träumte.

Das sollte die Herausforderung sein, die mich in der zweiten Hälfte der sechziger Jahre erwartete.

Aber zumindest war ich jetzt nicht mehr allein.

Ich war verliebt.

Nein, keine Metapher. Nicht in ein Land. Nicht in ein *pueblo*. Nicht in die Silben einer Sprache, die von Millionen anderen geschaffen worden war.

Ich war verliebt.

Ihr Name lautete, wie der Leser bereits weiß, Angélica.

II

Über die Entdeckung des Todes vor einer Botschaft in Santiago de Chile im Jahr 1973

Es ist Ende September geworden.

Du hast dich von mir verabschiedet, meine Liebe, und nun gehst du die Treppe hinunter. Bald wird man die Tür der Botschaft zuschlagen hören, deine schmale Gestalt wird durch das Tor schlüpfen, und dann wirst du die Straße überqueren. Dort tauchen die zwei Männer auf und sprechen dich an. Die Unterhaltung dauert kaum länger, als der kleinere Mann, der mit der karierten Jacke, braucht, um sich eine Zigarette anzuzünden. Der andere sieht dir in die Augen, und deine Augen müssen wohl abweisend und erschrocken blicken. Dann fordern sie dich auf, im Auto Platz zu nehmen. Der eine faßt dich, meine Liebste, am Arm, wenn auch mit einer gewissen Zurückhaltung, fast höflich. Der Motor läuft, schnurrt wie eine satte Katze, aber der Wagen wird sich nicht von der Stelle bewegen. Jetzt steigt ihr ein, du und der kleinere Mann auf der Rückbank, der andere vorne. Seine starken, entschlossenen Schultern bilden einen scharfen Kontrast zu den schüchtern wirkenden Lippen, dem dünnen, mickrigen Schnurrbart. Du selbst bist nicht mehr zu sehen. Nur, ganz plötzlich, deine Hand, die eine Zigarette annimmt und sich dann schützend um die flackernde Flamme des Feuerzeugs wölbt. Deine andere Hand ist nur einmal zu sehen, sie flattert einen kurzen Moment über die Lehne der Rückbank, eine zögernde Bewegung, das Funkeln eines Eherings, bevor sie sich zurückzieht. Der Mann vorne, neben dem leeren Fahrersitz, ist derjenige, der die Fragen stellt. Da das Auto direkt gegenüber der Botschaft parkt, kann man von dort aus durch die Windschutzscheibe seinen ganzen Körper sehen. Jetzt stellt er, mit der linken Hand, den Motor ab und steckt die Schlüssel ein. Sie haben also nicht vor, gleich loszufahren. Er wird halb an die Autotür gelehnt sitzenbleiben, das eine Bein am Fahrersitz abgestützt, der Schuh drückt gegen die Polsterung, die Hände umschlingen das Knie. Hin und wieder kratzt er sich die Haut unter den Socken. Sie werden keine Eile haben. Kinder werden mit dem Rad vorbeifahren und einander bei den Namen rufen, die ihnen die Eltern vor Jahren gegeben haben; der Postbote wird durch diesen Frühlingstag gehen, der wie ein Sommertag ist, wird Neuigkeiten bringen und Werbung und vielleicht Briefe von einer alten Liebe; Mütter werden einen kleinen Morgenspaziergang machen und ihren Kindern beibringen, auf zwei Beinen zu stehen, einen Schritt oder zwei zu machen, statt zu krabbeln. Jetzt läßt sich ein Vogel auf dem warmen Autodach nieder und fliegt, ohne auch nur einen Laut von sich zu geben, pfeilschnell wieder davon. Vielleicht hast du, drinnen im Auto, diese stille Anwesenheit, die noch stillere Abwesenheit gespürt, wie wenn ein Blatt zur Unzeit von einem Baum fällt, ein bißchen zu spät, vielleicht hast du gespürt, daß sich ein Flügelpaar öffnete und dann fort war. Der Mann holt ein kleines Notizbuch aus einer Tasche in seiner Jacke und einen Bleistift. Er hält dir die beiden Dinge hin. Für einen winzigen Augenblick kann man deine Hand sehen, die den Bleistift, das Notizbuch entgegennimmt. Als wärst du gar nicht wirklich dort auf dem Rücksitz des Autos, verschwindet im nächsten Augenblick diese Verlängerung deines Körpers, und es ist nichts mehr zu sehen. Der Mann wirft den Schlüsselbund in die Luft und fängt ihn geschickt wieder auf. Er lächelt. Er zeigt mit einem Schlüssel auf dich und sagt etwas, es muß eine Frage sein. Unmöglich zu erahnen, was du antwortest. Keiner der Passanten, die an dem Auto vorbeitrotten, verhält den Schritt, niemand schaut hinein. Eine Bettlerin wankt die Straße entlang, eine Horde Straßenkinder im Schlepptau, sie geht auf das Auto zu, um eine Kleinigkeit zu erbitten, und weicht dann zurück, beinahe als würde sie begreifen, aber vielleicht will sie gar nicht begreifen. Jetzt öffnet sich das Autofenster, und das dunkle Gesicht des kleineren Mannes erscheint, des Mannes, der neben dir sitzt. Er hat in letzter Zeit kaum Schlaf gefunden: Sein Gesicht wirkt aufgedunsen, und er hat Ringe unter den Augen. Er blinzelt, als ihn das unerbittliche Tageslicht trifft. Dann schaut er kurz zur Botschaft hinüber, läßt den Blick prüfend über die Fenster wandern, um zu sehen, ob jemand die Szene beobachtet, ob jemand hinter den halb zugezogenen Vorhängen steht und jede Bewegung, jede Geste zu registrieren und sich einzuprägen versucht. Er verharrt eine ganze Weile bewegungslos, als könne er auf diese Weise herausfinden, was hinter jenen Mauern vorgeht. Er zieht ein Taschentuch heraus und wischt sich über die Stirn, tupft sich den Schweiß vom Gesicht. Er müßte sich rasieren, er müßte nach Hause, um sich wieder einmal richtig zu rasieren. Vielleicht hat er die ganze Nacht, während er wartete, an ein heißes Bad gedacht. Die Luft flimmert vor weißen Blütensporen; er blinzelt mit bleiernen Augenlidern. Der leichte Wind hat sich in der drückenden Hitze schon fast gelegt. Der Mann steigt rasch aus dem Wagen. Das Sonnenlicht strömt über seinen Körper. Jetzt steigt er wieder ein, setzt sich auf den Fahrersitz. Er streckt die Hand aus, so daß der andere Mann ihm die Schlüssel geben kann. Das Geräusch der hinteren Autotür, die sich geöffnet und geschlossen hat, der vorderen Tür, die sich geöffnet und geschlossen hat, stört die Stille nicht. Es ist ein fast angenehmes, metallisches Geräusch. Der Motor heult auf, der Wagen fährt an dem Haus vorbei, an den Fenstern mit den halb zugezogenen Vorhängen, für einen unendlich langen, unschuldigen Augenblick sind dein zartes Gesicht und deine Schultern zu sehen, die sich beim Atmen heben, das Kleid, das sich an deinen Körper preßt wie die Haut eines Geliebten. Dein Bild zieht vorbei wie ein Blitz, der kein Ende hat, wie eine Geburt, die kein Ende hat, du wirst an dem Haus vorbeifahren, ohne hinzusehen, dein Gesicht wird vorbeiziehen, deine Augen werden plötzlich in der Horizontlinie der Straße versinken, die zu anderen Straßen führt. Aber sie werden dich nicht wegbringen. Jetzt bremst der Wagen, ein Stück weiter vorn, unter dem üppigen Schatten jenes Baumes, den du schon so gut kennst, daß du seine Äste unter dem Gewicht des Windes letzte Nacht hast seufzen und tanzen hören, der Wagen hält einen halben Block vom Haus entfernt. Nur die Rückseite des Autos ist zu sehen und, als sich in dem Laubwerk, das sich sanft in den Strahlen dieses so rasch zum Sommer gewordenen Frühlings wiegt, eine Öffnung auftut, ein verschwommener Farbfleck, der dein Haar sein könnte oder der zitternde Nacken unter deinem Haar oder die eigensinnige, ruckartige Bewegung deines Kopfes unter deinem Haar. Wäre nicht das gemächliche, unerbittliche Vorrücken des Minutenzeigers auf deiner Armbanduhr, wo das langsame Blut in deinem Arm sich mit dem geheimnisvollen Blut in deiner Hand trifft und vereint, wäre nicht die unmerkliche Rotation dieses Planeten, man könnte denken, die Zeit sei stehengeblieben, alle Bewegung erstarrt, die Stille endgültig, und ihr würdet für immer dort verharren, du, die Männer, der Wagen, die Straße. Kein Bettler wird vorbeigehen. Der Postbote wird nicht zurückkommen. Die Kinder werden ihre Räder wegstellen, um zum Essen nach Hause zu gehen. Wenn die Sonne sich wieder in das Autodach zu bohren beginnt, wenn sie ihren Höhepunkt endlich überschritten und der Nachmittag endlich begonnen hat, wenn die unerträgliche Hitze den Fahrer abermals zwingt, woanders Zuflucht zu suchen, wird nichts in der Welt, weder das Summen der Bienen noch das fröhliche gelbe Aufbrechen der Blüten, verhindern können, daß dieser Motor wieder anspringt, dieser Wagen sich langsam vom Bordstein wegschiebt, und diesmal wird er nicht im Schatten oder in der Sonne Halt machen, diesmal wird der Wagen weiterfahren, immer weiter, nichts kann ihn hindern, dort zu verschwinden, am Ende der Straße, die zu anderen Straßen führt, dich an jenen Ort zu bringen, von dem du nie mehr zurückkehren wirst.

Diese Geschichte, scheinbar frei erfunden, hat sich tatsächlich so zugetragen. Sie ist uns geschehen, Angélica und mir, genau wie es hier steht, genau so, wie ich sie viele Jahre später aufschrieb. Bis auf den Schluß. Sie brachten sie nicht fort, nicht für einen Tag, nicht für einen Monat, nicht für immer. Aber alles andere ist wahr. Ich hatte Ende September im Haus einer Freundin meiner Mutter, der Frau des israelischen Botschafters, vorübergehend Zuflucht gefunden und wartete eine Woche lang darauf, ungesehen in eine der streng bewachten lateinamerikanischen Botschaften hineinzukommen, unter deren Schutz ich sicher außer Landes gelangen konnte. Als Angélica mich besuchte und über Nacht blieb, wurde sie am nächsten Morgen von zwei Geheimagenten Pinochets festgehalten, die das Haus beobachtet hatten, weil sie dachten, Senator Carlos Altamirano, der geflohene Chef der sozialistischen Partei, hager und bebrillt wie ich, halte sich dort versteckt. Angesichts seiner Sympathien für die Palästinenser eine absurde Vorstellung. Angélica brachte es jedoch fertig, daß die beiden Spürhunde sie gehen ließen, ohne daß außenpolitische Fragen angesprochen wurden, und es blieb ihr das Schicksal erspart, dem die Protagonistin der Geschichte nicht entrinnen konnte.

Als ich dieses Erlebnis viele Jahre später zu Papier brachte, gab ich der Geschichte einen anderen, einen tragischen Schluß, einerseits, weil die meisten Vorfälle dieser Art so ausgehen, aber hauptsächlich wohl deshalb, weil es die einzige Möglichkeit war, mir selbst und anderen klarzumachen, welche grauenhaften Dinge sich in jener Stunde in meinem Kopf abspielten. In jener Stunde, als die Frau, die ich liebte, in der Gewalt von Männern war, die mit ihr machen konnten, was sie wollten, ohne daß ich etwas dagegen unternehmen konnte. In Wirklichkeit ging die Sache anders aus, aber in meinem Kopf spielten sich immer wieder dieselben Horrorszenen ab, während ich den Wagen von einem Fenster aus beobachtete und betete, diese Bilder in den folgenden Tagen und Jahren nicht immer wieder vor mir sehen zu müssen, betete, mir nicht eine Welt ohne Angélica vorstellen zu müssen.

Nachdem ich so viele Tage geradezu besessen gewesen war von meinem ständig wachsenden Abstand zu diesem Land, stellte ich nun fest, daß ich lieber Chile verlieren würde als Angélica, daß ich ohne Chile leben konnte, aber nicht ohne Angélica, und ich begann zu begreifen, daß die Heimat, die ich mir mit ihr geschaffen hatte, wichtiger war als die Heimat, die ich mit Chile und dem chilenischen Volk hatte aufbauen wollen, und sie überdauern würde.

Ich glaube, damals konnte ich zum erstenmal in meinem Leben meine Frau ganz klar von dem Land trennen, in dem sie geboren war.

Seit ich ihr begegnet war, waren Angélica und Chile in meinem Denken immer untrennbar miteinander verbunden gewesen. Alle Literatur, alle Reisen und Demonstrationen, aller Schnee auf all den Bergen banden mich weniger an das Land als dieses eine zarte Wesen.

Da war ich nun, Anfang 1961, ein Fremder in einem Land, in dem ich seit sieben Jahren lebte, ohne einen richtigen Zugang zu finden, in einem Land, dessen Lieder und Gebräuche und Menschen ich kaum kannte, auch wenn ich sie noch so sehr bewunderte und als potentiellen Weg zur Befreiung betrachtete. Und dann, eines Tages, Angélica. Was mich, um ehrlich zu sein, als erstes an ihr faszinierte, waren ihre Schönheit, ihr Temperament und ihre Lebensfreude, der erregende Gedanke an den geschmeidigen Körper einer *morena* unter dem Kleid, ihr wundervolles Lächeln, das die Götter der Werbung auch in tausend Jahren und auch mit einer Tonne Make-up keiner anderen Frau ins Gesicht hätten zaubern können. Wieviel von alledem ich mit dem exotischen Chile gleichsetzte, dem exotischen Lateinamerika, nach dem ich mich so viele Jahre insgeheim unendlich gesehnt hatte, läßt sich wohl nur erahnen. Ich erlebte die Liebe durch ebenjene Metaphern, die den Männern in Lateinamerika – und anderswo – damals zur Verfügung standen, auch wenn ich sie heute, mehr als dreißig Jahre später, noch so bedenklich und sexistisch finden mag: die Frau als die Erde, die Erdgöttin, die es ans Tageslicht zu heben gilt, ein Land, das du wie ein Pionier erkunden mußt, ein Boden, in den du deine Männlichkeit pflanzt wie einen Baum – das waren die Bilder, die in mir aufstiegen, während wir uns liebten. Ich konnte mich nie ganz von dem Gefühl befreien, daß ich irgendwie mehr in Besitz nahm als eine einzige Frau, daß ich mit einem ganzen Volk in ihr schlief, daß ich mich durch ihren Körper und ihr Leben an einen festen Platz auf diesem Planeten band.

Nun, da ich dies schreibe, weiß ich, daß es letztlich nicht Chile war, das ich in ihr suchte. Was mich an dieser Frau, die ich später heiraten würde, am allermeisten anzog, waren Eigenschaften, die über Nationalität oder nationale Grenzen hinausgingen, Eigenschaften, die ich an ihr auch dann hochgeschätzt hätte, wenn sie aus Litauen oder vom Mars gekommen wäre. Ihre unerschütterliche Loyalität, ihre verblüffende Fähigkeit, Menschen zu durchschauen, ihre beharrliche (und oft anstrengende) Neigung, ihre Meinung zu sagen, ohne sich um die Folgen zu kümmern, ihre fast tierhafte Anhänglichkeit, ihre Furchtlosigkeit, ihre Impulsivität – keine dieser Eigenschaften ist unbedingt typisch chilenisch, und einige, zum Beispiel ihre undiplomatische Direktheit oder ihre Kompromißlosigkeit, könnte man sogar als äußerst unchilenisch bezeichnen.

Und dennoch, wenn es auch nicht Chile war, das uns letztlich zusammenbrachte, so wäre unsere Liebe ohne Chile, ohne das Chile, das ich in ihr sah, wahrscheinlich nicht von Dauer gewesen. Angélica ist wundervoll, aber sie war damals kein Engel, trotz ihres Namens, und auch heute ist sie es ganz gewiß nicht. Ohne ins Detail zu gehen (sie ist schließlich die erste kritische Leserin meiner Werke und mir liegt daran, daß sie das hier durchgehen läßt), möchte ich nur soviel sagen, daß sie, nun, schwierig war. Was nicht heißen soll, daß es mit mir besonders einfach gewesen wäre. Wir fühlten uns zueinander hingezogen, gerade weil wir sehr gegensätzlich waren, und wenn das Leben auch nie langweilig war und nie werden wird, solange Angélica da ist, es war doch ein ständiger Konflikt. Angesichts dieser Umstände und unserer Unreife hätten wir es wahrscheinlich nicht bis zur Ehe und allem, was folgte, gebracht, wenn uns nur das vage Gefühl zusammengehalten hätte, im anderen die lang vermißte Seelenhälfte gefunden zu haben. Es bedurfte noch eines zusätzlichen Etwas, damit unsere Liebe die stürmischen Zerwürfnisse überstand, die alle jungen Paare erleben, und dieses Etwas war, für mich, häufig das unermeßliche Chile, das Angélica, wie ich meinte, in sich trug. Ich spürte, wie das Land mich immer wieder zu ihr zurückbrachte, wie mein Bedürfnis nach der Identität, die sie mir gab, mich fester an sie band, wie Chile uns insgeheim zusammenschweißte. Verdrehte Logik der Liebe, daß es bei Angélica umgekehrt war: Was sie an meiner Seite ausharren ließ, wenn es gar nicht zu klappen schien, war, wie sie mir später gestanden hat, gerade die Tatsache, daß ich von woanders kam, ihr instinktives Gefühl, daß ich sie nicht so behandeln würde, wie chilenische Männer Frauen behandeln, daß man sich absolut auf mich verlassen konnte, daß ich durchschaubar, daß ich naiv war – mit anderen Worten, daß ich ein Gringo war. Ein Gringo, der verzweifelt nach einem Land suchte, das die Antwort auf seine Einsamkeit und Haltlosigkeit wäre.

Angélica hatte jenes Land in sich, allein aus dem Grund, weil sie hier geboren war, einfach deshalb, weil ihre Vorväter und Vormütter sich am Fuße dieser Berge geliebt und ihre vielen Rassen vermischt hatten, ihr iberisches und mediterranes und indianisches und afrikanisches Erbe, und das zu einer Zeit, als meine Ahnen nicht einmal im Traum an Emigration dachten. Sie hatte dieses Land in sich durch die Kinderreime, die sie auf spanisch gesungen hatte, während ich Old Mother Hubbard aufsagte, sie hatte es in sich durch die Volksweisheiten, die sie auf der staubigen Plaza des kleinen Städtchens im Tal des Aconcagua in sich aufgesogen hatte, wo sie aufgewachsen war, sie hatte es in sich durch jedes chilenische Gewürz, jede chilenische Frucht, jedes chilenische Gericht, das sie gegessen hatte. Das war Chile, das alles und noch mehr. Sie hatte jeden Tropfen Erfahrung in sich gespeichert wie in einem Reservoir. Ich hatte es schon ziemlich zu Anfang unserer tastenden, ängstlichen und erwartungsvollen Annäherungsversuche gespürt, hatte gespürt, daß ich mit diesen Wassern meinen Durst stillen, mit ihren Wassern Chile in mich einsaugen konnte.

Wie unermeßlich diese Wasser waren und wie unstillbar mein Durst, das wurde mir schon in der Nacht klar, als wir *pololos* wurden – so nennt man in Chile Jungen und Mädchen, die fest miteinander gehen, ein Wort, das eigentlich ein schmetterlingsähnliches Insekt bezeichnet, das von Blüte zu Blüte fliegt und sich an deren Nektar berauscht. Wir waren in eine Diskothek gegangen und begannen einander schüchtern zu erforschen, wie man es eben so macht, wenn man unter Zwanzig ist, alles noch neu und unbekannt, und ein Orchester dezent einen Bolero spielt: *Bésame, bésame mucho, como si fuera esta noche la última vez.* Küß mich, küß mich ganz lange, als wäre es heute nacht das letzte Mal, und Angélica löste ihren Mund von dem meinen und begann dieses Lied über lateinamerikanische Liebe mitzusingen (ein bißchen falsch, aber das war egal), bei dem ich am Radio so oft weitergedreht hatte, weil ich lieber Frankie Avalon hören wollte, und danach kam ein Tango, dessen Text sie ebenfalls auswendig konnte, und in diesem Kopf, hinter diesen Sommersprossen, steckte das ganze Repertoire populärer lateinamerikanischer Lieder, die ich so verachtet hatte und jetzt auswendig lernen wollte, um meine neugefundene Identität unter Beweis zu stellen. Es könnte auch genau in dieser Nacht gewesen sein, daß ich sie fragte, ob sie *cueca* tanzen kann, den chilenischen Nationaltanz, und sie lächelte schelmisch, schnappte sich eine Serviette vom Tisch, wedelte damit herum und verbarg ihr Gesicht dahinter und meinte, sie könne mir ja ein paar Schritte zeigen, ich müsse mir nur einen Hahn bei der Balz vorstellen. Ich müsse versuchen, sie einzufangen, darum gehe es. Sie sei die Beute und ich der Jäger. Sie würde sich mir entziehen und ich hinter ihr herlaufen.

Vielleicht wurde mir schon am nächsten Tag klar, als wir im Zentrum von Santiago bummeln gingen, daß Angélica einen Schatz in sich trug, dessen Existenz ihr kaum bewußt war, einen Schatz, hinter dem ich schon lange her war und den sie auch gar nicht zu verstecken versuchte. Daß sie neben mir ging, als wir durch die Straßen der Stadt schlenderten, in der ich seit sieben Jahren lebte, ließ mich unversehens zu einem Touristen werden, der zum erstenmal hierherkam. Ich war zum Beispiel oft an diesem Café vorbeigelaufen, und es bedeutete mir absolut nichts, für Angélica aber war es der Ort, wo sich ihr Vater, ein Journalist, in den vierziger Jahren, sobald er seine Artikel in Druck gegeben hatte, mit ihrer Mutter und Freunden von der Volksfront getroffen, getrunken und bis zum Morgengrauen diskutiert hatte, wie die Welt zu retten war. Angélica erzählte mir gerade, wie ihr Vater hier eines Nachts auf die Nachricht von der Landung der Alliierten in der Normandie gewartet hatte, als wir von einer hübschen jungen Frau unterbrochen wurden. Sie trat auf uns zu, küßte Angélica auf die Wange und wurde mir dann als Tochter ihrer »Mami Lolo« vorgestellt, der Frau, die Angélica großgezogen hatte, damals auf dem Land, als sie ein kleines Mädchen war. Die beiden plauderten eine Zeitlang über Leute, die ich nicht kannte, und Orte, an denen ich nie gewesen war. Als die junge Frau sich verabschiedet hatte und wir weitergingen, erzählte mir Angélica in groben Zügen, wie ihre Kinderfrau als ganz junges Mädchen in die Familie geholt worden war, um im Haushalt zu helfen, und sich später um die Enkelkinder gekümmert hatte – und eines Tages stellte sich heraus, daß sie die uneheliche Tochter von Angélicas Großvater war. »Du mußt einmal nach Santa María mitkommen, wo ich aufgewachsen bin«, sagte Angélica, »und meine Mami Lolo kennenlernen.« Ein paar Häuser weiter traf Angélica wieder eine Bekannte, und so ging es weiter, die ganze Zeit. So viele Menschen, so viele Gespräche, so viele Geschichten. Vielleicht begann ich damals schon zu begreifen, daß Angélica ein Geflecht von

Geschichten war, eine Folge von Geschichten, eine Quelle von Geschichten, die sie geformt hatten, daß sie randvoll war von Menschen, von Chilenen, die sie geformt hatten. Ich weiß nicht, ob es damals war oder erst später, aber mir wurde schon ziemlich bald klar, daß Angélicas Beziehung zu Chile das Gegenteil von meiner war, daß sie kein bewußter Willensakt war und nie sein würde, daß sie sich ihres Landes nicht entledigen konnte, wie ich mich gerade der USA entledigte, daß es ebensosehr Teil von ihr war wie ihre Lunge oder ihre Haut. Als sie mich in den folgenden Monaten und Jahren in ihr Leben und ihren Körper einweihte, weihte sie mich auch in die Geheimnisse eines Kontinents ein, der per Geburtsrecht meiner hätte sein sollen, von dem ich mich aber vollkommen abgeschnitten hatte, eines Landes, das für mich jahrelang nicht mehr gewesen war als eine Zwischenstation.

Und als ich nach dem Putsch mit dem Verlust dieses Landes konfrontiert worden war, als ich zu Abel schließlich sagte, ja, ich würde in einer Botschaft Zuflucht suchen, machte letztlich nur eines diese Entscheidung erträglich: die Tatsache, daß es Angélica gab, die Gewißheit, daß ich ewig durch die Welt irren könnte, wenn nur die Frau, der ich mein Chile zu verdanken hatte, an meiner Seite war.

Jetzt saß sie mit diesen beiden Männern in einem Auto, und ich mußte plötzlich damit rechnen, daß sie mich auf meiner Wanderschaft nicht begleiten, daß sie keineswegs an meiner Seite sein würde. Vielleicht, sagte ich mir, ist das der grausame, der versteckte Grund dafür, daß ich wundersamerweise überlebt habe: Der Tod hatte mich verschont, weil er schon die ganze Zeit Angélica statt meiner hatte mitnehmen wollen. Der Tod würde mich dafür bestrafen, daß ich sein Geschenk zurückgewiesen hatte, daß ich den ganzen Monat im Land geblieben war. Ich würde dafür bestraft werden, daß ich nicht sofort gegangen war, daß ich meine Familie nicht weggeschickt hatte – ich hatte dieses Schicksal verdient, weil ich so getan hatte, als wäre ich unberührbar und unsterblich.

Aber noch einmal wurde mir eine Gnadenfrist gewährt.

Als die zwei Männer sie gehen ließen und sie in die Botschaft zurückkam und wir uns zitternd umarmten, als ich meine Geliebte, die Freundin, die Gefährtin meines Lebens wieder in diesen Armen halten konnte, die schon alle Hoffnung aufgegeben hatten, sie jemals wieder zu umfangen, als meine Hand ihr wieder und wieder durchs Haar strich, als meine Augen sich schlossen und wieder öffneten, um sich zu überzeugen, daß es wirklich wahr war, daß sie wirklich da war, da endlich war ich bereit, die Lektion zu lernen, die der Tod mir ein weiteres Mal, vielleicht zum letzten Mal, aufgegeben hatte. Da erst holte der Putsch mich ein, da erst brach er über mich herein, wie er über die Moneda hereingebrochen war, explodierte lautlos in meinem Innern wie die Bomben, die in der ganzen Stadt explodierten, und machte mir zum erstenmal seit Allendes Sturz die volle und unumstößliche Realität des Bösen bewußt, das uns heimgesucht hatte und nicht wieder verlassen würde. In jener einfachen Holzhütte, als mich die Angst vor meinem Tod quälte, hatte ich zu wissen geglaubt, was die Hölle ist: der Ort, an dem du für immer und ewig leidest, dem du nicht entfliehen kannst. Jetzt wußte ich, daß ich mich geirrt hatte: Die Hölle ist der eine Ort auf der Welt, wo der Mensch, den du über alles liebst, auf ewig leidet, während du zusehen mußt, nicht eingreifen kannst, dafür verantwortlich bist, daß er dort ist.

Und diese Hölle war hier, sie war das Land, das für mich das Paradies gewesen war.

Es war allerhöchste Zeit, aus Chile zu verschwinden.

Über die Entdeckung des Lebens und der Sprache in den Jahren 1965 bis 1968 in Santiago de Chile

Am 6. Mai 1965 feierte ich meinen dreiundzwanzigsten Geburtstag, indem ich meine Unabhängigkeit von den Vereinigten Staaten von Amerika erklärte.

Es war eine aggressive Feier: Ich stand vor der US-Botschaft in Santiago, unter dem Baldachin der altehrwürdigen Bäume des kleinen Parque Forestal, und brüllte wüste Drohungen und Beschimpfungen gegen die amerikanische Regierung. Und ich war nicht allein: Tausende von Demonstranten standen mit mir in den Straßen von Santiago, und jenseits unserer Grenzen, von Guadalajara bis Cochabamba, protestierten Hunderttausende anderer Lateinamerikaner – ebensosehr durch unsere radikalen politischen Ansichten wie auch durch unsere gemeinsame Sprache Spanisch verbunden.

Meine Stimme, daran gewöhnt, Englisch auf die Art zu sprechen, wie man es an einer exklusiven Privatschule an der Upper East Side lernt, voller Schmelz à la Paul Anka, meine Stimme, die bei meinen Keats-Rezitationen am Grange einen arroganten britischen Akzent angenommen hatte, diese Stimme vereinigte sich in jenem Augenblick mit den heiseren Rufen und Parolen der lateinamerikanischen Linken, inspiriert von der kubanischen Revolution und ihren Exekutionskommandos: *Al parédon, yanqui ladrón* – an die Wand, räuberische Yankees.

Die Polizei antwortete auf diese »wohlmeinenden« Worte

an unseren Nachbarn im Norden passenderweise mit einem
gewaltigen Aufgebot an neuen repressive Waffen, von eben-
jenen Amerikanern geliefert, die wir so vehement anpran-
gerten. Ein riesiger schwarz-weißer Polizeibus, den wir nie
zuvor gesehen hatten, stand mit ausgeschaltetem Motor vor
der Botschaft. Auf seinem Dach war eine merkwürdige
runde, trichterförmige Vorrichtung angebracht, die sich,
sobald das Fahrzeug angelassen wurde, als Wasserkanone
entpuppte, aus der eine ekelhafte rote Flüssigkeit quoll. Als
nächstes bekamen wir eine ordentliche Ladung Tränengas
zu kosten, das länger als gewöhnlich in unseren Lungen
brannte. Ich verwende das Wort *kosten* hier nicht ohne
Grund, denn anstelle des Tränengases – von den Vereinigten Staaten im Rahmen des Hilfsprogramms an Chile geliefert – hätte ich mich eigentlich in der efeuumrankten
Botschaft aufhalten und einen weitaus verlockenderen
Krabben-Cocktail und andere Köstlichkeiten probieren sollen, die mir ebenfalls mit freundlicher Unterstützung des
US-Steuerzahlers angeboten worden wären. Genauer gesagt hätte ich in jenem Augenblick gemeinsam mit dem
Kulturattaché und anderen US-Beamten bei einem Mittagessen zu Ehren des Dichters Ned O'Gorman sitzen sollen.
  Ich hatte O'Gorman eine Woche zuvor kennengelernt,
als er der Anglistik-Fakultät der Universidad de Chile einen
Besuch abstattete, wo ich als Assistent mehrerer Professoren Englisch und nordamerikanische Literatur unterrichtete. Er war ein liebenswürdiger Mann, ein talentierter
Dichter (soweit ich mich erinnere) und seine politische
Haltung schien in Ordnung: Aufgrund seiner radikal-christ-
lichen Einstellung hatte er sein bequemes Leben aufgegeben und kümmerte sich nun um die Armen in den herun-
tergekommensten Vierteln von New York – was mehr war,
als irgendeiner von uns mit unseren ganzen sozialistischen
Überzeugungen jemals getan hatte. Sein Besuch an der

Fakultät war so hervorragend verlaufen, daß die Botschaft uns alle zu einem Mittagessen mit ihm am 6. Mai einlud – ein kostenloses Bankett, eine Einladung, die wir begeistert angenommen hatten.

Daß ich nun draußen vor der Botschaft stand und Verwünschungen brüllte, anstatt Loblieder auf O'Gormans Metaphern zu singen oder den Kulturattaché zu seiner Weinauswahl zu beglückwünschen, hatte folgenden Grund: Vier Tage vor meinem Geburtstag, am 2. Mai 1965, hatte Präsident Lyndon B. Johnson zweiundzwanzigtausend *marines* (und pro forma noch tausend zusätzliche OAS*-Soldaten zu ihrer Unterstützung) in die Dominikanische Republik entsandt, um einen Volksaufstand niederzuschlagen, mit dem Juan Bosch wieder als Präsident eingesetzt werden sollte. Bosch hatte einige Jahre zuvor bei demokratischen Wahlen gewonnen, war aber durch einen von Washington unterstützten Putsch gestürzt worden. Lyndon B. Johnson wollte auf keinen Fall zulassen, daß dort, wie er selbst sagte, eine »kommunistische Diktatur« Fuß faßte, obwohl es – wie Senator William Fulbright und die Öffentlichkeit später erfahren sollten – gar keinen Beweis dafür gab, daß die jämmerlich schwachen dominikanischen Kommunisten auf jene Bewegung zur Wiedereinsetzung von Bosch Einfluß hatten. Für die US-Regierung war Kuba ein rotes Tuch, vor allem seit dem Scheitern der Invasion in der Schweinebucht im Jahr 1961, als einem bunt zusammengewürfelten Haufen von im Exil lebenden Castro-Gegnern nicht das gelungen war, was 1954 in Guatemala zum Sturz von Arbenz geführt hatte. Solange die Streitkräfte eines jeden lateinamerikanischen Landes die Aufrechterhaltung der Ordnung garantierten (wie 1964 bei dem von der US-Botschaft initiierten Putsch gegen den reformwilligen

---

* Organization of American States

brasilianischen Präsidenten João Goulart), würden die Amerikaner ihnen die Dreckarbeit überlassen. Ansonsten würden die *marines* höchstselbst dafür Sorge tragen, daß in Lateinamerika kein Dominostein umfiel. Damit begann die Ära der Johnson-Doktrin: Der Präsident beanspruchte das Recht, seine »Jungs« in jedes Land der Hemisphäre zu entsenden, wenn ein »zweites Kuba« zu drohen schien.

Darüber hinaus markierte der 2. Mai 1965 das endgültige Aus der Allianz für den Fortschritt. Die begüterten Lateinamerikaner hatten den Köder gierig verschlungen, und die Invasion in Santo Domingo offenbarte nun überdeutlich die grausame Wirklichkeit der Politik der starken Hand, die von nun an – wie schon in den letzten hundert Jahren – den Ton vorgab, in dem Amerika mit seinem aufmüpfigen Süden umging. So verfuhr man nicht nur mit den Karibikstaaten, die die USA schon immer als ihr Privateigentum angesehen hatten, sondern auch mit jenen, die, im weit entfernten Chile, gegen dieses Vorgehen protestierten.

Es war auch nicht die übliche Form der Repression, die man an jenem Tag im Jahre 1965 gegen uns einsetzte. Neben dem neuen Tränengas und den neuen Fahrzeugen mit ihren polierten Wasserkanonen wandte die Polizei noch nie dagewesene, ausgeklügelte Taktiken an, um die Menschenmenge unter Kontrolle zu halten. Bis zu jenem Zeitpunkt war die Gewalt chilenischer Staatsorgane immer rein willkürlich gewesen. Doch diesmal, das spürten wir, war es anders. Die Polizei ging planmäßig, systematisch, ja, geradezu wissenschaftlich vor. Es war, das erkannten wir später – viel später, als es bereits zu spät war –, der erste Schritt zur Modernisierung der Unterdrückung: Wir mochten rückständig sein, was unsere ökonomischen und sozialen Strukturen betraf, doch auf diesem einen Gebiet war Lateinamerika allen weit voraus – und an jenem Tag erhielten wir einen kleinen Vorgeschmack.

Ich erinnere mich, wie, nachdem unserem Protest rasch ein Ende gemacht worden war, die Menge auseinanderstob und ich Angélicas Hand ergriff und wir quer durch den Parque Forestal zum normalerweise sicheren Flußufer liefen. Wir hatten diese Taktik schon Dutzende von Malen angewendet. Die Polizei griff an, wir rannten davon, formierten uns neu, sie griffen uns wieder an, und dann gingen wir alle nach Hause. Nicht so dieses Mal: Ein schwarzweißer Polizeibus bog in halsbrecherischem Tempo auf den Rasen und jagte uns quer durch die ganze Parkanlage. Wir blieben hinter einem hundertjährigen Baum stehen, und der Bus raste an uns vorbei, bremste dann aber jäh ab und setzte zurück. Wir konnten gerade noch ausweichen, ehe das Gefährt den Baum rammte. Der Baum wankte unter dem Aufprall, und ich spürte, wie ein Zittern durch Angélicas Körper ging. Quietschend wurde der Rückwärtsgang eingelegt, der Bus setzte stotternd zurück und startete einen neuen Versuch, uns über den Haufen zu fahren. Und rammte den Baum noch einmal. Plötzlich sprangen einige bullige Polizisten hinten aus dem Wagen und schwangen ihre Schlagstöcke – und wieder rannten wir so schnell wir konnten. Schließlich erreichten wir eine Brücke, die über den Mapocho führte, und fanden, außer Atem und entsetzt, im Apartment eines Freundes Unterschlupf, wo wir Johnson und sein Hilfsprogramm verfluchten.

Ich war nicht nur wütend auf die Amerikaner – schließlich hatten sie die Ausbildung der Polizisten finanziert, die uns beinahe zu Krüppeln geschlagen hätten –, sondern spürte auch, daß es richtig gewesen war, jeglichen Kontakt zu den Vereinigten Staaten abgebrochen zu haben. Mein öffentlicher Protest, davon war ich nun überzeugt, war nur zu berechtigt. Ich hatte meine Empörung über das unrechtmäßige Eindringen der *marines* in lateinamerikanisches Territorium nicht nur auf der Straße zum Ausdruck gebracht:

Einige Tage vor unserer Kundgebung vor der Botschaft – eigentlich sofort nachdem ich von der Invasion in Santo Domingo gehört hatte – hatte ich dem Kulturattaché einen wütenden, von den anderen Dozenten mitunterzeichneten Brief geschrieben. Darin erklärte ich, daß wir uns weder mit Ned O'Gorman noch irgendeiner anderen Person, deren Besuch in Chile von den USA finanziert würde, an einen Tisch setzen und zusammen zu Mittag oder zu Abend essen, frühstücken oder Tee trinken würden – solange Lyndon B. Johnson seine Truppen aus der Dominikanischen Republik nicht abzog. Ein kultureller Austausch zwischen Nord- und Südamerika sei undenkbar, solange US-amerikanische Streitkräfte das Territorium und das Leben unserer Brüder bedrohten.

Der Brief, fast überflüssig es zu erwähnen, hatte natürlich keinerlei Wirkung. Er war gegen Präsident Johnson gerichtet gewesen und traf statt dessen mit voller Wucht den armen Ned O'Gorman, der sich schon seit Jahren auf diese Lateinamerika-Reise gefreut hatte und nun in der Botschaft einsam auf seinem Essen herumkaute, während er die Menge draußen anti-imperialistische Parolen rufen, Steine gegen die Botschaftsmauern prasseln und chilenische Möchtegernpoeten schreien hörte, die von der Polizei niedergeknüppelt wurden. Ich erwähne diesen Brief nur, weil ich damit zum erstenmal meinen Anti-Amerikanismus öffentlich bekundete. Ich hatte zwar schon an einer Reihe von Protesten gegen US-amerikanische Interventionen in der ganzen Welt teilgenommen, war dabei aber jedesmal Teil der Masse geblieben. Nun war ich an die Öffentlichkeit getreten, hatte mich ins Rampenlicht gestellt. In meiner Phantasie malte ich mir sogar aus, daß irgendwo in Langley bei der CIA eine Akte mit meinem Namen angelegt wurde, gleich neben der meines Vaters, einem umfangreichen, mit harmlosen Daten gefüllten Ordner.

Ich dachte, ich würde niemals mehr auch nur in die Nähe von US-amerikanischem Territorium kommen dürfen.

Ich irrte mich. Die CIA hatte dickere Fische an der Angel, und was mich betraf, so hinderte mich mein Brief – obwohl ich damit gerade meine Integrität unter Beweis gestellt hatte – nicht daran, mich kaum zwei Jahre später für ein einjähriges Stipendium im Rahmen des Austauschprogramms zwischen der Universidad de Chile und der University of California zu bewerben. Und der Brief hinderte mich auch nicht daran, als ich angenommen wurde, in ebendieses Gebäude zu gehen, das für besagtes Essen zu betreten ich mich geweigert hatte, und die erforderlichen Fingerabdrücke und Fotos für das Visum machen zu lassen. Und so kam es, daß ich 1968 mit Angélica und Rodrigo in das Land reiste, das ich verteufelt hatte, um mich in jenem kulturellen Austausch zu betätigen, den ich drei Jahre zuvor als unvorstellbar bezeichnet hatte.

Eigentlich hätte ich wissen müssen, daß es so kommen würde. Denn damals, im Jahr 1965, als ich lautstark jede Möglichkeit eines Dialogs mit den Vereinigten Staaten ablehnte, hatte ich ihn in Wirklichkeit schon begonnen, und zwar mit jenem Hetzbrief, mit dem ich unsere Beziehungen abbrach. Anstatt den Kulturattaché und die legendäre CIA zu zwingen, sich meine souveränen spanischen Worte übersetzen zu lassen, anstatt auf meine lateinamerikanische Kulturhoheit zu pochen, setzte ich mich an den Tisch und verwendete unwillkürlich die vertrauliche und vertraute Sprache, die ich mit dem Attaché, den *marines* und den CIA-Beamten gemeinsam hatte, und ebenso mit Updike, Baldwin, Bellow, Flannery O'Connor und hundert anderen Autoren in meiner Bibliothek – aber nicht mit den Demonstranten auf der Straße.

Die bloße Tatsache, daß ich das Bedürfnis hatte, ein virtuoses sprachliches Feuerwerk vor den einzigen Leuten abzubrennen, die es zu schätzen wußten – selbst wenn ich es dazu verwendete, um sie zu beleidigen, und auch wenn sie meine politischen Feinde waren –, macht deutlich, wie isoliert ich mich in meiner eigentlichen literarischen Sprache fühlte, wie sehr mir ein breiteres Publikum fehlte, mit dem ich mich in gutem Englisch austauschen konnte. Meine Eltern lasen beflissen meine Erzählungen und Gedichte und metaphysischen Stücke und fanden sie pflichtschuldigst wundervoll, und auch Angélica unterstützte mich. Als wir uns an meiner Universität kennenlernten, studierte sie Englisch im Hauptfach (was an sich schon bezeichnend ist: Von allen chilenischen Frauen, in die ich mich hätte verlieben können, war es ausgerechnet eine, die Englisch zu ihrem Beruf machen wollte), doch ihre Sprachkenntnis war noch nicht so weit ausgereift, daß sie mit meinen ausgefeilten und vieldeutigen Texten etwas hätte anfangen können. Ein paar Freunde an der Universität beherrschten ausreichend Englisch, um zaghaftes Lob und noch zaghaftere Kritik zu äußern, aber sie waren nicht mit dem Herzen bei der Sache. Zu viel geschah in Spanisch um uns herum, als daß man Zeit damit hätte vergeuden können, über eine Arbeit zu diskutieren, die so gar nichts mit unseren Lebensumständen zu tun zu haben schien.

Dennoch wäre es falsch zu behaupten, die englische Sprache wäre reines Privatvergnügen gewesen – zu einer Zeit, in der ich mich intensiv auf spanisch in der Öffentlichkeit engagierte –, ein Hort der Reflexion und der Ruhe, abseits des ungewissen, tagtäglichen Chaos in einem Lateinamerika auf dem Weg zur Revolution. Sie war immerhin eine zusätzliche Einnahmequelle, ein Vorteil bei der Vermarktung meiner Person. Zur gleichen Zeit, als ich den Amerikanern, die es gewagt hatten, den geheiligten Boden Lateinamerikas unrechtmäßig zu betreten, auf spanisch Obszönitäten an den Kopf warf, arbeitete ich an

meinen ersten umfangreicheren literaturkritischen Unter-
suchungen, und beide basierten auf meiner Kenntnis der englischen Sprache: eine Abhandlung über Shakespeares pasto-
rale Komödien und ein Buch über Harold Pinters Theater
des Absurden. Da ich die Originalsprache dieser Schriftsteller beherrschte (und einen Vater hatte, der bereitwillig alle
Bücher und Magazine aus dem Ausland mitbrachte, die ich
benötigte), hatte ich Zugang zu den neuesten Entwicklungen im Bereich Literatur, Philosophie, Geschichte, Litera-
turtheorie und -kritik, und zwar Jahre, bevor die meisten
Menschen in Chile davon hörten – ein Wissensvorsprung,
der mir im übrigen einen Job bei *Ercilla* einbrachte, Chiles
renommiertester Zeitschrift. Wobei es zweifellos von Vorteil war, daß Angélicas Vater dort Chefredakteur war, als
man mir anbot, für das Blatt zu arbeiten. Mein kärgliches
Einkommen aus meiner Tätigkeit als Dozent für Spanisch
und lateinamerikanische Literatur Mitte der sechziger
Jahre, besserte ich mit Seminaren über Englische Dichtung
und Amerikanische Prosa an unserer Fakultät auf. Außerdem unterrichtete ich am Institut für Psychologie Studenten aus allen Semestern in Englisch, brachte auch anderen
Studenten Englisch bei, gab faulen Schulschwänzern Nach-
hilfe, jungen Hausfrauen und aufsässigen Kindern Privatun-
terricht. Ich mochte es politisch bedenklich finden, daß die
englische Sprache die ganze Welt zu erobern begann, doch
das hinderte mich nicht daran, mit ihrer Hilfe mein Brot zu
verdienen.

Oder zu ihr zu tanzen.

Am gleichen Abend, nachdem Dutzende meiner Freunde
gemeinsam mit mir Lyndon B. Johnson auf spanisch wegen
seiner Intervention in Santo Domingo beschimpft hatten,
trafen wir uns im Haus meiner Eltern wieder, um meinen
Geburtstag mit einer wilden Rock'n'Roll-Party zu feiern.
Alle Lieder, die unsere Körper elektrisierten, wurden in der

Sprache gesungen, in der ich meinen Brief geschrieben hatte. Die Sprache, die viele junge lateinamerikanische Macho-Revolutionäre benutzten, um ihre Freundinnen in Stimmung zu bringen und sie davon zu überzeugen, to spend the night together, wie die Rolling Stones bald darauf fordern sollten, oder um es mit den unsterblichen Worten von Lennon und Co. zu sagen, to do it on the road. Englisch entwickelte sich zur *Lingua franca* von McLuhans globalem Dorf, und selbst wenn ich gewollt hätte, wäre es nicht einfach gewesen, dieser Sprache zu entkommen.

Aber das wollte ich auch gar nicht. Zu einer Zeit, als ich alle meine übrigen Kräfte in das pulsierende Leben Lateinamerikas warf und in rasendem Tempo zu etwas Neuem verarbeitete, bot mir das Festhalten an dieser in den Hintergrund gedrängten Sprache die Möglichkeit, ein Stück privater Vergangenheit aus der gänzlich politisierten Welt, in der ich lebte, herauszuhalten. Es war eine Art Eingeständnis, daß sich nicht alles im Leben auf politische Konflikte reduzieren läßt. Vielleicht brauchte ich eine unveränderliche, stabile Insel der Identität, die mich während meiner Verwandlung in einen Lateinamerikaner mit dem *gringo* verband, der ich früher gewesen war.

Wenn es mir gelang, diese krassen Gegensätze miteinander zu vereinbaren, mein privates englischsprachiges Ich und meine lebhaft gestikulierende spanisch-amerikanische Persona, meine avantgardistischen Arbeiten als Schriftsteller in der Sprache Richard Nixons und meine revolutionären Volksreden in der Sprache Che Guevaras, wenn es mir gelang, diese beiden Seelen in relativer Harmonie zu vereinen, so deshalb, weil ich eine eigenartige Rechtfertigung für mein schizoides Verhalten gefunden hatte, und zwar in – nun, in der Geschichte Lateinamerikas, das nach einer Sprache suchte, mit der es seinen hybriden Zustand zum Ausdruck bringen konnte.

Ich wußte, daß die Art und Weise, mit der ich Lateinamerikaner wurde, ohne mich ganz von den Vereinigten Staaten abgenabelt zu haben, etwas Widernatürliches hatte; dieses Hin und Her in meinem Kopf, je mehr ich in Chile eintauchte; das eifrige Ausheben von Fundamenten in einer *población* am Nachmittag, um einen Spielplatz für arme Kinder anzulegen, und die mit noch größerer Sorgfalt betriebene Suche am Abend des gleichen Tages in meinem komfortablen Zimmer nach dem richtigen Adjektiv, das ich in einem Gedicht von Wordsworth oder Dickinson gelesen hatte. Mein Weg hatte etwas Bizarres und Verqueres. Aber galt das nicht auch für die Geschichte Lateinamerikas, für das, was dieser Kontinent seit seinen Anfängen in übersteigerter Form erduldet hatte?

Ich entdeckte nämlich in jenen historischen Anfängen ein Schlüsselbild, das mich durch die ganzen sechziger Jahre begleiten sollte, als ich mich intellektuell mit meiner unbehaglichen und unausgeglichenen Beziehung zu den beiden Kontinenten auseinandersetzte, die ich unter einen Hut zu bringen versuchte.

Ich war von jenem Augenblick der Geschichte fasziniert, da andere Forscher, wie ich selbst später auch, ihren Fuß auf diesen Boden setzten und ihre Eindrücke zum erstenmal in eine westliche Sprache übertrugen und das Land für westliche Augen verständlich machen wollten. Der für mich fruchtbarste Text war zu Beginn des 16. Jahrhunderts von einem spanischen Kolonisator namens Gonzalo Fernández de Oviedo verfaßt worden. Das Buch trägt den Titel *Sumario de la Historia Natural de las Indias*, und darin versuchte Oviedo, seinen fernen Landsleuten und, in erster Linie, dem König von Spanien die Neue Welt zu beschreiben. Einer der ersten Versuche, in Worte zu fassen, was das Schwert an einem Ort, der noch nicht Amerika hieß, unterworfen hatte.

Besonders interessant fand ich das Kapitel, das von Ovie-
dos Bemühungen handelt, seinen europäischen Lesern *tigre
americano* zu übersetzen, ein unzulänglicher Begriff, wie er
meinte, weil *tigre*, etymologisch gesehen, die Komponenten
Pfeil und Schnelligkeit enthalte, wohingegen die noch nie
zuvor gesehene Kreatur, die er zu beschreiben versuchte,
langsam war. Und Oviedo fuhr fort, die Tiere der Neuen
und der Alten Welt miteinander zu vergleichen, und
gelangte schließlich notgedrungen zu dem Schluß, daß er
für den amerikanischen *tigre* keine passende Entsprechung
finde. Dieses Tier entzog sich seinen linguistischen Fall-
stricken, er konnte es nicht domestizieren, nicht klassifizie-
ren, nicht in sein System einordnen. Es entzog sich Europa
immer wieder, paßte nicht in die vorgegebene rationale
Ordnung des Universums. Und Oviedo schließt seinen
Bericht mit einer Warnung: Bei einem Besuch in Toledo
hatte er einen dieser sogenannten *tigres* an einer Leine in
den Gärten seiner Majestät gesehen, wo man dieses Tier
mit mehr Vertrautheit behandelte, als klug war. So war
Oviedo später nicht überrascht, als er hörte, daß die Bestie
eines Tages nicht mehr zu bändigen gewesen war und von
seinen Häschern getötet werden mußte. Wieder einmal hat
das Schwert gesprochen, dachte ich bei mir, als ich mir
mehr als vierhundert Jahre später über diesen schwer ver-
ständlichen Text den Kopf zerbrach, das Schwert setzt der
verstörenden, unzivilisierten Realität ein Ende, tötet sie,
diese Realität, die die Sprache nicht imstande war, zu erfassen und zu verstehen. Lateinamerika, sagte ich mir, ist von
Fremden angefallen worden, beharrlich und unvorherseh-
bar.

Und so fühlte ich mit dem *tigre*, den man aus seiner Heimat verschleppt und Tausende von Meilen übers Meer
transportiert hatte, um verständnislosen europäischen
Augen zur Schau gestellt zu werden, und der schließlich

versuchte, mit ihnen über diese Augen in Kontakt zu treten, mit der einzigen ihm verbleibenden Waffe, seiner Flucht, um durch den Tod den Kategorien zu entkommen, mit denen der Eindringling ihn hatte gefangenhalten wollen. Ich spürte förmlich, wie fasziniert Oviedo war von der Kraft und Vitalität dessen, was er gesehen hatte und was seine Landsleute in Spanien sich nicht einmal annähernd vorstellen konnten. Ich konnte sehen, wie er von seiner neuen Heimat in den Bann gezogen wurde und sogar ihre Gefährlichkeit bewunderte, wie er allmählich spürte, daß sich unter seinen Füßen ein Abgrund auftat, eine Distanz entstand, die ihn von Europa trennte und ihn zu einem anderen machte, der dem *tigre*, den er einfangen und mitnehmen wollte, bestürzend ähnlich war. Und falls er begriffen haben sollte, daß er ein *indiano* war, ein Mann von den *Indias*, daß dies seine Heimat war, dann war er genauso lateinamerikanisch wie der schwer zu fangende *tigre*. Vielleicht repräsentierten sie alle beide, getrennt oder zusammen, Lateinamerika, die faszinierende Mischung, die aus ihrem Zusammenprall entstanden war, die unvereinbare Spannung zwischen der Natur der Neuen Welt und der sprachlichen und kulturellen Dynamik, mit der die Alte Welt jenes Fremde, jenes Anderssein einfangen und es ihren eigenen heimatlichen Vorstellungen entsprechend neu erschaffen wollte, die Kluft zwischen einer ungezähmten Wirklichkeit und einer vermeintlich zivilisierten Sprache, der es niemals vollständig gelang, sie zu erfassen und zu begreifen.

Jene Suche nach der Bedeutung setzte sich durch die Jahrhunderte fort. Diese Welt, die mich nun lockte, hatte sich selbst eine Geschichte gegeben und eine Literatur und ein Volk, die in der Tat zu groß und zu vielfältig waren, als daß sie in einem Begriff Platz gefunden hätten. Jede Definition war unvollständig und inkohärent: *latino* war ein aus

Frankreich übernommener Begriff, der noch nicht einmal vorgab, die Vielzahl nicht-europäischer Rassen umfassen zu können, die sich in den Menschen und der Kultur Lateinamerikas mischten; der Begriff *hispanisch* orientierte sich an der Sprache, schloß aber Brasilianisch und die vielen, auf den Antillen gesprochenen Sprachen aus und, natürlich, die Indianer; der Begriff *indo-amerikanisch* unternahm nicht einmal den Versuch, die Millionen versklavter Schwarzer, die diesen Kontinent ihre Heimat nennen, miteinzubeziehen; *Südamerika* schließt Mexiko und Mittelamerika aus; und so weiter und so fort, die Liste ließe sich beliebig fortsetzen. Aber das war die wahre Bedeutung des Kontinents, die Voraussetzung für seine Existenz. Um mit Sartre und den Existentialisten zu sprechen, die zu der Zeit gerade sehr populär waren: Dieser Kontinent hatte kein Sein; er widersetzte sich hartnäckig allen Definitionsversuchen und verlangte zornig nach mehr Visionen, mehr Kommunikation. Zugleich kolonialisiert und rebellisch, hatte er eine Geschichte, die niemals unabhängig genug von ausländischen Kräften gewesen war, als daß er wirklich frei gewesen wäre. Er war aber auch nie so gehorsam und unterwürfig, daß er hätte ausgelöscht werden können, so daß das Ringen um eine Geschichte letztendlich das einzige, wesentliche Element war, sein Herzstück.

Diese Vorstellung fesselte mich, sowohl den *tigre* als auch den unermüdlichen Übersetzer, zog mich magisch in ihren Bann. Natürlich wurden die Reisen, die ich in meiner Phantasie durchlebte, ergänzt durch eine tatsächliche Erforschung des realen Raums: Ich fuhr per Anhalter nach Machu Picchu, kämpfte mich bis nach Feuerland durch, roch den verbrannten Rauch der Zuckerplantagen in Tucumán, ließ mich von den ewigen Wasserfällen von Iguazú verzaubern, und vor allem natürlich von Chile mit seinen Geisterstädten um die aufgelassenen Nitratminen im

Norden und seinen smaragdgrünen Flüssen, die am Fuße der Vulkane im Süden gegen weiße Felsen branden. Auf Schritt und Tritt, so schien es, begegnete mir jemand, der mich willkommen hieß: Die Indianer am Titicacasee, die auch fast ein halbes Jahrtausend nach der Eroberung noch immer ihr Quechua sprechen, die Bergarbeiter, die in Curanilahue mit mir in den Schacht hinabfuhren und mir erzählten, wie sie auf den unheimlichen, zischenden Luftzug, den *grisú*, horchen, der ihnen den baldigen Einsturz der Grube ankündigt, und die Wanderarbeiter, die zu Fuß durch das Land zogen und nicht lesen konnten, aber Lateinamerika mit ihren Händen und ihrem Rücken auf eine Art kennengelernt hatten, die meine vielen Bücher nicht einmal ansatzweise ergründen konnten. Unterwegs begegnete ich einer Vielzahl von Menschen, leidenschaftlichen Poeten und Philosophen in einer Bar in Lima, die später die Gurus der terroristischen Vereinigung »Leuchtender Pfad« werden sollten, einem raffinierten schwarzen Betrüger in einem Elendsviertel von Montevideo, der mir meine Uhr abluchste, und einem Fischer, der mich in einer stürmischen Nacht auf der Insel Chiloé bei sich aufnahm und mir Geschichten von den *imbunches* erzählte, die Kinder entführen und ihnen Augenlider, Mund und Ohren zunähen. Nichts bindet dich mehr an ein Land als die Liebe zu seinen Bewohnern. Doch das muß ich noch näher erläutern: Nichts band mich mehr an Lateinamerika als die außerordentliche Renaissance der Literatur, die zeitlich mit meinen Reisen zusammenfiel und ihnen ein Bezugssystem gab. Die Orte, die ich besuchte, und die Menschen, denen ich begegnete, wurden von mir durch das Prisma der Bilder und Worte wahrgenommen, die Bestandteil eines intellektuellen Abenteuers waren, das die Sinneseindrücke vorweggenommen hatte, ihnen eine Bedeutung verlieh, sie gekonnt einfing, was Oviedo bei seiner Jagd nach dem *tigre* nicht vergönnt gewesen war. Das Mündigwerden eines Kontinents, so dachte ich, auf dem die kulturelle Entwicklung zeitgleich mit der gesellschaftlichen und politischen verlief.

Es war eine aufregende Zeit für jeden, der, wie ich, fest an die Macht der Worte glaubte, daran, daß Romane und Gedichte und Erzählungen nicht vom Leben getrennt sein sollten. Bedeutsam, drängend und herausfordernd fanden diese kulturellen Gaben Lateinamerikas sofort in allem, was ich tat oder sah, ein Echo, es war, als würde ich von einer Woge der Energie, des Glücks und der Zweifel der Millionen von Menschen davongetragen, die sich aufgemacht hatten, dem Kontinent einen Namen zu geben, für den ich selbst noch keinen gefunden hatte, wir befreiten das Territorium der Phantasie, um so den Weg zu ebnen für die Befreiung des wirklichen Raums und der wirklichen Bewohner dieses Territoriums. Lateinamerika, so empfand ich es, konnte das Dilemma des modernen Künstlers lösen, das Intellektuelle und das Soziale auf einen Nenner bringen, die Avantgarde und die Massen einen, den Heroismus des Schriftstellers und den Heroismus des Volkes.

Es war eine Zeit, die ich in Erwartung des nächsten Buches verbrachte, das mir die Fragen beantworten würde, mit denen ich mich herumschlug, der nächste Cortázar oder García Márquez oder Vargas Llosa, Fuentes oder die Gedichte von Parra, Gelman, Dalton, Mistral.

Ich war nicht der einzige, der von der Illusion fasziniert war, daß die Literatur uns befreien würde. Eine Elite von jungen, gebildeten Lateinamerikanern, die selbst am Scheideweg ihrer Identität standen, fand sich in dieser Vorhut einer neuen künstlerischen Sprache und neuer gesellschaftspolitischer Sichtweisen wieder. In dieser Litaratur trafen sich das Metaphysische und das Soziale, das Phantastische und das Dokumentarische. Es war eine Literatur, in der, wie auch in der Realität des Kontinents selbst, das Moderne, das Prämoderne und das Primitive sich zu einer schwerverdaulichen Mischung vermengten.

Aber konnte sie auch Klarheit in mein verwirrendes Doppelleben bringen?

Hatte es überhaupt einen Sinn, über diese Reise durch Lateinamerika auf englisch zu schreiben, über diese Suche nach meiner Identität, die doch vor allem auf spanisch vonstatten ging?

Unglaublich, doch meine selbsttäuschende Antwort lautete damals: Ja, es hatte einen Sinn.

Eine Selbsttäuschung, in der ich paradoxerweise durch den Erfolg, den die lateinamerikanische Literatur im Ausland erzielte, bestärkt wurde. Dank ihres überragenden Talents und einer cleveren Werbestrategie eroberten die sogenannten Boom-Autoren in den sechziger Jahren Europa und die Vereinigten Staaten im Sturm. Ein Teil von mir empfand Stolz: Wir waren vielleicht nicht in der Lage, wirtschaftlich mit den Industrienationen zu konkurrieren und daher im Augenblick – mit Ausnahme, so dachten wir, von Kuba, wobei wir die wachsende Abhängigkeit der Insel von der Sowjetunion außer acht ließen – in politischer Hinsicht ihren Launen ausgeliefert. Aber das bedeutete nicht, daß wir sie kulturell nicht ausstechen konnten, daß es nicht doch ein Gebiet gab, auf dem wir nicht hinter ihnen zurück, sondern ihnen voraus waren. Ein anderer Teil von mir empfand – nun, ich denke Neid ist das passendste Wort: Meine lateinamerikanischen Meister hatten bereits jene fernen Ruhmesgipfel erklommen, nach denen auch ich strebte, die ich mit meinem Schreiben zu erreichen suchte, und sie hatten es mit dem Spanischen geschafft, das ich noch immer nicht als die Sprache meines literarischen Schaffens betrachtete. Aber anstatt diesen Erfolg als Beweis dafür zu werten, daß, wenn ich weltweit Anerkennung finden wollte,

Spanisch genauso von Vorteil sein konnte wie Englisch, deutete ich dieses Phänomen vollkommen anders. Fakt war: Zum erstenmal in der Geschichte Lateinamerikas gab es eine Literatur, die den Nerv der Leser traf, für die sie bestimmt war, und darüber hinaus ein breites Publikum im Ausland ansprach. Also bestätigte diese literarische Bewegung, daß man international erfolgreich sein und gleichzeitig eine lateinamerikanische Identität haben konnte. Diese Interpretation gab mir grünes Licht für mein skurriles Experiment, die merkwürdige Art und Weise, in der ich das Heimische und das Fremde miteinander verband: meine spanische Alltagserfahrung und deren sorgfältige englische Verarbeitung bei Nacht. Ich dachte, ich könnte der erste lateinamerikanische Autor werden, der sich auf englisch an die Vereinigten Staaten und Europa wendet, ohne den Umweg einer Übersetzung.

Vielleicht war es das, was für mich letztlich den Reiz der Vereinigten Staaten ausmachte: Es war der einzige Ort auf der Welt, wo der kleine, englischsprachige Junge, den ich noch in mir hatte, meinem erwachsenen, in Spanisch denkenden Ich unter gleichen Bedingungen begegnen konnte, der einzige Ort, wo ich die Möglichkeit hatte, die beiden gegeneinander antreten zu lassen, ermessen konnte, wie sehr, wie unwiderruflich ich mich geändert hatte.

Und Berkeley war bereit, diese exzentrische, private Odyssee zu finanzieren.

Doch es ging nicht nur um meine persönliche Selbstfindung. Es war auch eine Reise, die anderen Bedürfnissen eher materieller Natur entgegenkam. Angélica und ich hatten Anfang 1966 Hals über Kopf geheiratet, und ein paar Monate später war sie glücklich schwanger – leider war unsere Freude von finanziellen Sorgen überschattet. Ich konnte wie ein Verrückter in verschiedenen Jobs arbeiten, und dennoch reichte es hinten und vorne nicht, um eine eigene Wohnung zu mieten. So lebten wir gezwungenermaßen bei meinen Eltern. Unsere Situation verschlimmerte sich noch dadurch, daß meine Haupteinnahmequelle, meine Arbeit als Literaturkritiker und Rezensent bei *Ercilla*, versiegte, und zwar ein paar Monate vor der Geburt unseres ersten Kindes. Der Eigentümer der Zeitschrift hatte ein Interview mit Nicolás Guillén, Kubas größtem Dichter, zensiert (er hatte die Seite dem Setzer aus den Händen gerissen und dabei geschworen, daß, solange er die Rechnungen bezahlte, kein kommunistisches Nigger-Schwein aus Kuba interviewt würde), worauf ich kündigte. Als sich kurze Zeit später die Möglichkeit ergab, ein Buch über lateinamerikanische Literatur an der University of California fertigzustellen, sah ich das als wunderbare Gelegenheit, unsere finanziellen Probleme – und mein kulturelles Dilemma – zu lösen, selbst wenn es bedeutete, dem gleichen historischen Gesetz des Brain-Drain zu gehorchen, das die klügsten Köpfe vom südamerikanischen Kontinent weglockte, wie damals meinen Vater durch sein Guggenheim-Stipendium – ein Umstand, den ich theoretisch bedauerte. Aber so wie er folgte auch ich jetzt dem Ruf in die Staaten, weil es sonst keinen Ort gab, wo man mich gewollt hätte.

Um mein Unbehagen über diese Reise zu verscheuchen, die so sehr im Widerspruch zu meinen erklärten Überzeugungen stand, sagte ich mir: Hatte nicht Adorno geschrieben, daß man, wenn man verstehen will, wer die Welt lenkt, ins Zentrum der imperialistischen Macht gehen muß? Und hatte nicht auch Martí einst gesagt, daß man die Bestie nur dann verstehen kann, wenn man sich in ihren Bauch begibt, daß man vom Leviathan verschlungen werden muß, um ihm den Garaus zu machen? Und wurde dieser Leviathan nicht von innen heraus von unseren Verbündeten zerfressen, von der Anti-Kriegs-Bewegung, den schwarzen Befreiungskämpfern, den *chicanos* (den Amerikanern mexikanischer Abstammung), den Tausenden von Amerikanern, die der Revolution wohlwollend gegenüberstanden. War es denn nicht wichtig, ihnen einen Besuch abzustatten?

Tatsächlich hatte ich dieses streitbare Amerika nie aus den Augen verloren, auch in der Zeit nicht, da ich mich mehr und mehr zum Lateinamerikaner häutete. Ich war begeistert, als dieses Amerika – America, the truly Beautiful – seine Muskeln spielen ließ und Blut in Selma und Montgomery vergoß und seinen Süden zwang, die Rassentrennung aufzuheben. Ich hatte seinen Marsch auf Washington mit Martin Luther King beobachtet, mitverfolgt, wie es mit Malcom X die Ghettos mobilisierte, wie es mit César Chavez seine Landarbeiter organisierte und die Arbeit bei der Traubenernte verweigerte. Ich hatte von Santiago aus applaudiert, als es auf die Straßen drängte, um gegen den Krieg in Vietnam zu demonstrieren, ich verfolgte genau, wie eine Bewegung heranwuchs, die nicht nur die US-amerikanische Regierung, sondern auch den Lebensstil des Landes in Frage stellte: Aus der Ferne hatte ich sein intellektuelles Kräftemessen beobachtet und mich an der Beat Generation und Arthur Penn und Janis Joplin erfreut.

Und diese ganze Entwicklung führte dazu, daß ich mich zu fragen begann, ob es in all den Jahren vielleicht gar nicht so verrückt von mir gewesen war, weiter in der Sprache zu schreiben, die mich als Kind gerettet hatte, ob es womöglich in jenem Land, das ich so lange als meine Heimat angesehen hatte, Leute – bei Gott, Leser! – gab, die ein ähnliches politisches Bewußtsein hatten wie ich und zufälligerweise in Englisch sprachen und aßen und schrieben. Vielleicht war ich gar nicht so isoliert wie ich dachte, vielleicht saß dort das Publikum, für das ich all die Jahre geschrieben hatte, ein Publikum, das auf mich gewartet hatte mit der gleichen Loyalität, die ich der englischen Sprache entgegengebracht hatte. In meinen Träumen spazierte ich über die Bay Bridge nach San Francisco, schlenderte in eine Bar in der Nähe der City Light-Buchhandlung, um die ganze Nacht über die Rassenproblematik in Amerika, über Buddhismus und Walt Whitman und über die Atombombe zu diskutieren und um jemandem, irgend jemandem, zu zeigen, was ich Tausende von Kilometern entfernt zu Papier gebracht hatte.

Und so, mit all diesen widersprüchlichen Begründungen und Wünschen und Ängsten beladen, die Art von Gepäck, die man nicht am Zoll deklariert, so geheim, daß man es sich selbst kaum getraut einzugestehen, stieg ich mit meiner jungen Frau und unserem kleinen Sohn in ein Flugzeug Richtung Vereinigte Staaten von Amerika und landete zwölf Stunden später im Land meiner Kinderträume.

Doch wieder spielte mir die Geschichte einen Streich.

Von all den Jahren, die ich mir hätte aussuchen können, um herauszufinden, wie amerikanisch ich noch war, wählte ich das Jahr 1968.

Und von allen möglichen Orten war es Berkley, das mich erwählte.

Willkommen zu Hause, Vlady. Oder Eddie? Oder bist du wirklich Ariel?

Wer immer du auch sein und wie immer du auch heißen magst, hier wartet eine große Überraschung auf dich.

Vierzehn Jahre war ich nicht mehr in den Vereinigten Staaten gewesen.

13

*Über die Entdeckung des Todes in einer Botschaft
in Santiago de Chile im Oktober 1973*

Hier bin ich nun, nachdem alles gesagt und getan ist, in diesem Gebäude, von dem die meisten der Menschen – Bauern und Arbeiter –, deren Leben ich geschworen habe zu teilen, nicht einmal wissen, daß es existiert. Hier bin ich nun in dieser Botschaft, auf diesem Stückchen Territorium, das rechtlich gesehen zu Argentinien gehört, hier bin ich, zurückgekehrt in den Schutz des Landes, in dem ich geboren bin, gefangen in dem tückischen, rettenden Bannkreis meiner Herkunft, hier bin ich und kann nirgendwohin als zurück nach Buenos Aires.

Ich weiß, daß meine Flucht gerechtfertigt ist, ich weiß, daß es keine andere Möglichkeit gab, aber ich fühle mich erniedrigt hier, in dieser Botschaft, in die sich unzählige andere Menschen geflüchtet haben, ich fühle mich nackt ausgezogen von der Angst, die uns allen gemeinsam ist, vor aller Welt gedemütigt, mit einem Mal heimatlos, mein Engagement für die Revolution weniger wichtig als meine Liebe zum Leben.

Hier begegne ich, von Angesicht zu Angesicht, den ersten Folteropfern meines Lebens. In den letzten Wochen haben mich Gerüchte erreicht, daß ... weißt du, was sie dort im Stadion machen, hast du gehört, was passiert ist mit ... aber es hieß immer nur, man habe dieses und jenes gehört, Gerüchte eben. Jetzt, ein paar Stunden nachdem man mich in die Botschaft hat schleusen können, sind sie da, diese Männer, die man auf einem Tisch festgeschnallt hat, nackt ausgezogen, nicht bildlich wie in meinem Fall, sondern in der kalten Wirklichkeit eines Raumes, der nach Pisse, Kotze und Schweiß stinkt, und man hat Elektroden an ihren Genitalien befestigt, und eine Hand hat einen Schalter umgelegt, und sie können froh sein, daß sie aus jenem Raum herausgekommen und jetzt hier sind, zitternd in der warmen chilenischen Oktobersonne, zitternd unter einer Decke, ins Nichts starrend, mit zuckenden Lippen, bemüht, mich anzulächeln, jeden anzulächeln, der sich ihnen nähert, sie zucken plötzlich zusammen, schreien nachts auf, wenn wir alle zu schlafen versuchen in einer Luft, die zum Schneiden dick ist vom Atem und den Fürzen und den Seufzern von fast tausend Menschen. Dichtgedrängt liegen sie im großen Ballsaal der Botschaft nebeneinander, wo sich noch vor einem Monat Männer im Smoking zu Frauen in bodenlangen Kleidern beugten und Komplimente murmelten, wo auch einer der Asylsuchenden, Allendes Finanzminister, einen Cocktail schlürfte neben demselben Klavier, unter dem er sich jetzt hin und her wirft und ein wenig Schlaf zu finden versucht.

Ich habe keine Decke. Als ich eintraf, war es schon spät, und alle Decken waren an die über neunhundert Menschen verteilt worden, die vor mir hierhergeeilt waren. Der sadistische Chargé d'affaires, ein großer Mann mit kalt glitzernden Augen namens Neumann, den wir alle gewisser Sympathien für die Nazis verdächtigen, hat die Flüchtlinge wissen lassen, daß es für zusätzliche Decken keinen Etatposten gibt. Und so teilt ein Freund, der El Gitano genannt wird, seine Decke mit mir. Er ist Sänger, und sein bekanntestes Lied haben wir in den letzten zwei Jahren bei allen unseren Versammlungen geschmettert: »*Ha llegado aquel famoso tiempo de vivir*« – Sie ist gekommen, die langersehnte Zeit, in der wir endlich leben werden – und jetzt, da sein

Lied sich weniger als Prophezeiung denn als Wunsch her-
ausgestellt hat, hält er mich nachts mit der Hälfte seiner
Decke warm.

Daß ich keine Decke habe, ist mir sehr recht. Es zeigt
jedem, daß ich nicht sofort zu dieser Botschaft gerannt bin,
es gibt denjenigen, die vor mir kamen, zu verstehen, daß ich
ein paar Wochen lang aus Dummheit und vielleicht sogar
aus Courage versucht habe, mich umbringen zu lassen.

Meine ungeschützte Existenz ist eine Art, die Schuldgefühle abzuwehren, daß ich überlebt habe, eine Art, mit
meiner Entscheidung für das Exil klarzukommen. Diese
Schuldgefühle werden mich noch viele, viele Jahre begleiten, sie werden eigentlich erst an jenem Tag in vierzehn
Jahren verschwinden, an dem ich mit meinem achtjährigen
Sohn Joaquín am Flughafen von Santiago festgenommen
und abgeschoben werde, wenn sich durch diese mir ange-
tane Gewalt endlich das masochistische Gefühl einstellt,
meine Schuld beglichen zu haben. Aber hier in dieser Botschaft ist die fehlende Decke eine Möglichkeit, mir selbst
weh zu tun, weil die Junta mir nicht genug Schmerzen
zugefügt hat, mir nicht dieselben Schmerzen zugefügt hat,
die sie den anderen, die außerhalb dieses sicheren Hortes
bleiben, zufügt.

Dieser Sonderstatus als einer ohne Decke sollte mir nicht
lange vergönnt sein. Einige Tage nach meiner Ankunft gehe
ich in dem großen Garten spazieren und genieße die Nach-
mittagssonne. Man hat mir gesagt, ich solle mich von der
übermannshohen Mauer fernhalten, die uns umgibt, aber
sie zieht mich magisch an. Ich bin fasziniert von der Nähe
Chiles, unmittelbar dahinter, dem geschäftigen Treiben der
Stadt, das ich von hier aus nicht sehen, wohl aber hören
kann – den Singsang eines Gesprächs zwischen einem Kind
und seiner Mutter, der unvermittelt zu mir herüberdringt,
das Gewürge eines *micro*, dessen Fahrer einen anderen

Gang einlegt, ein Scherenschleifer, der seinen Karren durch die Straßen von Santiago schiebt und laut rufend seine Dienste anbietet.

Plötzlich fällt mir ein Bündel vor die Füße. Im ersten Moment weiß ich nicht, wo es herkommt, aber dann sehe ich zwei Hände, die sich an der Mauerkante festkrallen – nur die Finger, weiß vor Anstrengung. Da versucht jemand, über die Mauer zu klettern und in die Botschaft vorzudringen! Aber jetzt krachen zwei Schüsse und – kein Schrei, kein Rufen, nicht einmal ein Stöhnen, nur eine Art dumpfer Schlag auf der anderen Seite. Die Polizei hat den Mann einfach erschossen. Warum stellte ich mir einen Mann vor, warum habe ich keinen Augenblick gedacht, daß es eine Frau sein könnte? Warum habe ich angenommen, daß er getötet wurde und nicht nur verwundet oder daß ihn die Schüsse nur von seinem Tun abgehalten haben? Ich bin von der Welt da draußen abgeschnitten, meiner Phantasie ausgeliefert.

In dem Bündel finde ich eine Decke und einen Schlafsack. Keinen Paß, keine Ausweispapiere, nichts, was mir verraten würde, wem ich diese Geschenke verdanke. Denn es sind Geschenke. Das tragische Schicksal dieses Opfers bedeutet wärmere Nächte für mich – und weniger einsame Tage, denn ich werde die Decke, ähnlich wie einst Linus, zu einem treuen Gefährten machen. Wann immer ich mich in Gedanken durch diese Säle wandern sehe, in denen argentinische Diplomaten die nationale und internationale Hautevolee empfangen hatten, sehe ich automatisch die Decke des gescheiterten Asylsuchers tröstend um meine Schultern gewickelt.

Die Decke, die uns wirklich schützt, ist natürlich die Botschaft selbst. Zwischen Sicherheit und Tod liegen zu diesem Zeitpunkt nur wenige Meter, die geringfügige Distanz zwischen Fingern, die sich verzweifelt an eine Mauer klam-

278

mern, und Augen, die hilflos zusehen, wie diese Finger von der Mauer gezerrt werden, um sie zu begraben oder zu brechen, Augen, die schwören, niemals zu vergessen. Eine andere Art von Distanz, eine andere Art von Hilflosigkeit werden diese Augen schon sehr bald auf die Probe stellen: Ich weiß, daß diese Augen, meine Augen, eine weite Reise antreten werden, zu einem fernen Zufluchtsort in einem fremden Land, die allerbeste Decke und Immunität, die die Botschaft verspricht.

Ich beginne bereits die Regeln zu lernen, nach denen der Verlust eines Landes vonstatten geht. Ich beginne bereits zu erkennen, daß mein Dasein wie das aller Exilanten aussehen wird, die überleben, wie das der zahllosen lateinamerikanischen Exilanten um mich herum in der Botschaft, die durch ihre eigenen gescheiterten Revolutionen nach Chile verschlagen wurden, die die Zukunft, die mich erwartet, schon gelebt haben. Ich sehe, daß wir alle unbarmherzig durch diejenigen bestimmt werden, die zurückbleiben, daß unsere Existenz im Widerspruch steht zum Leben derjenigen, die nicht flohen oder nicht fliehen konnten, daß unsere Existenz gerechtfertigt ist durch die Hilfe, die wir denjenigen bringen können, die gestern an unserer Stelle starben oder morgen an unserer Stelle den Tod riskieren. Exilanten werden von Fingern verfolgt, die sich an eine Mauer klammern, in einer Entfernung, die riesengroß, fast unüberwindbar geworden ist.

Diese Distanz ermöglichte es mir, Zeugnis abzulegen über die Greueltaten, die daheim begangen wurden; ja, sie verlangte geradezu von mir, diese Aufgabe zu erfüllen. Und dennoch würde dieses Zeugnis von der Stunde an, in der ich das Land verließ, zwangsläufig indirekt sein. Schon vorher hat mich die Botschaftsmauer von dem Menschen getrennt, der zu fliehen versuchte. Ich weiß nicht, wer er war, was weiter mit ihm geschah, wie es dazu kam, daß er sein Bündel über die Mauer warf. Später, wenn ich mehr Abstand habe, wenn Kilometer und Zeitzonen mich von jenem Chile trennen, in dem Menschen zu einer Mauer kommen und sterben, bevor sie hinüberspringen können, werden meine einzige Verbindung Zeitungsartikel sein, Briefe, Kassetten, ein verblassendes Foto, eine vorsichtige Stimme am Telefon, Erlebnisse, von denen mir neu eingetroffene Flüchtlinge oder freigelassene Gefangene oder endlich auch Freunde, die zu Besuch kommen, mit gedämpfter Stimme berichten, alles weit weg, erlebt und erzählt von einem anderen. Es ist einer der großen Widersprüche des Exils: Der Zufluchtsort, den ich gefunden habe, genau dieser Zufluchtsort, der eine Stimme hat überleben lassen, schneidet diese Stimme gleichzeitig vom unmittelbaren Zugang zu dem Land ab, für dessen Weiterleben sie verantwortlich ist, dem Land, über das zu berichten meine Pflicht ist.

Aber man tut, was man kann.

Und heute, mehr als zwanzig Jahre später, erzähle ich die Geschichte von der Decke, die jemand, den ich nie sah, mir wie ein Geschenk des Himmels schickte. Ich erzähle seine Geschichte, obwohl ich nie erfahren werde, was mit ihm geschah. Ich erzähle seine Geschichte, weil es die einzige Möglichkeit ist, ihm dafür zu danken, daß er mich gewärmt hat, die einzige Möglichkeit, um ihn zu trauern und ihn am Leben zu erhalten. Ich schicke ihm diese Decke aus Worten, die ihn nicht mehr schützen kann vor all den Dingen, die geschehen sind, die ihm und mir vor so langer Zeit geschehen sind.

14

*Über die Entdeckung des Lebens und der Sprache in
den Jahren 1968 bis 1970 in Berkeley, Kalifornien*

Meine ersten echten Hippies sah ich am Nachmittag nach
unserer Ankunft in Berkeley. Wir drei, Angélica, Rodrigo
und ich, unternahmen einen Spaziergang und genossen die
frische Brise eines sonnigen Tages in der Bay Area, als wir
in der Höhe der Shattuck Street, vor Oscar's Hamburgers,
zwei Blumenkinder stehen sahen. Obwohl, Blumenerwach-
sene wäre der passendere Ausdruck, denn sie waren Mitte
Zwanzig, ungefähr in meinem Alter. Sie trugen die sprich-
wörtlichen Blumen im Haar und im übrigen all die Klei-
dungsstücke, die Hippies angeblich ausmachten, wenn man
den Nachrichten, Fotos, Filmen und Liedern Glauben
schenkte – ja, sie wirkten beinahe wie eine Karikatur. Die
Frau war mit einem langen, wallenden Gewand bekleidet,
wie aus einem Secondhand-Laden, das über und über mit
Glöckchen und anderen Spielereien verziert war, er hatte
zerrissene Jeans an und trug das Hemd offen wie ein Pirat.
Seine Haut schimmerte so weiß, daß er für ein Deo hätte
Werbung machen können. Beiden fiel das lange, gold-
blonde Haar kaskadenartig über den Rücken, und an ihren
Füßen trugen sie keine Schuhe. Er spielte gerade die letzten
Takte eines Lieds auf seiner Mundharmonika, zu dessen
Melodie sie sanft hin- und herschwingend auf ihren bloßen
Füßen tanzte wie eine Elfe. Sie schien weder das harte Pfla-
ster Kaliforniens noch die lauten Rufe des dicken Zeitungs-
verkäufers wahrzunehmen, der den *Berkeley Barb* anpries,

und die vielen Menschen, die aus den Verkehrsmitteln quollen und zur Arbeit hasteten, schienen für sie nicht zu existieren. Die beiden umgab ein Duft von Weihrauch und Orangen, in den sich ein anderer beißender, mir unbekannter Geruch mischte – wie sich später herausstellte, war es Marihuana.

Wir blieben vor ihnen stehen, verweilten ein wenig und genossen die pure Lebensfreude, die von diesem Mann und dieser Frau ausging, die stille Freude ihrer Körper, die heiter und strahlend in ihrer Muße uns, die Neuankömmlinge an diesen Ufern, willkommen hießen, so daß wir fast das Gefühl hatten, als gehörten wir wie selbstverständlich in dieses Land und in diesen Nachmittag mit seinen schwachen Sonnenstrahlen. Das Mädchen bog seinen Rücken wie eine hocherotische Madonnenfigur von Botticelli, und noch bevor sie ihre Augen öffnete, lächelte sie dem Mundharmonikaspieler zu, seinem weichen Bart und seinem friedlichen Jesus-Gesicht – beide entsprachen so gar nicht der Beschreibung der Hippies, die der damalige republikanische Gouverneur von Kalifornien, Ronald Reagan, geliefert hatte: »Sie ziehen sich an wie Tarzan, haben Haare wie Jane und riechen wie Cheetah.« Doch vermutlich hatte ihn weniger ihr äußeres Erscheinungsbild zu dieser Bemerkung veranlaßt als vielmehr ihre Ablehnung des amerikanischen Traums. Wenn sie wollten, könnten die beiden eines jener Paare aus der Bay Area sein, die einen Geschäftswagen fahren, sie könnten Oscar's Hamburgers managen, weitere Hamburger-Filialen für das ganze Land planen, sie könnten, wie ich, nach dem Studienabschluß eine Arbeit an der University of California schreiben und einen weiteren Aufsatz in den Anhang aufnehmen, doch sie hatten einem Leben in Wohlstand, voller Sorgen und Plackerei den Rücken gekehrt, lehnten das Amerika der Vorstadtsiedlungen mit seinen gepflegten Rasenflächen und den Quiz-

Shows ab, hatten nichts übrig für die Los-du-machst-das-schon-Mentalität und den Wir-müssen-mit-den-Nachbarn-Schritt-halten-Waschmaschinenkauf. Sie wollten sich nicht von Konsumgütern einengen lassen und auch nicht von dem Geld, der Arbeitsbelastung und dem Lebensstil, den diese Konsumgüter mit sich brachten. Sie waren ausgestiegen, ausgeschert, lebten in den Tag hinein – waren draußen, draußen, draußen, ganz weit draußen, außerhalb der Gesellschaft und ihrer Normen. Außenseiter, die nicht den Wunsch verspürten, sich wieder eingliedern zu lassen oder gesellschaftliche Verantwortung zu übernehmen, die nicht einmal daran dachten, sich gar für ein politisches Amt zu bewerben.

Und dann nahm der Mann die Mundharmonika von den Lippen und sang den Text zu der Melodie, die er gespielt hatte, Bob Dylans *Mr. Tambourine Man*, und jenes Lied, das ich noch nie zuvor gehört hatte, durchdrang mich mit seinem melancholisch-näselnden Klang, grub sich mit zarter Klaue in mich hinein und ergriff mein Herz – jene Stimme, die nach Mr. Tambourine Man rief und ihn bat, »sing a song for me / I'm not sleepy and there is no place I'm going to«. Völlig unerwartet trug mich die Musik mit sich fort, zurück zu den vielen Jahren in meinem Wanderleben, in denen ich ohne Halt war, und mit einemmal war ich derjenige, der den Tambourine Man fragte, war ich derjenige, der nicht wußte, wohin er unterwegs war. Doch in meine Trauer mischte sich überraschend eine tiefe Sehnsucht, ich konnte die ungezügelte Freiheit spüren, die dieser Mann und diese Frau lebten. Dieser Jesus und diese Madonna riefen mich, forderten mich auf, mit ihnen zu gehen, sie bei ihrer Suche nach der eigenen Identität zu begleiten. Es war, als böten sie ihr Leben und ihre Körper an wie eine Brücke in ein Land, das ich schon immer hatte kennenlernen wollen, ich fühlte, wie tief in mir etwas wachgerufen wurde, und dieses Etwas muß meine amerikanische Seite gewesen sein, von der ich geglaubt hatte, daß ich sie unterdrückt und verdrängt hatte. Aber sie war noch vorhanden, wußte, wer diese Leute waren, und verstand, woher sie kamen und wie sie dorthin gelangt waren. Einen unglaublichen Augenblick lang flüsterte etwas in mir und in ihnen mir zu, lud mich ein, sie auf ihrer Suche zu begleiten.

Dann klang das Lied aus und war zu Ende, der Bann wieder gelöst. Das Mädchen öffnete die Augen, sah uns an und lächelte, und auf einmal wußte ich, daß sie unter ihrem wallenden Gewand, in das sie heute morgen geschlüpft war, keinen BH, keine Unterwäsche trug, daß sie nackt war unter ihrem Kleid.

Und dann sprach sie uns an. Sie neigte den Kopf ein wenig zur Seite wie ein Vogel, taxierte uns und fragte: »Habt ihr 'n bißchen Kleingeld?«

»Was?«

»Habt ihr 'n bißchen Kleingeld übrig?«

Ich antwortete nicht sofort. Oh, ich verstand ihre Worte, wußte, was sie bedeuteten – hörte förmlich den berühmten Satz aus der Zeit der Weltwirtschaftskrise: »Bruder, hast du vielleicht zehn Cent für mich?«. Was mich sprachlos machte, war, daß sie uns wahrhaftig um Geld bat, daß sich diese flachsblonden, gesunden, engelsgleichen *gringos* wie Arme benahmen. Im rassistischen Lateinamerika, aus dem ich kam, waren blondes Haar und eine weiße Hautfarbe der Passierschein zum privilegierten Leben, das Zeichen für die Zugehörigkeit zur Oberschicht, und ich hatte noch nie gehört, daß jemand, der in solchen Reichtum hineingeboren worden war, bettelnd auf der Straße geendet wäre.

Unsere Bettler in Lateinamerika waren dreckig, verkrüppelt, hungrig, stanken – als seien sie geradewegs dem »Hof der Wunder« aus dem *Glöckner von Notre-Dame* entsprungen. Sie trugen keine Schuhe, weil sie sich keine leisten konnten. Aus Not – und nicht, weil es die neueste Mode war – hing ihre Kleidung in Fetzen an ihnen herunter. Der Junge, den ich zum Essen mit nach Hause gebracht und von dem ich mich dann abgewandt hatte, dieses Kind hatte sich im Bus heiser gesungen, weil es keine andere Wahl hatte. Die Straßen von Santiago, durch die er stromerte, waren ein Alptraum, in dem er bei seiner Geburt aufgewacht war und dem er nicht entrinnen konnte, genausowenig wie der Kälte, dem Schmutz, den Schlägen, den Vergewaltigungen und der Obdachlosigkeit. Er sang Boleros, weil es die einzige Möglichkeit war, den Tod hinauszuzögern. Nicht wie diese Hippies, deren Armut so künstlich und selbstauferlegt war, daß ein Fingerschnippen genügte, um sich aus ihr zu befreien. Wohingegen der kleine chilenische Bettler – wie eigentlich jeder Mittellose, den ich je in meinem Land oder sonst in Lateinamerika getroffen hatte – sowohl in seiner ethnischen Herkunft als auch in seiner Klasse gefangen war. Das indianische Erbe war ihm unauslöschlich ins Gesicht geschnitten, prägten seine Statur und Hautfarbe. In seinen dunklen Zügen konnte man erkennen, daß das Blut seiner Ahnen den Herrschenden als Vorwand diente, ihn zu einem Leben in Knechtschaft zu verdammen.

Mit einemmal schien mir das Glück dieser beiden Hippies, das mich gerade eben noch fasziniert hatte, wie eine Beleidigung.

»Ich habe keins«, sagte ich. »Kein Kleingeld.«

»Is schon okay«, sagte sie. Und der Mann fügte hinzu: »Gott segne dich.«

Ich wollte schon gehen, als Rodrigo halb zu ihnen kroch, halb auf sie zuwackelte, fröhlich den Kulturschock ignorierend, der mich – und, wie ich später herausfand, auch Angélica – getroffen hatte. Er deutete auf die Mundharmonika, griff nach ihr und erhielt prompt seine erste Lektion in Sachen blowing in the wind. Ich mochte die beiden noch immer (immerhin kümmerten sie sich rührend um mein Kind), doch selbstgefällig begann ich, mich ihnen überlegen zu fühlen, ich verschanzte mich hinter dem Wissen um das Leid und Elend in anderen Ländern, von dem sie nicht die leiseste Ahnung hatten. Am liebsten wäre ich zu ihnen gegangen und hätte sie geschüttelt, sie wachgerüttelt und gezwungen, einen Blick auf die wirkliche Welt zu werfen. Ich wollte ihnen zuflüstern, daß der beste Weg aus der Unterdrückung nicht der Ausstieg aus dem System war, sondern seine Zerstörung. Während ich dort stand, fühlte ich mich erlöst, rein und ganz, gestärkt durch das Wissen, wer ich war. Ich hatte dieses Land als Edward verlassen und kehrte als entschlossener Ariel zurück, und dieser erste Nachmittag war der Beweis dafür, wie sehr meine vierzehnjährige Abwesenheit mich zum Lateinamerikaner hatte werden lassen, hier war der Beweis, nach dem ich gesucht, einer der Gründe, weshalb ich diese Reise ins Land meiner Kindheit angetreten hatte. Meine Reaktion war intuitiv, eigentlich unwillkürlich: Jene verzückten, fröhlichen, unschuldigen amerikanischen Füße, die voller Freude über die Yankee-Straßen tänzelten, wurden automatisch in ihre Schranken verwiesen, wenn ich die nackten Füße meiner verarmten Landsleute vor mir sah. Das Wissen um die Unterentwicklung verfolgte mich, die Erinnerung an die Menschen zu Hause, die keinen Pfennig besaßen, ließ mich nicht los. Ich wußte, wohin ich gehen würde: Ich kenne die Antwort, Mr. Tambourine Man, ich werde in ein Land und auf einen Kontinent zurückkehren, die ein Lied für die verlorenen Millionen von Menschen brauchen, ich werde in eine Realität zurückkehren, wo die Menschen sich nicht den perversen Luxus leisten können, die Armut zu wählen wie diese vorgeblichen, als Hippies verkleideten Bettler.

Damals konnte ich natürlich noch nicht wissen, daß mich, einige Jahre später, eine Nacht erwartete, in der wir

286

auf die Alameda strömen und unseren Sieg feiern würden, ich wußte noch nicht, daß jene chilenischen Straßen mich rufen würden, doch diese erste Verlockung, die Berkeley mir auf meinem Weg bot, zeigte mir recht früh, daß die Anziehungskraft Lateinamerikas und Chiles letztlich stärker sein würde als die Überbleibsel meiner Yankee-Identität. Mein Aufenthalt in Berkeley sollte mich noch stärker an das Chile binden, das ich als das meine erwählt hatte, und er zwang mich schließlich zu der Erkenntnis, daß ich, wenn ich wirklich zurückgehen wollte, das letzte Band zu den Vereinigten Staaten, die englischen Sprache, würde durchtrennen müssen.

Doch die Geschichte auf diese Art zu erzählen, heißt, das auszulassen, was besonders irritierend war. Meine Heimkehr sollte nicht so reibungslos verlaufen, wie ich es mir an jenem Nachmittag vorstellte, als ich meine Muster-Hippies traf und alles, wirklich alles, was ich von ihnen hätte lernen können, verwarf und mich statt dessen darüber freute, wie sehr ich mich doch von diesen *gringos huevones* unterschied.

Dämliche Gringos. Gringo-Arschlöcher.

Das hatte ich ihnen noch zum Abschied zugerufen, als ich mich, Rodrigo auf dem Arm, in Richtung Hotel (und, bildlich gesprochen, in Richtung Chile) auf den Weg machte, doch in den anderthalb Jahren in Berkeley sollten die Brüder und Schwestern dieser beiden Hippies, die amerikanische Jugend, eine Herausforderung für mich sein, an meinen Grundsätzen rütteln, meine revolutionäre Verbindlichkeit prüfen und mich dazu bringen, das Leben, das ich führte, in kultureller, sexueller und beruflicher Hinsicht zu hinterfragen, kurz, sie veränderten grundlegend mein Verhältnis zu den Vereinigten Staaten.

Noch am gleichen Tag, nur kurze Zeit später, lernte ich ein zweites Paar junger Amerikaner kennen, die ungefähr in meinem Alter waren. Sie waren für mich genauso eine Herausforderung wie unsere singenden und tanzenden Hippies, aber etwas konservativer gekleidet und deutlich erkennbar in einer politischen Mission unterwegs: Sie sammelten Unterschriften, um gegen ich weiß nicht mehr welchen Schritt der Vietnam-Politik zu protestieren, ich glaube, es ging um die Rekrutierung von Studenten an der Universität Berkeley durch die CIA, aber es kann auch eine Petition an den Stadtrat oder den Hippie-Freund Ronald Reagan gewesen sein. Die beiden Antikriegsaktivisten, ein Weißer und ein Schwarzer, saßen hinter einem kleinen Tisch an der Ecke Shattuck/University und forderten die Passanten auf, ihre Petition zu unterzeichnen.

»*Hey, man.*«

Wir blieben stehen und hörten uns aufmerksam an, wogegen sie protestierten, obwohl Rodrigo eine weitere Mundharmonikastunde sicher lieber gewesen wäre.

»Also, was meint ihr?«

»Tut mir leid«, antwortete ich. »Wir können nicht unterzeichnen.«

»Warum nicht?«

»Wir sind aus Chile.«

»Woher?«

»Aus Chile. Ihr wißt schon, Südamerika.«

»Oh, Chile.«

Sie sahen mich ungläubig an, als wollte ich ihnen einen Bären aufbinden und mich der patriotischen Pflicht entziehen, gegen den verbrecherischen Krieg in Vietnam zu protestieren. An meinem Akzent erkannten sie, daß ich aus New York war. Sie hatten noch nie einen ausländischen *latino* getroffen, der Englisch so wie ich sprach.

»Du bist wirklich aus Chile?«

»Ja, das ist richtig.« Nur mit Mühe konnte ich der Versuchung widerstehen, einen leichten Ricky Ricardo-Akzent anzunehmen.

288

Sie sahen einander an und wandten sich dann wieder an mich.

»Also, wen interessiert das, wo zum Teufel ihr herkommt. Ihr könnt auf jeden Fall unterschreiben. Dies ist Amerika.«

Er hatte recht. Wovor hatte ich Angst? Ich blickte zu Angélica, die unmerklich nickte und mir zusah, wie ich unterschrieb, dann unterschrieb sie auch, und wir gaben ihnen noch ein paar Dollar für ihre Kampagne, denn hier, so unser Gefühl, ging es um eine Sache, für die es sich lohnte, Kleingeld zu verschenken.

Als wir gehen wollten, hob der schwarze Aktivist seine Faust zum Zeichen der Solidarität, und der Weiße machte das Victory-Zeichen und sagte »Peace now«, und zum zweitenmal an diesem Nachmittag wurde mir etwas klar, nicht nur in bezug auf die beiden an der Ecke, sondern auch in bezug auf die beiden anderen jungen Amerikaner, die ich weiter unten an der Straße hatte stehen lassen.

Dies war meine Generation, und sie hieß mich zu Hause willkommen. Sie waren mit der gleichen Amos 'n' Andy-Radioserie groß geworden, den gleichen Esther Williams-Filmen, den gleichen dreckigen Witzen, der gleichen Vergötterung von Marlon Brando in *Der Wilde* und von James Dean in … *denn sie wissen nicht, was sie tun*, sie hatten die gleiche musikalische Entwicklung mitgemacht, von den schwülen Klängen des Swing in den vierziger Jahren und dem Foxtrott in den fünfziger Jahren zu Rhythm and Blues, Jazz und schließlich den aufrührerischen Klängen des Rock in den sechziger Jahren. Sie waren mit Konsumgütern und hundert verschiedenen Sorten Frühstücksflocken überschüttet worden, die alle gleich schmeckten, aber unterschiedlich verpackt waren, sie hatten unverzagte Helden bewundert, die jeden Tag aufs neue die Welt retteten und über ein Spezialwissen verfügten, mit dem jedes Problem zu lösen war. Sie hatten sich als Kinder, genau wie ich, in den amerikanischen Traum hineingekauft und sich schließlich – aus anderen Gründen als ich – gezwungen gesehen, ihr Vaterland abzulehnen. Ich hatte ihre Rebellion nicht miterlebt, weil ich aus New York vertrieben worden war. Aber meine Verbannung hatte mich geradewegs in die nationalen Befreiungskriege katapultiert, die den Globus erschütterten, so daß ich, ein Kind Amerikas, im fernen Chile vorwegnehmen konnte, wie sie, einige Jahre später in den Vereinigten Staaten, auf die entsetzlichen Dinge reagieren würden, die überall auf der Welt in ihrem Namen und, in Vietnam, sogar mit ihnen selbst geschahen.

Mein Anti-Amerikanismus war also keineswegs abwegig gewesen, sondern vollkommen normal. Ja, er kündete von der Schande, daß ihr Amerika, mein Amerika zum Welttyrannen geworden war, als jene riesigen Gebiete, in denen die Menschen in immerwährendem Elend lebten, lediglich ihre Unabhängigkeit forderten – ja, und das Recht, nach Glück streben zu dürfen –, etwas, das meine Wahlheimat, ihr Heimatland schon während des Unabhängigkeitskriegs zum Geburtsrecht aller Menschen erklärt hatte. Meine Empörung, und ebenso ihre, war aus der unglaublichen Paradoxie erwachsen, daß ausgerechnet das Land Jeffersons Tyrannen finanzierte, Polizisten das Foltern beibrachte und *marines* entsandte, die dafür sorgten, daß die Reichen ihre großen Häuser und die armen Teufel ihre Bruchbuden behielten. Diese jungen Leute hier maßen, wie auch ich, die Vereinigten Staaten an ihren eigenen Idealen der Freiheit. Mit der Unabhängigkeitserklärung hatte dieses Amerika einer fernen Kolonialmacht getrotzt, die es wie ein ungehorsames und bockiges Kind behandelte, aber jetzt verfuhr es selbst mit Kuba, Vietnam, dem Kongo und Chile im Stil einer solchen Kolonialmacht. Wir wollten, daß die Vereinigten Staaten Seite an Seite mit den Besitzlosen der Welt kämpften, so wie sie während des Bürgerkriegs gegen die Sklaverei gekämpft hatten, wir wollten, daß sie wieder eine Kraft der Befreiung würden wie im »Guten Krieg« gegen die Nazis, wir wollten, daß sie sich gegenüber der Welt als großzügig erwiesen, so wie sie zu ihren Einwanderern großzügig gewesen waren, wir wollten, daß sie ihre Freiheit exportierten und nicht ihr Napalm. Und als sie diesen Idealen nicht folgten, glaubten wir, ich und diese beiden jungen Männer und so viele andere im ganzen Land, daß unser Vertrauen mißbraucht worden war.

Doch sie waren hiergeblieben, während man mich weit weggeschickt hatte. Sie hatten, in meinem Namen, den Glauben an das bessere Amerika bewahrt, sie hatten sich aufgemacht, um Amerika vor den Menschen zu retten, die die Ideale dieses Landes verraten hatten.

An jenem Nachmittag erhielt ich ein außergewöhnliches Begrüßungsgeschenk: Ich hatte Gelegenheit, in diesen beiden Hippies und in diesen beiden Aktivisten mein eigenes Schicksal zu erkennen, einen Blick zu erhaschen auf ein paar Menschen, von denen ich einer hätte sein können. Ja, wenn Joe McCarthy nicht gewesen wäre, würde ich entweder Mundharmonika spielen und barfuß zu einem Song von Bob Dylan tanzen oder an das amerikanische Gewissen appellieren, damit der Krieg auf der anderen Seite der Welt ein Ende hatte, ein Krieg, der Menschen tötete, die rebellierten, weil sie tatsächlich keine Schuhe hatten. Ja, das hätte ich sein können. Wenn ich geblieben wäre, hätte ich eine dieser beiden amerikanischen Formen des Protests gewählt, ich wäre auf der Suche nach meiner Identität an einem Ort wie Berkeley gelandet.

In den kommenden Monaten sollte ich entdecken, daß die Grenzen zwischen diesen beiden Alternativen des rebellischen Amerika – Rückzug und Engagement – fließender waren, als ich an jenem ersten Nachmittag gedacht hatte.

Diese beiden Arten des Umgangs mit der Krise der Vereinigten Staaten überschnitten und vermischten sich, und sie berührten das Leben der meisten Männer und Frauen meiner Generation. Und zwar gerade deshalb, weil sie sich weigerten, die Politik von ihrem Alltag zu trennen, das Private vom Politischen, die Revolution des Staates von der kulturellen Revolution. Doch es dauerte noch eine Weile, ehe ich das begriff. Die Herausforderung, die ich eine kulturelle nennen will, die Infragestellung meiner Lebensweise brauchte etwas länger, um bis in mein Herz vorzudringen – obwohl sie sich nachhaltiger auf meine Überzeugungen und meine Zukunft auswirken sollte als die politische Bewegung, die sich über die ganzen Vereinigten Staaten ausbreitete und darauf lauerte, Amerikas Kurs und den Lauf der Welt zu verändern.

So schien es uns zumindest an jenem Tag, am 31. März 1968. Nachdem wir das Flower-power-Paar und das Power-to-the-people-Paar an ihren Straßenecken hatten stehenlassen, gaben wir in einem Co-op-Laden Geld für ganz praktische Dinge aus: Wir kauften ein paar Windeln (das Wunder der Wegwerfwindel! – egal, was die Hippies über Konsumterror sagten) und Babynahrung (auch wenn der Hersteller die Truppen in Vietnam mit Essen versorgte), und zu guter Letzt verschlangen wir ein schnelles Abendessen – Hot dogs. Ich liebte Hot dogs, und nach vierzehn Jahren ohne fettige Würstchen, labberige Wonder-Brötchen und grellfarbigen Senf hatte ich schon zwei Hot dogs zum Frühstück verspeist. Als unser Flugzeug nach San Francisco zu einem kurzen Zwischenstop in Los Angeles landete, war ich sofort losgestürzt, um welche zu kaufen, was Angélica mit amüsierter Verwunderung zur Kenntnis nahm. Aber ich hatte noch immer nicht genug, und so kaufte ich jetzt noch mal einen – ganz schnell –, und kaum daß wir unser Hotelzimmer betraten, schaltete ich sofort den Fernseher ein, weil ich wußte, daß Lyndon B. Johnson eine Ansprache wegen der Eskalationen im Vietnamkrieg halten würde. General Westmoreland hatte als Antwort auf die verheerende Tet-Offensive im Januar um wer weiß wie viele zusätzliche Truppen ersucht, und nun hörte ich, wie der Präsident der Vereinigten Staaten der Welt mitteilte, er werde nicht wieder kandidieren.

Ein Amerika hatte mich hinausgeworfen, und nun war hier ein anderes Amerika mit einem weiteren Geschenk für mich: Die rebellische Generation, zu der ich gehört hätte, wenn ich hiergeblieben wäre, hatte den gleichen Johnson, der in Santo Domingo einmarschiert war und die anti-amerikanischen Angriffe obskurer und in weiter Ferne lebender chilenischer Akademiker ignoriert hatte, von seinem hohen Roß heruntergeholt.

Aber das war nicht das einzige Amerika, das mich will-kommen hieß.

In einer weitaus weniger metaphorischen und politischen Weise wurden wir am Flughafen in Empfang genommen, und zwar von einer Mitarbeiterin des Center for Latin American Studies, das die Stipendiaten aus Chile betreute. Sie fuhr uns in Berkeley herum, damit wir nach einer pas-senden Wohngegend Ausschau halten konnten, und brachte uns dann in unser Hotel. Als sie sich von uns verabschie-dete, händigte sie mir die Wagenschlüssel aus. Sie erklärte mir, das Auto gehöre dem Center, und sie würden sich freuen, uns den Wagen für das Wochenende zu überlassen. Ich könne mir mit der Rückgabe ruhig Zeit lassen.

Angélica und ich waren über dieses großzügige Angebot verwundert, aber noch mehr über die beiläufige Art, in der dies geschah: Als sei es die normalste Sache der Welt, daß wir ein Auto zur Verfügung hatten. In Chile hatten wir kein Auto, auch keine Wohnung, nicht einmal ein Bett oder einen Kühlschrank konnten wir dort unser eigen nennen.

Nur eine ungeheure Wohlstands- und Überflußgesellschaft konnte mir einfach so einen Autoschlüssel aushändigen; nur eine Gesellschaft, in der einem ein Auto quasi per Geburt zustand, konnte einem Unbekannten ein Auto überlassen, ohne sich vorher zu erkundigen, ob er einen Führerschein besaß oder eine Versicherung hatte.

Am nächsten Tag unternahmen wir eine kleine Spritztour zu Montgomery Ward's Warenhaus. Wie uns der Hotelangestellte erklärt hatte, gab es nur einen Weg dorthin, den Freeway. So biß ich also die Zähne zusammen und sauste zum erstenmal im Leben über einen Interstate-Highway. Ich kreischte wie ein Kind bei seiner ersten Achterbahnfahrt, während Angélica sich festklammerte, als fürchte sie um ihr Leben. Wir waren erstaunt über das wahnsinnige Verkehrsaufkommen, über die vielen Fahrspuren und Abzweigungen. In den wenigen Meilen auf dem California Highway sahen wir mehr Stahlträger und Zement, als auf der einzigen Straße Chiles, welche Arica, die nördlichste Stadt in der weit abgelegenen Wüste, mit der herrlichen Stadt Puerto Montt verband, die Tausende Kilometer südlich davon lag. Und in dem ziemlich kleinen Kaufhaus fanden wir ein größeres Warenangebot vor als in allen Geschäften Santiagos zusammen, alles nur Erdenkliche, was wir gebrauchen oder auch nicht gebrauchen konnten! Auch etwas Passendes für Rodrigo: eine Kombination aus einem Laufstall und einem Kinderbettchen, ein kleines Reich, in dem er schlafen und seine Spielsachen aufbewahren und das man überallhin mitnehmen konnte. Eine phantastische Erfindung, formschön, praktisch und sorgfältig durchdacht, um einem das Leben angenehm zu machen – in Chile wäre so etwas nicht zu bekommen, selbst wenn man das nötige Geld gehabt hätte, was bei uns natürlich nicht der Fall war.

Angesichts der riesengroßen Auswahl an Autos und Blue Jeans und Supermärkten und Fertigsuppen und Babykleidung, angesichts der Aussicht, daß die einfachen Dinge, die meine Familie zum Leben brauchte, zum Greifen nahe und erschwinglich waren, fühlte ich mich, es war kaum zu glauben, in einen Erwachsenen verwandelt, einfach aufgrund der Tatsache, daß es mir möglich war, alles zu kaufen, was ich brauchte.

Unser Budget war natürlich begrenzt – dennoch konnten wir uns in den folgenden Tagen eine Grundausstattung zulegen, Dinge, die man in Amerika für selbstverständlich hielt und in Chile eben nicht. In den folgenden Monaten liebäugelte ich mit der Hippie-Philosophie und ihrer Verachtung aller Konsumträume, aber Angélica und ich mußten feststellen, daß eine solche gegenkulturelle Rebellion nur dann funktionierte, wenn die Rebellen selbst die lebenswichtigsten Annehmlichkeiten in greifbarer Nähe hatten und dies für ihr von Gott gegebenes Vorrecht hielten. Nieder mit dem kapitalistischen Traum, sicher, aber reich mir erst mal die Kartoffelchips rüber, nein, nicht die, die anderen mit dem Honig-Barbecue-Geschmack, und wo du schon gerade stehst, sieh doch mal nach, ob Rodrigo noch in seinem neuen Kinderwagen schläft, so einen hätten nur die Multimillionäre von Santiago (oder die Diplomatensöhne!) zu Hause stehen. Ich mochte anprangern, daß sich Amerikas Füllhorn aus dem Raub an den Sklaven in der Dritten Welt speiste, aber ich selbst hatte nicht vor, auf diese Wunder zu verzichten, nicht, nachdem ich jahrelang Schokoriegel nur in klitzekleinen Stückchen vernaschen konnte, nicht, nachdem ich über Kentucky Fried Chicken in den Zeitschriften gelesen und nun endlich die Möglichkeit hatte, in eine Filiale dieser berühmten Marke zu gehen und Essen zum Mitnehmen zu bestellen, was das Leben so einfach und, ja, so verläßlich und beruhigend machte. Auf diese kleinen Freuden wollte ich in den kurzen anderthalb Jahren meines Aufenthalts nicht verzichten.

Die pseudo-asketische Ablehnung von Massenprodukten übte nur eine geringe Anziehungskraft auf mich aus. Die Art und Weise aber, in der eine breite Gruppe von jungen Männern und Frauen in Berkeley auf das konventionelle, repressive Räderwerk unserer rationalistischen Gesellschaft reagierten, die Tatsache, daß sie aufgriffen, was Millionen anderer Menschen in der ganzen Welt verkündeten – daß das System bankrott sei –, sollte einen nachhaltigen Eindruck in meinem Leben hinterlassen. Ebenso faszinierte mich, daß sie nicht auf jemanden aus der Arbeiterklasse oder von außen warteten, der kommen und sie befreien würde. Statt dessen nahmen sie unverzüglich, an Ort und Stelle, die Sache in Angriff und experimentierten mit ihrem Leben – es war eine Bewegung, die auf individuelle Freiheit als Basis jeder Veränderung pochte.

Als wir in Berkeley ankamen, hielten Angélica und ich uns und unsere politischen Ansichten für äußerst revolutionär, obwohl unser Leben, die Art, wie wir lebten, die Regeln, denen wir gehorchten, und unsere persönlichen Ambitionen relativ konventionell, ja, man könnte fast sagen, bürgerlich waren. Trotz unseres leidenschaftlichen Plädoyers für eine andere Zukunft und obwohl unsere Familien und die meisten unserer Freunde uns für exzentrische Bohemiens hielten, war die chilenische Welt, in der wir gelebt hatten, gesetzt, ruhig und langweilig. Unser Leben verlief eigentlich immer noch in dem schläfrigen Tempo der Vergangenheit, obwohl wir Produkte der Gegenkultur, Trends, Ideen, Moden, Musik, Bücher und Filme aus dem Ausland konsumierten. Und nun waren wir also in Berkeley, einem der modernsten Orte der Welt, und von hier aus betrachtet wirkte Santiago offen gestanden wie tiefste Provinz, wie eine verschüchterte, fade Stadt im hintersten Winkel der Erde, wo kulturell gesehen nichts Aufregendes passierte. Es ist eine Sache, den Sacco- und Vanzetti-Song in Santiago auf einer abgenudelten Schallplatte zu hören und dabei mitzusummen, aber etwas vollkommen anderes, das gleiche Stück live mit Joan Baez und zehntausend Brüdern und Schwestern zusammen zu singen oder der ebenso traurigen wie hoffnungsvollen Stimme von Pete Seeger zu lauschen, die uns fragt, where have all the flowers gone, es ist etwas anderes, wenn beim Grateful Dead-Konzert in Fillmore West unsere Beine von den Musikklängen mitgerissen werden oder wenn unsere Lippen einen Joint rauchen, den wir an Country Joe McDonald und seine Begleitband The Fish weiterreichen, one, two, three, four, what are we fighting for. Es ist eine Sache, Marcuse in einem Plüschsessel in Chile zu lesen, aber etwas vollkommen anderes, zu sehen, wie diese Theorien von einer Vielzahl junger Leute gelebt werden, die, jeder für sich, die Idee umsetzen, daß Lust etwas Revolutionäres sein kann in einer Gesellschaft, die sich selbst unterdrückt, es ist etwas anderes, Menschen zu sehen, die dich, jeder für sich, auffordern, es ihnen nachzutun, wenn du den Mut hast. Zum erstenmal waren wir beide von zu Hause fort, zum erstenmal waren wir frei von allen Zwängen, die Familie, Beruf, Studium, Freunde, der Terminkalender oder gesellschaftliche Konventionen uns auferlegten. Als unsere neuen amerikanischen Freunde uns offen und herzlich einluden, an ihrem Leben teilzuhaben, fühlten wir uns zugleich befreit und verängstigt.

Urplötzlich waren wir mit Männern und Frauen konfrontiert, die gegen jede Form von Autorität rebellierten, die es wagten, die herrschenden Strukturen in Frage zu stellen, die der Familie ebenso wie die der Wirtschaft, des Denkens und der Kindererziehung, die für sich das Recht beanspruchten, mit ihren Körpern, die weder ihren Eltern noch ihren Bossen gehörten, zu machen, was sie wollten, die das Recht für sich beanspruchten, mit wem und wann immer sie wollten, zu schlafen, und alles auszuprobieren, was die Lust steigerte und die Kameradschaft untereinander stärkte. Die Gefahren ihres Experiments lagen klar auf der Hand, aber das machte auch die Faszination aus, die diese Leute auf mich ausübten. Es war eine beängstigende Anziehungskraft, die noch verstärkt wurde durch die ausgelassene Respektlosigkeit, mit der sie am Rande des Abgrunds, am Rande ihrer selbst, am Rande des Abgrunds der Geschichte tanzten und dabei den Tod und die Selbstzerstörung in Kauf nahmen und dennoch jeden Augenblick genossen.

In jenen anderthalb Jahren tauchten wir in diesen Strudel ein, doch nur so tief, daß wir uns jederzeit wieder daraus befreien konnten. Vielleicht weil wir wußten, daß wir nach Lateinamerika zurückkehren würden. Vielleicht war es auch der Gedanke an die Millionen nackter Füße, die sich nicht an unseren Spielen beteiligen konnten, der mich nicht losließ und mir den Spaß verdarb, oder auch einfach nur Angélicas Vorsicht und ihr Pragmatismus, die mich davon abhielten, weiterzugehen. Ihr gelang es, in Berkeley Beziehungen aufzubauen, die eine größere Herausforderung darstellten, die wesentlich authentischer und demokratischer waren als alle, die sie jemals in der scheinheiligen Mittelklasse Chiles gehabt hatte, doch trotz ihrer Begeisterung für diese neuen Beziehungen verlor sie nie ihre Bodenständigkeit. Sie ahnte, daß man nicht für immer in einem Ausnahmezustand leben konnte, daß unser Leben in Berkeley etwas Künstliches und Vorläufiges hatte, eine Lebensform, die sich, wenn wir wieder zu Hause waren, erst würde bewähren müssen. Erst nach unserer Rückkehr würden wir herausfinden, was von alledem übrigblieb und den Zusammenprall mit unserem Land überstehen würde, das ja schließlich sehr konservative Sitten hatte.

Und doch gab es einen Augenblick, ungefähr nach der Hälfte unserer Zeit in Berkeley, als uns beiden ein Gedanke kam – fast gleichzeitig sahen wir von unseren jeweiligen Beschäftigungen an diesem Tag auf und überlegten, was wäre, wenn wir hierblieben, wenn wir nicht zurückkehrten? Hier sind wir glücklich, sagten uns unsere Blicke, sagte ich in Gedanken zu Angélica, als ich sie aufblühen und tanzen sah, sagte sie in Gedanken zu mir, wenn sie mich mit all diesen *gringos* zusammensitzen sah, die wußten, wer Mickey Mantler war.

Daß diese Idee nur eine unausgereifte, unausgesprochene Möglichkeit blieb und nicht Gestalt annahm, lag an zwei Entwicklungen; eine war politischer, die andere literarischer Natur.

Wenn ich entdeckt hätte, daß Englisch noch immer die Grundlage meiner Identität war, hätte ich vielleicht, wer weiß, versucht zu bleiben. In Chile hatte mich das Spanische auf meinen Reisen und bei der Arbeit begleitet, es war der Ort, wo ich meine Freunde traf, Angélica liebte und gemeinsam mit meiner Generation versuchte herauszufinden, wer zum Teufel wir Lateinamerikaner waren, und mit ihnen davon träumte, die Welt zu verändern. Englisch hingegen entwickelte sich mehr und mehr zu der Sprache, in der ich meine privaten Selbstgespräche führte. In Berkeley nun war die Situation fast genau umgekehrt: Die Sprache, die ich, entgegen aller Erwartungen und jeder Logik, in Chile lebendig gehalten hatte, gedieh in Berkeley prächtig, während das Spanische sich auf den Schreibtisch beschränkte, an dem ich an meinen Aufsätzen über den lateinamerikanischen Gegenwartsroman arbeitete. In den sechs Monaten, die ich bis zur Fertigstellung des spanischen Buches brauchte, spürte ich, wie die englische Sprache mich rief, mir versprach, die durch mein Bad in der übersprudelnden Sprache Amerikas wieder aufgefrischten Reserven in meine Prosa einfließen zu lassen. Als ich die Essays schließlich beendet und an meinen Verleger in Santiago geschickt hatte, begann ich, in Erwartung einer strahlenden Renaissance an meinen Kurzgeschichten zu arbeiten. Doch was dabei herauskam, war gestelzte, steife, abgestandene Prosa, ein allzu papierenes Englisch, das aus einem fernen, führerlosen Niemandsland stammte, vergleichbar einem hustenden, krebskranken Gast aus einem Beckett-Roman, ein Verwandter, den keiner zu vertreiben wagt und von dem man hofft, daß er ohnehin bald stirbt. Es gab nur eine Möglichkeit, mein Englisch wiederzubeleben: Ich mußte es der überbordenden, schöpferischen Kraft der Sprache öffnen, die in den Straßen, in den Schlafzimmern, bei den Picknicks, Demonstrationen und Diskussionen im wahren Leben Kaliforniens förmlich explodierte, mich meinem *gringo*-Ich, meinem amerikanischen Ich öffnen. Doch ich sagte zu meiner Schreibmaschine: Statt zu versuchen, tiefer in das Englische einzutauchen, um meine lateinamerikanischen Erfahrungen zum Ausdruck zu bringen, statt einen weiteren monströsen artifiziellen Zwischenschritt zu machen, was wäre, wenn ich … wenn ich … und als die Entscheidung fiel, mitten in einem Satz, den ich gerade auf englisch schrieb, als jene Erkenntnis in mein Bewußtsein drang, konnte ich mich ihr nicht länger verschließen.

Sämtliche Energie, die ich diese langen Jahren darauf verwendet hatte, mein Spanisch in seine Grenzen zu verweisen, entlud sich nun in der mit wilder und fanatischer Entschlossenheit getroffenen Entscheidung, die Liebe meines Lebens aus meinem Dasein zu verbannen. Nach mehr als zwanzig Jahren wiederholte sich die Geste meiner Kindheit aus dem Krankenhausaufenthalt, reagierte ich nun in Berkeley genauso wie damals in New York – ich brach kategorisch die Beziehungen zu der Sprache ab, in die ich mich mein Leben lang vor der Einsamkeit geflüchtet hatte, und entschied mich für die Sprache, die mich mit einer Gemeinschaft verband, die nach einer anderen Geschichte für sich und mich suchte. Ich beschloß, ein Grenzgänger zu werden. Ich sagte mir und jedem, der es hören wollte, daß ich nie wieder ein Wort in Englisch schreiben würde.

Woher kam ich?

Als ich an jenem Tag an meiner Schreibmaschine in Berkeley, Kalifornien, unsicher zwischen Spanisch und Englisch schwebte und mir vielleicht zum erstenmal wirklich bewußt wurde, wie außergewöhnlich bikulturell ich tatsächlich war, besaß ich nicht die nötige Reife – und auch nicht den emotionalen oder ideologischen Freiraum, möglicherweise nicht einmal den nötigen Wortschatz –, um zu akzeptieren, daß ich eine Mischung war, teils Yankee, teils Chilene, ein Quentchen Jude, ein Mestize auf der Suche nach seiner Mitte. Ich war außerstande, mich diesem widersprüchlichen Rätsel meiner Identität zu stellen, der abgründigen Tatsache, in einer Zeit zweisprachig und binational zu sein, als es wichtig war, daß wir eindeutig und mit einer Stimme sprachen. Überall in der Welt starben Menschen für ihr Recht auf Brot, auf ein Dach über dem Kopf, auf Würde, sie starben für das Recht, sich eines Tages den Luxus einer solchen Frage leisten zu können. Dies waren die sechziger Jahren mit ihrem ausgeprägten Nationalismus, mit ihrem Alles-oder-nichts, ihrem Entweder-oder. Man war nicht an Nuancen, an der Komplexität der Dinge interessiert oder daran, die Seele zu ergründen und die Rätsel einer heterogenen Identität zu entschlüsseln. Man war entweder das eine oder das andere, man stand entweder auf dieser oder jener Seite des Konflikts um die Seele und das Wohl der Welt. Und die geistigen Manöver, mit denen ich meine Liebe zur englischen Sprache von meinem Alltag und meinen politischen Vorstellungen getrennt hatte, waren nun nicht mehr anwendbar. Ich wollte nicht unentschieden zwischen den Stühlen stehen, wollte kein junger Mann sein, der seinen eigenen Namen nicht kannte und innerlich zwischen den beiden Amerikas, dem in ihm und dem außerhalb von ihm, zerrissen in der Welt umhertrieb. Zum damaligen Zeitpunkt wollte ich mich nicht einmal fragen, inwiefern sich die beiden Sprachen unterschieden, wie sie einander vielleicht ergänzten oder hemmten, die subtile Art und Weise, mit der das Englische mich zu einer bestimmten Art von Schriftsteller, zu einer bestimmten Sorte Mensch machte und Spanisch zu einer anderen. Die rivalisierenden Sprachen waren mein ganzes Leben strikt voneinander getrennt gewesen, und nun, da ich wieder einmal von einer zur anderen wechselte, wollte ich mehr denn je, daß sie beide blieben, allerdings voneinander verbannt, da sie vermeintlich zu getrennten, nicht miteinander in Verbindung stehenden Universen gehörten. Als ob schon allein der Vorgang, sie miteinander zu vergleichen, mich zu der Einsicht zwingen würde, daß ich tatsächlich und unwiderruflich eine duale Persönlichkeit sei, daß es einen mit Makeln behafteten Unterbau gab, den beide Sprachen sich teilten und von dem aus jede Sprache die andere prüfte, sie berührte, zu wissen verlangte, was sich änderte, wenn ich anstelle von *se me fue la micro* »I missed the bus« sagte – im Spanischen ließ mich der Bus nämlich einfach stehen, und ich trug keine Schuld daran, wohingegen im Englischen … Aber ich wollte nicht wissen, wollte nicht darüber nachdenken. Ich war nicht bereit, mir allzu genau anzusehen, in welcher Weise ich die spanische Sprache gebrauchte, die ich mir mit wilder, einseitiger Entschlossenheit angeeignet hatte. Vermutlich weil ich den unterschwelligen, hartnäckigen Einfluß des Englischen auf mein Bewußtsein fürchtete und ich jedes Wort wie etwas Unbekanntes, Fremdes taxierte. Doch hinter meiner Entscheidung, nicht zu ergründen, wie diese Sprachen sich auf mich auswirkten, steckte womöglich noch mehr. Denn selbst heute, da ich mich in beiden Sprachen wohl fühle, verursacht mir der bloße Versuch zu entscheiden, wo die eine endet und die andere beginnt und wo sie sich überlappen, Unbehagen, als bräche ich ein Tabu, als käme ich dem geheimnisvollen Zentrum zu nahe, das meine Person, unabhängig von Sprachen, zusammenhält.

Damals aber war es noch viel wichtiger, mich irgendwelcher Vergleiche zu enthalten. Ich mußte ein Ganzes sein, unversehrt und ohne Narben; nur so, sagte ich mir, kann man in den Krieg ziehen und überleben. Das, sagte ich mir, *es lo que mi pueblo necesita* – ist es, was mein Volk von mir braucht.

Diese politische Erkenntnis war der zweite Grund, warum ich mich weiterhin zu Chile gehörig fühlte, und zu ihr trug eine Nacht im Spätoktober 1968 bei, in der ich herausfand, warum die Revolution in den USA zum Scheitern verurteilt war, eine Nacht, in der mir die wahren Grenzen der Neuen Linken bewußt wurden.

Morgens auf meinem Weg zu einem wunderbaren Seminar über die späten Shakespeare-Tragödien mußte ich feststellen, daß vor dem Universitätsgebäude Streikposten standen. Ich weiß beim besten Willen nicht mehr, wogegen sich der Vorlesungsboykott richtete, zu dem studentische Aktivisten aufgerufen hatten – es hatte etwas mit dem Free Speech Movement, einer Bewegung für die Redefreiheit, oder mit einem Dritte-Welt-Studienprogramm zu tun –, doch ich erinnere mich, daß ich vor den Streikposten stehenblieb und zögerte. Wenn ich dem Streikaufruf folgte, konnte ich nicht an diesem Shakespeare-Seminar teilnehmen, das mir so großen Spaß machte. Später, im provinziellen Chile, würde ich es sicher bedauern und dieses intellektuelle Diskussionsforum schmerzlich vermissen, und außerdem würde ich neben dem Seminar im Anschluß auch noch den Karateunterricht ausfallen lassen müssen, bei dem ich mich in Meditation und Selbstdisziplin üben wollte.

Meine Rolle in der amerikanischen Protestbewegung war bisher die des Zuschauers gewesen, und daran hatte sich seit Lyndon B. Johnsons Ankündigung im Fernsehen, er werde nicht erneut für das Amt des Präsidenten kandidieren, auch nichts Grundlegendes geändert. Damals hatte ich begeistert applaudiert und tat dies auch weiterhin, wenn ich mich indirekt an politischen Aktionen beteiligte, sie mit gelegentlichen Rufen vom Rande des Geschehens aus unterstützte, mir im Geiste Notizen machte oder das Ganze mit meiner Super-8-Kamera filmte. Ich beklagte den Tod von Martin Luther King und verurteilte die Repression in Frankreich, Prag und Mexiko, ich prangerte die Brutalität an, mit der die Polizei bei zahlreichen Protestkundgebungen in den Vereinigten Staaten vorging, doch immer hatte ich sorgfältig darauf geachtet, den Sicherheitskräften aus dem Weg zu gehen.

Dies schien mein Schicksal zu sein. In Chile war ich Argentinier gewesen; hier war ich Chilene – stets die Gefahr der Ausweisung vor Augen, gelähmt durch meinen ausländischen Paß. So sah ich einfach nur zu, während Köpfe eingeschlagen, Sit-ins aufgelöst und »Fräulein in Nöten«* weggetragen wurden von den »Schweinen« (obwohl mir nicht wohl war, wenn ich sie so nannte, denn ich war mir nicht sicher, ob eine solche sprachliche Entmenschlichung anstelle einer genauen Beschreibung des Feindes nicht letztlich verschleiernd wirkte). Ich beteiligte mich stets heimlich und indirekt, und mein Enthusiasmus war zwangsläufig gedämpft, weil mir bewußt war, was einige Demonstranten durchmachten. In Chile, aus sicherer Entfernung, war es nicht schwer gewesen, sich gut zu fühlen, wenn man las, daß wieder ein junger Mann aus den geburtenstarken Jahrgängen seinen Einberufungsbescheid

---

* *Damsel in Distress*, Titel eines Fred-Astaire-Films (AdÜ)

verbrannt hatte, doch hier in Berkeley betrafen diese Bescheide unsere Freunde, hier in Berkely quälten sich unsere Freunde mit einem moralischen Dilemma, für das es keine einfache Lösung gab. Einer beschloß im allerletzten Augenblick, lieber der Einberufung Folge zu leisten als das Risiko einer Inhaftierung einzugehen; ein anderer versuchte verzweifelt, in ein Aufbaustudienprogramm zu kommen, für das er sich eigentlich nicht interessierte und das er sich auch nicht leisten konnte; und wieder ein anderer, den ich bei einer Demonstration kennengelernt hatte (ich liebte Demonstrationen!), klopfte eines Nachts an unsere Tür und bat um etwas Geld, weil er sich nach Kanada absetzen wollte. Geschichte wurde hier und jetzt gemacht, und mein Beitrag bestand darin, mich mit leiser Stimme diesem Chor anzuschließen, der Woge aus Menschen einen weiteren Körper hinzuzufügen und etwas Geld lockerzumachen, wenn es erforderlich war.

Die Streikposten eröffneten mir zum erstenmal die Möglichkeit, etwas – wenn auch wenig – beizusteuern, womit ich mein Gewissen beruhigen konnte, und so machte ich pflichtbewußt kehrt und ging wieder nach Hause. Als ich Angélica die Geschichte erzählte, meinte sie, ich sei ein Narr – zwar moralisch unanfechtbar, aber dennoch ein Narr. Niemanden kümmere es oder würde es auffallen, ob ich der Vorlesung fernblieb oder nicht, und am nächsten Tag würde der Campus ohnehin wieder frei zugänglich sein. Spar dir deine Energie, meinte sie, für wichtigere Auseinandersetzungen. Doch als ich ihr an jenem Abend erklärte, ich würde zu einer öffentlichen Versammlung der streikenden Studenten gehen und sie solle sich keine Sorgen machen, es könne spät werden, sagte sie nichts. Sie begriff, daß ich herausfinden mußte, ob es sich gelohnt hatte, Shakespeare und die japanische Kampfkunst sausenzulassen.

Hinter einer Barrikade in der Nähe von Sather Gate standen verstreut einige hundert Aktivisten und diskutierten, wie sie vorgehen sollten, wenn die Polizei am nächsten Tag den Campus räumte. Sollte man sich mit Gewalt wehren? Oder war passiver Widerstand sinnvoller? Sollten sie überhaupt keinen Widerstand leisten? Konnte man möglicherweise verhandeln? Stand die Mehrheit der Studenten hinter der Aktion oder waren sie dagegen? Wie konnte man die Schwarzen in Berkeley und Oakland erreichen und sie in den Kampf miteinbeziehen? Und so ging es die ganze Nacht, fünf, sechs, sieben Stunden lang. Einige Redner waren stocksauer, weil ihnen die Taktiken nicht radikal genug waren, und andere waren genauso sauer, weil sie ihnen viel zu radikal waren und die Liberalen, die Studentenvereinigungen und die Professoren verschreckt hätten. Es gab fast genausoviele Gruppen und Splittergruppen und Splitter von Splittergruppen wie Anwesende: die Sozialistische Jugend, Black Panther-Anhänger, Trotzkisten verschiedener Couleur, Kommunisten und Vertreter der SDS (Students for a Democratic South) und viele andere, an die ich mich nicht mehr erinnern kann. Und sie konnten sich auf nichts einigen – gemeinsam war ihnen nur, daß sie sich hüteten, die einzelnen Aktionen aufeinander abzustimmen, daß alle fürchteten, ihre Individualität aufzugeben. Sie waren nur damit beschäftigt, ihre Botschaft an den Mann zu bringen und darauf zu achten, daß die Fernsehkameras auch alles, was passierte, aufnahmen.

Ich saß abseits, hörte aufmerksam zu und biß mir auf die Zunge, weil ich am liebsten aufgestanden wäre und geschrien hätte, sie sollten sich den Feind genauer ansehen und erkennen, daß das Ungeheuer, das sie bekämpften, rational, systematisch und organisiert vorging. Ohne einen Plan, eine Strategie, ein klares Ziel hätten sie nicht die geringste Chance, bei welcher Sache auch immer, den Sieg davonzutragen. Diese Aktivisten, dachte ich bei mir, waren in eine typisch amerikanische Falle gegangen, sie waren viel zu selbstverliebt und von ihrer eigenen Rechtschaffenheit so sehr überzeugt, daß sie alles dem Image, das sie sich geben wollten, unterordneten und dieses Image für die Realität hielten. Sie waren zu sehr darauf bedacht, die erste vom Fernsehen übertragene Revolution zu machen, und lieferten letztlich nur photogene Momentaufnahmen, die sie selbst gar nicht mehr unter Kontrolle hatten. Ich hättte ihnen gern gesagt, daß leidenschaftliches Engagement und moralische Überlegenheit nicht genügten, niemals genügten. Doch es wäre sinnlos gewesen: Sie spiegelten lediglich eine Debatte wider, die landesweit die gesamte Bewegung spaltete.

Ich sah ihnen voller Bewunderung, aber auch Trauer zu. Dies war keine Revolution. Vielleicht war die Bewegung stark und integer genug, zur Beendigung des Krieges beizutragen, den die Vietnamesen auf der anderen Erdhälfte gewannen. Doch sie war weit davon entfernt, die Macht zu übernehmen. Mir war klar, daß meine Kritik an der Neuen Linken den Vorbehalten verblüffend ähnlich war, die die alte amerikanische Linke äußerte, als sie mit dieser höchst erstaunlichen Kraftexplosion konfrontiert wurde. Die Generation der Lincoln Brigade, die, wie mein Vater, in den dreißiger Jahren aus den Kinderschuhen herausgewachsen war und es geschafft hatte, die repressiven fünfziger Jahre zu überstehen, war von diesem Wiederaufflammen gesellschaftlicher Unruhen überrascht worden. Noch dazu aus einer Ecke, die sie nie für potentiell revolutionär gehalten hätte. Aufgrund meines Alters gehörte ich zur Hippie-, SDS- und Black Power-Generation, und ich teilte ihre Abneigung gegen Autoritäten und das Wissen um die Rolle der Medien bei der Bildung des öffentlichen Bewußtseins, doch geistig gesehen war ich älter als sie. Meine Erfahrung mit Massenbewegungen, meine Schulung durch die *Allendistas* in Chile führten dazu, daß ich mich im Vergleich zu diesen Leuten, die zur gleichen Zeit wie ich geboren waren, wie ihr Großvater fühlte.

Am nächsten Tag wurde ich Zeuge, wie die Polizei sie auseinandertrieb. Während ich das Ganze vom Dach eines Studentenwohnheims filmte, stellte ich mir vor, wie diese Szenen wirkten, wenn sie in Chile an eine Wand projiziert würden. Ich hörte sie »We are the people« rufen, und aus meiner Distanz und meinem gleichzeitigen Wunsch, mit den Massen vereint zu sein, bedauerte ich die Katastrophe, die ihnen bevorstand. Ich begriff, daß dies alles nur Spiegelfechtereien, daß sie nicht das Volk waren und sie sich eben deshalb zu Exzessen und Wutausbrüchen hinreißen ließen. Ich begriff, daß sie sich selbst bestraften, weil sie nicht die Helden dieses Films waren. Sie bestraften sich selbst, weil sie keine Vietnamesen waren.

Diese gutgläubigen und furchtlosen Aktivisten verfügten über sehr viel Energie und Einfallsreichtum, Idealismus und Mut. Was ihnen fehlte, war etwas, das sie nicht dazu erfinden konnten, wie sehr sie sich auch bemühten: Es war nicht ihre Schuld, aber ihnen fehlte eine Arbeiterklasse, die ihrer Revolution das nötige Fundament gab.

Was mich betraf, so hatte ich das Glück, aus Chile zu kommen und die *working poor*, die arme arbeitende Bevölkerung meines Landes, kennengelernt zu haben, ich gehörte einer Bewegung an, die eine ganz andere Strategie zur Machtübernahme verfolgte.

Seit meiner Ankunft war ich an dieser Woge streitbarer Amerikaner besonders interessiert gewesen, ja ihr Vorhandensein hatte mich geradezu begeistert, waren sie doch die Rechtfertigung für meine ablehnende Haltung den Vereinigten Staaten gegenüber. Doch ihre egozentrische Rebellion, ihr exhibitionistischer Touch und ihre unerträgliche

Naivität gingen mir mehr und mehr auf die Nerven, zwangen mich aber auch dazu, meine eigenen infantilen Tendenzen zu überwinden, die ich, zu Recht oder zu Unrecht, der amerikanischen Seite in mir zuschrieb. Die Seite, die Amerika stets in mir angesprochen und der ich diesmal freien Lauf gelassen, die ich bis zum Exzeß ausgelebt hatte, war nun bereit, sich der Disziplin, dem Zweck, den Regeln unterzuordnen, ohne die eine echte revolutinäre Bewegung niemals erfolgreich sein kann. Als ich diesen amerikanischen Männern und Frauen meiner Generation dabei zuhörte, wie sie eine ganze Nacht ins Blaue diskutierten, ohne zu einem Ergebnis zu kommen, verspürte ich Sehnsucht nach dem Ort, den ich glücklicherweise meine Heimat nennen durfte, nach seinen alten, länger bewährten und erprobten Methoden und Prinzipien. Ich mußte entdecken, daß ich kein richtiger Amerikaner mehr war.

Und dennoch, die Person, die nach Chile und zu seiner weit weniger spektakulären, aber effektiveren Form des politischen Kampfes zurückkehren sollte, war nicht dieselbe, die nach Berkeley aufgebrochen war. Daß ich mich von den Idealen der Neuen Linken bereitwillig hatte verführen lassen, lag offensichtlich an meiner amerikanischen Vergangenheit, denn ich konnte mich mit ihren Protagonisten in einer Art und Weise identifizieren, die Angélica und die anderen Chilenen im Austauschprogramm nicht einmal annähernd nachvollziehen konnten. Doch diese Faszination lediglich auf die Frage der Identität zu reduzieren, hieße die Gründe nicht zu verstehen, warum die Bewegung in Berkeley so unwiderstehlich für mich war und – trotz meiner Zweifel – so lange nachwirkte.

Die Rebellion einer ungeheuer großen Zahl junger Leute in der ganzen Welt setzte sich mit Fragen und Problemen auseinander, die die sozialistischen Revolutionen des 20. Jahrhunderts selbst in den Ländern, in denen sie siegreich waren, nicht hatten lösen können. Meine Genossen vom sds mißtrauten aus gutem Grund jeglichen Organisationen und Hierarchien. Denn die revolutionären Einheitsparteien mit ihren überaus militanten leninistischen Strukturen, mit deren Hilfe die Menschheit befreit werden sollte, hatten letztlich Monster im Namen der Reinheit hervorgebracht, Bürokratien im Namen der Abschaffung des Staates, Repression im Namen der Freiheit und Chauvinismus im Namen internationaler Solidarität.

Diese Revolutionen hatten in der Anfangsphase, unmittelbar nach ihrem Sieg, stets eine belebende und befreiende Wirkung auf Kunst, Sex und Lebensart und endeten stets und ebenso ausnahmslos damit – siehe Rußland und Kuba –, daß sie solche Experimente strikt unterbanden. Umzingelt von Feinden aus dem linken und dem rechten Lager, verwarfen sie ihre Suche nach neuen Lebensformen als irrelevant, konterrevolutionär oder schlicht als überflüssig und gingen dazu über, ihre Gesellschaft zu militarisieren, um zu überleben. Meiner Ansicht nach war dies eine unmittelbare Folge des Umstands, daß die erfolgreichen Revolutionen stets in den ärmsten und unterentwickeltsten Teilen der Welt stattfanden und sich gezwungen sahen, mit ihren Feinden Schritt zu halten und Disziplin einzuführen (und die daraus resultierende Förmlichkeit), um sich zu modernisieren, Kapital anzuhäufen und sich zu verteidigen. Wenn jemals in einer reichen, industrialisierten Gesellschaft die Macht in andere Hände übergehen sollte, dann wäre es eventuell möglich, alle bestehenden Formen von Autorität gleichzeitig zu zerstören, Produktionsweisen zu verändern und darüber hinaus neue Formen körperlicher Lust zu entwickeln – neben den Arbeitsstrukturen auch das Herz der Menschen zu verändern.

Diese Verknüpfung von Privatem und Politischem, von Gesellschaftlichem und Ästhetischem war es, die mich vor allem ansprach – und weltweit so viele andere meiner Generation. Diese Möglichkeit, in einer Rebellion zwei Elemente zusammenzubringen, die seit Jahrhunderten eine unwillige Koexistenz führten. Daß dieses Vorhaben an den europäischen und nordamerikanischen Schauplätzen gegen Ende des stürmischen Jahres 1968 offensichtlich zum Scheitern verurteilt war, bedeutete jedoch nicht, daß damit auch die Notwendigkeit hinfällig war, den alten revolutionären Kämpfen die Fragen und Bedürfnisse der neuen Bewegung hinzuzufügen. Ich war und blieb stets vom Gedanken der Willensfreiheit, von jenen anti-autoritären und hedonistischen Vorstellungen fasziniert und sah die Revolution als ein Territorium der Freiheit an, die man nicht für immer zurückstellen konnte. Die Neue Linke bestärkte mich auch in meinem Anti-Stalinismus, meinem Mißtrauen gegen die Bürokratie, meinem fast instinktiven Argwohn gegen die mechanische, dogmatische, von der Sowjetunion inspirierte Vorgehensweise, in die sich die von mir so hochgeschätzte Arbeiterbewegung verstrickt hatte. Obwohl ich erst später erkannte, daß die Zersplitterungen und das chaotische Durcheinander des US-Kampfes, die ich in jener Nacht in Berkeley so sehr bedauert hatte, die unerläßliche Vorbedingung für eine Reihe gesellschaftlicher und kultureller Auseinandersetzungen waren, die die traditionelle Linke gescheut oder ignoriert hatte. In den revolutionären Parteien Chiles oder irgendeines anderen Landes war kein Raum, um die von Feminismus und Ökologie aufgeworfenen Fragen zu diskutieren, hier gab es keine Möglichkeit, die Suche nach neuen Formen der Sexualität, die Rechte der Ureinwohner und künstlerische Experimente in die Welt zu integrieren, die jene traditionellen Organisationen sich vorstellten. Viele dieser Fragen (und leider nur wenige Antworten) nahm ich mit nach Chile. Und wenn ich an diesem Punkt in meinem Leben hätte wählen müssen zwischen der

Möglichkeit, mich diesen Fragen zu widmen oder beim Aufbau einer Gesellschaft mitzuwirken, die sich mit den skandalösen Zuständen auseinandersetzte, damit, daß Kinder keine Milch hatten, Arbeiter ohne Arbeit waren und es Frauen gab, deren Beine mit dicken, aufgequollenen Venen übersät waren, weil sie zuviele Kinder geboren hatten, wenn ich zwischen meiner Freiheit und den alten Leuten hätte wählen müssen, die in Gräben starben, ohne daß jemand ihnen die Hand hielt, wenn ich vor diese Entscheidung gestellt worden wäre, dann hätte ich mich, wenn auch schweren Herzens, für die Armen entschieden. Sie sollten an erster Stelle stehen und dann die Probleme der Wohlhabenderen. Auch wenn ich damals schon den Verdacht hegte, daß diese Probleme, wenn man sie außer acht ließ, die neue Gesellschaft in eine Sackgasse führen könnten, eine Sackgasse, die es ihr unmöglich machte, das Elend und die Not um uns zu beseitigen. Aber ich kehrte zu einer Revolution zurück, die mich nicht vor diese Entscheidung stellte. Das Eigentümliche und Erstaunliche an ihr war, daß sie genau diesen Widerspruch behauptete lösen zu können, indem sie beide Strategien gleichzeitig verfolgte. Ich kehrte zurück in ein Land, wo ich den Vorsitzenden Mao zitieren, who couldn't make it with anyone anyhow, aber auch weiterträllern konnte, daß we all live in a yellow submarine, und aus vollem Hals *stanzas* im Park der Universität singen konnte, die bereit war für die Revolution.

Bei meiner Rückkehr nach Chile brachte ich die moderne Welt mit, die neuen Vereinigten Staaten.

Wie dieses neue Amerika in mir meinen Verschmelzungsprozeß mit einem noch verschlafenen, in seinen angestaubten Traditionen verhafteten Chile behinderte, wird wohl am deutlichsten, wenn ich erzähle, auf welche physischen und kulturellen Hindernisse ich stieß, als ich auf den Straßen Santiagos zu joggen begann.

Ich hatte das Joggen von meinen gesundheitsbewußten kalifornischen Freunden übernommen – neben anderen Angewohnheiten wie Frisbeespielen und dem Genuß von Marihuanakeksen. Kurze Zeit nach unserer Rückkehr zog ich also eines frühen Morgens meine fluoreszierenden Turnschuhe an.

Angélica richtete sich schlaftrunken im Bett auf. »Oh Gott. Du willst doch nicht etwa Joggen gehen, oder?«

Ich grinste und erwiderte nur, sie solle weiterschlafen.

»Wir sind hier nicht in Berkeley«, meinte sie und stützte sich mit dem Ellenbogen auf. »Du wirst Ärger kriegen.«

»*Las calles pertenecen al pueblo*«, erwiderte ich. »Die Straßen gehören dem Volk.«

Und schon war ich aus dem Haus, um den Beweis dafür anzutreten.

Angélica konnte am Gebell aufgebrachter Hunde mühelos meinen Weg durch unser Viertel mitverfolgen. Weder die Hunde noch ihre Besitzer hatten jemals so etwas gesehen – ein schlaksiger, langbeiniger *gringo* mit Brille und blondem Haar trabte an ihren gepflegten Häusern vorbei. Die Straßen waren Bettlern, Landstreichern oder Obdachlosen vorbehalten – vielleicht noch friedlichen Großmüttern mit Kinderwagen und sittsamen Dienstmädchen, die rasch ein Brot im Laden an der Ecke besorgten; doch sicherlich nicht jemandem, der in einem seltsamen Sportdreß wie ein Verrückter durch die Gegend rannte.

Und eben das sprach Angélica immer wieder an, wenn ich von meinem Training nach Hause kam. Sie machte sich Sorgen (was sie schon immer getan hat und noch immer tut), daß ich nicht *ubicado* sei – fehl am Platz und unfähig, mich den Umständen anzupassen, was im Grunde genommen bedeutete, daß ich, gemessen an den ziemlich strengen Regeln und Codes, nach denen sie zu leben gelernt hatte, mich stets danebenbenahm. Ihre Reaktion darauf, daß ich

313

vor aller Augen schwitzend herumrannte, spiegelte die typisch chilenische Einstellung wider: Zeige dich nicht in der Öffentlichkeit, vermeide alles Auffällige, halte dich zurück, stell dich nicht zur Schau. Doch als die Zeit verstrich, ohne daß etwas Ungewöhnliches passierte, schien sie sich mit meinem demokratischen Anspruch auf die Straßen abzufinden, ja, sie fand allmählich sogar Spaß daran, meine Route am abnehmenden oder zunehmenden Hundegebell mitzuverfolgen – so wußte sie stets, wann ich wieder auf dem Rückweg war.

Eines Morgens allerdings hätte sie, wenn sie aufmerksam gelauscht hätte, eine andere Art von Gebell ausmachen können.

Besonders ein Haus mit einem unglaublich häßlichen Köter bereitete mir immer Schwierigkeiten, und ich legte besonderen Wert darauf, stets an diesem Anwesen vorbeizulaufen – als eine Art Provokation.

An jenem Tag nun hatte jemand das Tor absichtlich offengelassen, und als ich keuchend vorbeilief, schoß der Hund auf mich zu und grub wütend seine Zähne in meine Jogginghose. Ich versuchte ihn abzuschütteln, doch er ließ nicht los. Er knurrte und geiferte, bis ein Mann im Morgenmantel in der Tür erschien, die widerliche Kreatur zurückpfiff und mich wütend beschimpfte, weil ich ihn, seinen Hund, den Frieden, seine Mutter, seine Großmutter, einfach jeden störte.

Sobald der Hund mit den Reißzähnen sicher hinter Schloß und Riegel war, erwiderte ich die wüsten Beschimpfungen des Mannes. Ich drohte damit, ihn und seinen *quiltro* (ein sehr abschätziges chilenisches Wort für Hund) zu verklagen, er solle also lieber dafür sorgen, daß so etwas nicht noch einmal passiere, denn ich würde morgen sicher wieder um die gleiche Zeit an seinem Haus vorbeilaufen, dann aber mit einem Knüppel bewaffnet – womit ich ihn noch mehr aufbrachte. Ich sei derjenige, rief er, den man mal ordentlich verprügeln sollte, die verrückten ausländischen Sitten gehörten mir ausgetrieben. Es sei obszön (das waren seine Worte), und außerdem habe er nun wirklich genug von diesem ausländischen Hippiequatsch, diesem kommunistischen Gehabe. Das nächste Mal würde er mich an die Leine legen.

Und in diesem Moment erkannte ich plötzlich, wer da vor mir stand: Chino Urquidi, ein Schnulzensänger, der populär geworden war, indem er mit schwärmerischen, süßlichen Liedern hausieren ging, die von der paradiesischen Landschaft Chiles erzählten. Ich hatte seine pseudofolkloristischen Platten im Radio über mich ergehen lassen müssen, eine endlose Reihe musikalischer Ansichtskarten, in denen sich die Landbevölkerung mit keinem anderen Problem als mit unerwiderter Liebe konfrontiert sah. In seinen Liedern gab es weder hungernde Bauern noch Pestizide. Auch nicht in seinen politischen Reden. Er kandidierte für eine ultrarechte Gruppierung als Stadtrat und, nachdem er seine ziemlich arrogante konservative Wählerschaft nicht davon hatte überzeugen können, daß seine musikalischen Talente ihm beim Füllen von Schlaglöchern von Nutzen wären, engagierte er sich nun in einer Hetzkampagne gegen Allende. Obwohl er der Linken noch nicht vorgeworfen hatte, sie werde unsere Kinder fressen (eine Masche à la Swift, die man schon 1964 gegen uns angewandt hatte), warnte er seine Zuhörer jedoch eindringlich: Wenn wir die Wahl gewännen, würde niemand mehr auch nur etwas zu essen haben. Vielleicht hatte mich sein Köter vor Hunger angegriffen, weil ihm sein Herrchen nichts mehr zu fressen gab, um ihn auf die mageren Zeiten nach einem Sieg der Sozialisten vorzubereiten. Wenn ich nicht so aufgeregt (und ängstlich) gewesen wäre, hätte ich mich vielleicht über die Ironie dieser Situation amüsieren können: Ein Mann, der schwor, die Vereinigten Staaten seien der beste Freund Chiles auf der Welt, fühlte sich von einer so typisch amerikanischen Sitte wie dem Joggen angegriffen, nur weil sie von einem Sozialisten importiert war, der behauptete, die *gringos* beuteten Chile aus. Er lehnte mich und meine Joggingschuhe im Namen des alten Chile ab, in dem er immer gelebt hatte und das er nicht verändert wissen wollte; und ich lehnte ihn und seinen faschistischen Jagdhund im Namen des neuen Chile ab, das mitaufzubauen und mit jener leuchtenden Freiheit zu füllen ich hoffte, die ich auf den Straßen von Berkeley erlebt hatte.

Die Ironie sollte aber noch klarer zutage treten, allerdings in weniger amüsanter Form, als Allende ein halbes Jahr später die Wahlen gewann: Von nun an wurden Chinos konservative Einstellung und sein Eigentum von dem Yankee-Land geschützt, das mir als Kind beigebracht hatte, die Rechte anderer zu respektieren und für die Unterdrückten aufzustehen. Welch ein Hohn! Chino und seine anti-demokratischen Verbündeten sollten von dem Land verhätschelt und unterstützt werden, das sich selbst als die großartigste Demokratie der Welt bezeichnete und aus der Rebellion gegen eine ausländische Macht hervorgegangen war.

Doch fairerweise muß ich zugeben, daß diese Unterdrückung unserer demokratischen Bewegung durch den Ost-West-Konflikt erleichtert wurde. Unser Weg zum Sozialismus unterschied sich zwar fundamental von dem der totalitären Staaten, die die halbe Welt regierten, aber sie waren dennoch unsere Verbündeten – ohne ihre Hilfe hätten wir keine Alternative zum Westen gehabt. Deshalb steckte man uns schließlich in dieselbe Schublade wie die Sowjetunion und andere Staaten, die von ihr in einen stalinistischen, bürokratischen Sozialismus gedrängt worden waren. Man verteufelte uns, bis wir schließlich stellvertretend gefangen waren im Gefüge der Kriege, die die beiden

316

großen Atommächte in der Dritten Welt austrugen. Genau wie den Tschechen im Jahr 1968 gewährte uns die Supermacht, in deren Einflußbereich wir lagen, nicht den zum Überleben dringend notwendigen Freiraum.

Nicht, daß ich damals über einen solchen Freiraum sonderlich nachgedacht hätte. Darauf bedacht, mein Recht geltend zu machen und wann und wo immer ich wollte, zu atmen und zu laufen, joggte ich trotzig auch am nächsten Tag wieder an Chino Urquidis Haus vorbei. Nachdem ich gesehen hatte, daß der Hund an der Kette lag und das Tor verschlossen war, beschloß ich, dieses Anwesen von nun an bei meinen morgendlichen Runden zu meiden. Doch die Begegnung am Vortag sollte nicht unsere letzte gewesen sein.

In der Nacht, in der Allende die Wahlen gewann, der Nacht des 4. September 1970, als ich, wie bereits beschrieben, feststellte, daß ich endlich mein Exil hinter mir hatte, traf ich Urquidi wieder.

Mit befreundeten Allende-Anhängern waren wir ins *barrio alto* hinaufgefahren, der wohlhabendsten Gegend von Santiago, um vor den geschlossenen Fensterläden unserer besiegten Gegner ein Hupkonzert zu veranstalten und für eine Nacht die Straßen in Beschlag zu nehmen, die ihnen und ihren Familien eine Ewigkeit gehört hatten.

Plötzlich sahen wir mitten auf einer der breitesten Straßen Santiagos rund dreißig bis vierzig Leute im Kreis stehen, die offensichtlich den Sieg feierten. Oder hatten sie sich um drei Uhr morgens zusammengefunden, um politische Stammtischdiskussionen zu führen? Wir stiegen aus, um das Ganze aus der Nähe zu betrachten, und da stand er, Chino Urquidi höchstpersönlich, und redete wie die *Allendistas*, faselte von Demokratie und davon, daß man nun nach den Wahlen Freundschaft schließen solle. Die Leute um ihn schienen alle zuzustimmen. Ja, sagte eine Frau zu ihm, ja, Chino, du hast ja so recht, laßt uns gemeinsam die

Nationalhymne singen, laßt uns alle von einem neuen Chile singen. Und der Mann, dessen Hund mich angegriffen hatte, drückte die Hand, die das Tor geöffnet hatte, auf sein faschistisches Herz, öffnete den Mund, der mir die friedlichen Straßen Santiagos verweigert und der Allende Tag für Tag im Radio durch den Schmutz gezogen hatte, ebenjener Schnulzensänger stimmte *Puro Chile*, das chilenische *Star-Spangled Banner* an.

Doch er kam nicht weit. Bevor die anderen einfallen konnten, stürmte ich wie ein Verrückter in den Kreis, deutete auf ihn und wandte mich an die anwesenden Genossen: »Seid ihr verrückt? Habt ihr denn jeglichen Sinn für eure Geschichte verloren? *¿No les da vergüenza?* Schämt ihr euch nicht?«

Es wurde still unter den Anwesenden, nur Chino schmetterte noch ein paar Töne, ehe auch er verstummte.

»Dieser Mann«, fuhr ich fort, und natürlich war mein privater Rachefeldzug gegen seinen Köter noch Öl in das Feuer meiner politischen Entrüstung, »dieser Mann hat in den letzten Jahren alles, woran wir glauben, in den Schmutz gezogen. Seht ihn an, er ist der Feind. Die Leute, die ihn bezahlen und lieben, wohnen hinter diesen Fenstern« – und ich deutete auf die Villen, wo die Besitzenden Chiles tatsächlich gerade ein Komplott schmiedeten, um unsere Befreiungsbewegung zu vernichten, wo sie planten, die Angst vor einer Inflation zu schüren, so daß am nächsten Tag fast alle Bankkonten leergeräumt waren – »sie überlegen, wie sie uns umbringen können. Heute lächelt er, heute singt er, aber morgen wird er für die da singen und Mordpläne gegen uns schmieden. Haltet euch von ihm fern, sprecht nicht mit ihm. Betet einfach, daß er Chile verläßt und niemals zurückkommt. *Que no vuelva nunca más.*«

Applaus brandete auf, und die Allende-Anhänger faßten sich bei den Händen, bildeten einen Kreis, aus dem sie

Chino Urquidi ausschlossen. Und als ich ihn so verloren dastehen sah, während wir tanzten, war das für mich eine ungeheure Genugtuung.

Hätte ich Chino seine Vergangenheit, seinen Hund, seine scharfen Angriffe verzeihen sollen? Beging ich einen jener Fehler, die, zumindest symbolisch, verdeutlichen, was mit unserer Revolution schieflief? War dies ein Zeichen unserer Unfähigkeit, jenen Andersgesinnten die Hand zu reichen und eine Koalition zu bilden, die stark und tolerant genug war, um tatsächlich die Macht zu erringen?

Doch in Anbetracht dessen, daß dieser schnulzige Pseudo-Folkloresänger nur wenige Tage später wieder mit seinen Haßtiraden gegen uns im Radio zu hören war, erwies sich meine Einschätzung seiner Person als prophetisch. Obwohl ich mich immer gefragt habe, ob es nicht gerade meine bornierte Zurückweisung seines Friedensangebots war, die ihn auf den falschen Weg brachte, ob sich nicht ähnliche Szenen im gleichen Augenblick überall im Land abgespielt und jemand wie ich zu jemandem wie ihm gesagt hatte: Wir brauchen dich nicht. Ich bin mir nicht sicher, ob nicht viele Menschen, die von uns zurückgewiesen wurden, als sie in jener Nacht Versöhnung und Brüderlichkeit anboten, tatsächlich potentielle Verbündete gewesen wären. Ob wir sie nicht aus unangebrachtem Stolz verachtet hatten und weil wir überzeugt waren, wir könnten mir nichts dir nichts Jahrhunderte chilenischer Geschichte ohne ihre Hilfe auf den Kopf stellen.

Gewiß dachte ich in jener Nacht des Siegs unaufhörlich über solche strategischen Fragen nach. Wann sollte man die in freundschaftlicher Absicht gereichte Hand eines Gegners ergreifen und wann sie ausschlagen, so wie ich es eben getan hatte?

Unaufhörlich gingen mir diese Konflikte im Kopf herum. Und wenn ich auch gegen Chino vielleicht unnötig

aufgebracht war wegen unserer unerfreulichen morgendlichen Begegnung vor seinem Haus in Santiago, so lag ich
doch vollkommen richtig mit meiner Einschätzung dessen,
was sich in den Villen abspielte, der Verschwörung, die im
Gange war, um Allende die Präsidentschaft vorzuenthalten
und den Menschen ihre Freiheit.

Chino und seine Kumpane legten es darauf an, uns
umzubringen.

Und das meine ich nicht im metaphorischen Sinne.

Anderthalb Monate später, Ende Oktober 1970, hörte ich
in den Rundfunknachrichten, daß General René Schneider
von einem ultrarechten Kommando ermordet worden war.
Dahinter steckte die Central Intelligence Agency, die die
Sache auch finanziert hatte. Der Mord war Bestandteil von
Wundermensch Kissingers Destabilisierungsplan. In seiner
Funktion als Oberbefehlshaber der chilenischen Armee
hatte General Schneider Offerten der Konservativen und
der US-Regierung abgelehnt, einen präventiven Putsch
gegen den siegreichen Allende durchzuführen.

Die Reaktion der Allende-Anhänger war die totale
Mobilmachung, alle militanten *Allendistas* waren in höchster
Alarmbereitschaft, *todos a defender la revolución*, alle standen
zur Verteidigung der Revolution bereit. Alle, nur ich nicht.
Wieder einmal hing ich in der Luft, fühlte mich nutzlos,
leer, hielt mich für einen Phrasendrescher; zum allerletzten
Mal trieb ich ziellos umher, wußte nicht, wohin ich unterwegs war. All die Liebe, welche die Menschen mir entgegengebracht hatten, all die gegen die vielen Chino Urquidis
in Chile geballten Fäuste, all die neuen Erkenntnisse über
die fundamentale und Grenzen überschreitende Kraft des
Volkes – und nichts davon hatte die Art und Weise, wie ich
mein Leben führte, wesentlich verändert.

Ich konnte es nicht länger hinausschieben.

Ich griff zum Telefon und rief meinen Freund Antonio

Skármeta an (der Schriftsteller, dessen Roman als Vorlage für den preisgekrönten Film *Der Postmann* diente). Seit Monaten versuchte er mich zu überzeugen, Mitglied der MAPU zu werden, einer Partei, die sich von den Christdemokraten abgespalten hatte. Wie es hieß, verband sie die Disziplin der Kommunisten (ohne deren dogmatischen Stalinismus) mit der Freiheit der Sozialisten (ohne deren chaotische, interne Zwistigkeiten). Es war eine junge Bewegung, die irgendwo zwischen der Alten und der Neuen Linken stand – also ungefähr dort, wo auch ich zu stehen glaubte. Darüber hinaus gefiel mir der Name: Es war einerseits die Abkürzung für Movimiento de Acción Popular Unitaria und andererseits das Wort der Mapuche-Indianer für *Land*. Ein weiteres Mittel, um mich authentischer und einheimischer erscheinen zu lassen, als ich es in Wirklichkeit jemals sein konnte.

Aquí estoy. Espero órdenes, antwortete ich Antonio. Hier bin ich und erwarte die Befehle. Ein Soldat der *revolución*.

Und mit melodramatischem Ernst dachte ich bei mir: Bereit zu sterben, damit der Tod nicht über uns herrscht.

Antonio erklärte mir, ich solle auf weitere Instruktionen warten. Und als ich den Hörer auf die Gabel legte, denselben Hörer, über den mir sechs Jahre zuvor Jorge Ahumada mitgeteilt hatte, ich dürfe mich unter keinen Umständen an dem politischen Geschehen in Chile beteiligen, da wußte ich, daß ich in eine neue Dimension eingetreten war, aus der es kein Zurück mehr gab, daß ich meine Angst überwunden hatte, mich zu verändern, und nun endlich bereit war für das großartige Abenteuer, die Welt zu verändern.

Bis zu diesem Zeitpunkt wußte ich nicht – und würde es bis zum Putsch auch nicht wissen –, was Tod bedeutete. Es war mir nur klar, daß man einen Krieg nicht ohne Soldaten führen konnte. Soldat: die lateinischen Begriffe *miles, militis* sind der Ursprung des Wortes militant, ein Soldat der

Revolution, jemand, der sein Leben nicht durch die Kultivierung der eigenen Person definiert, sondern durch die Bereitschaft, diese Person zugunsten des Gemeinwohls aufzugeben.

Woher kommst du?

Vor über einem halben Jahrhundert hatten meine Großeltern den Ozean auf der Suche nach einem Land überquert, in dem Gleichheit und Gerechtigkeit herrschten und in dem ihre Kinder in Frieden leben konnten. Jene Kinder, meine Eltern, hatte man gezwungen, ins Exil zu gehen, und die Verbindung war unterbrochen worden. Und nun, nach einem unsteten Leben der Wanderschaft, war ich bereit, diesen Traum meiner emigrierten Vorfahren weiterzuträumen, diesen Ort zu meinem Zuhause zu machen.

Merkwürdig war nur, daß das Amerika im Norden, zu dem ich gerade meine Beziehungen abgebrochen hatte, meine Entscheidung durchkreuzen sollte, in das Amerika im Süden, die Neue Welt meiner Großeltern, zurückzukehren. Merkwürdig war auch, daß zu dem Zeitpunkt, da ich mich neu definierte und als Pionier sah, für den die Zukunft zählt und nicht die Geburt oder Herkunft, auf der anderen Seite der Hemisphäre Richard Nixon, der Präsident eines von Pionieren besiedelten Landes, ein Mann, dessen Macht sich, genauso wie die Allendes, auf der freien Wahl durch sein Volk beruhte, mit seinen Sicherheitsberatern und den Köpfen von ITT zusammentraf, um den Tod der demokratischen chilenischen Revolution zu planen.

Viele Jahre zuvor, als Berater des Senators Joseph McCarthy, hatte Nixon mit dazu beigetragen, daß meine Eltern aus den Vereinigten Staaten fliehen mußten. Nun würde er dafür sorgen, daß ich das Land, in dem wir Zuflucht gefunden hatten, verlor, er würde dafür sorgen, daß ich mein Land ein zweitesmal verlor.

Aber erst, nachdem wir bis zum letzten gekämpft hatten.

322

15

Über die Entdeckung des Todes
in und vor einer Botschaft in Santiago de Chile
Anfang November 1973

Die Frau von den Vereinten Nationen räuspert sich, wirft mir, der ihr an dem pompösen antiken Tisch in der argentinischen Botschaft gegenübersitzt, einen flüchtigen Blick zu und liest dann aus der UN-Konvention von 1951 vor. Ein Flüchtling, leiert sie herunter, ist jede Person, die »aus der begründeten Furcht vor Verfolgung wegen ihrer Rasse, Religion, Nationalität, Zugehörigkeit zu einer bestimmten sozialen Gruppe oder wegen ihrer politischen Überzeugung sich außerhalb des Landes befindet, dessen Staatsangehörigkeit sie besitzt, und den Schutz dieses Landes nicht in Anspruch nehmen kann oder wegen dieser Befürchtungen nicht in Anspruch nehmen will.«

Sie blickt kurz hoch. »Haben Sie das verstanden?«

Ich nicke schweigend. Was gibt es da groß zu verstehen?

»Meine Frage ist« – sie spricht Spanisch mit mir und artikuliert jedes Wort, als müßte sie einem Kleinkind etwas erklären, sie hat denselben Paragraphen heute schon etlichen anderen in dieser Botschaft vorgelesen, sie macht das sehr professionell – »was ich wissen muß, ist, ob Sie den Status eines Flüchtlings in Anspruch nehmen wollen.«

Wieder muß ich in Sekundenschnelle eine Entscheidung treffen. Nicht wer ich bin, sondern wer ich sein will. Zweifellos war ich eine solche Person, ich hatte begründete Furcht vor einer Verfolgung, und das Land, das mir keinen

Paß oder freies Geleit geben wollte, war Chile. Die Frau von der UNO zählt nüchtern die Vorteile des Flüchtlingsstatus auf: Ausbildung, Vermittlung einer Arbeitsstelle, Sprachkurse im Aufnahmeland, Bevorzugung bei der Wohnungsvergabe, freie medizinische Versorgung, soziale Sicherheit, das Visum muß nicht jedes Jahr von der zuständigen Einwanderungsbehörde erneuert werden. Nun?

Ich höre, wie ich nein sage, sehe, daß sie überrascht ist, abrupt hebt sie den Kopf, schaut auf und sieht mich zum erstenmal richtig an, als wäre ich plötzlich ein anderer, ein Individuum, ein realer Mensch.

Vielleicht ist das der Grund, warum ich nicht als Flüchtling klassifiziert werden wollte: damit Menschen wie sie, damit die Menschen draußen in der Welt mich als Individuum anerkennen und nicht als Teil der hilflosen Massen sehen, von denen die Wochenschauen und Fernsehbildschirme überquellen und von denen viel zu viele Photos in Büchern und Zeitungen erscheinen, Menschen, die offenbar fremden, ungreifbaren Kräften ausgeliefert sind. In mir spüre ich die Juden während und nach dem Hitler-Regime umherirren, die Palästinenser, die jene Juden vertrieben haben, die endlosen Menschenkolonnen aus Pakistan, Biafra und Südostasien, die über Grenzen und Flüsse und durch die Zeiten ziehen und sich an ihrem Leid festhalten, als wäre es ihre einzige Identität, ihre einzige Waffe. Als die Frau von der UNO das Wort *Flüchtling* aussprach, stand mir dieses Bild vor Augen: die Lager, in denen Menschen ohne Heimat inmitten von Schmutz und Fliegen dahinvegetieren.

Ich wußte natürlich, daß chilenische Flüchtlinge nicht in Lager gesteckt wurden. Indem ich aber in dieser Botschaft um Asyl bat, hatte ich mir selbst die Chance verwehrt, als Held in die Geschichte einzugehen. Statt dessen bot man mir in der Geschichte den Platz eines Opfers an. Jetzt, da ich der konkreten Todesgefahr entronnen war, zeigte sich erst das eigentliche Gesicht unserer Niederlage: daß in Zukunft andere Menschen über unser Leben bestimmen würden. Die Demütigungen dieser langen Wochen in der Botschaft hatte ihre Spuren hinterlassen. Wir hatten kein Vertrauen zu den Beamten, die über uns herrschten, und dennoch waren wir von ihnen abhängig, was unser Essen, unsere Sicherheit, unseren Kontakt zur Außenwelt betraf. Sie konnten einen Teil der uns zustehenden Essensvorräte weiterverkaufen und taten es auch, sie konnten unsere Abreise hinauszögern und taten es auch, sie konnten Nachrichten von unseren Angehörigen zurückhalten und taten es auch, und wir konnten und durften uns nicht beschweren. Man bedenke: Ich war völlig mittellos, während ich mich in jener Botschaft aufhielt, als hätte ich mich gerade vor einer Hungersnot ins Nachbarland geflüchtet.

Sicher, diese Definition von Flüchtling traf genau auf mich zu, dennoch paßte ich als Mensch nicht recht in das Bild, konnte ich mich mit dem Ich, das ich werden sollte, nicht anfreunden. Es stimmte, daß meine Existenz durch eine historische Katastrophe aus den Angeln gehoben worden war, und diese Katastrophe unterschied sich nur graduell von denjenigen, die Millionen anderer Menschen in unserem schrecklichen Jahrhundert entwurzelt hatten und in Zukunft noch aus ihrer Heimat vertreiben würden. Ja, sicher, aber ich hatte Möglichkeiten, wenn auch noch so geringe, mir eine gewisse Kontrolle – oder war es die Illusion von Kontrolle? – über mein Leben, über mein Selbstbild zu bewahren.

»Ich bin kein Flüchtling«, sagte ich zu der Frau, wissend, daß Hunderte wie ich direkt nebenan darauf warteten, endlich an die Reihe zu kommen, darauf warteten, von Holland oder Irland aufgenommen zu werden, von der Sowjetunion oder … irgendeinem anderen Land. »Ich bin Exilant«, platzte ich heraus.

Der Begriff hatte keine rechtliche Relevanz, keine internationale oder formale Bedeutung, war mit keinen Garantien, keinem Schutz verbunden.

Ich wählte ihn automatisch, weil ich meine Emigration als Teil einer anderen Tradition sehen wollte – einer mehr literarischen vielleicht. Es hatte etwas Byronhaftes, etwas Rebellisches und Herausforderndes, Exilant zu sein, es hörte sich wesentlich romantischer und eindrucksvoller an als das erst in jüngerer Zeit geprägte Wort *Flüchtling*, ein Wort, mit dem das 20. Jahrhundert nach all den Massenmorden und Vertreibungen einem bestimmten Schicksal amtlichen Status verliehen hatte. Natürlich war ich genauso Opfer, genauso verloren wie die unzähligen anonymen Menschen, die mir vorangegangen waren. Indem ich aber den passiven Begriff ablehnte und mich für den aktiveren, stilvolleren, eleganteren Begriff entschied, entwarf ich meine Odyssee als ein Unternehmen, das in mir selbst seinen Ursprung hatte und nicht in historischen Kräften außerhalb meines Einflußbereichs. Anstatt meine Zukunft mit dem zu beschreiben, was ich suchte, Zuflucht nämlich, betrachtete ich mich als aus-geschlossen, aus-gestoßen, exiliert, als hätte ich völlig freie Wahl, in welchem der vielen Länder der Welt ich als freier Mensch umherwandern wollte. Ein Körnchen im Staub der Geschichte, eine Zahl in einem statistischen Jahrbuch – ich doch nicht. Ich würde in die Wildnis gehen wie ein rebellischer, einsamer, verfolgter Engel.

Ich spürte förmlich, was mir bevorstand: Jahre als Bittsteller, aus Mitleid angebotene Jobs, Zollbeamte, die mein Gepäck durchwühlen würden. Ich wußte schon jetzt, daß die Liste der in Santiago gefolterten Freunde immer länger, der Platz, den die Zeitungen ihrer Verteidigung einräumen würden, aber gleichzeitig bis zur Bedeutungslosigkeit schrumpfen würde. Ich spürte, daß mir noch viele Nieder-

lagen bevorstanden, und entschied mich, das einzige zu
retten, was mir eine sichere Durchquerung der vor mir
liegenden Wüste garantieren konnte: die Gewißheit, mir
selbst zu gehören, daß ich mich erheben würde, daß ich auf
keine Hilfe angewiesen war, um zu überleben. Ich hatte so
viel Energie darauf verwendet, den Mythos des Individualismus in Büchern und Artikeln anzuprangern und zu
demolieren, und nun klammerte ich mich daran als dem
einzig stabilen Element in einer sich auflösenden Welt. Ich,
der ich so stolz auf meine Nähe zu den Armen war, der ich
Frieden gefunden hatte, als ich, wie sie, in jener Holzhütte
im Arbeiterviertel hätte getötet werden können, warf meine
Überzeugung von der Gleichheit aller bei der erstbesten
Gelegenheit über Bord und weigerte mich, mit meinen heimatlosen Brüdern und Schwestern im Ausland auf eine
Stufe gestellt zu werden. Doch all das war mir damals nicht
bewußt. Instinktiv entschied ich mich dafür, Vorteil aus
meinem Anderssein zu ziehen, und griff dankbar nach dem
ersten Stück Strandgut, das aus meiner Persönlichkeit
hochgespült wurde, versuchte, mich geistig von der Masse
jener Menschen abzuheben, deren Schicksal für immer zu
teilen ich geschworen hatte.

Der Tod, der mich ihnen so nahegebracht hatte, begann
schon einen Keil zwischen uns zu treiben. Um ihm zu entgehen, raunte er mir zu, müsse ich mich von ihnen lösen.

Aber das war mir damals nicht bewußt.

Im Gegenteil. Dort, in der Botschaft, erneuere ich jeden
Tag mein Versprechen, dem Chile der Arbeiter zu dienen,
diesem Chile, das von wesentlich gefährlicheren Kräften als
meinen Selbstzweifeln und Ausflüchten angegriffen wird.
Nein, ich meine nicht die offenkundige Gewalt der
Militärs, sondern eine noch perversere Gefahr, über die ich
zu der Zeit nachzugrübeln beginne. Als das Gespräch zu
Ende ist und ich aufstehen will, tritt ein anderer UN-Beam-

ter an den Tisch und steckt mir verstohlen einen Zettel zu. Es ist eine Botschaft von Angélica, die erste direkte Nachricht von ihr seit Wochen. Sie schreibt, daß sie versuchen wird, vor die Botschaft zu kommen, um Lebewohl zu sagen, ehe sie Chile zusammen mit Rodrigo und meinen Eltern Richtung Argentinien verläßt, wo sie auf mich warten wollen.

Auf gewisse Weise Lebewohl zu sagen.

Angehörige anderer Flüchtlinge, die wie ich in der Botschaft festsitzen, haben entdeckt, daß wir sie sehen können, wenn sie auf der gegenüberliegenden Seite des Gebäudes, das uns schützt, vorbeigehen, einen *paseo* – einen Spaziergang – machen. Dieser kurze Sichtkontakt ist eine der wenigen Möglichkeiten, sich während der endlos scheinenden Tage die Zeit zu vertreiben, Hunderte von uns stehen stundenlang dichtgedrängt an den Fenstern, um von weitem einen Blick auf einen Freund, einen Angehörigen oder auch nur einen Bekannten zu erhaschen. Ich sage »wir« und »uns«, obwohl ich mich noch nie an diesem »Sport« beteiligt hatte. Zu sehr bedrückte es mich, auf das Land hinunterzustarren, das ich verloren hatte.

Schließlich geselle ich mich doch zu den anderen Flüchtlingen in der Hoffnung, unter den vielen Menschen da draußen Angélica zu entdecken, und werde auch tatsächlich mit einem kurzen Moment ihrer Gegenwart belohnt. Rodrigo trottet hinter ihr her. Er sieht nicht zum Fenster hoch. Ich bete, daß er hierhersehen möge, aber seine Mutter hat ihm nicht gesagt, daß sich sein Vater hinter jenen von der Polizei und Spitzeln Pinochets bewachten Mauern befindet. Nichts darf darauf hinweisen, daß die Spaziergänger etwas mit den Ausgestoßenen zu tun haben, die sie von der Botschaft aus beobachten. Sie bleiben niemals stehen, geben niemals zu erkennen, wer sie sind – jetzt, eine winzige Bewegung von Angélicas Hüfte, ein Lächeln, das wie ein Sonnenstrahl in meine Richtung fliegt, und schon ist sie fort. Ein paar Minuten später ist sie wieder da, Rodrigo hinter sich herziehend, es sieht aus, als würde er wegen irgend etwas schmollen, vermutlich langweilt es ihn, daß sie diese Straße scheinbar ziellos hinauf- und hinunterlaufen. Dann sind sie außer Sichtweite, ich warte noch eine Weile, bis klar ist, daß sie nicht zurückkommen werden, daß ich meiner Familie gerade für wer weiß wie lange Lebewohl gesagt habe. Ich überlasse meinen Platz hinter den Vorhängen an dem riesigen Fenster einem anderen, für den das Ausschauhalten nach Verwandten zur Hauptbeschäftigung geworden ist.

Ich bemühe mich, nicht mehr aus diesen Fenstern hinauszusehen.

Während der Tage, als ich dort stand und darauf wartete, daß Angélica vorbeigehen würde, suchte mich eine Vision von Chile heim, die so schmerzhaft war, daß ich nicht länger darüber nachzudenken wagte. Jede Stunde gehen Hunderte von Menschen an der Botschaft vorbei. Es ist unmöglich zu erkennen, wer von ihnen an dem Ritual der heimlichen Kontaktaufnahme teilnimmt und wer einfach ganz normal hier vorbeikommt, seinen Alltagsgeschäften nachgeht. Und genau das ist der Punkt: Das Leben da draußen in der Stadt geht weiter, als wäre nichts geschehen. Diejenigen, die sich um uns sorgen, die um unser vergewaltigtes Volk trauern, müssen sich wie die vielen anderen verhalten, die sich keinen Deut für uns interessieren, die um nichts trauern oder für ihren Teil schon genug getrauert haben und jetzt weiterleben wollen mit dem, was ihnen geblieben ist, egal wie. Dort am Fenster kommt es mir vor, als würden Zombies schlafwandelnd an der Botschaft vorbeigehen, als würde ich einen Blick in die Zukunft eines Chile werfen, in dem ich selbst nicht herumlaufen kann, wo ich aber, wenn ich mich frei bewegen dürfte, ebenso geduckt und teilnahmslos herumgehen würde. Ich sah Chile als ein Land der Toten, wo du dich selbst umbringen mußt, um nicht umgebracht zu werden, wo du dich aufspalten, den Menschen, der du einmal gewesen bist, begraben mußt, wo du dir eine Maske der Gleichgültigkeit zulegen mußt, um dich nicht von den anderen Masken zu unterscheiden. Ich habe dieses Chile gesehen, und ich frage mich, wie lange ein Mensch diesen Wahnsinn aushalten kann, ehe die äußere Person, die du vorgibst zu sein, implodiert, ehe die Maske zum Gesicht wird, ehe das Land völlig verdorben und verloren ist.

Es wird bald vorbei sein, tröste und belüge ich mich, als ich mich vom Fenster abwende. Wir werden bald wieder zusammensein, und meine Landsleute werden unter ihrem vorgetäuschten Leben ihre Reinheit bewahren. Ich wende mich ab von jenem Fenster und dem Bild meines Kindes, das seinem Vater nicht einmal zuwinken darf, dem Bild meiner Angélica, die nicht mehr tun kann, als mir heimlich zuzulächeln und wieder zu verschwinden, ich wende mich ab von jenem Chile, weil ich mir nicht eingestehen will, daß nicht nur Menschen, sondern auch Länder sterben können. Ich will nicht wahrhaben, daß auch ein Land sterben kann.

Über die Entdeckung des Lebens und der Sprache in den Jahren 1970 bis 1973 in Santiago de Chile

An dem Platz, an dem ich schreibe, hängt vor mir, mich direkt anstarrend, ein Photo vom Balkon der Moneda in Santiago. Aufgenommen hat es der chilenische Photograph Luis Poirot am 4. November 1970, am Tag, als Salvador Allende in sein Amt als Präsident der Republik eingeführt wurde. Er grüßt, mit einem Taschentuch winkend, die Menschenmenge, die sich auf der Plaza unter ihm versammelt hat, auf dem Photo jedoch nicht zu sehen ist. Hinter dem Präsidenten steht seine Frau Tencha, und man kann auch das ziegenbärtige, schelmische Gesicht José Tohás, eines Ministers aus Allendes Kabinett, erkennen.

Neben das Photo habe ich ein anderes gehängt: derselbe Balkon, aufgenommen von demselben Photographen fast drei Jahre später, wenige Tage nachdem die Hawker Jagdbomber den Palast am 11. September 1973 bombardiert hatten. Wo vorher der Balkon war, haben die Bomben ein klaffendes Loch hinterlassen. Wo der Präsident einst mit seinem Taschentuch gewunken hat, ist nichts mehr. Allende ist tot, Tencha im Exil, Tohá im Gefängnis, wo er ein paar Monate später von Wärtern umgebracht wird. Und man spürt, daß jenseits des Bildrandes, unterhalb der Stelle, wo der Balkonvorsprung war, nur Leere herrscht, daß nur der kalte, unerbittliche Blick der Kamera Zeuge ist. Sonst nichts. Allzu bald werde ich das schwarze Loch auf diesem Photo mit eigenen Augen sehen müssen.

Zunächst einmal möchte ich aber zu jenem Tag zurückkehren, als der Balkon noch genauso heil war wie unsere
Träume, als meine Augen und Tausende anderer Augen in
der Menge nicht die leiseste Ahnung hatten, welche Zerstörung uns bevorstand. Für böse Vorahnungen war kein
Platz: Dies war ein Wendepunkt in der Geschichte, die
erste friedliche, demokratische Revolution der Welt. Wer
konnte uns aufhalten? Wer würde wagen, es auch nur zu
versuchen?

Dort, inmitten der zahllosen Männer und Frauen, die ich
nie gesehen hatte und nicht kannte, damals, als ich die Luft
einatmete, die sie ausatmeten, hatte ich ein Erlebnis, das
mystisch zu nennen ich zögere, das jedoch einer religiösen
Erfahrung so nahekam wie kein anderes in meinem Leben.

Allende hielt eine kurze Rede, sprach davon, daß wir nun
selbst die Herren unseres Schicksals sein würden, die Besitzer unseres Landes, der Metalle unter der Erde und der
Straßen, durch die wir gingen. Er sprach davon, daß wir
kämpfen müßten, damit alles in Chile uns selbst gehörte,
Staat und Städte und Felder, daß dieses Land dem Volk
gehörte, das darin gelitten hatte – so oder ähnlich lauteten
seine Worte, an die Einzelheiten kann ich mich nicht mehr
erinnern. Doch ab einem bestimmten Punkt der Rede hörte
ich nicht mehr zu und ließ den Blick über die Menge
schweifen, über Tausende und Abertausende, soweit ich
sehen konnte, hoffnungsvoller Gesichter. Und ganz plötzlich wußte ich, worin in den nächsten Jahren meine Aufgabe bestehen würde. Diese Männer und Frauen, die mein
Schicksal in ihren Händen hielten, mochten für mich ein
absolutes Mysterium sein, doch wie mir in diesem Moment
klar wurde, waren sie auch sich selbst ein Mysterium. Niemand hatte je ihre Geschichte geschrieben, selbst ihre Sprache hatte anderen gehört. Aber das würde sich ändern. Ich
spürte förmlich, wie ihre Geschichten ans Tageslicht dräng-

ten, sich auf die Plaza ergossen, hier und jetzt. Seit ihrer Geburt hatte man diesen Männern und Frauen eingehämmert, welche Grenzen sie nicht überschreiten, hatte ihnen gesagt, welche Fragen sie nicht stellen durften. Man hatte ihnen zu verstehen gegeben, daß sie zu Recht gescheiterte Existenzen seien und gerade die Tatsache, daß sie keinen Weg aus ihrem Elend gefunden hatten, der Beweis für dieses eigene Verschulden war, daß sie von Natur aus Untermenschen, unwissend, minderwertig, faul waren. Ihr Leben lang waren sie als simple Manövriermasse behandelt worden, ihr Leben lang hieß die Devise, mit gebeugtem Kopf zu gehen und den Blick zu senken, um zu überleben. Und wenn sie nicht gehorchten, wurde ihnen das Dogma der Unterwerfung eingebleut, bis es jede Faser ihres Körpers erfaßt hatte. Man hatte sie gelehrt, daß der einzige Weg aus ihrer Misere der individuelle und einsame Weg war, daß jeder einzelne sich nach der Decke strecken mußte und dann vielleicht, wenn er Glück hatte oder die entsprechende Rücksichtslosigkeit an den Tag legte, zum Ausbeuter seiner Brüder und Schwestern werden konnte. Vor allem hatte man sie gewarnt, daß jeder kollektive Versuch, ihr Schicksal zu verändern, zum Scheitern verurteilt sei und nur Leid nach sich ziehen würde. Aber sie hatten sich über diese Warnungen hinweggesetzt, sie waren im Begriff, aus dem für sie geschriebenen Drehbuch auszubrechen, waren im Begriff, ihr Leben auf ihre eigene Weise zu erzählen, nachdem sie unendlich lange im Schatten der Geschichte anderer gelebt hatten. Und wenn sie es konnten, konnte ich es auch, ich auch. Und dann war es, als wäre ich aus diesem Raum herausgetreten in eine andere Zone, von wo ich mir selbst und den vielen zuschauen konnte, plötzlich verstummten all die Stimmen, und in dieser Stille spürte ich, wie die Realität allmählich aufbrach, buchstäblich, körperlich, unter meinen Füßen, als ob sich eine Kluft aufgetan hätte im Gefüge des Universums. Und in diesem Augenblick, als ich in die Kluft schaute, in die mein Leben sich verwandelt hatte, war ich ungeheuer empfänglich und offen, ich spürte, daß das Leben eine schnellere Gangart annahm, ein Schwindel erfaßte mich, wie man ihn nur in den wenigen großen Momenten des Lebens verspürt, in denen man weiß, daß alles, wirklich alles möglich ist. Ich fühlte mich wie der erste Mensch auf der Erde am Beginn der Geschichte, der Anfang der Welt in ihrer ganzen Schönheit stand bevor, und um dieser Schönheit, die wir fast mit Händen greifen konnten, tatsächlich zur Geburt zu verhelfen, brauchten wir nur das Wagnis auf uns zu nehmen, sie zu erfinden, ihr einen Namen zu geben. Und einen lichten Augenblick lang glaubte ich, daß ich mich mit *el pueblo* vereinigen könnte, glaubte, daß seine und meine Geschichte gleichzeitig erzählt werden könnten, glaubte, daß eine Zeit kommen würde, da uns nichts mehr trennte, da unsere Geschichten zu einer einzigen Geschichte zusammenfließen würden.

Es war eine wunderbare Vision, und ich bewahrte sie während der ganzen chilenischen Revolution in meinem Herzen. Sie war so stark, daß ich sie heute noch, über fünfundzwanzig Jahre später, in mir wachrufen kann. Aber sobald die Menge sich aufgelöst hatte und wir, jeder auf seine Weise, das anbrechende neue Zeitalter feierten, sobald ich wieder in meinem gutbürgerlichen Haus, bei meinen Büchern und meinen Schallplatten, bei meinen Manuskripten und Leidenschaften, bei all den Memorabilien eines komfortablen Daseins war, sobald ich zu dem, der ich war, zurückkehrte – dem Intellektuellen, dem man Traditionen, Geschmack und Codes beigebracht hatte, zu denen die meisten Menschen auf dieser Plaza keinen Zugang hatten –, sobald die Brüche und Widersprüche, die uns trennten, lautstark dröhnend wieder in mein elitäres

Dasein drangen, wurde mir klar, daß ich mir ein unerreichbares, utopisches Ziel gesetzt hatte.

Und doch verfolgte ich dieses Ziel, und zwar mit einer Energie, die mich heute noch mehr erstaunt als damals. Wenn ich mich auch nicht sofort mit dem Volk vereinigen konnte, wenn seine Geschichte und meine Geschichte noch in getrennten Bahnen verliefen, so konnte ich zumindest mithelfen, einen Raum zu schaffen, in dem ihre Geschichten Platz hatten, konnte als Bürger und als politischer Aktivist etwas dazu beitragen, daß die Mittel und die Bildung, die mir und meinesgleichen zur Verfügung standen, auch für sie verfügbar wurden. Und natürlich hatte ich nicht vor, auf diesen Durchbruch zu warten: Befreit aus dem fremden Reich der englischen Sprache, in dem ich mich so lange eingeschlossen hatte, begann ich, die verschwendete Zeit wettzumachen, und ließ das Spanische nun aus mir herausfließen, als wäre ich ein Fluß.

Denn alles war neu und schrie förmlich danach, aufgeschrieben zu werden. Und ich teilte eine herrliche Sprache mit den Menschen, die den Text der Realität schrieben, und den wollte ich bis zum letzten Wort zu Papier bringen.

Ich schrieb Essays, Drehbücher und Gedichte, Zeitschriftartikel, Fernsehfeatures und Pamphlete, Zeitungsanzeigen, Jingles fürs Radio, politische Slogans und Traktate, einen Experimentalroman, kulturpolitische Reportagen, politische Schmähreden, Lieder und Theaterstücke, alles nebeneinander und alles mit demselben Engagement. Ein typischer Tag sah so aus, daß ich bei Morgengrauen aufstand, in Windeseile eine surrealistische Kurzgeschichte in die Maschine hackte, Rodrigo zur Schule brachte, einen Kurs an der Universität hielt, zur Mittagszeit in mein Büro hetzte und Passagen eines Essays hinkritzelte, dann mit dem Fernsehproduzenten einer Quizsendung, die ich moderieren sollte, zum Essen ging, zu einer Milchpulverfabrik eilte, deren Arbeiter Freiwillige zum Be- und Entladen von Lastwagen angefordert hatten, schweißgebadet ins Stadtzentrum zurückfuhr, um mit anderen Schriftstellern an einem Kulturprogramm zu arbeiten und mit einem Kollegen telefonisch zu erörtern, ob der spanische Fachbereich zusammen mit einer Gewerkschaft ein Dichterfestival veranstalten könnte. Am frühen Nachmittag traf ich mich dann mit einem Parteiausschuß, der entschied, welchen politischen Slogan die Brigaden als nächstes auf die Mauern schreiben sollten. Abends, nach einem hastig hinuntergeschlungenen Abendessen mit Angélica, die einen ebenso hektischen Tag hinter sich hatte, und nachdem ich meinem Sohn eine Gutenachtgeschichte vorgelesen hatte, trafen sich meine Frau und ich mit Genossen, um an den Mauern der Stadt ebendie Botschaft anzubringen, die ich wenige Stunden zuvor erdacht hatte. Und wenn dann noch Zeit und Kraft blieb – was tatsächlich der Fall war, immer –, gingen wir zu irgend jemandem, um dort zu tanzen, zu trinken und zu feiern, daß wir lebten.

Es waren die besten Jahre meines Lebens.

Soweit ich zurückdenken konnte, vielleicht seit jenem Krankenhausaufenthalt in Manhattan, vielleicht auch schon länger, hatten vage Schuldgefühle an mir genagt. Als hätte sich ein verunstalteter Zwilling bei mir eingeschlichen, der mir einflüsterte, ich sei schuld, immer schuld an den Mißständen, egal welchen, und ich konnte mich noch so sehr anstrengen, nie würde ich es richtig machen. Jene Jahre aber waren wie Balsam für meine Seele: Die Revolution trocknete den trägen Pfuhl meiner Scham Tag für Tag mehr aus und lehrte mich, mir selbst zu verzeihen. Und wenn sie mir ermöglichte, mein schlechtes Gewissen zum Verstummen zu bringen, dann gab es nichts, was die Revolution nicht konnte. So wie sie uns lehrte, Andersdenkende zu tolerieren, würde sie auch mich lehren, die Dissonanz meiner eigenen inneren Stimmen zu tolerieren. So wie sie die Widersprüche unserer sich in die falsche Richtung entwickelnden Gesellschaft lösen und Chile ohne Zwangsmaßnahmen modernisieren würde, so wie sie gesellschaftliche Harmonie schaffen würde, ohne jemandem Schaden zuzufügen, so wie sie das Land von seiner Vergangenheit befreien würde, so würde sie mir die Chance bieten, mich schmerzlos in einen neuen Menschen zu verwandeln, und mich aus allen Konflikten befreien, die mich geplagt hatten.

Vielleicht erscheint diese Identifizierung meiner eigenen Person mit der Revolution, meine Überzeugung, daß das, was ich mir vorstellte, real war oder werden könnte, im Rückblick als Anzeichen dafür, daß ich ein bißchen verrückt geworden war und nicht mehr zwischen Möglichem und Unmöglichem unterscheiden konnte. Doch aus ebendieser Verrücktheit, aus meiner Unfähigkeit, meine Vorstellungen von der Realität zu trennen, aus meinem Beharren darauf, daß alles politisch und ästhetisch zugleich war, aus der Begeisterung für eine Gesellschaft, deren Bild man sich wie ein Kunstwerk ausmalen konnte, schrieb ich ein Buch, das den Augenblick seiner Entstehung transzendierte und der Zeit standhielt, ein Buch, das heute noch auf der ganzen Welt gelesen wird, ein Buch, das bezeichnenderweise eine dezidiert persönliche Ausdrucksform hatte und gleichzeitig als ganz praktischer Beitrag gedacht war, damit Millionen anderer Chilenen das Schweigen durchbrechen konnten.

Das Buch, in dem ich meine eigene Reise mit der abenteuerlichen Entdeckungsreise des chilenischen Volkes vermischte, war die Antwort auf eine Frage der Kultur, die mich schon Jahre vor der Präsidentschaft Allendes stark beschäftigte.

Die Strategie der Linken zur Erlangung der wirtschaftlichen Unabhängigkeit berücksichtigte meiner Meinung nach nicht, daß es noch einen anderen Bereich gab, der, ebenso ausschließlich wie die Kupferminen in den Händen der Gringos, vom Ausland beherrscht wurde. So wie wir einen Großteil der neuen Technik aus dem Ausland importierten, so wie wir nie eigene Autos, ein eigenes Waschmittel oder eigene Elektrogeräte entwickelt hatten, genauso waren wir nur die Empfänger ausländischer Filme, Fernsehserien, Seifenopern, Trickfilme, Songs und ausländischer Werbung, ausländischer Kulturprodukte, die zum größten Teil aus den Vereinigten Staaten stammten oder, wenn sie denn im Land produziert wurden, auf amerikanischen Vorbildern beruhten. Die Botschaften, die in diesen Massenmedien steckten, waren ebenso eine Erklärung für Chiles Machtlosigkeit wie unser fehlender Einfluß auf die Telefongesellschaften, die in ausländischem Besitz waren. Diese importierten Geschichten spiegelten unseren Bürgern ein Leben vor, in dem es keine Konfrontationen gab, Rebellion bestraft, Solidarität lächerlich gemacht, kritisches Denken verhöhnt und alle sozialen Konflikte auf leicht zu lösende psychologische Probleme reduziert wurden.

Bis 1970 blieben meine Befürchtungen hinsichtlich dieser kulturellen Abhängigkeit vorwiegend theoretisch, sie wurden in ein paar Universitätsseminaren vertieft, in denen wir Zeichentrickfilme und Fernsehserien mit der Literaturkritik entlehnten Methoden analysierten. Abgesehen von dieser kritischen Analyse konnte man nicht viel leisten, um an den Botschaften etwas zu ändern, an den Produkten, die großen Konzernen gehörten und von ihnen unters Volk gebracht wurden mit dem Ziel, möglichst viel Profit zu machen.

Mit Allendes Sieg änderte sich die Situation grundlegend: Meine an der Universität entwickelten spekulativen Theorien wurden nun zu drängenden Fragen von Politik und Strategie. Zum erstenmal in der Geschichte Chiles hatten die revolutionären linken Kräfte Zugang zu den Massenmedien, zu Rundfunk- und Fernsehsendern, Aufnahmestudios, Filmgesellschaften und Verlagen, die zuvor in Privatbesitz gewesen waren. Und sie produzierten am laufenden Band Botschaften, die der chilenischen Öffentlichkeit Anlaß gaben, die explosionsartigen Veränderungen in ihrem Leben als bedrohlich und nicht als befreiend aufzufassen.

Wer würde die Geschichte Chiles erzählen? Wer würde von uns erzählen?

Diese Fragen würden nicht nur in der Schlacht um die Informationsindustrie entschieden (die CIA steckte Millionen in die rechtsgerichteten Medien), sondern auch in der Schlacht um die Unterhaltungsindustrie. Wir mußten Formen einer massenwirksamen Volkskunst entwickeln und damit die marginalen, neuen Geschichten ergänzen, die die Menschen sich und ihren Landsleuten über ihr Leben erzählten.

Die Schwierigkeit dabei war, daß kaum jemand in der Regierung (übrigens auch sonst nicht) wußte, wie solche wichtigen Veränderungen zu erreichen waren. Frühere sozialistische Erfahrungen mit den Medien waren unbrauchbar: Alle gewaltsamen Revolutionen hatten die Kommunikationsorgane schlicht und einfach enteignet und in humorlose, langweilige, farblose Propagandamaschinen verwandelt. Eine monopolistische Lösung erschien uns angesichts unseres Eintretens für die Meinungsfreiheit nicht nur als unmöglich, sondern auch als kontraproduktiv. Pluralismus war für uns nicht bloße Taktik, sondern strategisch begründet: Die Freiheit unserer Gegner, ihre eigenen Geschichten zu produzieren, sollte nicht nur toleriert werden, sondern war begrüßenswert. Daß unsere Feinde ihre Botschaften öffentlich verkünden durften, würde uns zwingen, Kreativität zu beweisen statt repressiv vorzugehen, ihnen mit besseren Ideen, demokratischeren Formen populärer Unterhaltung, gewagteren Geschichten und Grenzüberschreitungen Konkurrenz zu machen. Es war eine Gelegenheit, eine Flut von Menschen in die Medien zu bringen, die auf kulturellem Gebiet arbeiteten und den Großteil ihres Lebens für einen kleinen Kreis von Auserwählten geschrieben, gemalt, gesungen und philosophiert hatten.

Da ich zu den wenigen Intellektuellen im Land gehörte, die sich mit einem breiten Spektrum von Genres der populären Unterhaltung befaßt hatten, wurde ich Anfang 1971 gebeten, als Berater für verschiedene Unternehmen zu arbeiten, die mit der Produktion neuer Fernsehspiele, Comics und einer Vielzahl anderer Formen aus dem Bereich der Unterhaltung begonnen hatten. Kaum hatte ich meine Stelle angetreten, merkte ich, daß es leichter ist, die kulturelle Dominanz in wissenschaftlichen Essays zu kritisieren als sie in der Alltagswirklichkeit der Medien zu verändern. Ich hatte bereits etwas über den Neokolonialismus geschrieben, wie er im Elefanten Babar zum Ausdruck kommt, aber es war etwas völlig anderes, eine Zeitschrift für Kinder – und übrigens auch für Erwachsene – zu machen. Unser Publikum war mit Superhelden, rührseligen Erzählungen und Geschichten voller Intrigen großgeworden, aber wir hatten keine klare Vorstellung davon, warum diese Unterhaltungsformen einen solchen Reiz ausübten. Ja, es gab Tausende von Studien darüber, wie eine Großmacht die ökonomischen Ressourcen eines Landes beherrscht oder politische und militärische Entscheidungen beeinflußt, aber kaum welche, die zeigten, wie Geschichten aus dem Ausland Millionen von Konsumenten unterschwellig und verdeckt indoktrinieren, ohne daß jemand merkt, was da geschieht.

Die Unschuld, mit der diese Produkte sich präsentierten, schien der Schlüssel zu sein. Wenn ich die verborgene politische Botschaft untersuchen könnte, die in einem exempla-

rischen und scheinbar harmlosen Fall in einer Geschichte
versteckt war, könnte ich vielleicht diese kulturelle Infiltra-
tion anprangern und würde damit einen entscheidenden
Schritt zum Verständnis – und vielleicht auch zur Veränderung – der Medienbotschaften tun, die wir importierten.
Der Gegenstand meiner Untersuchung mußte sowohl ausgesprochen populär als auch scheinbar unpolitisch sein.

Bald stieß ich auf eine der beliebtesten fiktionalen Figuren des zwanzigsten Jahrhunderts. Sie lebte in einem Comic
made in America, von dem in Chile monatlich mehr
Exemplare verkauft wurden als von all den Geschichten, die
wir in 160 Jahren als unabhängige Nation im Land produziert hatten. Es handelte sich um einen alten Freund von
mir, den ich vielleicht mit zweieinhalb Jahren im Krankenhaus in Manhattan kennengelernt hatte, der mir möglicherweise aber schon vorher, in meinem Geburtsland Argentinien, begegnet war. Er hatte mich und zahllose andere
Kinder und Erwachsene mit seinem zornigen, griesgrämi-
gen, glücklosen und letztlich gütigen Wesen erfreut: Ich
entschied mich, Donald Duck unter die Lupe zu nehmen.

Für dieses Projekt tat ich mich mit einem Kommuni-
kationswissenschaftler zusammen, einem belgischen So-
ziologen namens Armand Mattelart, der sich in Chile
niedergelassen hatte und ein überzeugter Anhänger des
Allende-Experiments war. Zusammen schrieben wir Mitte
1971 in zehn aufregenden Tagen am Strand das, was jahrelang mein berühmtestes Buch sein sollte: *How to read
Donald Duck*, eine tiefschürfende Interpretation von Dis-
ney-Comics aus der Perspektive der Dritten Welt.

Entgegen allen Erwartungen wurde das Buch mit einem
Schlag ein Bestseller in Chile, von den Rechten bitter
bekämpft und von vielen Linken überschwenglich gepriesen
(wenn auch nicht von den Kommunisten, die jedes Buch
mit äußerstem Mißtrauen betrachteten, das dem kulturellen

Kampf eine wesentliche Bedeutung für den Erfolg der Revolution zuerkannte). Die Tatsache, daß es weltweit in Millionen Exemplaren verkauft wurde und in über ein Dutzend Sprachen übersetzt wurde, zeigt, daß unser »Handbuch der Entkolonisierung«, wie John Berger es später nannte*, bei unzähligen Lesern den entscheidenden Nerv traf. Aber die anhaltende Popularität des Buches ist wohl nicht allein darauf zurückzuführen, daß hier erstmals thematisiert wurde, wie man sich der amerikanischen Kulturindustrie erwehren konnte, die sich mehr und mehr auf dem Globus ausbreitete. Die Wirkung des Buches hat auch mit seinem Stil zu tun: Ausgelassen und spielerisch, originell, poetisch und trotzig, brach es aus der trockenen Akademikersprache aus, aus der abstrusen soziologischen Terminologie, die man bei solchen Abhandlungen erwartete. So wie Chile selbst war es voller Leben, und hinter seinem frechen Stil konnte man, kann man – sofern man genau hinhört – das Chile der Revolution vernehmen, das furchtlos auf die Pforten des Himmels (oder der Hölle) zumarschiert, man kann hören, wie Chile uns auffordert, noch weiter zu gehen, wie es uns anstachelt, die Hand zu beißen, die uns füttert – aus der sowohl unser Verstand als auch unsere Gefühle ihre Nahrung empfangen. *How to read Donald Duck* kann deshalb als eine der Formen interpretiert werden, in der die chilenische Nation ihre Unabhängigkeit von fremden Einflüssen erklärte und ihren Wunsch ausdrückte, selbständig zu denken und zu handeln. Aber das Buch und eine Reihe anderer Essays, die ich damals allein schrieb und die schließlich in dem Buch *The Empire's Old Clothes* erschienen, können auch als die Proklamation einer anderen Art von Unabhängigkeit gesehen werden.

---

* Aus John Bergers Überarbeitung der englischen Ausgabe, die wenige Jahre später erschien.

Es kann kein Zufall sein, daß das erste Buch eines Lateinamerikaners über den Kulturimperialismus der USA von einem Mann stammte, der selber als Kind von diesem Land verführt worden war, der sich in seiner Jugend nach diesem Land verzehrt und zu seinen einschmeichelnden Melodien getanzt, der als junger Erwachsener alles daran gesetzt hatte, in dem amerikanischen Teil seines Lebens und der englischen Sprache, in die es eingebettet war, einen Sinn zu finden. Und genausowenig kann es ein Zufall sein, daß ich mir einen Ausländer als Partner bei diesem Unternehmen suchte, jemanden, der wie ich von Chile so fasziniert war, daß er es schließlich zu seiner Heimat machte. Ausländer, die wir beide waren, versuchten wir, unser Adoptivland gegen die Gefahren jener Macht zu impfen, die wir einst so bewundert hatten.

Als ich mit sieben Jahren meine Eltern meiner Flagge vorzog, konnte ich mit der daraus entstehenden Identitätskrise leben, weil ich die amerikanische Politik und die wechselnden US-Regierungen von dem trennte, was ich für das wahre und ewige Amerika hielt, von dem Amerika, das in seiner populären Kultur zum Ausdruck kam. Ich konnte das eine fürchten und das andere lieben, ich konnte amerikanisch sein wie ein *apple pie* (und wie Mickey Mouse) und doch Mitglied einer von bestimmten Amerikanern verfolgten Familie. Die ganzen fünfziger und sechziger Jahre hindurch hatte ich die amerikanische Kultur von meiner Kritik ausgenommen, doch nachdem ich mich in Berkeley von der Sprache gelöst hatte, in der ich mein Leben lang mit diesem amerikanischen Ich kommuniziert hatte, war ich jetzt zu einem weiteren Schritt bereit, zu einem letzten, wie ich damals glaubte: Der Mann, der ich nun war, würde mit seinem politischen Bewußtsein einen intellektuellen Anschlag auf den kulturellen Kern jenes Jungen verüben, der ich einst gewesen war.

Ich wollte die Entscheidung, die ich als kleines Kind in jenem Krankenhaus in Manhattan getroffen hatte, vollständig und radikal zurücknehmen.

Ich wollte mit Amerika genau das machen, was Amerika mit meinen Latino-Ursprüngen gemacht hatte.

Wenn also das Buch über Donald Duck als Antwort zweier Linksintellektueller auf die ganz konkreten und kollektiven historischen, durch die Revolution aufgeworfenen Probleme verstanden werden kann und auch soll, so ist es doch gleichzeitig auch der Gipfelpunkt meines eigenen, sehr persönlichen Weges ins Innere Lateinamerikas, die rituelle und öffentliche Beseitigung meiner letzten Verbindung zu den Vereinigten Staaten. Das ist, glaube ich, die geheime Quelle der Lebendigkeit in diesem Buch, des Gefühls der Gefahr und der Erregung, die den Leser anspringt. Da sitze ich also in einem chilenischen Strandhaus hinter die Schreibmaschine geklemmt, während Armand auf und ab geht, und ich weiß, daß ich mit jedem Wort eine Grenze überschreite, eine Übertretung begehe, ein Tabu breche, das Land, das wie ein Vater zu mir war, töte. Endlich wage ich, mich dem Amerika in mir zu stellen, es ans Tageslicht zu zerren und öffentlich auf dem Scheiterhaufen zu verbrennen. Tatsächlich aber vollziehe ich das nordamerikanischste aller Rituale – ich huldige dem Traum, die Vergangenheit zu begraben und mit reiner Weste neu zu beginnen.

Zweifellos gehe ich – wie Chile, wie Lateinamerika in dieser Zeit – zu weit.

In meinem Bestreben nach Reinheit und nationaler Autonomie, in meinem Wunsch nach einem rebellischen Chile, das mir meinen amerikanischen Anteil vollständig und mit demselben Zorn austreibt, mit dem es den amerikanischen Einfluß auf die Wirtschaft des Landes beseitigen will, stelle ich die Verbrechen der Vereinigten Staaten und

344

den Edelmut Chiles zu übertrieben dar, ich werde der Komplexität des kulturellen Austauschs nicht gerecht und auch nicht der Tatsache, daß nicht alle Produkte der ausländischen Massenmedien schlecht sind und nicht alles gut, was wir selbst produzieren. Und ich projiziere meine eigenen Kindheitserfahrungen mit Amerika auf Chile und die Dritte Welt. Aus der Tatsache, daß ich so leicht zu verführen war, mich so bereitwillig hinreißen und beeinflussen ließ, zog ich den Schluß, daß Millionen Menschen in fernen Ländern leere, unschuldige Gefäße sind, in die die Großmacht, ohne auf Widerstand zu stoßen, ihre Lieder ergießt. Ich hatte in ihnen nicht die komplizierten, hybriden, cleveren und listenreichen Wesen gesehen, die die Botschaften, die sie erreichen, für ihre Zwecke nutzen, ihnen einen anderen Sinn geben, sie sich zu eigen machen, indem sie ihre Bedeutung verändern.

Doch diese Formen des Widerstands sollte ich erst in den folgenden Jahren kennenlernen. Damals aber stand ich nicht im Dialog mit den Vereinigten Staaten wie heute, war nicht auf der Suche nach einem Raum innerhalb des Systems, von dem aus man das System stören kann. Ich wollte die Scheidung, wollte mit meiner ehemaligen Geliebten abrechnen.

Während der ganzen sechziger Jahre hatte ich mich geschämt, weil ich so sehr für Amerika geschwärmt hatte; ich hatte versucht, diese Begeisterung zu verbergen und so zu tun, als hätte ich sie nie empfunden. Und jetzt war diese Liaison urplötzlich nützlich, ja unverzichtbar geworden, um die *patria* in der Stunde der Not zu befreien. Sie erhielt einen Sinn, alles fügte sich zusammen: Ich war in die Vereinigten Staaten gegangen, hatte mich in Amerika verliebt, damit ich viele Jahre später die Gefahren dieser Liebesaffäre erkennen und analysieren, meine neuen Landsleute davor warnen konnte, denselben Weg wie ich einzuschlagen – damit sie nun verwerfen konnten, was zu verwerfen mir als Kind unmöglich gewesen war.

Es ist paradox: Gerade mein umfassendes Wissen, meine intime Kenntnis der Vereinigten Staaten bewirkten am Ende, daß der Großteil meiner Landsleute und viele Menschen in der ganzen Welt mich als chilenischen Schriftsteller sahen, ich wurde zum Sprecher der Armen Lateinamerikas, weil ich so viele Jahre im reichen Norden gelebt hatte. Noch paradoxer aber ist wohl, daß das Buch, das mich so erfolgreich an das Land binden sollte, einer der Hauptgründe für mein Exil sein würde. Mein Angriff auf Disney machte mich in den Augen Tausender empörter chilenischer Fans zu einem Objekt des Hasses. Mehrmals versuchten würdevolle Großmütter, mich schäumend vor Zorn mit dem Auto zu überfahren, und eines Abends wurde unser Bungalow in Santiago von wütenden Kindern mit Steinen beworfen, während ihre Eltern Transparente hochhielten und aus vollem Hals brüllten: »*Viva el Pato Donald!*« Was diesen Verteidigern der Ehre Donald Ducks während der Präsidentschaft Allendes nicht gelang, wurde nicht nur möglich, sondern wahr, als sich mit dem Putsch das Blatt wendete und Tausende von Exemplaren der letzten Ausgabe unseres Buches über Disney in den Hafen von Valparaíso geworfen wurden. Unser Duck aber bekam unter Wasser keine Luft mehr, und so würde es auch mir ergehen, wenn sie mich erwischen und beschließen sollten, meinen Kopf in Scheiße zu stecken. Vor meinem geistigen Auge sah ich schon, wie ein Offizier mich bei den Haaren packte, meinen Kopf hochzog und sarkastisch bemerkte, er habe einen kleinen Jungen, der Goofy liebte, und ob ich so freundlich wäre, ihm einmal, von Mann zu Mann sozusagen, zu erklären, was ich an dieser Disney-Figur so anstößig fände.

Während ich für *How to read Donald Duck* recherchierte

und an dem Buch arbeitete, ahnte ich noch nichts dergleichen. Ich schrieb einfach vor mich hin, und es gefiel mir, daß ich die Theorie von der Erlangung der lateinamerikanischen Identität durch *cannibalização*, die ich in den sechziger Jahren übernommen hatte, in die literarische Praxis umsetzen konnte: In New York hatte Disney versucht, das Kind, das ich damals war, zu verschlingen, und nun, als Erwachsener in Chile, verschlang ich ihn und schickte ihm seine Ente gut durchgebraten zurück – und seine Mäuse, fein säuberlich zerhackt, gleich dazu.

Man hätte mich damals Anfang der revolutionären siebziger Jahre hören sollen, die Arroganz in meiner Stimme. Die Verblendung in meiner Stimme.

Wir waren im Begriff, Disney zu verschlingen?

In meiner Welt der Metaphern, in den zahllosen Exemplaren unserer Donald-Duck-Kritik, die in Chile und anderswo zirkulierten, vielleicht. Aber in der wirklichen Welt hat die Firma, deren Kind er ist, den Globus geschluckt, ist schließlich einer der mächtigsten Konzerne der Unterhaltungsindustrie auf diesem Planeten geworden, und ich stehe, fern von meinem Land, mit meinen Erinnerungen allein da, denke an meine Toten und kämpfe mit dem Problem, jenem jungen Mann die Treue zu halten, der unter dem Balkon stand, als die Revolution begann, versuche, an der Vision festzuhalten, die er hatte, als er über die Plaza schaute und Zeuge der Geburt eines neuen Landes wurde.

Dieses Problem verfolgt mich seit meinem letzten Tag in Chile, seit dem Tag Anfang Dezember, als ein Beamter der argentinischen Botschaft mir mitteilte, die Junta habe mir freies Geleit zugesagt, nachdem sie mir über Wochen das Recht verweigert hatte, Chile zu verlassen – morgen würde ich des Landes verwiesen, man erlaubte mir, nach Argentinien auszureisen.

Am nächsten Morgen saß ich mit anderen Flüchtlingen in einem Gefangenenwagen, der über die Alameda Richtung Flughafen raste. Und draußen, fast zum Greifen nahe, das geschäftige Treiben Santiagos, Menschen auf dem Weg zu ihrer Arbeit, Menschen, die wie Trauben an den *micros* hingen und nicht wahrnahmen, daß ganz in ihrer Nähe Landsleute von ihnen im Begriff waren, sie für wer weiß wie viele Jahre zu verlassen. Schon in wenigen Stunden würden wir nicht mehr die Luft dieses Landes atmen, die Kordilleren nicht mehr sehen. »Halte das in deinem Gedächtnis fest«, sagte ich mir, wie ich heute sehe, mit übermäßiger Melodramatik und übertriebener Sentimentalität. »*Llénate de Chile.* Füll dich an mit Chile.«

Und dann, einem Impuls folgend, wandte ich mich zu dem argentinischen Diplomaten, der zu unserem Schutz mitgekommen war. »Meinen Sie, Sie könnten sie vielleicht bitten, an der Moneda vorbeizufahren? Es ist bloß ein kurzer Umweg.«

Solch eine Bitte richtet man vielleicht an einen Taxifahrer, aber nicht an die Polizeieskorte, die einen gerade aus dem Land befördert. Trotzdem beschloß der Diplomat, mir diesen Gefallen zu erweisen, als handle es sich um die letzte Bitte eines Sterbenden. Er befahl dem Fahrer, an der Moneda vorbeizufahren.

Ich kehrte zu dem Balkon zurück, als hätte er mich gerufen. Drei Jahre zuvor war er der Inbegriff der Hoffnung gewesen, und vor zwei Monaten, als ich wenige Tage nach dem Putsch an der Moneda vorbeikam, als ich beschloß, den schlafenden Soldaten nicht zu töten, hatte mich bei seinem Anblick ein Zorn überflutet, den ich kaum zügeln konnte.

Als ich jetzt – ausgewiesen, schwebend zwischen einem Land, das sich bereits von mir zurückzog, und einer fremden Welt, die noch nicht Wirklichkeit geworden war –

als ich jetzt von meinem Platz hinter dem Gitterfenster des Gefangenenwagens einen flüchtigen Blick auf diesen Balkon erhaschte, wußte ich, daß dies eine Herausforderung war.

Während wir über die Plaza fuhren und um die Ecke bogen, bohrte sich die Leere des Balkons in meine Seele, und dann war er nicht mehr zu sehen, lag hinter uns, außer Sichtweite, aber ich spürte, wie er in mir anwuchs, wie seine leere Schwärze drohte, mich zu verschlingen, uns alle für immer aus dem Gedächtnis Chiles zu tilgen – so wie sie Allende ausgelöscht und nichts von jenem Tag übriggelassen hatte, an dem er herausfordernd dagestanden und die Zukunft eröffnet hatte. Ich kämpfte gegen das schwarze Loch, das mich in die Verzweiflung zog, sagte mir, ich würde den anderen Balkon lebendig halten, und wenn es uns in den vor uns liegenden Jahren gelänge, ihn in uns lebendig und warm zu halten, könnten wir auch Chile wieder zu seiner Größe verhelfen und in das Land zurückkehren, das wir zu neuem Leben erwecken würden.

Doch der Vergangenheit treu zu bleiben, erwies sich als fast nicht zu bewältigende Aufgabe, eine Aufgabe, die mich jetzt, über zwanzig Jahre später, immer noch beschäftigt, mit der ich immer noch kämpfe, hier, auf der anderen Seite der Hemisphäre, während ich die beiden Photos von jenem Balkon betrachte, die nebeneinander in meinem Arbeitszimmer in North Carolina hängen, während sie mich betrachten – die leuchtende Vergangenheit und die bedrohliche Gegenwart.

Noch immer stellen sie mir – wie zum erstenmal in jenem Augenblick, als ich schwor, nicht zuzulassen, daß die eine die andere verschlang –, noch immer stellen sie mir die quälendste Frage meines Lebens: Wenn diese Vergangenheit so leuchtend, so verheißungsvoll, so freiheitlich war, wie konnte aus ihr dann dieses schwarze Loch der Gegenwart werden? Wie verwandelte sich der eine Balkon in den anderen? Jenes zweite Photo, jener zweite Balkon, oder besser: seine Abwesenheit, fragt nach unserem Scheitern, fragt nach den Mängeln unserer Vision, verlangt zu wissen, wie wir uns an jenem Tag, an dem wir die Revolution begannen, so irren konnten, wie wir so blind sein konnten nicht nur gegenüber der bevorstehenden Katastrophe, sondern auch gegenüber unseren eigenen Fehlern, mit denen wir dieser Katastrophe den Weg geebnet hatten.

Die Frage würde sich nicht von selbst erledigen, sie verlangte sowohl eine kollektive Antwort aller Chilenen, die Allende unterstützt hatten, als auch eine individuelle Antwort jedes einzelnen. Das schwarze Loch, das uns verschlang, würde nicht verschwinden, indem wir hartnäckig und voller Nostalgie die Vergangenheit wiederholten und bestätigten. Denn diese Vergangenheit war für die Zukunft, in der wir lebten, verantwortlich, und solange wir diese Verantwortung, unsere Mitschuld an der Katastrophe, nicht erkannten, würde sich nichts ändern. Wir konnten der CIA die Schuld geben, den Vereinigten Staaten, der Oligarchie, dem Militär, wem immer wir wollten – aber sie hätten sich nie durchgesetzt, wenn es uns gelungen wäre, die Mehrheit der Chilenen für unsere Reformen zu gewinnen. Doch das war nicht geschehen, und wenn wir jetzt nicht die breite Koalition bildeten, die zu bilden wir während der Allende-Zeit versäumt hatten, würden wir Pinochet nie loswerden: Er würde an der Macht bleiben, solange die Vergangenheit uns weiterhin spaltete.

Wie diese ausgesprochen komplexe politische Aufgabe bewältigt wurde, wie wir eine breite Front aufbauten, den General schließlich von seiner Machtposition vertrieben und die Demokratie wiedereinführten, die zu schützen wir nicht weise und reif genug gewesen waren, kann nicht das Thema dieses Buches sein. Aber die Schwierigkeiten müssen zumindest angesprochen werden, da sonst das eigentliche Dilemma jenes jungen Mannes, der in einem Gefangenenwagen Richtung Exil rast, unverständlich bleibt.

Der Notwendigkeit, die Vergangenheit genauestens auf Fehler hin zu überprüfen, konnte ich mich nicht entziehen, und ich möchte diese Fehler so konkret wie möglich darstellen.

Dieselben Menschen, die damals unsere Verbündeten hätten sein müssen und in den folgenden Jahren als Verbündete unentbehrlich waren, die Menschen, die wir erst für den gemeinsamen Kampf gegen Pinochet gewinnen mußten, hatten die Vergangenheit, die ich als glorreich und begeisternd in Erinnerung hatte, als qualvoll und traumatisch empfunden.

Dieser Widerspruch läßt sich am besten anhand einer Person illustrieren, der zu Unrecht von der Unidad Popular Leid zugefügt wurde und an die ich im Exil oft reuevoll zurückdachte: Don Patricio, ein Freund und Nachbar von uns in Santiago und der Vater von Rodrigos bestem Spielkameraden. Der ruhige, zurückhaltende, stille Mann, ein fortschrittlicher Christdemokrat, der als Buchhalter im staatlichen Zentrum für die Verteilung von Mehl arbeitete, war, wie er mir des öfteren beim Nachmittagstee sagte, mehr als bereit gewesen, seinen Anteil zu dem von Allende eingeleiteten Wandel in Chile beizutragen, obwohl er sich als der Opposition zugehörig betrachtete. Aber man hatte Don Patricio nicht zum Zuge kommen lassen, hatte ihn gedemütigt, ihn monatelang ohne Arbeit an seinem Schreibtisch sitzen lassen, ihn diskriminiert, nur weil er kein *Allendista* war. Ich erinnere mich noch an den Tag, als er mir gegen die Tränen ankämpfend erzählte, er habe gekündigt, soviel Haß könne er nicht ertragen. Ich wußte nicht, was ich sagen sollte. Ich hatte Mitleid mit ihm, erklärte, es handle sich wahrscheinlich um vorübergehende

Mißverständnisse, und gab zu bedenken, daß solche kleinen Opfer vielleicht notwendig seien, damit das Land befreit wurde. Als ich später wieder zu Hause war, nur einen Steinwurf entfernt von dem Ort, wo er ins Leere starrte, in unmittelbarer Nachbarschaft zu seiner Wohnung, kamen mir sein Zorn und seine Enttäuschung wieder in den Sinn, und ich versuchte mein Gewissen damit zu beruhigen, daß ich mir sagte, ich selbst hätte nichts getan, was ihm direkt Schaden zugefügt hatte. Aber ich hatte weder die Art und Weise angeprangert, wie man mit ihm umging, noch erkannt, daß ich (immerhin einer der tolerantesten und mitfühlendsten unter den militanten Linken!) viele meiner eigenen Kollegen genauso behandelte, die das Recht hatten, anderer Meinung zu sein als ich: Ich griff sie öffentlich an und beschimpfte sie im privaten Kreis als Verräter. Ich verpaßte die Gelegenheit zu begreifen, daß wir nicht demokratisch genug waren, daß wir die Revolution über das vernünftige Maß hinaus vorantrieben, daß wir Menschen wie Don Patricio unter den Teppich der Geschichte kehrten, als ob sie gar nicht zählten, als ob ihr Dissidententum Verachtung statt Wertschätzung verdiente, als ob es ein Verbrechen wäre, eine Einigung zu suchen. Obwohl die Tatsache, daß die andere Seite, die Seite Chino Urquidis, noch gewaltsamer, sektiererischer und machthungriger war, eine Änderung unseres Verhaltens nur noch mehr erschwerte.

Ich habe geschildert, wie überwältigend das Erlebnis der Befreiung für mich war und nichts erregender sein konnte als zuzusehen, wie die Armen der Erde ihr Schicksal selbst in die Hand nahmen.

Es war schwer – und sollte Jahre dauern – zu begreifen, daß das, was wir als so aufregend empfanden, all denen, die sich von unserer Vorstellung vom Paradies ausgeschlossen fühlten, bedrohlich erschien. Wir verdammten sie zur Bedeutungslosigkeit, wir imaginierten sie aus der Zukunft weg, wir boten ihnen keine andere Alternative, als sich uns anzuschließen oder für immer zu verschwinden. Und diese Aussicht nährte, wie ich glaube, die Urängste dieser Männer und Frauen, die gegen uns waren. Angefüllt mit den wunderbaren neuen Stimmen und Menschen, die in die Zukunft drängten und sie befruchteten, widmete ich in der ganzen Zeit den Gefühlen jener anderen kaum einen Gedanken. Wir bezeichneten sie als *momios*, Mumien, hielten sie für so konservativ, prähistorisch, der Vergangenheit angehörig, passé, daß sie in unseren Augen bereits tot waren. Am Ende gehörten auch Millionen Chilenen dazu, die wie Don Patricio auf unserer Seite standen, die uns auf jener Reise in das neue Land hätten begleiten sollen und statt dessen um ihre Sicherheit und ihre Zukunft fürchten mußten. Wir machten die Don Patricios zu Chino Urquidis.

Erst in den Jahren des Exils und der Niederlage mußte ich erfahren, was es heißt, von einem Augenblick auf den anderen völlig nebensächlich zu werden, was es heißt, wenn alles, was man getan oder woran man geglaubt hat, null und nichtig wird, wenn der eigene Körper von den Machthabern nur deshalb verschont wird, weil sie ihm bereits die Seele herausgepreßt haben. Und da verstand ich allmählich, was unsere Gegner durchgemacht haben müssen, als sie ihre Welt zusammenbrechen sahen. Doch damals war ich fanatisch und gleichgültig, was ihre Nöte betraf. Es war mir eigentlich egal, ob sie Angst hatten. Ja, um ehrlich zu sein, wir freuten uns sogar über ihre Angst, genossen die Erregung, die die Macht über sie und das Schicksal bei uns auslöste. Wir kosteten es aus, daß sie einmal diejenigen waren, die den Mist der Geschichte ausbaden mußten, anstatt ihn auszuteilen. Wir merkten nicht, daß diese Angst immer mehr wuchs, bis wir in ihren Köpfen zu Ungeheuern aufgeblasen waren, Ungeheuern, die vernichtet werden mußten.

Es ist das Eingeständnis dieser und vieler anderer Fehler,

das der Balkon der Moneda von uns verlangt, von mir verlangt. Im Laufe der Jahre werde ich widerstrebend, aber gewissenhaft den jungen Mann jener drei Jahre in die Enge treiben, werde ihn langsam zu dem Mann machen, der diese Worte schreibt, werde ihm sagen, was ich aus dieser Niederlage gelernt habe, daß ich einer von denen war, die ungewollt zur Entstehung des schwarzen Lochs beitrugen. Er hätte, werde ich zu ihm sagen, nicht darauf vertrauen sollen, daß der Staat alle Probleme Chiles oder die Revolution all seine eigenen Probleme löst. Ich werde ihm sagen, daß es unfair war, einem ganzen Volk die Bürde seiner Rettung aufzuladen. Ich werde ihm sagen, daß der Wunsch nach Reinheit zu Fanatismus, ethnischen Konflikten und Fundamentalismus führen kann. Ich werde ihm sagen, daß die Armen keinen Vormund brauchen, auch wenn er noch so wohlmeinend ist. Ich werde ihm sagen, daß, wenn man alles auf Politik und Ideologie reduziert, man am Ende zu sehr vereinfacht, dem Leben jedes Geheimnis nimmt und zu schnell Dinge wegerklärt, die zunächst keine Erklärung haben – daß man am Ende keinen Raum mehr läßt für die eigene Unvollkommenheit. Ich werde ihm sagen, er hätte nicht aus mangelnder Sensibilität und politischem Eigennutz den Blick abwenden dürfen von den Menschenrechtsverletzungen in sozialistischen Ländern. Ich werde ihm sagen, daß die Frauen in der Revolution hintangestellt wurden und wir nicht einmal merkten, daß unsere Haltung gegenüber der Natur diese Natur ausbeutete und vergiftete.

Dies und noch vieles mehr werde ich ihm in der Zukunft, aus der Rückschau, sagen – alles, was er, wie ich glaube, falsch gemacht hat.

Eines aber werde ich ihm nicht sagen, diesem jungen Mann, der ich einst war. Ich werde ihm nicht sagen – und habe meinem Alter ego bisher auch nie gesagt –, daß es ein Fehler war zu rebellieren.

354

Junger Mann, du hattest allen Grund zu rebellieren.

Diese Gewißheit erlange ich in jenem Gefangenenwagen auf dem Weg zum Flughafen.

Neben mir, des Landes verwiesen wie ich, sitzt ein Arbeiter, an dessen Namen ich mich nicht mehr erinnere und den ich Juan nennen will.

Er gehörte zu jener guten Handvoll Arbeiter, die in der argentinischen Botschaft Zuflucht gesucht hatten, um ihr Leben zu retten. Wir hatten uns mehrmals unterhalten. Wie er mir sagte, hatte er in einer Fabrik gearbeitet, in der Konserven (ich glaube jedenfalls, es waren Konserven) hergestellt wurden, und als die Revolution der Unidad Popular kam, standen er und seine Kollegen plötzlich vor einer großen Krise. In Allendes erstem Amtsjahr hatte die Politik des Präsidenten zu einem wirtschaftlichen Boom geführt: Die angehobenen Löhne und sonstigen Leistungen ließen den Konsum sprunghaft in die Höhe schnellen, was wiederum zu einer Zunahme der Produktion führte. Also mehr Umsatz und ein besseres Leben für Juan und seine Mitarbeiter, nicht wahr? Keineswegs. Der Besitzer der Fabrik, ein Gegner der Revolution, obwohl sie sein Eigentum nicht bedrohte, hatte beschlossen, die Produktion zu sabotieren: Er kaufte keine Ersatzteile für die Maschinen mehr, er hielt bereits abgeschlossene Lieferverträge nicht ein, er weigerte sich, neue Arbeiter einzustellen, und drohte, alle zu feuern, die sich deswegen beschwerten. Er hätte eimerweise Geld scheffeln können, statt dessen leitete er insgeheim den Bankrott ein, zog Kapital aus der Firma und bereitete sich darauf vor, das Land zu verlassen. Die Arbeiter hatten diesem Klassenkampf monatelang geduldig zugesehen, doch als der Besitzer schließlich verkündete, er werde den Laden dicht machen, nahmen sie die Produktion selbst in die Hand. Es war die einzige Möglichkeit, ihre Arbeitsplätze zu retten und weiterhin die Lebensmittel zu produzieren, die

Chile dringend brauchte. Allendes Regierung griff in die Auseinandersetzungen ein, handelte mit dem Besitzer eine Entschädigung aus und übergab den Arbeitern die Kontrolle über den Betrieb. Juan wurde zum Vorsitzenden des Rates gewählt, der für ein paar Jahre die Fabrik leitete, und trotz unvermeidlicher Fehler wurde es ein wirtschaftlich erfolgreiches Unternehmen.

Doch es war ein anderer Erfolg, der Juan bewegte, als er mit mir über diese Zeit sprach: Die chilenische Revolution hatte ihm die Gelegenheit gegeben, seine Würde als vollwertiger Mensch unter Beweis zu stellen, sie hatte es gewagt, mit seiner Hilfe und der von Millionen anderen die vagen Konturen einer Welt zu zeichnen, in der die Dinge nicht so sein mußten, wie sie immer gewesen waren.

Dies war der Grund, warum die Herrscher der Welt mit solcher Heftigkeit reagiert hatten.

Juan hatte das begriffen und erklärte es mir an jenem Tag, als wir auf dem Weg ins Exil durch Santiago fuhren, mit erschreckend einfachen Worten.

»Wir müssen dafür bezahlen«, sagte er zu mir und deutete dabei über Straßen voller niedergedrückter Menschen und schußbereiter Militärpatrouillen in Richtung der Fabrik, die gerade in diesem Moment ihrem Besitzer zurückgegeben wurde. Er war zurückgekehrt, um wieder die Herrschaft zu übernehmen. »Wir werden bestraft. Wir bezahlen für unsere Freude«, sagte Juan.

Er wußte, daß General Pinochets Militärputsch dazu diente, die ehemaligen Besitzer wieder an die Hebel der wirtschaftlichen und politischen Macht zu setzen. Aber genauso klar war ihm, daß die Konterrevolution eine Warnung war an diejenigen, die aus den Tiefen der Anonymität hervorgetreten waren und sich in der Mitte der Geschichte, die ihnen doch gar nicht gehörte, ihren Platz gesucht hatten.

356

Sein Körper und die Körper all unserer *compañeros* wurden letztlich für einen Akt der Imagination bestraft. Pinochet wollte ihm und Millionen anderen weismachen, daß sie im Irrtum waren – nicht so sehr mit ihren Taktiken als vielmehr mit ihrer humanen Strategie, mit der Rebellion selbst, mit der Tatsache, daß sie gewagt hatten, von einem anderem Leben zu träumen als dem, das schon vor ihrer Geburt für sie bestimmt worden war.

Pinochet bereitete die Welt vor, die wir heute, über zwanzig Jahre später, vor uns haben, eine Welt, in der das Wort *Revolution* in Werbeanzeigen für Joggingschuhe verbannt wurde, in der Raffgier als positiv gilt, Gewinn das einzige Kriterium für Werturteile ist und Zynismus die vorherrschende Haltung, eine Welt, in der man die Amnesie als Lösung für die Schmerzen der Vergangenheit anpreist und rechtfertigt.

War nicht dies die eigentliche Botschaft, die das schwarze Loch des Balkons mir schickte? War nicht das unsere eigentliche Blindheit – nicht unsere Unfähigkeit, die Zeichen des Todes an der Wand zu sehen, nicht die Tatsache, daß wir die Augen vor unserer eigenen Begrenztheit und unseren Fehlern verschlossen, sondern eine viel ansteckendere Blindheit, die Blindheit gegenüber der Richtung, die der arme Planet einschlug? Lautete die Botschaft vielleicht, daß Allendes Revolution nicht die Woge der Zukunft war, sondern vielmehr der letzte Atemzug einer Vergangenheit, die im Sterben lag? Haben die kommenden zwanzig Jahre nicht gezeigt, daß wir gegen den Strom der Weltgeschichte geschwommen sind, daß der Putsch General Pinochets unvermeidlich war, selbst wenn wir makellos und ohne Schuld gewesen wären, selbst wenn wir nicht einen einzigen unserer zahllosen Irrtümer begangen hätten, weil wir die Dinosaurier waren, wir waren diejenigen, die in der Vergangenheit verharrten, wir waren diejenigen, die sich der Globalisierung widersetzen wollten, wir waren diejenigen, die ihrem Leben eine andere Grundlage geben wollten als neoliberalen Wettbewerb und Individualismus, wir waren diejenigen, die nicht sahen, was die Menschheit wirklich war und was sie wirklich wollte.

War nicht das die Lehre, die Juan erteilt worden war?

Niemals davon zu träumen, ein anderer zu sein?

Und doch, ganz egal, wie viele Fehler er begangen hatte, wir begangen hatten, ich begangen hatte, wir hatten diesen Balkon an der Moneda nicht verdient, hatten das schwarze Loch nicht verdient, das uns alle zu verschlingen drohte.

Ich war damals, in jenem Gefangenenwagen, nicht willens, Juan zu sagen, daß seine Freude unwirklich war, und bin es auch heute, so viele Jahre später, nicht.

Das war die Grenze meiner Veränderungsbereitschaft.

Damit man mich nicht falsch versteht: Natürlich habe ich mich enorm gewandelt seit dem Tag, als ich unter Allendes Balkon stand und mich als das Sprachrohr aller unterdrückten Stimmen des Universums betrachtete. Und es gibt sogar Veränderungen, über die ich froh bin, Veränderungen, die aus der Geschichte zu lernen notwendig für mich war.

Aber ich bereue nicht, jener Mensch gewesen zu sein.

Mache ich mir schon wieder etwas vor? Verteidige ich jene Vergangenheit, weil ich Angst habe, mich davon zu lösen, weil ich um die Kontinuität meiner Identität fürchten muß, wenn ich jene Zeit in meinem Leben, als ich eine Zuflucht vor dem Tod fand, loslasse? Ist dies das letzte Gefecht meiner Phantasie, will sie jenem Tod zum letztenmal ein Schnippchen schlagen, der mich schon so früh in meiner Kindheit heimsuchte und mich seither nicht mehr verlassen hat?

Vielleicht.

Wenn es so ist, wenn dies ein weiterer Versuch sein

sollte, mir die Zukunft so vorzustellen, wie sie nicht ist und niemals sein wird, sei's drum. Dies ist das Fundament dessen, der ich bin: das Fundament eines Mannes, der in dieser Welt nicht leben kann, wenn er nicht glaubt, daß es Hoffnung gibt.

Zu dieser Überzeugung bin ich nach einer langen Reise durch viele Länder und viele Sprachen gelangt.

Sie ist, seit dem Putsch, vom Tod auf die Probe gestellt worden.

In den kommenden Jahren aber sollte sie noch durch etwas viel Gefährlicheres auf die Probe gestellt werden, durch eine Wirklichkeit, der ich wie dem Tod nie zuvor begegnet war, auch wenn ich seitenlange literarische Betrachtungen darüber geschrieben hatte: Ich sollte der unleugbaren Wirklichkeit des Bösen Auge in Auge gegenüberstehen.

Eine weitere Geschichte.

Auf den Reisen, die mir bevorstanden, die noch auf mich warteten, lernte ich eine Frau kennen, die in Chile gefoltert worden war.

Was sie in den schlimmsten Augenblicken gerettet hatte, war, so erzählte sie mir, die endlose Wiederholung irgendwelcher Verse von Neruda oder Machado – merkwürdig, sie konnte sich weder an den Autor noch an die Verse selbst erinnern –, Verse, in denen es, wie sie meinte, um Wasser ging, um Bäume, irgendwie um den Wind. Wichtig ist jedoch, daß sie sich mit aller Kraft darauf konzentrierte und sich auf diese Weise immer wieder klarmachen konnte, wie sehr sie sich von den Männern unterschied, die sie quälten. Sie entdeckte, daß in ihrem Inneren, unerreichbar für jene Hände und das, was sie ihr antaten, ein ihr allein gehörender Raum existierte, der unversehrt blieb. Ein winzig kleiner Bereich in der Welt, den sie vor ihnen bewahren konnte. Irgendein toter Dichter hatte ihr diesen Schild gegeben, diesen wachenden Engel der Sprache. Und während sie sich immer wieder stumm die Worte vorsagte, wartete sie darauf, für immer ausgelöscht zu werden.

Wer will bezweifeln, daß genau in diesem Augenblick in dieser schrecklichen Welt, in der General Pinochet lebt und Allende tot ist, versucht wird, viele andere wie sie, anonyme, unbekannte Menschen, auszulöschen, sie in das schwarze Loch der Geschichte zu stoßen? Vielleicht werden sie es im Gegensatz zu ihr nicht überleben, um davon zu berichten. Aber vielleicht senden auch sie uns Botschaften. Man kann es nicht wissen.

Aber wir müssen so tun, als hörten wir sie, wir müssen darauf antworten.

Wir wissen, daß die Frau, auch wenn niemand anwesend war, hoffte, gehört zu werden. Nicht nur von sich selbst. Und was sie sagte, war einfach. Selbst wenn niemand ihr zuhörte, selbst wenn es ihr Schicksal war, vom Antlitz dieser Erde zu verschwinden, war sie nicht bereit, sich wie ein Objekt behandeln zu lassen. Sie war nicht bereit zuzulassen, daß andere ihr Leben und ihren Tod erzählten.

Solange es auch nur einen Menschen wie sie auf dieser Welt gibt, werde ich ihr Recht zu kämpfen und unsere Pflicht, uns zu erinnern, verteidigen.

Was soll ich sonst noch sagen?

Ein letztes Kapitel über Leben, Sprache und Tod

Noch bevor ich Chile verließ, erlebte mein Englisch ein Comeback.

Ich befand mich noch in der argentinischen Botschaft, als sich die Sprache, die nie mehr zu gebrauchen ich geschworen hatte, wieder in mein Leben schlich, als mich das Amerika, das ich aus meinem Denken getilgt zu haben glaubte, mit der Zukunft konfrontierte und mir eine Vorstellung davon gab, was es bedeutet, in einer Welt, über die man keine Kontrolle mehr hat, auf Gedeih und Verderb anderen, Mächtigeren ausgeliefert zu sein.

Es ist Mittag.

Ich sonne mich im Garten der Botschaft, die Augen geschlossen, die Decke, die ich von dem Toten geerbt habe, unter meinem Kopf zu einem Kissen zusammengerollt. Da höre ich plötzlich, wie die Stimme einer *gringa* die Frühlingsluft Santiagos durchschneidet. Du träumst, sage ich mir, in dieser Botschaft gibt es keine *norteamericanos*, nur die Vertreter aller gescheiterten Revolutionen in Lateinamerika, zu denen unsere jetzt noch hinzukommt. Der Kontinent schließt seine Pforten, ein Jahr zuvor Uruguay, vor zwei Monaten Bolivien, in Argentinien kehrt Perón mit einem rechten Programm an die Macht zurück, und bald wird es keinen Ort mehr in Lateinamerika geben, wo man hingehen kann, bald werden wir Chilenen in einem fremden Land umherwandern, ein Leben aus zweiter Hand führen – Revolutionäre ohne Volk. Dann werden wir genau die Exilanten sein, über die ich jetzt nachsinne. All das geht mir durch den Kopf, während ich die Ohren spitze, um die weibliche Stimme mit dem grauenhaften amerikanischen Akzent und dem grammatikalisch falschen Spanisch zu hören – so ungefähr muß auch ich geklungen haben, als ich vor neunzehn Jahren nach Chile kam. Die Stimme, wem immer sie gehören mag, erteilt jemandem Anweisungen – einem Gärtner, einem Lieferanten, einem Monteur, sie sagt ihm, wie sie alles haben möchte, sobald diese Leute weg sind.

Ich öffne die Augen, schütze sie vor der Sonne, richte mich halb auf und stütze mich auf den Ellbogen.

Im nächsten Augenblick steht eine Dame mittleren Alters fast direkt über mir und läßt den Blick über den vor Flüchtlingen wimmelnden Garten schweifen, als hätte sie die Eindringlinge bereits aus ihrem Kopf verbannt. Sie hört auch nicht das Gekreische dreier salvadorianischer Gören, die Fangen spielen und die wir *los termitas*, die Termiten, getauft haben, weil sie alles, was sie anrühren, kaputt machen. Sie haben an den Füßen des großen Pianos im Tanzsaal der Botschaft genagt, sie haben sämtliche Wände zerkratzt, sie haben die Waschräume unter Wasser gesetzt. Wir sind uns sicher, daß sie, sollten sie jemals in ihre Heimat zurückkehren, die rechte Dikatur, unter der El Salvador leidet, eigenhändig beseitigen werden. Ihre schrillen Schreie kommen näher, und ich stehe etwas beunruhigt auf, presse die Decke an mich und hoffe, daß sie nicht versuchen, sie mir zu klauen, sehe dann aber erleichtert, daß sie in die andere Richtung davonlaufen. Sie haben die vornehme, gutgekleidete Dame in der Mitte des Gartens stehen sehen, und irgendein Instinkt hat ihnen eingegeben, diesem energischen Wesen, das immer noch Anweisungen erteilt, besser aus dem Weg zu gehen. Mir wird klar, wer sie ist. Vor ein paar Tagen ist ein neuer Botschafter eingetroffen, und es ging das Gerücht, daß seine Frau bald auf der Bildfläche erscheinen würde. Nun ist sie da, obwohl niemand von diesen Alleswissern auch nur angedeutet hat, daß sie Amerikanerin ist oder daß sie als erstes die Anlage inspizieren und Pläne zur Umgestaltung der Landschaft schmieden würde, die Hunderte von Menschen vorübergehend zu ihre Heimstätte gemacht und zerstört haben.

Und dann, aus einem abgelegenen Winkel des Gartens, nicht weit von der Mauer, wo mein Schlafsack wie ein Wunder vom Himmel gefallen ist, beginnt eine *quena*, unvermittelt eine melancholische Melodie zu spielen. Die indianische Flöte ist verstimmt, oder es fehlt demjenigen, der spielt, an Übung. Jedenfalls klingt es traurig. Der bittere Mißklang scheint die Botschaftersgattin nicht zu stören. Mißbilligend schaut sie in Richtung der Flöte, rümpft die Nase, dreht sich wieder um und murmelt auf englisch vor sich hin: »Wenn die Musik der Liebe Nahrung ist ...«

»Spielt weiter«, lege ich plötzlich, ebenfalls auf englisch, los. »Mehr und mehr! Daß übersättigt mein Appetit erkranke und dran sterbe.« Die Dame blickt sich überrascht um, will wissen, wer ihr Zitat aus *Was ihr wollt* fortgesetzt hat. Ich nutze die Gunst der Stunde: »Obwohl in diesem Fall«, füge ich hinzu, »Shakespeare vielleicht recht hatte und der Appetit tatsächlich erkrankt und dran stirbt.«

Sie richtet den Blick auf mich, und ich sehe mich selbst, wie sie mich sehen muß: schlecht rasiert, eine stinkende Decke festklammernd, die Haare ungekämmt, mager und hungrig und traurig. Sie ist offensichtlich erstaunt. Verblüfft, als wäre König Lear höchstpersönlich hinter dem Gebüsch hervorgesprungen.

Ich stehe auf und strecke ihr die Hand entgegen.

Sie ergreift sie – sie hat keine andere Wahl – und sieht sie an wie den Stumpf eines Bettlers.

»Ariel Dorfman«, sage ich, während sie mir die Hand schüttelt.

»Aber Sie sind doch … Sie sind Amerikaner. Was machen Sie denn hier?«

Hier. Als wollte sie sagen: unter diesen Barbaren. An diesem Ort, den die kommunistischen Barbaren, die menschlichen Termiten, dieser Abschaum Lateinamerikas, entweiht haben.

»Ich *bin* Amerikaner. Lateinamerikaner. *Soy chileno.*«

Wir plaudern eine Weile, und dort, unter der warmen Sonne Santiagos, spüre ich, wie der Winter ihres Mißfallens dahinschmilzt, erstrahlt durch die Sonne meiner Konversation. Meine Bildung, mein englisches Geschwätz, lassen sie meine heruntergekommene Erscheinung offenbar vergessen. Wir plappern, als wären wir bei einer Cocktail-Party in ihrem Garten, einer dieser Partys, die sie veranstalten wird, sobald das Pack weg ist. Ich hatte das Gespräch mit einer launigen Bemerkung begonnen, fast sarkastisch, wie um ihr Schubladendenken durcheinanderzubringen und ihr zu zeigen, daß all diese Revolutionäre nicht das waren, was sie anscheinend dachte. Doch nun, im weiteren Verlauf unserer Unterhaltung, stelle ich fest, daß sie mir gefällt. Ich muß feststellen, daß sie angenehm und intelligent ist, daß sie sogar ein echtes Interesse daran hat, ihren ungebetenen Gästen das Leben zu erleichtern. Sie ist froh, jemanden fragen zu können. Geht es den Kindern gut? (Die Antwort lautet: Ja, sie sind die einzigen hier, die noch bei klarem Verstand sind). Ist das Essen in Ordnung? (Die Antwort sollte sein: Nein, der Mann, der dafür verantwortlich ist, steckt einen beträchtlichen Teil dessen, was er verteilen sollte, in die eigene Tasche, aber das erwähne ich nicht. Lieber gehe ich auf Nummer Sicher und sage: »Könnte besser sein.«) Ob ich irgend etwas brauche?

Das ist die Frage, auf die ich gewartet habe. Ich komme

um vor Sehnsucht nach einer Dusche, ich würde alles geben für ein gutes Essen, ich werde verrückt, wenn ich noch einen Tag hier drinnen verbringen muß, ohne auch nur einen Schritt auf den Straßen meiner Stadt gehen zu können. Doch all das wird nebensächlich angesichts dessen, wonach ich mich verzweifelt sehne, wofür jeder, wirklich jeder hier, einen Mord begehen würde: ein Telefon.

Aber ich muß vorsichtig sein. Es ist mir und allen anderen Flüchtlingen verboten, von der Botschaft aus mit jemandem Kontakt aufzunehmen. Wenn wir dabei erwischt werden, könnte das die Beziehungen zu dem Personal, das sich um uns kümmert, schwer belasten. Ein Botschaftsangestellter hat uns darauf hingewiesen, daß auch nur ein einziger Versuch zur Folge haben könnte, daß man uns vom Gelände der Botschaft verweist, eine Drohung, die wir nicht allzu ernst nehmen, obwohl man ja nie weiß …

Ich warte noch, bis ich auf meinen Wunsch zu sprechen komme. Ich denke, daß wir uns noch öfter unterhalten werden. Noch bevor ich Chile verlasse, bekomme ich einen Crash-Kurs in Sachen Exil: Wenn du ein Bettler bist, beurteilst du jeden, der sich nähert, nach dem Klingeln der Münzen in seiner Tasche, nach dem Schimmer der Wohltätigkeit in seinen Augen, nach dem, was er geben kann, was er anzubieten hat, was du bekommen kannst – die Welt verwandelt sich in eine Einkaufsliste dringend benötigter Dinge.

Meine Geduld zahlt sich aus.

Ein paar Tage später führt mich die Frau des Botschafters zu dem verbotenen Aufzug, der mich in den verbotenen dritten Stock des Gebäudes bringt, sie deutet mit einer großzügigen Geste auf ein verbotenes Telefon und läßt mich dann diskret allein.

Ich kann die Telefonate führen, von denen ich seit meiner Ankunft in der Botschaft geträumt habe, seitdem ich hier eingeschlossen bin. Kann mit Angélica sprechen, mit meinen Eltern, meinen Freunden – sie hauchen mir wieder Leben ein und Hoffnung, sie geben mir vorsichtig Ratschläge und Informationen, sie geben mir ein Bild von dem Land, wie sie es in den nächsten siebzehn Jahren tun werden, Stück für Stück – wie ein Puzzle heimlich zugesteckter Botschaften, das in meinem Kopf wieder zusammengesetzt werden muß. Und in den folgenden Wochen werde ich den mit mir Ausgestoßenen den gleichen Dienst erweisen. Und bei alledem mischt sich meine Gastgeberin niemals ein, nie stellt sie Fragen, nie erweckt sie den Eindruck, daß sie etwas anderes von mir will als eine Gelegenheit, ihr Englisch zu gebrauchen, Reminiszenzen an unser Amerika auszutauschen. Mehr ist es nicht: eine Gelegenheit für zwei Ausgewanderte, Erinnerungen auszutauschen.

So geschah es.

So begann die englische Sprache erneut, mit mir zu flirten. Ich spürte, wie die tosende Flut des Exils an mir zerrte, spürte bereits die Macht dieser zurückgewiesenen Sprache, und wenn ihre Macht schon hier so übergroß war, welche Versuchungen hielt sie dann erst für mich bereit, wenn ich mich in jene Welt da draußen wagte?

Schon dort in der Botschaft, schon bevor das Exil eine Distanz zu meinem Land herstellt, schon bevor ich dieses Land verlassen habe, beginnt ein neues Stadium meiner Reise, schon dort lasse ich zu, daß die Geschichte mich vielleicht gegen meinen Willen zwingt, zweisprachig zu werden, in jener Botschaft prüfe ich zum erstenmal die Möglichkeit, in zwei Sprachen zu leben und jede von ihnen für eine andere Gemeinschaft zu gebrauchen. Dort begebe ich mich auf den Weg zu dem hybriden Sprachbastard, der viele Jahre später dieses Buch schreibt. Es geschieht nicht sofort: In den ersten Jahren meiner Wanderschaft werde ich mich an die spanische Sprache klammern, wie andere

Flüchtlinge sich an die Photos von Eltern klammern, die daheim sterben werden, ohne daß sie sie jemals wiedergesehen haben, aber meine andere Sprache, mein verachtetes englisches Ich, wird nie weit entfernt sein, wird immer mit derselben Hartnäckigkeit auf mich warten wie die spanische Sprache in der Zeit, als sie ausgesperrt war. Sie wird sich wieder in mein Leben schleichen, indem sie mir, wie hier in der Botschaft, einen Dienst anbietet, den ich nicht ablehnen kann: Dank der Beherrschung ihrer Syntax und ihres Vokabulars kann ich zur Befreiung des lateinamerikanischen Landes beitragen, das ich meine Heimat nenne, und möglichst schnell an jenen Ort zurückkehren, wo ich keine Verwendung mehr für sie haben werde.

Alles fängt dort an, in jenem Augenblick, als ich die Frau des Botschafters mit meinem Englisch dazu verführe, mich ans Telefon heranzulassen. Wie kann ich mich da weigern, dieses Englisch auch in Zukunft zu gebrauchen, wenn es weitaus dringlichere Dinge gibt, wenn ein Freund daheim in Chile vor einem Exekutionskommando steht, wenn der Widerstand dringend um Geld für eine Untergrundzeitung bittet, wenn ein Journalist informiert werden muß, wenn ein Komitee einen Bericht braucht, wenn ein Fernsehproduzent jemanden sucht, der mit den Vertretern Pinochets diskutiert, wenn *The New York Times* um eine Reportage bittet. Wer bin ich, die wichtigste Sprache der Welt zurückzuweisen, wo ich sie doch spreche wie meine Muttersprache? Und wer soll sie verjagen, wo sie doch schon wieder in mein Leben getreten ist, wo sie wieder einen Fuß in mein Dasein gesetzt hat?

Die Zeit ist auf ihrer Seite, die Geschichte ist auf ihrer Seite, und die Jahre werden vergehen, ich werde nicht so bald in meine chilenische Heimat zurückkehren, bis der Tag kommt, da die englische Sprache unerläßlich geworden ist und meine beiden Sprachen nach vierzig Jahren des

Streits um meine Zunge einen Waffenstillstand ausrufen und sich zur Koexistenz entschließen. Doch wie ich ein Bigamist der Sprache wurde, wie ich die Sprachen aufteilte oder sie mich unter sich aufteilten, wie ich sie miteinander vermählte, das alles liegt in der Zukunft, wenn ich nach Norden gehe und dabei gen Süden schaue, in den Süden, in dem ich nicht mehr leben darf und zu dem ich schließlich doch auf vielerlei Weise und in vielerlei Verkleidungen zurückkehre, den ich trotz Pinochet zurückerobere, eine Heimat, die ich – wieder aufgrund der Geschichte, auf die ich keinen Einfluß habe – ein weiteres Mal verlieren soll.

Hier also endet dieser Teil meines Lebens? Am Rande einer zweisprachigen Zukunft balancierend, von wo aus ich in eine Welt eintauchen werde, die mich, will ich über-leben, zwingt zu akzeptieren, daß ich zwei Kulturen ange-höre, daß ich einen Spagat zwischen zwei Kulturen machen muß?

Da ist noch etwas, was ich erzählen muß.

Ich muß erst noch nach Argentinien zurückkehren, in das Land meiner Geburt, an den Ort, von dem ich 1945 zu die-ser Reise aufgebrochen bin und den ich meine Heimat genannt hätte, wenn mein Vater damals nicht hätte fliehen müssen.

Denn dorthin bin ich unterwegs, Anfang Dezember 1973 fliege ich über die Kordilleren gen Osten, in umgekehrter Richtung meiner ersten Reise vor so vielen Jahren, als ich auf meinem Weg in die Vereinigten Staaten westwärts nach Chile flog.

Meine ganze Familie erwartete mich am Flughafen von Buenos Aires, Vater, Mutter, Schwester, Vettern und Cou-sinen, Onkel und Tante – und natürlich Angélica und Rodrigo.

Und die argentinische Polizei.

Sie inhaftierten mich, verhörten mich ein paar Stunden und ließen mich schließlich wieder gehen. Benimm dich anständig, sagten sie zu mir, sei ein guter Junge, mach uns keine Schwierigkeiten.

Ich nahm mir ihre Warnung zu Herzen.

In Argentinien wäre es ideal für mich gewesen. Meine wunderbaren Eltern ließen sich dort gerade erneut nieder, ich hatte viele Freunde, die Sprache war Spanisch, die Verlage zeigten Interesse an meiner Arbeit und, was das wichtigste war, es lag unmittelbar neben Chile – der geeignete Ort also, um gegen Pinochet zu konspirieren. Aber mein Verhör durch die Polizei bestätigte, was ich gerüchteweise bereits gehört hatte: Präsident Perón, soeben aus seinem jahrelangen Exil in Madrid zurückgekehrt, war stark rechtsgerichtet. Ich sah es kommen, daß er in den nächsten Monaten die Säuberung des Landes von subversiven Kräften stillschweigend dulden würde, die Beseitigung derselben Leute, die dafür gekämpft hatten, daß er wieder an die Macht kam, und ich sah auch, daß ich zu den Opfern dieses Massakers gehören würde. Ich sagte meinen argentinischen Freunden, daß wir meiner Meinung nach auf eine Katastrophe zusteuerten, daß dieses Land im Begriff war, nach dem Vorbild Pinochets vorzugehen, aber sie widersprachen mir vehement – genauso wie ich wiedersprochen hatte, als Ausländer mich während der Allende-Zeit in Santiago gewarnt hatten. Meine argentinischen Freunde antworteten, was auch ich damals geantwortet hatte – daß keine Gefahr bestehe, du kennst das Land nicht.

Ich hatte nicht vor zu warten, bis sie aufwachten. Als sich diesmal der Tod näherte, erkannte ich ihn, ich lernte rasch. Und ich wußte, daß ich mit meiner Familie Argentinien verlassen mußte, bevor es zu spät war.

Natürlich ist es nicht damit getan, den Tod kommen zu sehen. Man muß auch ein wenig Glück haben.

Ich besaß keine Dokumente für eine Ausreise: Die Chilenen wollten mir keinen Reisepaß geben, und als ich meine frühere Nationalität ins Spiel zu bringen und von den Argentiniern die entsprechenden Dokumente zu erhalten versuchte, mauerten sie. Die Bürokraten behaupteten stur, sie könnten keinerlei Beweis dafür finden, daß ich in Buenos Aires geboren sei – die Geburtsurkunde, die ich ihnen vorlegte, sei ungültig. So sehr ich mich auch bemühte, immer wieder stand ich vor einer stummen Wand, einem gleichgültigen Beamten, einem sarkastischen Gesichtsausdruck. Jemand, der viel Macht besaß, blockierte meinen Antrag, jemand hatte mich auf seine Liste gesetzt, jemand wollte nicht, daß ich an einen Ort reiste, wo ich sicher war.

Das war viele Wochen bevor ein einflußreicher Kongreßabgeordneter, ein alter Freund meines Vaters, ein Gespräch mit dem Polizeipräsidenten von Buenos Aires arrangierte. Vielleicht könne er mir helfen.

Ich wurde in das Büro geführt, wo der Polizeipräsident an seinem Schreibtisch saß und Schriftstücke unterzeichnete. Ohne auch nur aufzublicken, deutete er auf einen Stuhl und machte, Dokument für Dokument, weiter. Ich setzte mich. Als er fertig war und den Kopf hob, trafen sich unsere Blicke. Einen Moment lang sah er mich an. Wir schwiegen beide.

»Ich habe gehört, Sie sind Schriftsteller«, sagte er dann.

Ich holte einen Roman aus meiner Aktentasche, der gerade in Argentinien erschienen und mit einem wichtigen Literaturpreis ausgezeichnet worden war. Er hieß *Moros en la Costa* (*Hard Rain* in der englischen Übersetzung), und ich hatte ihn Ende 1972 innerhalb weniger Monate geschrieben. Eigentlich hatte ich einen anderen Roman schreiben wollen, eine futuristische Erzählung von einem lateinamerikanischen Land, das von einem Diktator namens El Grande regiert wurde – er war durch einen Putsch an die Macht gekommen und hatte das Land in ein Dorado für ausländische Unternehmen verwandelt. Natürlich konnte ich damals nicht wissen, daß ich damit ein glasklares und pessimistisches Bild dessen vorwegnahm, was General Pinochet ein Jahr später mit meinem Land anstellen würde. Und doch – ein Teil von mir muß es gewußt haben. Als ich mich im September 1972 für ein paar Monate von meiner Arbeit an der Universität freistellen ließ, um meine fiktive Geschichte von einer zukünftigen Tyrannenherrschaft zu schreiben, stellte ich fest, daß ich nicht weiterkam und mir vor dem Gedanken graute, diese Schreckensbilder zu Papier zu bringen und die Öffentlichkeit damit zu konfrontieren. Ein von El Grande regiertes Land zu erfinden bedeutete einzugestehen, daß wir verlieren würden. Und so verriet ich meine literarische Vision und weigerte mich, weiterzumachen. Und nachdem ich meine Einsichten als irreführend, bedeutungslos und unhistorisch verurteilt hatte, widmete ich die nächsten Monate dem Roman *Hard Rain*, in dem ich prophezeite, daß wir siegen und Chile frei sein würde. Und wie im Fall von Susana la Semilla war die einzige Freiheit, die mein Werk bewirken konnte, meine eigene.

Mit Hilfe des Romans brachte ich die chilenischen Behörden dazu, mir das freie Geleit zu gewähren, das sie mir bis dahin verweigert hatten. Sie hatten den Attaché, der uns alle so bald wie möglich da rausholen sollte, wissen lassen, ich könne ruhig in dem Gebäude verschmachten, sie würden mich wegen subversiver Beeinflussung der Jugend des Landes vor Gericht stellen. (Ich stellte mir einen Prozeß à la Perry Mason vor: Stimmt es, Mr. Dorfman, daß Sie behaupten, Donald Duck – Donald Duck?! – sei schädlich für unsere Kinder?) Und wahrscheinlich wäre ich in der Botschaft eingegangen, wäre wohl immer noch dort, wenn ich der Frau des Botschafters nicht erzählt hätte, daß mein Roman in wenigen Wochen in Buenos Aires erscheinen sollte. Klug wie sie war, gab sie diese Information an das Personal weiter und deutete an, wir könnten so den Druck auf die unnachgiebigen Chilenen erhöhen. Laßt diesen Dorfman nach Argentinien gehen, sagten die Argentinier zu ihren Kollegen, wie mir die Hausherrin der Botschaft berichtete. Macht ihn unschädlich, hätten sie gesagt. Exilierte gibt es wie Sand am Meer, und kein Mensch schert sich um sie; ein preisgekrönter Autor aber, der in einer Botschaft festgehalten wird, umstellt von Soldaten, die bereit sind, ihn umzubringen, das fördert nur das Bild eines Helden. Warum Werbung für sein dämliches Buch machen?

Sie hatten die absurde Logik dieses Arguments eingesehen, und ich durfte aus Chile ausreisen.

So hatte mir das Produkt meiner Phantasie geholfen, aus meinem Adoptivland zu fliehen, und es würde jetzt vielleicht auch den Polizeipräsidenten soweit beeindrucken, daß er mir half, aus dem Land meiner Geburt zu fliehen.

»Wenn Sie nichts dagegen haben«, sagte ich, »würde ich gern für Sie eine Widmung hineinschreiben.«

Er nickte, sah zu, wie ich ein paar unterwürfige, heuchlerische Zeilen in das Buch schrieb, und nahm es dann ohne zu lächeln entgegen.

»Ich werde es lesen«, versprach er.

Ich hoffte, er werde es nicht tun. Ich glaube, es war das erstemal in meinem Leben, daß ich betete, jemand möge etwas von mir *nicht* lesen. Ich wollte, daß er das Buch voller Bewunderung in Händen hielt, nicht aber, daß er es öffnete und sich in das, was ich zu erzählen hatte, vertiefte. Ich wollte nicht, daß er die Hymne auf die strahlende Zukunft der Revolution las, und ich wollte nicht, daß er die Vorahnungen entdeckte, die Zeichen der Gewalt und des Todes, die sich unbeabsichtigt in den Text eingeschlichen hatten und die heitere Vision eines Sieges, der nicht errungen worden war, Lügen straften. Ich wollte nicht, daß dieser

Mensch, der mein Schicksal in seinen Händen hielt, glaubte, ich sei gefährlich.

»Es ist ein bißchen experimentell«, sagte ich in der Hoffnung, daß ihn das vielleicht abschreckte. Aber er erwiderte nichts. Wartete nur, daß ich meine Aussage erläuterte. »Es handelt sich um eine Reihe von Buchrezensionen nicht existierender Autoren, die Romane von mir besprechen. Und die tatsächlichen Texte unterbrechen die Besprechungen.«

»Ein bißchen experimentell«, sagte er.

»Ja.«

»Nicht wie Ihr Buch über Donald Duck.«

Mir fiel das Herz in die Hosen. Meine Hetztirade gegen Disney verfolgte mich. Es war zwecklos, zu verbergen, wer ich war, und so zu tun, als sei ich ein verwirrter argentinischer Autor, der zufällig auf der anderen Seite der Anden in einen politischen Sumpf geraten war. Ich hätte schwören können: Dieser Mann würde mir nicht helfen.

Und dann die Überraschung. Sorgfältig legte der Polizeipräsident das Buch beiseite, wandte sich zu mir und lächelte zum erstenmal. Und sagte die Worte, auf die ich gewartet, die zu hören ich jegliche Hoffnung verloren hatte.

»Und was«, fragte er, »kann ich für Sie tun?«

Eine Woche später hatte ich einen Paß. Gerade noch rechtzeitig. An dem Tag, als ich zum Flughafen aufbrach, teilte mir mein Vater mit, der Polizeipräsident, der mir das Leben gerettet hatte, sei vom Dienst suspendiert worden. Vielleicht war er so blind gegenüber seiner Zukunft gewesen wie ich gegenüber meiner.

Als die Maschine über Buenos Aires aufstieg, kämpfte ich gegen die ermüdende Gewißheit, daß die Geschichte sich endlos wiederholte, daß ich vielleicht für ein Leben im Exil bestimmt war. Zum zweitenmal wurde ich gezwungen, meine Geburtsstadt zu verlassen, nur daß diesmal ich derjenige war, der vor dem Tod floh, und neben mir ein Sohn saß, der wegen mir sein Land verlor, diesmal war es meine Frau, die, wie damals meine Mutter, ihrem Mann ins Exil folgte. Vielleicht war dies das Schicksal meiner Familie, vielleicht war dies ein Fluch, dem ich nicht entrinnen konnte. Zweimal hatte ich den Versuch unternommen, seßhaft zu werden, zweimal hatte ich ein Land, eine Kultur, eine Sprache angenommen, und beide Male hatte ich fliehen müssen, wurde ich trotz aller Anstrengungen heimatlos, und jetzt würde alles wieder von vorn anfangen, alles wieder von vorn. Nur daß ich diesmal nicht mehr unschuldig war. Mein erster Akt im damaligen Exil hatte darin bestanden, in dem Hotel in Santiago aus Boshaftigkeit meine Babyschuhe zu verstecken. Von diesem Kind war nun nichts mehr geblieben. Das erwachsene, ältere Ich dieses Kindes war an jenem Hotel, an jener Plaza, an der das Hotel lag, vorbeigefahren, ich war dort auf meinem Weg in ein anderes Exil vorbeigefahren, eingeschlossen in einem Gefangenenwagen, auf dem Weg zur Ausweisung, ich hatte meine Augen dazu gezwungen, jenes erschreckende Loch im Balkon der Moneda aufzusaugen, hatte mich von dem Kind, das ich gewesen war, verabschiedet, von dem, was von diesem Kind noch in mir gewesen war, hatte mich von dem Land verabschiedet, das mir nun verboten war.

Aber nicht für lange.

Ich würde mich von diesen trüben Gedanken nicht zerstören lassen. Ich würde nicht zulassen, daß dieses klaffende Loch mich ganz verschlang. In jenem Flugzeug, hoch über der Pampa, schwor ich mir, wiederzukommen, ich sagte mir, daß nichts mich davon abhalten konnte, in mein Land zurückzukehren.

Ich tröstete mich mit einem der ältesten Mythen der Menschheit, mit einer Geschichte, die sich seit Beginn der

Zeiten jede Kultur erzählt hat: Es gibt einen Ort, einen einzigen Ort, an den du wirklich gehörst, einen Ort, der oft, aber nicht immer der Ort ist, an dem du geboren bist, und dieser Ort gleicht dem Paradies. Paradies, ein Wort, das ursprünglich einen ummauerten Garten voller Früchte bezeichnete. Dieses verheißene Land verlieren ist wie sterben, und dorthin zurückkehren wie auferstehen. Ich schwor mir, dort oben hoch über Lateinamerika, daß ich zurückkehren würde, daß ich, wie der vertriebene Sohn oder die vertriebene Tochter im Märchen, zurückkehren und das Königreich retten würde, das ernsthaft in Gefahr war, ich schwor, wiederzukommen.

Das war der Mythos meiner Rückkehr, mit dem ich mich in dem Flugzeug, das mich immer weiter von meinen Ursprüngen forttrug, vor dem Wahnsinn zu bewahren versuchte.

Und doch wurde ich eben dort, in jenem Augenblick, durch einen anderen, ebenso verbreiteten Mythos in Versuchung geführt. Es heißt – und auch das wird in allen Ländern erzählt –, daß man, um eine neue Gesellschaft zu schaffen, um etwas, das sich lohnt, auf den Weg zu bringen, den Ort seiner Geburt verlassen muß. Man kann nicht wachsen, wenn man nicht ausbricht, Erfahrungen macht und sich dem Fremden und Schöpferischen öffnet. Jeder Gründer einer neuen Zivilisation war ein Held, der aus seiner Heimat vertrieben wurde. In diesem Mythos ist Rettung nur möglich, indem man sich auf die Wanderschaft begibt.

In dem einen Mythos wird man unsterblich, indem man sich mit der Vergangenheit verbindet, mit den Vorfahren, die nicht mehr leben. Im anderen besiegt man den Tod, indem man woanders eine neue Dynastie gründet und an die Generationen denkt, die noch geboren werden.

Welches wird meine Geschichte sein?

Seht mich an, dort über den Wolken, über Lateinamerika, wo der Tod sich ausbreitet, die Wasser meiner argentinischen Geburtsstadt vergiftet und am Tor der chilenischen Stadt meiner Träume wartet, seht mich an, fast neunundzwanzig Jahre nach dem Tag, an dem ich als Kind von Buenos Aires in die Vereinigten Staaten aufbrach – da bin ich nun am Ende dieser Reise ins Leben, die gleichzeitig eine Reise in den Tod war, seht mich an mit meinen beiden Sprachen und meinen beiden Kulturen, seht mich an, mich, der schwört, wiederzukommen, seht mich an in meiner Erregung darüber, daß die ganze Welt vor mir liegt, seht mich an, mich, um den zwei Mythen menschlicher Existenz sich streiten, der Mythos, der mir versprach, ich werde zurückkehren, und der Mythos, der mir einflößte, ich würde für immer umherwandern, da bin ich, unfähig zu entscheiden, welcher von den beiden die Wahrheit über mein Leben erzählt.

Ich kenne die Antwort nicht.

Ein Kreis in meinem Leben hat sich geschlossen, ein anderes Leben beginnt, und die Antwort steht noch nicht fest, während das Flugzeug höher und höher steigt in den wirbelnden blauen Himmel des Exils, während ich wieder Kurs nach Norden nehme und der Süden in der Erinnerung versinkt. Zu diesem Zeitpunkt weiß ich ebensowenig wie heute, ob dieser Kreis sich jemals schließen wird.

1. November 1996

Danksagung

Schreiben ist die einsamste aller Tätigkeiten, doch selbst in den schlimmsten Augenblicken sind wir Schriftsteller uns bewußt, daß es neben uns andere gibt, die sich abmühen – sie halten uns am Leben wie die Wörter selbst. Und dies gilt um so mehr für ein Buch, das zugleich ein ganzes Leben ist.

Die vielen Frauen und Männer zu erwähnen, die sowohl diese Arbeit als auch dieses Leben ermöglicht haben, würde die Geduld der Leser auf eine harte Probe stellen. Womöglich haben sie ohnehin schon genug von den schier endlosen inspirierenden Begegnungen des Autors mit seinen Artgenossen. Ich kann dieses Buch jedoch nicht abschließen, ohne zumindest diejenigen zu nennen, die mir in den langen Jahren der Entstehung und Vollendung meines Projekts besonders nahegestanden haben.

Es wird niemanden überraschen, wenn ich mit Angélica beginne. Sie ist meine erste Leserin, meine beste Leserin, meine beste Freundin – und mein Leben und meine Worte hätten keine Gestalt angenommen ohne ihre freimütigen Kommentare bei der sorgfältigen Durchsicht des ersten, des zweiten und dritten Entwurfs, der zahllosen Versionen und Überarbeitungen, der hinzugefügten Abschnitte und umgearbeiteten Kapitel, mit denen ich zu ihr gelaufen kam und für die ich ihren Segen erbat. Nie hätte ich die Zusammenhänge erkannt, warum ich dem Tod entronnen bin, wenn meine Angélica mir nicht ihren Schutz hätte zuteil werden lassen. Sie hielt mich schlicht und einfach am Leben.

Meinen wunderbaren Eltern Fanny und Adolfo habe ich viele Erinnerungen und Geschichten zu verdanken, die Eingang in dieses Buch gefunden haben – nicht zuletzt auch mein Leben. Ich freue mich, daß die beiden immer noch da sind, um diese Seiten lesen zu können, zu deren Entstehen sie maßgeblich beigetragen haben – und daß sie trotz ihrer achtundachtzig beziehungsweise neunzig Jahre noch große geistige Klarheit besitzen. Auch wäre es nie zu diesem Buch gekommen ohne das lebhafte Interesse und die Ermutigung meiner beiden Söhne. Rodrigo, inzwischen mein Mitarbeiter bei Drehbüchern und Theaterstücken, verdanke ich nicht nur viele Vorschläge, er war auch immer bereit, mir gedankliche Hilfestellung und Ratschläge zu geben, wenn ich in einer Sackgasse steckte. Drück es einfach aus, pflegte er zu sagen, mach es konkret. Aber er war auch der erste, der mich warnte: Wer, so meinte er, sein eigenes Leben aufschreibt, muß verrückt sein oder wird es zumindest im Laufe der Arbeit. Joaquín, der bei uns wohnte, während sich dieses Buch seinen Weg ins Licht bahnte, gelang es, mich während des überaus zermürbenden Schreibprozesses bei Laune zu halten – zuerst, indem er mir empfahl, unbedingt mehr Rockmusik bei der Arbeit zu hören, sonst würde ich es nie fertig kriegen, und später, indem er mich ständig daran erinnerte. Seine Hinweise waren immer sehr wertvoll – genauso wie die Tatsache, daß er oft bis vier Uhr in der Frühe mit mir aufblieb. Und eine bessere Gesellschaft als das jüngste Mitglied unserer Familie, Melissa, Rodrigos Frau, hätte ich mir kaum wünschen können. Was hätte ich bloß getan ohne ihren ständigen, unverwüstlichen Optimismus?

Mein Lektor John Glusman hat mir von dem Augenblick an, als ich ihm – irgendwann 1994, glaube ich – in seinem

Büro von dem verrückten Projekt erzählte, freigebig seine ständige Unterstützung zuteil werden lassen und mit klugen Beiträgen nicht gespart. Seine Begeisterung ließ nie nach – und als es ans Lektorieren ging, waren seine stets konstruktiven und einfühlsamen, detaillierten Kommentare und Beobachtungen eine unerläßliche Hilfe bei der Kürzung des Textes. Und sie zwangen mich, es immer noch ein wenig besser zu machen, mich noch klarer und genauer auszudrücken. Ich bin ihm dankbar, daß er nie an diesem intellektuellen Abenteuer gezweifelt hat, sondern mich beruhigte, wenn ich in eine Krise geriet und in Pessimismus versank.

Bridget Love, meine Agentin bei der Wylie Agency, die mich und dieses Buch mit unverbrüchlicher Loyalität und unendlicher Langmut vertreten hat, verdient mehr als ein paar Worte der Dankbarkeit. Sie hat mir in all den Jahren geduldig und hilfreich beigestanden. Und das mit viel Humor. Danken möchte ich auch Deborah Karl, meiner früheren Agentin, die nie an mir und diesem Buch gezweifelt hat. Ihre Unterstützung über fast ein Jahrzehnt hinweg war für mich von unschätzbarem Wert – genauso wie der Rückhalt durch Andrew Wylie selbst, der immer mit Ratschlägen zur Stelle war, wenn ich ihn brauchte.

Der größte Teil dieses Buches entstand während eines verlängerten Freisemesters an der Duke University, wo ich in jedem Sommersemester unterrichte. Ohne das Verständnis von Roy Weintraub und Bill Chafe sowie von John Strobehn, den Leitern der Fakultät, von meinen hochgeschätzten Kollegen und Freunden Fred Jameson, Leiter des Literaturprogramms, und Walter Mignolo, Leiter der Romanistik, sowie die Begleitung durch Rob Sikorski und Josefina Tiryakian vom Center for International Studies an der Duke University wären Planung und Entstehung dieses Buches unendlich viel schwieriger gewesen. Ganz zu schweigen von der großen Hilfe – und *amistad* – Debbie Jakubs' in der Bibliothek.

Meine Assistentin Margaret Lawless hat wie bei vielen anderen Projekten auch diesmal eine zentrale Rolle gespielt. Sie hat mich weit über ihre Pflicht hinaus mit Material versorgt, mir resolut und freundlich zur Seite gestanden und dafür gesorgt, daß ich mich täglich ein paar Stunden meinem Buch widmen konnte. Ich konnte mich nur deshalb konzentrieren, schreiben und immer wieder umschreiben, weil ich wußte, daß sie da war, mich abschirmte und viele Probleme von mir fernhielt.

Nie werde ich die Gastfreundschaft von John, Cathy und Julia Friedman vergessen, die Angélica und mir auf ihrer Ranch in New Mexico einen ganzen Sommer lang Unterschlupf gewährten, sich immer diskret verhielten und nie zu sehen verlangten, was ich in die Maschine hämmerte. Elizabeth Lira und Deena Metzger, die wie Schwestern für mich sind, gewährten mir in diesen Jahren in anderer Weise Schutz und Rat.

Und all die anderen? Meine Freunde in Durham, in Chile, Holland, England, in Frankfurt, Washington und, ja, in New York, all die, die mir geduldig zuhörten, die mir einfach nur lächelnd zur Seite standen? Mir bleibt nur zu hoffen, ihr alle spürt beim Lesen dieses Buches, daß sich *el cariño*, die Zuneigung, die ihr mir all die Zeit geschenkt habt, gelohnt hat, daß es sich am Ende gelohnt hat, das Buch zu schreiben, das ich euch nun dankbar und voller Freude übergebe.

Juni 1997

Postskriptum

Als dieses Buch kurz vor seiner Veröffentlichung stand,
starb meine Mutter.

Wenn die Leser Zärtlichkeit in meinen Worten spüren,
wenn sie Zärtlichkeit in meinem Leben entdecken, so ist
dies ihr zu verdanken.

Inhalt